Wachau
Wald- und Weinviertel

Barbara Reiter & Michael Wistuba

INHALT

Verzeichnis der Wanderungen

Kartenverzeichnis

Zeichenerklärung für die Karten und Pläne

Bundestraße
Hauptstraße
Landstraße
Piste
Fußweg
Wanderung
Fußgängerzone
B 3 Straßennummer

Bergipfel
Felsen
Aussichtspunkt
Turm
Sendemast
Hütte
Weinstock

Kloster
Schloss/Burg
Burgruine
Kirche
Sehenswürdigkeit
Museum

Information
Post
Parkplatz
Taxistandplatz
Flughafen
Bushaltestelle
Fahrradweg
Sportplatz

Was haben Sie entdeckt?

Was war Ihr Lieblingswirtshaus, in welchem Hotel haben Sie sich wohl gefühlt, welchen Campingplatz würden Sie wieder besuchen? Bitte schreiben Sie uns, wenn Sie Kritik, Verbesserungsvorschläge, Anregungen oder Empfehlungen zu diesem Buch haben.

Barbara Reiter, Michael Wistuba
Stichwort „Wachau, Wald- und Weinviertel"
c/o Michael Müller Verlag
Gerberei 19
91054 Erlangen
E-Mail: reiter.wistuba@michael-mueller-verlag.de

Von den Rebgärten der Wachau und des Weinviertels …

Erlebnisland für Genießer

Barocke Pracht und berühmter Wein entlang der Donau, Radwege durch verträumte Kellergassen und köstliche Wirtshausküche, romantische Burgen und Sommerfrische-Tradition, Wandertouren in unberührten Flusstälern und Ausblicke ins weite Land – selten sind Erlebnis und Genuss so einfach zu vereinen wie hier.

Wachau, Wald- und Weinviertel liegen im Nordosten Österreichs, zwischen Donau, Tschechien und der Slowakei – nur einen Steinwurf von Wien entfernt und weit abseits der Tiroler Alpen. Die *Wachau* und der westlich davon gelegene *Nibelungengau* sind schon lange Ziel von Touristen. Auf wenigen Kilometern bieten diese beiden Abschnitte des Donautals eine dichte Abfolge an Sehenswürdigkeiten: Die einzigartig prächtigen Barockklöster *Melk, Dürnstein* und *Göttweig,* mittelalterliche Burgruinen, gemütliche Spazierwege und abwechslungsreiche Radtouren, reizvolle Winzerdörfer in der von Weinreben übersäten Terrassenlandschaft, geschichtsträchtige Plätze und immer wieder faszinierende Panoramablicke von erhabenen Plätzen über der Donau: von der Terrasse vor der Wallfahrtskirche *Maria Taferl,* vom Rosengärtlein auf der am Felsen thronenden Burgruine *Aggstein,* von der *Ferdinandswarte* bei Mautern. Ebenso reizvoll sind die Ausblicke für den, der die Wachau vom Donauschiff aus erlebt. Nimmt man sein Fahrrad mit an Bord, kann man am beliebten Donauradweg wieder an den Ausgangspunkt zurückstrampeln. Und überall lässt es sich herrlich einkehren – ob in die hoch gerühmten Genusstempel oder in die gemütlichen Heurigen, wo man sich Wachauer Wein und eine zünftige Jause schmecken lässt. Am östlichen Ende der Wachau liegt *Krems an der*

... bis zu den Wäldern und Hochmooren im Waldviertel

Donau. Die quirlige Wein- und Kulturstadt mit ihrer historischen Altstadt, ihren ansprechenden Museen und ihren vielen kulinarischen Adressen hat nicht einmal 25.000 Einwohner und ist dennoch die größte der ganzen Region.

Wer das Donautal nach Norden verlässt, gelangt über romantische Flusstäler ins Waldviertel. Letzte Ausläufer der Rebenlandschaft gibt es im *Kamptal* rund um die Weinstadt *Langenlois* und im idyllischen unteren *Kremstal.* Weiter nördlich wechselt das Landschaftsbild, die Luft wird klarer, der Nadelwald bestimmend, und man gelangt auf die wellige, weite Granit-Hochebene des Waldviertels. Es ist ein Naturparadies, das vom großen Tourismus noch verschont ist: Endlose Wälder, kühle, saubere Gewässer, sattgrüne Wiesen, dunkle Moore, Seen, unzählige Teiche und dazwischen die Markenzeichen des Waldviertels: sagenumwobene tonnenschwere Felsblöcke, einzeln hingestreut, zu Steinburgen aufgetürmt, wackelnd, mit schalenförmigen Vertiefungen oder Rinnen. Neben den Naturschönheiten gibt es im südlichen Waldviertel die Sommerfrische-Tradition entlang dem Kamp zu entdecken, die stille Pracht der Stifte *Altenburg* und *Zwettl* und die wehrhaften Ritterburgen *Rappottenstein* und *Rosenburg.* Wanderwege erschließen wildromantische Schluchten, anspruchsvolle Mountainbikerouten begeistern Freunde des Radsports. Die National- und Naturparks im nördlichen Oberen Waldviertel präsentieren die landschaftlichen Reize in geballter Form: die spektakulärsten Wackelsteine in *Gmünd,* die größten Hochmoore und die malerischsten Durchbruchstäler, wie jenes an der Thaya, dem jahrhundertealten und von einer Kette an Burgen befestigten Grenzfluss zu Böhmen. Sport- und Körperbewusste suchen den Weg ins Waldviertel wegen der Gesundheits- und Fitnesseinrichtungen in *Gars* und in der Region um das zauberhafte Mittelalterstädtchen *Weitra.* Golfer finden im weiten Hochland einige der schönsten Anlagen Österreichs und Genussmenschen kommen wegen der Waldviertler Küche rund um Karpfen, Erdäpfel (Kartoffeln) und Mohn.

Östlich des Waldviertels fällt das **Weinviertel** sanft in Hügeln und Mulden zur Pannonischen Tiefebene hin ab. Es ist – wie der Name verrät – vom Wein geprägt: Seine Landschaft ist von Weingärten durchzogen, die Weinanbaufläche die größte in ganz Österreich. Die Weinkeller und ihre Aneinanderreihung zu idyllischen Kellergassen sind Kennzeichen der Region. Seine Heurigen lockten immer schon Ausflügler ins Land. Seit die Grenzen im Norden und Osten zu Tschechien und der Slowakei geöffnet sind, macht sich touristische Aufbruchsstimmung breit: Viele neue Gästezimmer wurden eingerichtet, die Kellergassen revitalisiert, eine Therme eröffnet und die Qualität der Weine gehoben. Ein langes Radwegenetz wurde angelegt und – wie sollte es anders sein – nach Rebsorten bezeichnet. Kein Geheimtipp mehr ist die Weinstadt *Retz* ganz im Norden mit ihren Bürgerhäusern und dem riesigen, einzigartigen Kellerlabyrinth, in dem man sich von der Bedeutung der Weinkultur überzeugen kann. Idyllisch ist es in den Kellergassen des nahen *Pulkautals*, das eine wunderbare Harmonie von Landschaft und bäuerlicher Architektur auszeichnet. Die übrigen Sehenswürdigkeiten sind mitunter ungewöhnlich: eine wieder aufgebaute romantische Ritterburg in *Kreuzenstein*, ein entzückendes Museumsdorf in *Niedersulz*, ein Museum für nutzlose Erfindungen in *Herrnbaumgarten* und ein Denkmalhain für Helden der Monarchie.

Wo der Wein wohnt – die Kellergasse

Eines der typischen Merkmale des Weinviertels sind Kellergassen. Diese kommen nur in Ostösterreich und in Westungarn vor, aber nirgendwo in so großer Zahl wie hier. Über 800 sollen es sein. Sie liegen meist außerhalb der Ortschaften, an den Hängen von Weingärten, entlang von Hohlwegen, zu Kellervierteln gruppiert oder um Kellerberge geschlungen. Es sind unbewohnte, in die Reblandschaft geduckte Dörfer mit bis zu 400 meist weiß getünchten, rauchfanglosen Häusern in harmonischer, ländlich naiver Zweckarchitektur, mitunter 200 bis 300 Jahre alt. Sie dienen der Produktion und der Lagerung von Wein. An der Oberfläche sieht man nur die Presshäuser, in denen sich Weinpresse, Tröge und Maischbottich befinden. Nach unten führt vom Presshaus eine steile Treppe durch den Kellerhals ins eigentliche Herzstück, den dunklen Keller, wo Weinfässer und -flaschen ganzjährig bei konstant 10–12°C Temperatur lagern. Von außen sind diese Kellerröhren nur an Luftlöchern im Erdboden zu erahnen. Nicht in allen Presshäusern wird heute noch Wein gepresst, viele wurden in stimmungsvolle Heurige und Koststuben umgewandelt, ganze Kellerensembles wurden revitalisiert und bieten heute einen einzigartigen Rahmen für die Weinviertler Kellergassenfeste.

Natur- und Kulturlandschaften

Die geologisch älteste Region ist das **Waldviertel.** Es ist als Teil der Böhmischen Masse ein Rumpfgebirge, nämlich der Rest des 300 Mio. Jahre alten, einst himalayahohen *Variszischen Gebirges.* Von den Bergen blieb eine bis 1000 m hohe Hochfläche aus den harten Urgesteinen Granit und Gneis. Wind und Wetter formten sie zu abgerundeten, haushohen Felsblöcken (Wollsackverwitterung). Restlinge werden sie auch genannt. Findlinge, d.h. vom Gletscher hierher verfrachtete Steine, wie häufig zu lesen ist, sind sie jedenfalls nicht. Typisch für die Böhmische Masse sind weitläufige Fichten- und Birkenwälder und Hochmoore, die als Biotope für Birkhahn, Moorfrosch, Wollgräser und den Fleisch fressenden Sonnentau geschützt sind. Zu den Mooren gesellen sich an die 1000 im Mittelalter künstlich angelegte Karpfenteiche. Forstwirtschaft und Fischzucht spielen daher eine bedeutende Rolle. In der Landwirtschaft setzt man auf Viehzucht und Ackerbau. Auf den Feldern gedeihen Kartoffeln sowie Gerste und Hopfen für die regionalen Brauereien. Daneben wird auf Alternativkulturen wie Mohn und Flachs gesetzt. Wer im Sommer kommt, kann sich an ihren blühenden Feldern erfreuen. In das Urgestein tief eingegraben haben sich die Waldviertler Flüsse, der Kamp und die Thaya, die an der Grenze zu Tschechien eines der schönsten Durchbruchstäler Mitteleuropas schuf. Wegen seiner seltenen Tier- und Pflanzenwelt (u. a. Fischotter, Apollofalter, Schwertlilie) wurde es zum Nationalpark erklärt.

Im Süden fällt die Böhmische Masse des Waldviertels zur viel jüngeren Molassezone hin ab, die als Schutt bei der Alpenfaltung vor rund 70 Mio. Jahren abgelagert wurde. Vor etwa 11 Mio. Jahren schnitt sich dann die Urdonau in die weiche Molasse ein. Bei Melk knickte sie plötzlich nach Norden und wählte – vermutlich durch Störungslinien verleitet – den Weg durch das Urgestein des Waldviertels. Sie trennte so den Dunkelsteinerwald von der Böhmischen Masse und hinterließ dazwischen das Durchbruchstal der Wachau. Deren typische Terrassenlandschaft ist ein Werk der Menschen, die hier schon seit 1500 Jahren Wein anbauen. Auf Trockenrasen, die aus gerodeten Wäldern entstanden sind, gedeihen Wildrosen, Wacholder und Anemonen. Mit Glück erblickt man die schillernde Smaragdeidechse und die Gottesanbeterin beim Sonnenbad.

Der von der Donau nach Norden verlaufende Rücken des *Manhartsberges* (536 m) trennt das Waldviertel vom östlich gelegenen Weinviertel. Dieses liegt rund 300 m tiefer und war vor 25 Mio. Jahren noch zur Gänze von einem Ozean bedeckt. Als sich das Meer zurückzog, hinterließ es fruchtbare Sedimentböden, auf denen sich vor 2 Mio. Jahren eine bis zu 40 m dicke Schicht eiszeitlichen Lehmstaubs (Löss) ablagerte, der von den Gletschermoränen hergeblasen wurde. Dieser Boden eignet sich besonders zum Anbau von Wein, Getreide, Zuckerrüben, Zwiebeln, Sonnenblumen, Kürbis und Spargel und für den Bau der Kelleranlagen, die fast mühelos in den weichen Lössboden gegraben wurden. Waldgebiete findet man im Weinviertel nur selten, die wenigen vorhandenen bestehen aus Eichen und Buchen. Üppige Auenwälder gibt es an den Grenzflüssen im Osten, an der Thaya und der March.

Wirtschaft

Flächenmäßig spielt die **Landwirtschaft** eine große Rolle, und die regionale Vermarktung ihrer Produkte wird stark gefördert. Wichtig ist der Wein- und Obstanbau, dessen größte Anbauflächen im Weinviertel, in der Wachau und im Kamptal zu finden sind. Die **Industrie** ist von kleinen und mittelständischen Unternehmen geprägt. Im Waldviertel konzentrieren sich die Betriebe (Natursteinindustrie, Feinmechanik, Fertigteilhäuserbau, Gebäudeautomation, Metallverarbeitung) auf den Nordwesten und den Südosten: Im Weinviertel dominieren die Metallverarbeitung und die Nahrungsmittelindustrie (Kartoffeln, Zucker, Zitronensäure). Der **Fremdenverkehr** ist für die Wachau eine bedeutende Einkommensquelle. Im Waldviertel bringt der Gesundheitstourismus das meiste Geld, und das Weinviertel profitiert vor allem vom Ausflugsverkehr.

Klima und Reisezeit

Das Tal der **Wachau** ist nach Norden durch das Waldviertel geschützt. Der Wind entlang der Donau vertreibt die Wolken und sorgt so für Sonnenschein, dessen Strahlen vom Strom auf die Hänge reflektiert werden. Das milde Klima lässt den Frühling früher Einzug halten und ist verantwortlich für die herausragende Qualität der Obst- und Weinkulturen. Ideale Reisezeit ist ab April, wenn die Marillenbäume blühen und die Schiffe ihren Betrieb aufnehmen. Heiße Sommertemperaturen von über 30°C sind keine Seltenheit, und bis in den Spätherbst wird an den Uferwegen hemdsärmelig Rad gefahren. Der trockene Herbst ist die zweite Hochsaison. Ausflügler, Wanderer und Radfahrer lassen die warmen Tage beim Heurigen ausklingen und genießen die bunt verfärbte Rebenlandschaft.

Obstbaumblüte in der Wachau

Das gemäßigte Reizklima des höher gelegenen **Waldviertels** ist durch kühleres Wetter geprägt. Während der Sommermonate lockt es mit trockenem, niederschlagsarmem Wetter zum Bad in den kühlen Seen und mit frischer, gesunder Luft zum Wandern in den dichten Wäldern. Seit langem ist es Anziehungspunkt für jene, die der städtischen Hitze entkommen wollen. Den Sommern stehen frostige Winter mit geringer Schneehöhe, aber lang dauernder geschlossener Schneedecke gegenüber. Das schätzen vor allem Langläufer, die in der kalten Jahreszeit aus dem Nebelmeer des Donautals fliehen.

Heiß und trocken ist es im **Weinviertel**. Vor allem das Retzer Land zählt zu den niederschlagsärmsten Gebieten Österreichs. Das kontinentale, pannonische Klima beschert schwüle Sommer und kalte, niederschlagsarme Winter. Der Frühling währt nur kurz, lang hingegen dauert der Herbst, der meist trocken und schön ist. Er ist mit dem Spätsommer auch die beste Reisezeit, wenn Kellergassen- und Weinfeste stattfinden und die Rebgärten rot und golden leuchten.

Wachau, Wald- und Weinviertel auf einen Blick

Fläche: rund 7800 km²

Einwohner: knapp 480.000, das entspricht 61 pro km². Die meisten leben in dörflichen Siedlungen und Kleinstädten mit rund 10.000 Einwohnern.

Größte Stadt: Krems an der Donau (23.300 Ew.)

Verwaltung: Wald- und Weinviertel sind zwei der vier Viertel, in die Niederösterreich, das größte österreichische Bundesland, geografisch geteilt wird. (Die Wachau wird zum Waldviertel gezählt). Offiziell werden die beiden Landesteile nach dem trennenden 536 m hohen Bergrücken in der Mitte *Viertel ober* bzw. *unter dem Manhartsberg* genannt. Verwaltungstechnisch hat die Einteilung in Viertel seit 1867 keine Bedeutung mehr. Seit damals ist Niederösterreich in 21 Bezirke gegliedert, deren Namen sich – auf zwei Buchstaben verkürzt – an den Autokennzeichen wieder finden. Hauptstadt Niederösterreichs ist seit 1986 das zentral gelegene *St. Pölten*. Die Landesfarben sind Blau-Gelb.

„Tor zur Jungsteinzeit" im westlichen Weinviertel

Geschichte

Von den Anfängen bis zu den Kelten

Das Donautal, das südliche Wald- und das Weinviertel gehören zu den ältesten Siedlungsgebieten Österreichs. Schon in der **Altsteinzeit** (100.000–6000 v. Chr.) streiften Mammutjäger durch das Land. Sie fanden Unterschlupf in Höhlen, wo sie Spuren in Form von Faustkeilen und Klingen hinterließen. Die bedeutendsten altsteinzeitlichen Werkzeuge (70.000 v. Chr.) wurden in der Gudenushöhle im Kremstal entdeckt. Vom Ende der Altsteinzeit (30.000–25.000 v. Chr.) stammen die nahe der Donau gefundenen kleinen Frauenstatuetten, die zu den weltweit ältesten Steinplastiken gehören. Seit der **Jungsteinzeit** (6000–2200 v. Chr.) waren die Menschen sesshaft und lebten von Ackerbau und Viehzucht. Dicht besiedelt war damals das Weinviertel von den Leiser Bergen über Poysdorf bis zur March. In diese Zeit werden die monumentalen Kreisgrabenanlagen (s. S. 219) datiert. Von der Hügelgräberkultur der **Älteren Eisenzeit** (750–400 v. Chr.) blieb in Großmugl ein 16 m hoher Tumulus erhalten.
Um 400 v. Chr. breitete sich von Westen her die **Jüngere Eisenzeit** (La-Tène-Zeit) nach Ostösterreich aus. Träger dieser Kultur waren die Kelten, die sich entlang der Donau und im Weinviertel ansiedelten. Zahlreiche Orts- und Flussnamen (z. B. Kamp, Ybbs) gehen auf sie zurück. Unter der Führung des keltischen Stamms der Norer entstand ab dem 2. Jh. v. Chr. das Königreich **Noricum,** das sich von den Karnischen Alpen im Süden bis an die Donau erstreckte und enge Handels- und Militärbeziehungen zu Rom pflegte.

Römer, Markomannen, Bajuwaren und Slawen

15 v. Chr. annektierten die **Römer** das keltische Noricum und befestigten in den folgenden Jahrzehnten die Nordgrenze, die entlang des südseitigen Donauufers verlief, mit einer Reihe von Militärlagern und Kastellen (Limes). Dazu zählten u. a. Adiuvense (Ybbs), Arelape (Pöchlarn) und Favianis (Mautern).

Nördlich des Limes verdrängten ab dem 1. Jh. n. Chr. die germanischen **Markomannen** und Quaden die hier ansässigen keltischen Boier, deren Name in „Böhmen" weiterlebt. 167 gelang den Germanen erstmals die Überschreitung der Donau und ein Vorstoß bis Oberitalien. Es folgten verlustreiche Abwehrkämpfe der Römer in den sog. Markomannenkriegen (167–180), die Kaiser Marc Aurel anführte. Um 430 – die Völkerwanderung hatte nun voll eingesetzt – durchstreiften Hunnen plündernd das Land, 480 ließen sich germanische Rugier an der nordseitigen Donau (z. B. in Stein) und Heruler an Thaya und March nieder. 490 setzten sich die Langobarden im Weinviertel fest. Noch vor 500 zogen sich die Römer endgültig von der Donau zurück.

Römische Mauerreste in Mautern an der Donau

Im 6. Jh. besiedelten **Bajuwaren** von Westen her den Donauraum, wo sie sich mit den dort verbliebenen Langobarden vermischten. Aus dem Norden und Osten wanderten **slawische Stämme** unter Oberhoheit der Awaren in das Wald- und Weinviertel ein. Zahlreiche Orte und Gewässer erinnern mit ihren slawischen Namen(steilen) daran.

Nachdem *Karl der Große* 788 die Bajuwaren in sein fränkisches Reich eingegliedert und bis 796 die Awaren unterworfen hatte, errichtete er zum Schutz der neu gewonnenen Gebiete eine karolingische Mark, deren Verwaltung er bayerisch-fränkischen Klöstern und Adelsfamilien übertrug. Bald darauf gingen Teile der Mark, so das ganze Wein- und Waldviertel, an das Großmährische Reich verloren, das sich um 830 im Thaya-March-Gebiet gebildet hatte. Dieses Reich wurde 906 von den heidnischen Ungarn (Magyaren) erobert, die ein Jahr später auch dem bayerischen Heer in Pressburg eine vernichtende Niederlage bereiteten. Erst 955 gelang es dem späteren deutsch-römischen Kaiser Otto I. in der *Schlacht auf dem Lechfeld* bei Augsburg, den Expansionszug der Ungarn gen Westen zu stoppen. Die Ostmark im Donauraum zwischen Enns, Wienerwald und Wagram wurde wieder hergestellt. Zum Markgrafen ernannt wurde 976 der Babenberger Luitpold I. (Leopold), dessen Familie das Amt die folgenden 270 Jahre innehaben sollte.

Die Zeit der Babenberger

Die Babenberger Markgrafen begannen von Melk aus die dünn besiedelte Ostmark, die seit 996 *Ostarrichi* hieß, zu erweitern und zu kolonisieren. Dazu ließen sie großflächige Rodungen im unwirtlichen, von Bären und Wölfen besiedelten Nordwald (Silva nortica) im Bereich des heutigen Waldviertels, vornehmen. Daran erinnern noch heute Ortsnamen auf -schlag und -reith.

Markgraf Leopold II. (1075–95) verlegte seine Residenz von Melk weiter ostwärts nach Gars am Kamp. Dort kam Leopold III., der Heilige (1095–1136) und heutige Landespatron von Niederösterreich, zur Welt. Unter ihm erlebte das Land einen großen Aufschwung. Er heiratete die staufische Kaiserstochter, erreichte damit Einfluss im Reich, brachte Wien unter seine Herrschaft und holte die sächsischen **Kuenringer** als Ministerialen ins Land. Sie halfen entscheidend bei der Kolonisierung des Wald- und Weinviertels, beherrschten von ihren Burgen Aggstein und Dürnstein aus die Wachau und gründeten Städte und Klöster, darunter Zwettl, Gmünd, Weitra, Geras und Altenburg. 1113 verlegte Leopold III. seinen Sitz donauabwärts nach Klosterneuburg bei Wien.

Unter Heinrich II. Jasomirgott (1141–77) wurde 1156 in der Urkunde „Privilegium minus" die Markgrafschaft der Babenberger zum Herzogtum erhoben. Wien war fortan ihr Zentrum. Leopold V. (1177–94) nahm 1191 am 3. Kreuzzug teil und geriet dabei in Konflikt mit dem englischen König Richard I. Löwenherz, den er in Wien gefangen nehmen und auf der Kuenringerburg Dürnstein in der Wachau einsperren ließ (s. S. 90). Zum Schutz der 1182 durch Kaiser Friedrich Barbarossa festgelegten Grenze zu Böhmen und Mähren entstanden zahlreiche Burgen entlang der Thaya und des Kamptals.

Eine wirtschaftliche und kulturelle Blütezeit brachte die Herrschaft Leopolds VI. (1198–1230), der Städte und Klöster gründete und seinen Hof zu einem Zentrum des Minnesangs um Walther von der Vogelweide und Neidhardt von Reuental machte. Durch Erbschaft gelangte er an das Wappen der Grafen Wildberg-Hohenburg, ein rot-weiß-roter Bindenschild, der bis heute im österreichischen Staatswappen enthalten ist. Die friedvolle Zeit war mit seinem Sohn Friedrich dem Streitbaren (1230–46), dem letzten Babenberger, vorüber. Seinen Namen hatte er nicht von ungefähr: Ständig war er in Konflikte verwickelt. Kurz nach seinem Antritt erfolgte der Aufstand der Kuenringer. Diese, namentlich die Brüder Hadmar III. und Heinrich I., waren unter Leopold VI. zu den höchsten Beamten im Herzogtum aufgestiegen und fürchteten nun den Verlust ihrer Rechte. Sie bemächtigten sich der Babenbergerburgen, unterschätzten aber den jungen Herzog, der mit Gewalt zurückschlug. Dabei wurden die Kuenringerburgen Aggstein und Zwettl zerstört. 1235 erhob sich der unzufriedene Adel des Landes, den Friedrich wirtschaftlich beschnitten hatte. Bald darauf musste der Herzog zudem Angriffe der Böhmen, Ungarn und Mongolen abwehren. So kam auch sein Ende: 1246 fiel er in einer Schlacht gegen die Ungarn an der Leitha. Das Erbe der Babenberger geriet unter direkte Reichsverwaltung.

Von König Ottokar bis zum ersten Türkenkrieg

Die herrschaftslose Zeit nutzten die österreichischen Hochadeligen, die Kuenringer, Hardegger, Maissauer und Schaunberger, und setzten 1251 Markgraf Ottokar II. Přemysl, den späteren böhmischen König, als Herzog ein. Dieser heiratete 1252 Margarethe, die über vierzigjährige Schwester des letzten Babenbergers, wodurch

Am Schauplatz der Schlacht auf dem Marchfeld 1276

er einen Erbfolgeanspruch besaß. Weil Margarethe keine Kinder mehr bekommen konnte, ließ er sich 1261 von ihr scheiden und verbannte sie auf Schloss Krumau ins Waldviertel. Ottokar richtete eine effiziente Verwaltung ein und teilte das Land in vier Viertel. 1273 bewarb er sich vergeblich um das Amt des römisch-deutschen Kaisers, das dem Westschweizer Grafen Rudolf von Habsburg zuteil wurde. Diesem verweigerte Ottokar die Huldigung, worauf über ihn die Reichsacht verhängt wurde. 1276 eroberte Rudolf Wien und 1278 kam es zur entscheidenden *Schlacht auf dem Marchfeld* zwischen Dürnkrut und Jedenspeigen (Weinviertel). Rudolf siegte und Ottokar wurde von persönlichen Feinden erschlagen. Damit begann die 640 Jahre dauernde **Habsburgerherrschaft** in Österreich. Ihre ersten Jahrzehnte waren der Festigung des Gebiets (Stadtrechte für Eggenburg, Korneuburg u. a.) gewidmet, die opponierenden Kuenringer wurden entmachtet.

Zwischen 1425 und 1430 verwüsteten *Hussiten* das nördliche Wald- und Weinviertel und Teile der Wachau. Sie waren religiös-nationalistische Anhänger des tschechischen Reformers Jan Hus (1370–1415), der lange vor Luther die verweltlichte Kirche und den Ablasshandel bekämpft hatte und trotz Zusicherung freien Geleits auf dem Konzil von Konstanz 1415 als Ketzer auf dem Scheiterhaufen verbrannt worden war. Den Abwehrkampf gegen die Hussiten führte Albrecht V., der 1404 zum Herzog ernannt worden war. Durch Heirat wurde er 1438 König von Ungarn und Böhmen und durch Wahl im selben Jahr römisch-deutscher Kaiser. Als er 1439 plötzlich starb, war sein Sohn noch nicht geboren. Ladislaus Postumus kam 1440 zur Welt und sein Onkel Friedrich (1440–93), der spätere Kaiser Friedrich III., übernahm die Vormundschaft. Dagegen erhoben sich die österreichischen Stände, Vertreter des Hochadels, der Geistlichkeit und der Städte, die seit dem 13. Jh. beständig an Macht gewonnen hatten. Sie verbündeten sich mit dem böhmischen Reichsverweser Georg Podiebrad und ungarischen Söldnern, belagerten die Burgen entlang der Thaya und erzwangen 1452 die Auslieferung des zwölfjährigen Ladislaus. Fünf Jahre später verstarb dieser in Prag an der Pest. Danach erlangten in Böhmen Georg Podiebrad und in Ungarn *Matthias Corvinus* die Königswürde. Nach der Verbannung Podiebrads 1469 ließ sich Matthias Corvinus auch zum böhmischen König krönen. Weil ihn Friedrich nicht anerkannte, fiel König Matthias in den folgenden Jahren mehrmals in Österreich ein. Friedrich ließ das Land befestigen, dennoch eroberte Matthias nach 1482 Stockerau, Korneuburg, Retz und das Kamptal bis Zwettl. 1485 zog er in Wien ein und residierte hier bis zu seinem Tod 1490. Friedrichs Sohn *Maximilian I.* (1486–1519) gelang es, die österreichischen Länder zurück zu erobern. Durch seine Heirat mit Maria von Burgund, die spätere Ehe seines Sohnes mit der Alleinerbin Spaniens und die Doppelhochzeit seiner Enkel mit den Thronfolgern Ungarns und Böhmens legte er den Grundstein für den Aufstieg der Habsburger zur europäischen Großmacht. Parallel dazu zeichnete sich ein neues Problem ab, die Expansion des osmanisch-türkischen Reichs gen Westen. 1529 fielen die Türken unter Sultan Süleyman II. erstmals ein. Sie drangen mit einer Flotte von 400 Schiffen an der Donau bis Wien vor. Plündernde Reitertrupps kamen bis in die Wachau und ins südliche Waldviertel. Die Abwehr des Angriffs auf Wien gelang zwar vorerst, aber die Türkengefahr war die nächsten 150 Jahre gegenwärtig.

Reformation, Gegenreformation und Sieg über die Türken

Die durch *Martin Luther* ab 1517 verbreiteten reformatorischen Ideen drangen rasch in habsburgische Länder vor und stießen auf großen Anklang. Die Wachauer und Waldviertler Burgen der Puchheimer, Pollheimer, Landauer, Kuefsteiner u. a. entwickelten sich zu Stützpunkten des Protestantismus. Zentren waren die Rosenburg als Sitz der protestantischen Stände und Horn, das 1570 zur Gänze reformiert war. Durch die ständige Türkengefahr war Kaiser Maximilian II. (1564–76) auf die Steuereinnahmen des protestantischen Adels angewiesen und gewährte im Gegenzug religiöse Freiheiten. Die Adeligen wälzten die finanziellen Lasten auf ihre bäuerlichen Untertanen ab, indem sie Fron- und Zehentleistungen maßlos erhöhten. So kam es zu den Bauernaufständen von 1595/96, die von kaiserlichen Truppen grausam niedergeschlagen wurden.

Als sich Kaiser Matthias (1608–19) weigerte, die religiösen Privilegien der protestantischen Stände zu bestätigen, schlossen sich 166 Adelige zum *Horner Bund* zusammen, drohten mit Gegenwehr und erzwangen so Zugeständnisse. Sie vereinigten sich später mit den böhmischen Aufständischen, die 1618/19 – zu Beginn des Dreißigjährigen Krieges – durch das Wald- und Weinviertel gegen Wien zogen. Eine Einnahme der Stadt gelang ihnen jedoch nicht. Die Niederlage 1620 in der *Schlacht am Weißen Berg* bei Prag besiegelte das Schicksal der österreichischen Protestanten endgültig. Der eben erst angetretene Kaiser Ferdinand II. (1619–37) setzte die **Gegenreformation** gewaltsam durch, in kürzester Zeit war das ganze Land wieder katholisch. Maßgebliche Unterstützung leisteten dabei die ins Land gerufenen Jesuiten- und Piaristenorden, die in Krems an der Donau und in Horn Kollegien gründeten. Mit der Durchsetzung der Gegenreformation entwickelte sich auch der Absolutismus. Die Stände verloren Macht und Einfluss, Kaiser und Hochadel herrschten weitgehend allein. In der letzten Phase des Dreißigjährigen Krieges kam es nochmals zu Kämpfen im Land. Die Schweden unter General Linnart Torstenson drangen ab 1643 von Norden her Richtung Wien vor und hinterließen eine

Spur der Verwüstung. Die Klöster Geras und Altenburg sowie zahlreiche Schlösser brannten nieder, Krems und Stein kapitulierten, Korneuburg übergab sich kampflos. Trotz viertägiger Belagerung im Frühjahr 1645 konnte Wien nicht eingenommen werden. Einige der bekanntesten Burgen im Weinviertel und im Umkreis der Donau (Dürnstein, Senftenberg, Falkenstein, Staatz) „verdanken" ihr Ruinendasein schwedischen Truppen. Kaum war der Dreißigjährige Krieg zu Ende, kam 1683 das nächste Unheil: Die **Türken** standen – diesmal unter Großwesir *Kara Mustafa* – vor den Toren Wiens. Am Wagram und im südlichen Weinviertel hatten die Verteidiger, kaiserliche Truppen unter Herzog Karl von Lothringen und verbündete Entsatzheere um den polnischen König Jan Sobieski, ihre Lager errichtet. Gemeinsam gelang es ihnen, die Eroberung Wiens abzuwenden und die Türken in die Flucht zu schlagen. Endgültig gebannt wurde die Gefahr erst mit den Schlachten 1687 bei Mohács, 1697 bei Zenta und 1717 in Belgrad, aus denen Prinz Eugen von Savoyen als siegreicher Feldherr zurückkehrte.

Zeitalter des aufgeklärten Absolutismus

Die Rekatholisierung, der Absolutismus und die erfolgreiche Abwehr der Türken führten Ende des 17. Jh. zu einer Epoche des Aufschwungs. Erste Manufakturbetriebe, Holzsägen, Papiermühlen und Hammerwerke wurden in Betrieb genommen, im oberen Waldviertel aus Böhmen und Mähren das Tuchmachergewerbe eingeführt, in Horn eine erste frühindustrielle Arbeitersiedlung angelegt. Dazu setzte ein massiver Bauboom ein. Das Land, insbesondere die Wachau und das Waldviertel, wurden von prachtvollen Kloster-, Kirchen- und Repräsentationsbauten im neuen Barockstil überzogen.

Nach dem Aussterben der spanischen Habsburger brach 1701 der *Spanische Erbfolgekrieg* aus. Karl aus der österreichischen Linie ließ sich 1703 zum spanischen König Karl III. wählen, musste aber nach langen Kriegsjahren 1714 – mittlerweile zu Kaiser Karl VI. avanciert – auf diesen Thron verzichten. Er widmete sich fortan der internationalen Anerkennung der *Pragmatischen Sanktion,* einer Urkunde, in der die österreichischen Erblande als unteil- und untrennbar festgeschrieben und die Thronfolge seiner Tochter Maria Theresia gesichert werden sollten. Dennoch kam es nach seinem Tod 1740 zum *Österreichischen Erbfolgekrieg,* in dessen Verlauf französische, bayerische und sächsische Truppen das Waldviertel streiften. Maria Theresia (1740–80) gelang es, ihr Erbe durchzusetzen, mit Ausnahme Schlesiens, das an Friedrich von Preußen verloren ging. Während ihrer 40 Jahre dauernden Herrschaft gebar sie 16 Kinder und setzte weit reichende Reformen im Sinne des aufgeklärten Absolutismus durch: Die Verwaltung wurde zentralisiert, das Wegenetz für Straßen- und Schiffsverkehr ausgebaut, die gefährlichen Stromschnellen in der Donau beseitigt, das Strafrecht reformiert, die Folter verboten, die Steuerfreiheit des Adels aufgehoben und die allgemeine Schulpflicht eingeführt. Maria Theresias Sohn Joseph II. vollendete nach ihrem Tod 1780 das Reformprogramm. Er schaffte die Leibeigenschaft der Bauern ab, gewährte mit dem Toleranzpatent den Protestanten freie Religionsausübung, errichtete erste Krankenhäuser und wandte sich gegen die Auswüchse des Barockkatholizismus. So reduzierte er die Zahl der Kerzen in den Kirchen, verkürzte Anzahl und Dauer von Wallfahrten, schrieb einen wieder verwendbaren Klappsarg für Begräbnisse vor und hob mehr als 400 Klöster, die er für entbehrlich hielt, auf. Opfer des „Klostersturms" war Aggsbach, Dürnstein, Säusenstein, Krems, Langenlois, Imbach und Pernegg. Ein seiner radikalen Maßnahmen musste er bzw. sein Bruder und Nachfolger Leopold II. (1790–92) allerdings wieder zurücknehmen.

Franzosenkriege und Zeit der Restauration

In die Koalitionskriege zwischen dem revolutionären Frankreich und den Monarchien Europas war Österreich ab 1792 verwickelt. Zahlreiche Gebiete gingen verloren. Vom Reichsdeputationshauptschluss von 1803, mit dem alle geistlichen Fürstentümer aufgehoben und das Kirchengut säkularisiert wurde, waren auch die geistlichen Besitztümer in der Wachau betroffen. Zur folgenschwersten Auseinandersetzung geriet der dritte *Koalitionskrieg 1805/06,* in dem Österreichs wichtigste Verbündete England und Russland waren. Napoleons Truppen drangen entlang der Donau von Süddeutschland in die Wachau vor. Im November 1805 kam es in Loiben westlich von Krems zu einem Gefecht zwischen Österreichern, Russen und Franzosen, das mit der Niederlage der Angreifer endete. Ein großes Denkmal erinnert dort noch heute an dieses Ereignis. Doch Napoleon war nur kurz aufgehalten, konnte wenig später Wien einnehmen und besiegte in der Dreikaiserschlacht in Austerlitz bei Brünn die Heere des römisch-deutschen Kaisers Franz II. und des russischen Zaren Alexander I. Der Friede von Pressburg 1806 beendete den Krieg und Kaiser Franz musste die römisch-deutsche Kaiserkrone ablegen. Er blieb als Franz I. Kaiser von Österreich, einen Titel, den er zwei Jahre zuvor angenommen hatte.

Um verlorene Gebiete zurückzugewinnen, begann Österreich im April 1809 einen Feldzug gegen Napoleon. Dessen Truppen gelang aber ein schneller Vorstoß und einen Monat später konnten sie Wien ein weiteres Mal besetzen. Als sie Richtung Norden vordringen wollten, gelang Erzherzog Karl in der Schlacht von Aspern am Stadtrand von Wien im Mai 1809 der erste Sieg über das Heer Napoleons. Die Freude währte nicht lange, denn schon im Juli siegten die Franzosen unweit davon in der Schlacht bei Deutsch-Wagram. Weitere schwere Gefechte im Gebiet des Weinviertels (Hollabrunn, Poysdorf u. a.) folgten. Im Oktober 1809 musste Österreich den Frieden von Schönbrunn schließen und verlor damit seine Stellung als Großmacht. Auch Napoleons Höhenflug ging bald zu Ende. Nach seinem gescheiterten Russlandfeldzug unterlag er den verbündeten Truppen aus Österreich, Preußen und Russland in der Völkerschlacht bei Leipzig im Oktober 1813.

Franzosendenkmal bei Loiben

Im Wiener Kongress 1814/15 kam es zu einer Neuordnung Europas, mit der de facto die alten, vorrevolutionären Verhältnisse wieder hergestellt wurden.

Industrialisierung, Revolution und Kaiser Franz Joseph

Nach dem Ende der Napoleonischen Kriege griff in der ersten Hälfte des 19. Jh. die industrielle Revolution langsam um sich. Die Dampfmaschine wurde seit 1817 zum Antrieb von Schiffen auf der Donau eingesetzt, 1829 die Donaudampfschiffahrtsgesellschaft gegründet. 1839 erreichte die Kaiser-Ferdinands-Nordbahn ab Wien durch das Weinviertel die mährische Stadt Brünn. In den textilverarbeitenden Betrieben des Waldviertels hielten Mitte des 19. Jh. der mechanische Webstuhl und die industrielle Produktion Einzug. Die sozialen Folgen der Industrialisierung waren Ausbeutung und Verarmung der lohnabhängigen Arbeitermassen. Auch das Bürgertum war unzufrieden, da es trotz wachsender wirtschaftlicher Bedeutung von einer Beteiligung am politischen Leben ausgeschlossen blieb. Unter dem Einfluss der französischen Februarrevolution 1848 kam es auch in Wien zur Revolution, die im Oktober von kaiserlichen Truppen blutig niedergeworfen wurde. Kaiser Ferdinand I. (1835–48) musste dennoch abdanken und sein Neffe Franz Joseph I. übernahm die Regierung.

1866 kam es zum Krieg mit Preußen um die Vorherrschaft in den deutschen Ländern. In der Entscheidungsschlacht von Königgrätz erlitten die Österreicher eine empfindliche Niederlage gegen die preußische Armee, die ihnen in Ausrüstung und Strategie haushoch überlegen war. Österreich zog seine Truppen zurück, die Preußen rückten über das Wald- und Weinviertel gegen Wien vor. Der Friede von Prag beendete den Krieg: Österreich hatte nun keinen Einfluss mehr auf die Bildung des deutschen Nationalstaats. Innenpolitisch führte die Niederlage 1867 zum **Ausgleich mit Ungarn,** das ein selbständiger Reichsteil der Monarchie wurde (Beginn der Doppelmonarchie), sowie zum Durchbruch des Liberalismus mit einer ersten konstitutionellen Verfassung. Die folgenden Jahrzehnte bis zum Ersten Weltkrieg waren einerseits vom immer größer werdenden Nationalitätenproblem des Vielvölkerreiches geprägt, andererseits erfreute sich die Wirtschaft an zahlreichen Großprojekten: Ab 1870 begann man in der Umgebung Wiens mit der Regulierung der Donau, deren Hochwässer und Eisstöße zuvor große Verwüstungen angerichtet hatten. Der Ausbau des Eisenbahnnetzes wurde fortgesetzt: Seit 1872 verband die Franz-Josefs-Bahn Wien und Prag, und die Kamptalbahn erschloss ab 1889 Teile des südlichen Waldviertels für die Sommerfrische-Touristen.

Weil der Liberalismus in der Bauernschaft zur Verschuldung ländlicher Betriebe geführt hatte, bildeten sich Interessengemeinschaften, Kreditgenossenschaften und Bauernvereine. Gegen den Liberalismus kämpfte auch der Waldviertler Gutsbesitzer Georg Ritter von Schönerer (1842–1921), der 1879 Führer der deutschnationalen Bewegung wurde. Seine antiklerikalen und radikalen antisemitischen Ideen beeinflussten später den jungen Adolf Hitler. Verschiedene Gruppierungen innerhalb der Arbeiterbewegung vereinigten sich 1888 zur Sozialdemokratischen Partei Österreichs. Auf ihren massiven Druck hin wurde in der Wahlrechtsreform von 1907 das allgemeine Wahlrecht für Männer eingeführt, 1919 erhielten es auch die Frauen.

Erster und Zweiter Weltkrieg

Nachdem Rudolf, der einzige Sohn von Kaiser Franz Joseph I. und Sisi, 1889 durch Selbstmord aus dem Leben geschieden war, wurde der kaiserliche Neffe *Franz*

Ferdinand (1863–1914) zum Thronfolger bestimmt. 1900 heiratete er die als nicht standesgemäß erachtete Gräfin Sophie Chotek. 1914 wurden beide von großserbischen Nationalisten bei einem offiziellen Besuch in Sarajewo ermordet und in aller Stille auf ihrem privaten Wohnsitz in Artstetten (Nibelungengau) bestattet. Mangels offizieller Begräbnisfeier kam es nicht zu einem „Gipfeltreffen" der Mächte, das unter Umständen eine diplomatische Lösung der Krise ermöglicht hätte. Stattdessen erklärte Österreich-Ungarn Serbien den Krieg. Der **Erste Weltkrieg** begann. Nach dem Zusammenbruch der Habsburgermonarchie verzichtete Kaiser Karl I., der 1916 seinem Großonkel Franz Joseph auf den Thron gefolgt war, 1918 auf die Regierung. 1919 wurde er ins Exil geschickt, nur drei Jahre später verstarb er auf Madeira. 2004 wurde er von Papst Johannes Paul II. selig gesprochen.
Österreich war seit 1918 Republik und wurde im *Friedensvertrag von Saint-Germain* 1919 auf die deutschsprachigen Teile der früheren habsburgischen Monarchie beschränkt, Südtirol fiel an Italien, südmährische Gebiete gingen an die Tschechoslowakei und die Stadt Gmünd im Waldviertel wurde zweigeteilt. Die Kosten des Krieges, die hohe Inflation, steigende Arbeitslosigkeit und Hungersnöte führten zu tief greifenden sozialen und wirtschaftlichen Problemen, die durch politische Gegensätze verstärkt wurden. Linksextreme und rechtsextreme Gruppen erstarkten, Parteien gründeten bewaffnete Wehrverbände und Nationalsozialisten lieferten großdeutsche Anschlussparolen. 1933 installierte Bundeskanzler Engelbert Dollfuß in einem Staatsstreich einen autoritären Ständestaat, um die Situation zu beruhigen und Österreichs Unabhängigkeit zu bewahren. Nationalsozialistische Putschisten ermordeten ihn ein Jahr später in seinen Amtsräumen. Auf deutschen Druck hin wurden nun Nationalsozialisten in die Regierung aufgenommen. Am 12. März 1938 marschierten Hitlers Truppen in Österreich ein, einen Tag später war der Anschluss an das nationalsozialistische Deutsche Reich, den auch viele Österreicher begrüßten, vollzogen. Österreich wurde zur Ostmark und in Gaue unterteilt, das Land um Wien „Niederdonau" genannt. Großbetriebe, wie Werften oder Erdöl- und Erdgasunternehmen, wurden zum „deutschen Eigentum" erklärt, das Bundesheer der deutschen Wehrmacht unterstellt, ein großer Truppenübungsplatz im Waldviertel geschaffen, Klöster (Altenburg, Klosterneuburg, Göttweig) aufgehoben und südmährische Gebiete an Niederdonau angegliedert. Die Verfolgung und Vertreibung von Juden nahm ihren Lauf. Im **Zweiten Weltkrieg** 1939–45 kämpften Österreicher Seite an Seite mit den Deutschen. Ab 1943 griffen amerikanische Bomber den Osten Österreichs an, bevorzugte Ziele waren Industrie- und Erdölförderanlagen, Transporteinrichtungen und Wohnsiedlungen. Ab dem Frühjahr 1945 drangen Sowjettruppen über Ungarn ein und eroberten den Ostteil des Landes. Nach Kriegsende wurde die Republik Österreich wieder errichtet und das ganze Land kam für zehn Jahre unter Besatzung durch die Siegermächte. Im Osten Österreichs stationiert waren die sowjetischen Truppen, die ihre Kommandanturen in Schlössern wie Grafenegg, Schallaburg und Loosdorf ein- und dabei viel Schaden anrichteten.

Vom Staatsvertrag bis heute

1955 wurde mit der Unterzeichnung des Staatsvertrages die volle Souveränität Österreichs wieder hergestellt und die Besatzungstruppen verließen das Land. Die 50er und 60er Jahre standen im Zeichen des Wiederaufbaus des schwer zerstörten Landes. Kriegsschäden wurden beseitigt, das erste Donaukraftwerk in Persenbeug (1959) und die Staumauern im Kamptal gebaut, Schul- und Wohnanlagen errichtet,

Klöster, Schlösser und Burgen revitalisiert, die Industrie ausgebaut und die Erdgas- und Erdölförderung im südlichen Weinviertel maximal ausgeschöpft. In der Wachau wurde der Tourismus wieder angekurbelt. Heimatfilme wie *Hofrat Geiger* (1947) und sein Remake in Farbe (1961) prägten mit dem Mariandl-Lied für Jahrzehnte das Image der Region. Nebenbei halfen sie mit, das nationale Bewusstsein zu heben. Das nördliche Wald- und das Weinviertel hingegen blieben durch ihre ostblocknahe Lage abgeschnitten und wirtschaftlich benachteiligt.

An der Donau entstanden weitere Flusskraftwerke, darunter 1982 jenes bei Melk. Nicht gebaut wurden nach massiven Anrainerprotesten die Staudämme bei Dürnstein in der Wachau. 1984 mussten auch die Pläne für ein weiteres Kraftwerk im Kamptal verworfen werden. 1986 erhielt das Bundesland Niederösterreich mit *St. Pölten* eine eigene Landeshauptstadt. Mit dem Fall des Eisernen Vorhangs 1989 an den Grenzen zur damaligen Tschechoslowakei wurde die jahrzehntelange Lage des Wald- und Weinviertels im „toten Winkel" Europas beendet. Österreichs **Beitritt zur Europäischen Union** erfolgte am 1. Januar 1995. Im Jahr 2000 wurde das Durchbruchstal der Thaya an der Grenze mit Tschechien zum Nationalpark Thayatal erklärt. Im selben Jahr fand die Wachau Aufnahme in das Weltkulturerbe der UNESCO. Durch die EU-Osterweiterung am 1. Mai 2004 geriet die Region ins Zentrum der Europäischen Union und will nun von der Dynamik Mitteleuropas profitieren.

Kunstgeschichte

Ur- und Frühgeschichte

Stein-, Bronze- und Eisenzeit: Berühmte steinzeitliche Frauenstatuetten sind die ältesten Spuren künstlerischen Schaffens in Österreich: Die nur 7,2 cm große und 32.000 Jahre alte *Fanny vom Galgenberg* kann im Weinstadtmuseum Krems besucht werden. Die 25.000 Jahre alte, 11 cm große und wesentlich beleibtere *Venus von Willendorf* aus der Wachau wurde ins Naturhistorische Museum nach Wien gebracht. 18.000 Jahre jünger ist die *Venus von Eggendorf*, die im Höbarthmuseum in Horn zu sehen ist. Alle drei galten als Fruchtbarkeitssymbole. Weitere stein-, bronze- und eisenzeitliche Funde gibt es in den Urgeschichtsmuseen in *Asparn an der Zaya* und in *Stillfried an der March* zu sehen.

Monströse Replik der Venus von Willendorf

Römerzeit und Völkerwanderung: Von den Römern sind am Wachau-Südufer nur Fragmente von Römerstraßen erhalten. Fundstücke wie Grabbeigaben und Schmuck werden im Römermuseum in *Mautern* und im Stadtmuseum von *Pöchlarn* gezeigt. Teile einer um 800 n. Chr. angelegten frühchristlichen Slawensiedlung wurden in Gars-Thunau ausgegraben bzw. rekonstruiert.

Romanik

Die frühromanischen Klosterkirchen des 11./12. Jh. wie Melk und Göttweig gingen durch spätere Um- und Neubauten verloren. Erhalten ist aber der bemerkenswerte Kapitelsaal des Stiftes *Zwettl* (1180). Der schöne Kreuzgang ebendort markiert schon den Übergang zur Gotik (1204–40).

Ein Juwel der Romanik ist die Burgkirche in *Oberranna* mit Krypta, zwei Querschiffen und einem Westchor. Romanische Bauteile blieben vorwiegend in Pfarrkirchen erhalten, wie in der Propsteikirche in *Zwettl,* der Michaelskirche in *Pulkau,* der Gertrudiskirche in *Gars,* den Kirchen von *Michelstetten, Rastenfeld, Spital bei Weitra* und *Alt-Weitra.* Zahlreich sind auch die **Rundkarner,** die zur Aufbewahrung exhumierter Gebeine gebaut wurden (z. B. Hadersdorf, Zwettl, Hardegg, Kühnring, Burgschleinitz, Pulkau, Mistelbach). Bestes Beispiel für einen romanischen Profanbau ist die eindrucksvolle Burg *Rappottenstein* (um 1170). Berühmt ist der reiche **Skulpturenschmuck** an der Apsis der Pfarrkirche von *Schöngrabern* (1210–30). Fresken des 12. Jh. wurden in der Ottensteiner Burgkapelle freigelegt.

Älteste Werke der **Literatur** sind die geistlichen Dichtungen von Frau Ava und Heinrich von Melk aus der Wachau (1100–50), das *Nibelungenlied* aus dem Donauraum und der Minnesang von Walther von der Vogelweide (13. Jh.).

Gotik

Mit Ende des 13. Jh. hatte sich der gotische Stil in der Region voll entfaltet und blieb bis zur Mitte des 16. Jh. beherrschend. Nach der dreischiffigen Basilika setzte sich der Typus der Hallenkirche mit gleich hohen Schiffen durch. Erste Beispiele sind die Dominikanerkirchen von *Imbach* (1285) und *Retz* (1295). Ab 1343 entstand die Stiftskirche von *Zwettl;* die Bettelordenskirchen in *Krems* und *Stein* erhielten zur selben Zeit gotische Hallenchöre. 1392 entstand die lang gestreckte, einschiffige Kartäuserkirche von *Aggsbach.* Die Spätgotik des 15. Jh. und frühen 16. Jh. brachte immer dekorativere Formen des Kreuzrippengewölbes hervor. Eine besondere Rolle spielte dabei die Dombauhütte von St. Stephan in Wien, deren Einfluss an der eleganten Stephanskirche in *Eggenburg* und der prächtigen Piaristenkirche in *Krems* zu sehen ist. Schöne Hallen- und Staffelkirchen des 15. Jh. sind die Pfarrkirchen in *Spitz, Litschau, Pöggstall, Schönbach, Mistelbach, St. Wolfgang bei Weitra, Guntersdorf* und *Ybbs.* Einen beachtenswerten spätgotischen Chor besitzen jene in *Weißenkirchen, Pöchlarn, Mauer* und *Horn.* Die genannten Gotteshäuser

Romanische Reliefs in Schöngrabern

verfügen meist auch über fantasievoll gearbeitete Kanzeln und Sakramentshäuschen. Zu den besten gotischen Profanbauten zählen die Gozzoburg in *Krems* und Burg *Heidenreichstein.*

Die Jahre 1480 bis 1520 waren die Blütezeit holzgeschnitzter großer **Flügelaltäre,** von denen einmalig prachtvolle Exemplare in *Pulkau, Mauer bei Melk, Maria Laach, Schönbach* und *Zwettl,* kleinere Exponate in *Pöggstall* und *Sierndorf* zu sehen sind. Sie sind teils beeinflusst vom Stil der *Donauschule,* für den ein ausdrucksstarkes Abbild der Landschaft charakteristisch ist.

Renaissance

Das veränderte Weltbild nach dem Ende des Mittelalters führte zum Erstarken der Stände, und die einsetzende Reformation stürzte die katholische Kirche in die Krise. Der Sakralbau kam fast völlig zum Erliegen, vorherrschend wurde die höfische und bürgerliche Architektur. Aus mittelalterlichen Wehrbauten entstanden Ende des 16. Jh. prächtige Schlösser wie die *Rosenburg, Greillenstein, Schwarzenau, Weitra* und die *Schallaburg,* die mit ihrem Arkadenhof zu den bedeutendsten Renaissancebauten Österreichs zählt. Der neue Wohlstand der Städte zeigte sich in monumentalen Bürgerbauten (u. a. Teisenhoferhof in Weißenkirchen, Langenloiser Hof in Langenlois) und reich geschmückten Fassaden. Dafür wandte man häufig die neue Technik des **Sgraffito** an (s. Kasten). Interessante Einzelwerke der Renaissance sind das Rondell in *Pöggstall* (1535), das Kuefstein-Hochgrab (1607) in *Maria Laach,* die Halbfiguren in der Schlosskapelle *Sierndorf* (1516) und das Portal der Stiftskirche *Geras,* das schon dem Manierismus, dem Übergangsstil zum Barock, zuzuzählen ist.

Sgraffitohaus in Weitra

Sgraffito – Fassadenschmuck der Renaissance

Diese aus Italien stammende Technik leitet ihren Namen vom ital. graffiare für „kratzen“ ab. Über einen schwarz- oder brauntonigen Putzmörtel wird eine dünne, helle Farbschicht aufgebracht, in die man, solange sie noch feucht ist, mit spitzem Werkzeug ritzt oder einen Holzstempel presst. Die Motive entstammen oft der antiken Mythologie, der Bibel, Tierfabeln oder der Volkskultur. Bisweilen sieht man Medaillons mit Herrscherporträts oder die Bildfolge der „Zehn Lebensalter“, denen symbolhaft ein Tier beigefügt ist. Kunstvolle Muster mit Quadern, Fischgrät- oder Figurenfriesen umrahmen die Ansichten. Derart verzierte Häuser verleihen noch heute den Stadtplätzen von Retz, Eggenburg, Horn, Langenlois, Krems, Weitra, Gmünd, Hadersdorf und Zwettl ihren Reiz.

Barock

Nach der Gegenreformation und der endgültigen Niederlage der Türken entwickelten Kirche, Hof und Hochadel Ende des 17. Jh. eine gewaltige Bautätigkeit. Prunkvolle Neubauten entstanden, Vorhandenes wurde umgebaut. Kaum eine romanische oder gotische Pfarrkirche entkam der Barockisierung.

Für die einzigartigen Klosteranlagen *Melk, Dürnstein* und *Altenburg,* die Landkirchen von *Wullersdorf* und *Ravelsbach,* für die Wallfahrtskirche *Maria Taferl,* die barocken Umbauten an den Schlössern *Rosenau* und *Gobelsburg* und an den Stiften *Geras* und *Zwettl* sind die Baumeister Jakob Prandtauer (1660–1726) und sein Schwiegersohn Joseph Munggenast (1680–1741) verantwortlich. Johann Lukas von Hildebrandt (1668–1745) baute Stift Göttweig und für den Reichskanzler Graf Schönborn das gleichnamige Schloss in Göllersdorf. Hildebrandts Schüler Franz Anton Pilgram (1699–1761) entwarf die Kaiserstiege von Stift Göttweig und das prunkvolle Schloss Riegersburg. Die vorwiegend in Wien tätigen Baumeister Johann Bernhard Fischer von Erlach (1656–1723) und sein Sohn Joseph Emanuel (1693–1742) bauten auf dem Land die Schlösser Kirchstetten, das heute baufällige Thürnthal und die Kirche von Großweikersdorf. Die Wallfahrtskirche Maria Bründl bei Poysdorf stammt von Donato Felice d’Allio (1690–1780), einem Schüler von Johann Bernhard Fischer von Erlach.

Einer der wichtigsten barocken **Bildhauer** war Matthias Steinl (1644–1727), dessen Werk in den Stiften *Dürnstein* und *Zwettl* zu bewundern ist. Die bedeutendsten in der Region tätigen **Barockmaler** waren Johann Michael Rottmayr (1654–1730), Paul Troger (1698–1762), Franz Anton Maulpertsch (1724–96), Johann Wenzel Bergl (1718–1789) und Martin Johann Schmidt (1718–1801), der sog. „Kremser Schmidt“ (s. S. 118). Sie schufen für Kirchen und Klöster farbenfrohe Deckenfresken und große Altarblätter.

Typisch für das Barock sind **Dreifaltigkeits- oder Pestsäulen,** die als Dank für die Überwindung von Pest und Türkengefahr seit dem frühen 18. Jh. zahlreiche Stadtplätze schmücken (u. a. in *Zwettl, Langenlois, Korneuburg, Laa, Eggenburg*).

Romantik und Historismus

Die Maler der **Romantik** widmeten sich neben der Darstellung des biedermeierlichen Lebens den Stadtansichten und Landschaftsporträts. In den Aquarellen von

Rudolf von Alt (1812–1905) findet sich erstmals die Wachau als Motiv. Bedeutendster Literat des Biedermeiers war Franz Grillparzer (1791–1872), der in seinem Drama *König Ottokars Glück und Ende* die Schlacht bei Dürnkrut und Jedenspeigen verarbeitete. Im Wald- und Weinviertel ansässig waren die Schriftsteller Nikolaus Lenau (1802–50), Robert Hamerling (1830–89) und Bertha von Suttner (1843–1914), die 1905 den Friedensnobelpreis für ihren Roman *Die Waffen nieder* erhielt.

Die zweite Hälfte des 19. Jh. stand ganz im Zeichen des **Historismus,** der auf alte Baustile zurückgreift. Eines der bedeutendsten österreichischen Bauwerke dieser Epoche ist das märchenhafte Schloss *Grafenegg,* das 1846–72 im Stil der englischen Tudorgotik entstand. Die mittelalterliche Burgruine *Kreuzenstein* wurde 1874–1906 unter Verwendung alter Bauteile wieder aufgebaut, ebenso die Ruine Hardegg 1890. Repräsentative öffentliche Gebäude im historistischen Stil sind die Rathäuser in *Weitra* (1892), *Korneuburg* (1894), *Laa* (1899) und *Mistelbach* (1901) sowie das Krahuletz-Museum in *Eggenburg* (1902).

Typisch für das späte 19. Jh. war die **Freilichtmalerei,** die im Sinne des Impressionismus Landschaftsstimmungen festzuhalten suchte. Ihre bedeutendsten Vertreter waren Emil Jacob Schindler (1824–92), Tina Blau (1845–1916), Carl Moll (1861–1945), Max Suppantschitsch (1865–1953) und Robert Ruß (1847–1922). Eines ihrer bevorzugten Maldomizile war seit den 80er Jahren des 19. Jh. die Wachau. Dort entstandene Gemälde sind im Wachaumuseum in *Weißenkirchen* zu sehen.

Kunst des 20./21. Jahrhunderts

Als Gegenbewegung zum Historismus etablierte sich der **Jugendstil,** der sich in der Region architektonisch am ehesten in den kleinbürgerlichen Sommerfrische-Villen des Kamptals manifestiert. So ist in *Gars* ein Frühwerk von Josef Hoffmann (1870–

Loisium in Langenlois – Volkskultur meets moderne Architektur

1956) zu sehen. Auch entlang der Donau gibt es einzelne Jugendstilbauten, wie die Kachelvilla von Jože Plečnik in *Melk.* Einen expressionistisch-monumentalen Stil pflegte Clemens Holzmeister (1886–1983), dessen erste Werke die Volksschule in *Marbach an der Donau* (1913) und das Lichtspielhaus in *Eggenburg* (1914) sind.

Die Jahre nach dem Zweiten Weltkrieg waren dem Wiederaufbau gewidmet. Bemerkenswerte Leistungen dieser Zeit sind die Kraftwerksbauten, darunter jenes von Ottenstein mit einer 60 m hohen Staumauer. Aus der jüngeren Vergangenheit stammen interessante Arbeiten moderner Architektur. 2000 entstand der Bau von Gustav Peichl für das Karikaturmuseum *Krems. Langenlois* verblüfft mit einem großen, silbernen Würfel, den Steve Holl für die Weinerlebniswelt Loisium plante, und einem schwarzen Quader, der nicht sofort als Weinkeller zu identifizieren ist. Ganz konträr dazu präsentiert sich der naive Kirchenbau von Makis Warlamis in *Waidhofen/Thaya,* der 2004 fertig gestellt wurde.

In der Malerei folgte dem Jugendstil der **Expressionismus,** dessen wichtigster österreichischer Vertreter Oskar Kokoschka 1886 in Pöchlarn an der Donau zur Welt kam. Sein Heimatort richtete ihm ein Museum ein. Auf Werke zeitgenössischer österreichischer Künstler stößt man in der Region eher selten. Der berühmte Friedensreich Hundertwasser (1928–2000) schuf für *Zwettl* einen Stadtbrunnen und für *Roiten* ein Dorfmuseum. Helmut Kies (geb. 1933), ein Vertreter des Wiener Phantastischen Realismus, vervollständigte einen gotischen Flügelaltar in *Langenlois.* Schloss *Prinzendorf* im Weinviertel ist Wirkungsstätte von Hermann Nitsch (geb. 1938), einem der wichtigsten Protagonisten des Wiener Aktionismus. Häufig vertreten ist Karl Korab (geb. 1937). Seine Lithographien zieren zahlreiche Lokale und Schriften im und über das Wald- und Weinviertel; in *Eggenburg* gestaltete er einen Brunnen am Stadtplatz. Christian Ludwig Attersee (geb. 1940) veredelt seit 1987 die Weinetiketten eines Langenloiser Winzers.

Anreise

Wachau, Wald- und Weinviertel sind von Deutschland und der Schweiz in einem Tag zu erreichen. Bahnreisenden bieten sich gute Nacht- und Autoreisezüge an. Der internationale Flughafen Wien-Schwechat ermöglicht die Anreise mit dem Flugzeug.

Weniger in der Wachau, aber umso mehr in den ländlichen Gebieten des Wald- und Weinviertels ist ein eigenes Fahrzeug vor Ort von großem Vorteil. Dennoch ist die Anreise per Bahn oder auf dem Luftweg in Kombination mit einem Mietwagen oder Autoreisezug eine überlegenswerte Alternative.

Mit dem eigenen Fahrzeug

Wer aus **Nord- und Westdeutschland** kommt, fährt über Nürnberg und die A 3 (E 56) nach Regensburg und Passau, wo es auf der Innkreisautobahn (A 8/E 56) weiter Richtung Knoten Wels geht. Die A 25 führt weiter zur Westautobahn A 1 (E 60), die bis Wien führt. Reisende in die westliche Wachau verlassen die A 1 bei Melk. Wer nach Krems oder in das Wald- oder Weinviertel unterwegs ist, fährt bis zum Knoten St. Pölten und dann über die S 33 nach Krems an der Donau.

Reisenden aus **Süddeutschland** steht als Alternative zur A 3 (E 56) über Passau die – allerdings staugefährdete – A 8 (E 60) von München nach Salzburg zur Verfügung. Von Salzburg geht es auf der Westautobahn A 1 (E 60) wie oben bis Melk oder St. Pölten weiter.

Für Reisende aus **Berlin** und dem **Osten Deutschlands** führt der kilometermäßig kürzeste Anreiseweg via Dresden durch Tschechien. Man fährt auf der E 55 bis Prag und dann auf der E 65 weiter bis Pelhrimov. Hier verlässt man die Autobahn, um auf der E 551 bis zum Grenzübergang Grametten (tgl. durchgehend geöffnet) im nördlichen Waldviertel zu fahren. Wer ins Weinviertel möchte, nimmt die E 65 ab Prag bis Jihlava, verlässt dort die Autobahn und gelangt auf der E 59 über Znaim zur Grenzkontrollstelle Kleinhaugsdorf (tgl. durchgehend geöffnet) im nördlichen Weinviertel. Zu beachten ist, dass die Strecken durch Tschechien nicht durchgängig auf Autobahnen verlaufen und die Fahrt somit etwa gleich lange dauert wie durch Süddeutschland.

Die üblichen Anreiserouten aus der **Schweiz** und aus **Westösterreich** führen über München (s. o.) oder über Innsbruck und die Inntalautobahn A 12 Richtung Salzburg. An der Strecke über Innsbruck muss der 14 km lange, gebührenpflichtige Arlberg-Straßentunnel (8,50 €) durchfahren werden – oder man wählt die gebührenfreie Variante über den Arlberg-Pass (1793 m, im Winter manchmal gesperrt!). Für die Weiterfahrt ab Salzburg s. o.

Aus dem **Süden Österreichs** gelangt man auf folgender Strecke am schnellsten in das Donautal: Man fährt auf der Südautobahn A 2 bis zum Knoten Vösendorf. Ab hier geht es über die A 21 auf die A 1, der man bis zum Knoten St. Pölten folgt. Auf der S 33 erreicht man schließlich Krems.

Distanzen bis Krems: ab Hamburg 1045 km (via Prag 855 km), ab Berlin via Regensburg 850 km, ab Berlin via Prag 580 km, ab Frankfurt/M. 513 km, ab Stuttgart 625 km, ab München via Salzburg 390 km, ab München via Passau 430 km, ab Zürich via München 770 km, ab Zürich via Innsbruck 790 km, ab Klagenfurt 405 km.

Autobahngebühren Österreich: Vignettenpflicht auf Autobahnen und Schnellstraßen: Für PKW erhältlich sind eine 10-Tages-Vignette für 7,60 € oder eine 2-Monats-Vignette für 21,80 €; die Jahresvignette kostet 72,60 €. Motorradfahrer zahlen für die 10-Tages-Vignette 4,30 €, für die 2-Monats-Vignette 10,90 € und für die Jahresvignette 29 €. Jahresvignetten sind vom 1.12. bis zum 31.1. des übernächsten Jahres gültig und an Grenzübergängen, bei Tankstellen, Postämtern, Tabaktrafiken und den Automobilclubs erhältlich.

Autobahngebühren Tschechien: Für PKW und Motorräder erhältlich sind eine 10-Tages-Vignette um 150 Kronen (ca. 5 €) oder eine Monats-Vignette um 250 Kronen (ca. 8 €). Die Jahresvignette kostet 900 Kronen (ca. 30 €).

Notruf Österreich: ✆ 133 für die Polizei, ✆ 144 für die Rettung, ✆ 122 für die Feuerwehr, ✆ 120 oder ✆ 23 für die Pannenhilfe.

Notruf Tschechien: ✆ 158 für die Polizei, ✆ 155 für die Rettung, ✆ 1150 für die Feuerwehr, ✆ 1230 für die Pannenhilfe.

Höchstgeschwindigkeit Österreich: auf Autobahnen 130 km/h (100 km/h mit Wohnwagen), auf Autostraßen, Schnellstraßen und Landstraßen 100 km/h, im Ortsgebiet 50 km/h. Von 22–5 Uhr gilt auf den Autobahnen A 10, 12, 13 und 14 als Tempolimit 110 km/h. Zahlreiche Radarkontrollen!

Höchstgeschwindigkeit Tschechien: auf Autobahnen 130 km/h, auf Landstraßen 90 km/h, im Ortsgebiet 50 km/h. Zahlreiche Radarkontrollen!

Promillegrenze Österreich: 0,5 Promille

Promillegrenze Tschechien: 0,0 Promille!

Telefonieren im Auto: In Österreich ist Telefonieren während der Fahrt nur mit Freisprecheinrichtung erlaubt (Bußgeld 21–72 €), in Tschechien ist es gänzlich verboten (Bußgeld ab 31 €).

Mit der Bahn

Wer mit einem internationalen Zug anreist, muss in St. Pölten oder in Wien umsteigen und das letzte Stück seiner Reise in die Wachau, ins Wald- oder Weinviertel mit einem Regionalzug fortsetzen.

Die günstigsten Direktverbindungen nach St. Pölten und Wien sind Nachtreisezüge, die ab Hamburg (ca. 12 Std.), Dortmund via Köln und Frankfurt/M. (ca. 14 Std.),

Mistelbach – Verkehrsknotenpunkt im Weinviertel

Berlin (ca. 11½ Std.), Stuttgart (ca. 9 Std.), München (ca. 6½ Std.) und Zürich (ca. 8½ Std.) verkehren. Besonders günstig ist der *SparNight-Tarif*, der für Frühbucher bei einigen der genannten Züge angeboten wird. Die Nachtzüge aus Hamburg, Düsseldorf und Berlin führen Autotransportwagen mit. Wer lieber tagsüber fährt, kann aus Hamburg mit dem ICE bzw. EC via Nürnberg (2x tgl., ca. 9 Std.) oder via Prag (1x tgl., ca. 12 Std.), aus Dortmund (2x tgl., ca. 11 Std.), München (3x tgl., ca. 4¾ Std.), Zürich (3x tgl., ca. 8 Std.) und Basel (1x tgl., 10¼ Std.) direkt anreisen. Aus Berlin (1x tgl., 9½ Std.) und Dresden (1x tgl., 7 Std.) gelangt man via Prag ebenfalls direkt nach Wien.

Preise/Sondertarife: Inhaber einer deutschen BahnCard mit Railplus und Besitzer eines Schweizer Halbtaxabos oder GAs erhalten auf den österreichischen Teil der Hin- bzw. Rückfahrt 25 % Ermäßigung auf den Normalpreis. Sondertarife der Deutschen Bahn, wie Sparpreis 25 und 50, bieten 25–50 % Ermäßigung auf den Normalpreis (Hin- und Rückfahrt) bei Kauf spätestens drei Tage vor Reiseantritt (begrenzte Kontingente, eingeschränkte Zugwahl, besondere Stornobedingungen und teilweise Wochenendbindung). Bis zu vier Mitfahrer erhalten 10–50 %, DB-BahnCard-25-Inhaber zusätzlich bis zu 25 % Rabatt auf den Normalpreis. Mit der kostenlosen TEE-Familienkarte können Eltern/Großeltern ihre bis zu 15 Jahre alten Kinder/Enkel gratis mitnehmen.

SparNight: Besonders günstiges, kontingentiertes Angebot für bestimmte Nachtzüge zwischen Wien und Berlin, Düsseldorf, Hamburg, Dortmund und Zürich. Wer rechtzeitig bucht, zahlt für den Sitzplatz nur 29 €, im Liegewagen 39 € und im Schlafwagen 59 € pro Fahrt.

Nachtreisezüge/Globalpreis: Abseits der SparNight gelten für die Nachtzüge ab Hamburg, Düsseldorf und Berlin nach Wien einheitliche Globalpreise: Sitzwagen 80 €, Liegewagen 100–110 €, Schlafwagen 120–180 € je nach Bettenanzahl. Günstiger ist der City NightLine-Zug aus Dortmund (29 € für einen Ruhesessel, 39–49 € im Liegewagen, 59–129 € im Schlafwagen pro Fahrt). BahnCard-Inhaber erhalten noch zusätzlichen Rabatt auf die Globalpreise.

Euro-Domino: Preisgünstige Netzkarte, mit der man an 4–8 beliebig wählbaren Tagen innerhalb eines Monats auf den Bahnlinien des gewählten Landes zuschlagsfrei fahren kann. Auf die Strecke vom Wohnsitz zur österreichischen Grenze gibt es 25 % Rabatt. Euro-Domino-Ticket Österreich: 4 Tage 2. Kl. 104 €, Zusatztag 2. Kl. 13 €.

Interrail-Ticket: Es gewährt freie Bahnfahrt in der 2. Kl. innerhalb der gebuchten Zone. Österreich bildet mit Dänemark, Deutschland und der Schweiz Zone C. Ein 12-Tage-Ticket kostet für über 26-jährige 299 €, für unter 26-jährige 210 €, ein 22-Tage-Ticket 409 € bzw. 289 €. Im Wohnsitzland fährt der Passinhaber für die Hälfte des Normaltarifs.

VorteilsCard: Österreichische Variante zur deutschen BahnCard und zum Schweizer Halbtax-Abo, berechtigt zu einer bis zu 50%igen Fahrpreisermäßigung auf allen Strecken der ÖBB, ist ein Jahr gültig und kostet knapp 100 €. Besonders günstig sind die VorteilsCards für Senioren (ca. 27 €, Damen ab 60 und Herren ab 65 J., auch für Busse gültig) und für unter 26-Jährige (19,90 €). Die VorteilsCard erhält man an jedem österreichischen Bahnhof mit Ticketschalter und in Reisebüros.

Autoreisezüge: Verkehren täglich ab Hamburg, Düsseldorf, Berlin und Feldkirch nach Wien. Die zusätzlichen Kosten für die Autofracht belaufen sich auf rund 90 € pro Fahrt. Nähere Infos unter www.dbautozug.de, www.oebb.at.

Mit Bahn und Fahrrad: Die Mitnahme eines Fahrrads nach Österreich ist in den meisten internationalen Zügen im Gepäckwagen möglich. Erforderlich ist eine internationale Fahrradkarte (ca. 12 €) und eine Vorreservierung.

Servicenummern und Internet-Adressen: **Deutschland**: ✆ 01805/996633, www.bahn.de. **Österreich**: ✆ 0043/1/930007755, 051717, www.oebb.at, **Schweiz**: www.sbb.ch, ✆ 0900/300 300, www.citynightline.ch.

Mit dem Bus

Wer will, kann auch mit dem Bus anreisen, noch dazu relativ preiswert. Aus Berlin, Dortmund, Dresden, Duisburg, Düsseldorf, Frankfurt, Hamburg, Köln, Nürnberg, München, Stuttgart, Ulm, Basel, Bern, St. Gallen und Zürich gelangt man mehrmals wöchentlich mit den Bussen der *Deutschen Touring GmbH* bzw. *Eurolines* nach Wien. Die Preise für Hin- und Rückfahrt liegen zwischen 90 und 150 €.

Information und Buchung Deutsche Touring Gmbh, Frankfurt/Main, ✆ 069/790350, www.deutsche-touring.com, Eurolines Austria, Wien, ✆ +43/1/79829000, www.eurolines.at.

Mit dem Flugzeug

Swiss, *Lufthansa* und *Austrian* bieten mehrmals täglich Linienflüge ab Hamburg, Frankfurt, Düsseldorf, Berlin, München, Genf und Zürich nach Wien an. Die Spannbreite der Tarife ist enorm und reicht von 110 € (Last-Minute-Angebot) bis zu 650 €.

Zu den Billig-Airlines, die nach Wien fliegen, zählen *Air-Berlin & Niki* mit Flügen ab fast allen deutschen Großstädten sowie Zürich (www.airberlin.de, www.flyniki.com) und *Germanwings* ab Stuttgart bzw. Köln-Bonn (www.germanwings.de). Die Preise bewegen sich zwischen 30 und 200 €. Zu buchen sind die Flüge über die Homepages der Airlines oder über Online-Reisebüros.

Der Flughafen Wien-Schwechat liegt 20 km östlich der österreichischen Hauptstadt und ist mit dieser durch die **Autobahn A 4**, die **Schnellbahnlinie S 7** (alle 30 Min., 3 € pro Fahrt) und den neuen, komfortablen **CAT-City Airport Train** (alle 30 Min, 9 € pro Fahrt) verbunden. Ein **ÖBB-Shuttlebus** fährt tagsüber im 30-Minuten-Takt vom Flughafen zum Wiener West- und Südbahnhof (6 €).

Flugauskunft Wien-Schwechat, ✆ +43/1/700722233 (24-Std.-Service), www.viennaairport.com.

Unterwegs

Während die wichtigsten Sehenswürdigkeiten in der Wachau und im Donautal sowie alle größeren Städte im Wald- und Weinviertel mit öffentlichen Verkehrsmitteln erreicht werden können, gilt das für zahlreiche sehenswerte Burgen, Schlösser, Klöster und Naturdenkmäler nicht. Hier ist das eigene Fahrzeug die einzige Alternative. Entlang der Donau ist in der warmen Jahreszeit das Fahrrad ein weithin geschätztes Fortbewegungsmittel (Stichwort: Donauradweg). Auch das Wald- und Weinviertel kann per Drahtesel erkundet werden.

Mit dem eigenen Fahrzeug

Die Region hat ein sehr gut ausgebautes **Straßennetz**. Nur vereinzelte Wege zu entlegenen Burgen oder einsamen Natursehenswürdigkeiten sind nicht asphaltiert, aber trotzdem gut befahrbar. Die Beschilderung ist oft verwirrend, eine verlässliche Straßenkarte daher unbedingt zu empfehlen (s. S. 51, „Landkarten").

Zu beachten ist die Vignettenpflicht auf den Schnellstraßen S 33 zwischen St. Pölten und Krems und S 5 zwischen Stockerau und Krems. Straßenbrücken über die Donau gibt es in Ybbs-Persenbeug, Pöchlarn, Melk-Emmersdorf, Krems-Mautern, Tulln und Wien, Autofähren in Weißenkirchen und Spitz. Besonders verkehrsreich sind die B 41 im Waldviertel (Schrems – Gmünd –Richtung Freistadt), die zum Teil vierspurig ausgebaut wird, im Weinviertel die teils dreispurig geführte B 303 (Stockerau – Hollabrunn – Znaim/Tschechien) und die vom Transitverkehr schwer belastete B 7 (Brünner Straße: Wien – Poysdorf – Brünn/Tschechien). Sie ist zum Teil bereits vierspurig und soll bis 2010 zwischen Wien und Mistelbach durch die Nordautobahn A 5 ersetzt werden.

Beim **Parken** in Stadtzentren muss man auf Kurzparkzonen achten. Diese können entweder kostenlos mit Parkscheibe für 90 Min. oder gebührenpflichtig mit Parkscheinen vom Automaten (ca. 0,50 €/Std.) benutzt werden.

Wer in Österreich einen **Mietwagen** leihen möchte, muss seit mindestens einem Jahr einen Führerschein besitzen und sollte über eine Kreditkarte verfügen. Für manche Fahrzeuggruppen ist ein Mindestalter von 21 bzw. 25 Jahren vorgesehen. International bekannte Autoverleiher haben Büros u. a. in Wien, am Flughafen Wien-Schwechat und in St. Pölten. Es ist ratsam, schon vor der Abreise von zu Hause aus ein Mietfahrzeug zu buchen. Ein Kleinwagen kostet ab 230 € pro Woche.

Information und Buchung im Internet www.avis.at, www.europcar.co.at, www.hertz.at, www.e-sixt.at, www.holidayautos.at.

Mit der Bahn

Das regionale Bahnnetz und die Fahrpläne sind nicht besonders dicht. Die Züge verkehren auf den Hauptstrecken montags bis freitags alle 1–2 Stunden zwischen 7 und 20/21 Uhr, samstags und sonntags seltener. Nebenstrecken werden oft noch seltener bedient.

Die am Nordufer der Donau zwischen Krems und Emmersdorf gelegenen Orte verbindet die **Donauuferbahn**, die Weiterfahrt von Emmersdorf bis zur **Westbahnstrecke** ist nur mehr von Mai bis Oktober 1- bis 2x tgl. möglich. An der Westbahnstrecke liegen Ybbs, Melk und Pöchlarn am Südufer. Gut sind die Verbindungen zwischen Wien und Krems.

Die wichtigste Bahnstrecke im Waldviertel ist die **Franz-Josefs-Bahn**, die vom gleichnamigen Bahnhof in Wien durch das Schmidatal über Eggenburg, Sigmundsherberg, Schwarzenau nach Gmünd führt. Stichbahnen erreichen von Schwarzenau die Städte Zwettl und Waidhofen/Thaya. Die landschaftlich reizvolle **Kamptalbahn** fährt von Hadersdorf flussaufwärts bis Sigmundsherberg, wo man Anschluss an die Franz-Josefs-Bahn hat.

Hauptbahnstrecken durch das Weinviertel sind die **Nordbahn** vom Wiener Nordbahnhof entlang der March in Richtung Prag sowie die **Schnellbahnlinien** 2 und 3 von Wien nach Mistelbach, Korneuburg, Stockerau und Hollabrunn. Regionalzüge fahren von Hollabrunn und Mistelbach weiter bis Retz und Laa an der Thaya. Auf den Landkarten finden sich weitere Bahnlinien, die mittlerweile eingestellt sind bzw. nur mehr saisonal zu touristischen Zwecken befahren werden (s. u.).

Zugarten: *Schnellbahnzüge (S)* und *Regionalzüge* halten an allen Stationen, *Eilzüge (E)* nur in größeren Orten. Schaffnerlose *Schienenbusse* bleiben an bestimmten Stationen nur bei Bedarf stehen (Handzeichen, Haltewunschtaste im Zug). Immer häufiger kommen komfortable doppelstöckige *Wiesel-Züge* zum Einsatz.

Fahrkarten: Fahrkarten (einfach/Hin- und Rückfahrt) gelten 1 Tag (bis 100 km Distanz) bzw. 1 Monat (ab 101 km). Nur bei Karten über 101 km kann die Fahrt unterbrochen werden. Mit einem Erwachsenen dürfen bis zu zwei Kinder unter 6 Jahren gratis mitfahren, für jedes weitere Kind muss eine Halbpreiskarte gelöst werden. 6- bis 14-Jährige fahren zum halben Preis.

Preisbeispiele (2. Kl.): Wien – Gmünd ca. 23 €, Wien – Retz oder Laa ca. 13 €, Krems – Horn ca. 9 €.

Fahrkartenkauf: Fahrkarten erhält man am Bahnhofsschalter, an Fahrkartenautomaten an Bahnhöfen, Haltestellen und in gekennzeichneten, schaffnerlosen Schienenbussen, beim Zugführer in Schienenbussen oder beim immer seltener vorhandenen Schaffner. Man zahlt am Automaten mit Bargeld, Kredit- oder Bankomatkarte. Wer trotz vorhandenem Automaten keinen Fahrschein gelöst hat, wird als Schwarzfahrer behandelt und muss bei Kontrollen mit einem Strafzuschlag von bis zu 75 € rechnen!

Fahrpläne: An großen Bahnhöfen erhält man regionale Fahrpläne (1,50 €) oder das Fahrplanbuch Österreich (7 €).

Bahnauskunft: ✆ 051717 (österreichweit zum Ortstarif), www.oebb.at.

Saisonale Erlebnisbahnen

Waldviertler Schmalspurbahnen: Die Hauptlinie führt von **Gmünd** nach **Groß-Gerungs** und überwindet auf ihrer rund 43 km langen Fahrt den landschaftlich reizvollen, rund 800 m hohen „Waldviertler Semmering" – durch zwei Tunnel und Viadukte und vorbei an imposanten Granitwänden. Nebenlinien verkehren von **Gmünd** nach **Litschau** und zwischen **Alt Nagelberg** und **Heidenreichstein**. Gefahren wird zwischen Mai und Oktober 2- bis 3x pro Woche, meist an Wochenenden. Jedes 2. Wochenende kommt eine Dampflok zum Einsatz.

Reblaus-Express: Zwischen der Weinmetropole **Retz** und dem Mittelalterstädtchen **Drosendorf an der Thaya** verkehrt an Sommerwochenenden eine Diesel-Oldtimergarnitur mit Heurigenwagen.

Information im Internet: www.waldviertlerbahn.at, www.reblaus-express.at.

Mit dem Bus

Busverbindungen ergänzen Eisenbahnstrecken oder haben jene ersetzt, die aus Kostengründen eingestellt wurden. Es verkehren *Post-*, *Bahn-*, *Wiesel-* und *Privatbusse* im öffentlichen Auftrag, die alle in einem Tarifverbund zusammengeschlossen sind. Touristen, die zu Ferienzeiten unterwegs sind und Ausflügler an Sonntagen müssen zur Kenntnis nehmen, dass Busfahrpläne fast ausschließlich an die Bedürfnisse von Pendlern und Schülern angepasst sind. Wichtige Busbahnhöfe sind Melk, Ybbs an der Donau, Zwettl, Waidhofen/Thaya, Hollabrunn und Mistelbach. **Fahrpläne** sollten an jeder Bushaltestelle hängen, **Fahrscheine** erhält man beim Fahrer.

Fahrpläne im Internet www.fahrplan.oebb.at

Mit dem Donauschiff vorbei an Weißenkirchen

Mit dem Schiff

Von Ostern bis Ende Oktober gibt es auf der Donau in der Wachau einen Linienverkehr. Die *Brandner Schiffahrt* legt mit ihrem Schiff „MS Austria" in Melk, Spitz, Dürnstein und Krems, selten in Emmersdorf und Weißenkirchen, an. Die *DDSG Blue Danube* befährt den Kurs Melk – Spitz – Dürnstein – Krems mit den Schiffen „MS Prinz Eugen" und „MS Wachau". Jeden Sonntag von Ende April bis Ende Sept. bietet die DDSG auch eine Fahrt mit der „MS Admiral Tegetthoff" von Wien-Reichsbrücke über Krems nach Dürnstein und wieder retour an. Im Hochsommer fährt zudem das Schiff „MS Anton Bruckner" von *Wurm+Köck* 1- bis 2x wöchentlich von Melk bis Tulln und Wien-Reichsbrücke. Der Raddampfer „MS Stadt Wien" des *Schiffahrtsunternehmens Willi Stift* absolviert an den Sonntagen der Hauptsaison den Kurs Tulln – Melk – Tulln, im Hochsommer zusätzlich auch samstags.

Wer die Donau per Schiff überqueren möchte, dem stehen die von April/Mai bis Mitte/Ende Oktober täglich verkehrenden **Personen- und Autofähren** in Spitz und Weißenkirchen zur Verfügung. Zwischen Dürnstein und Rossatz gibt es eine Motorbootfähre, mit der nur Personen und Fahrräder transportiert werden.

Preisbeispiele: Linienschiff: Krems – Wien ca. 16 €, Rückfahrkarte ca. 21 €; Wien – Dürnstein – Wien 25 €. Der Radtransport auf den Schiffen ist gratis.

Fahrkartenkauf: Tickets für die Linienschiffe erhält man an den besetzten Anlegestellen bzw. an Bord. In Begleitung der Eltern fahren Kinder bis 10 Jahre frei, 11- bis 15-jährige zahlen die Hälfte.

Information: Brandner Schiffahrt, ✆ 07433/259021, www.brandner.at. DDSG Blue Danube, ✆ 01/5888-0, www.ddsg-blue-danube.at. Donauschiffahrt Wurm+Köck, ✆ 0732/78360 720, www.donauschiffahrt.de. Schiffahrt Willi Stift, ✆ 02272/68000, www.schiff-tulln.at. Alle Fahrpläne zum Linienverkehr auf der Donau gibt es unter www.donaustationen.at.

Mit dem Fahrrad

Die Region ist ein Paradies für Radfahrer. Sie ist von einem Netz an beschilderten Radwegen und -routen überzogen, die sich für einen Sonntagsausflug, ein Radwochenende oder einen Radurlaub eignen. Sie verlaufen zumeist auf kaum befahrenen Güterwegen, verkehrsarmen Nebenstraßen oder neu angelegten Radwegen. Berühmteste Route durch die Region ist der **Donauradweg**, der von Passau bis Bratislava führt und zu den beliebtesten Wegen Mitteleuropas gehört. Der Abschnitt Nibelungengau – Wachau (Ybbs bis Krems) ist 62 km lang. Entlang der Strecke ist die Infrastruktur perfekt auf den Radfahrer abgestimmt (Radhotels, Radgaragen, Radfähren, Gepäcktransport, kostenlose Radmitnahme auf Donauschiffen u. Ä.). Im Bereich der Wachau ist der Radweg mitunter etwas überlaufen.

Eine große Schleife durch das Wald- und Weinviertel zieht der anspruchsvolle und gut beschilderte **Kamp-Thaya-March-Radweg** (420 km), den ein großartiger Wechsel an Landschaftsformen auszeichnet (Infos unter www.ktm-radweg.at). In der hügeligen Rebenlandschaft des Weinviertels wurden fast 800 km Radrundwege markiert. Auf weitere Radrouten wird an den jeweiligen Ausgangspunkten im Reiseteil hingewiesen.

Radrouten im Weinviertel

Radkarten: Zu empfehlen sind die bikeline-Radtourenbücher vom Verlag Esterbauer, 1:75.000 bzw. 1:50.000. Angeboten werden die Titel Waldviertel, Weinviertel, Kamptal, Retzer Land, Donauradweg, Rund um Wien und Kamp-Thaya-March-Radweg. Sie kosten 10–12 € und sind im Buchhandel, bei gut sortierten Touristeninfos oder beim Verlag in Österreich (✆ 02983/289820, www.esterbauer.com) erhältlich.

Fahrradverleih: An touristischen Plätzen (Touristeninfo, Campingplatz) können Fahrräder entliehen werden; pro Tag zahlt man 10–15 €.

Fahrradmitnahme im Zug: In Regional- und Eilzügen mit einem Fahrradsymbol und in allen Schnellbahnzügen kann das Fahrrad in den gekennzeichneten Zugbereich zur Mitnahme verladen werden. Die Tageskarte für das Rad kostet 2,90 €, die Wochenkarte 7,50 €. Im Reblaus-Express und in den Waldviertler Schmalspurbahnen ist die Fahrradmitnahme gratis.

Information: Routentipps und Radreiseangebote finden sich in der Gratisbroschüre *Land der Radfahrer* der Niederösterreich-Information (✆ +43/1/536106200, www.niederoesterreich.at/rad).

Wandern

Die vielfältigen Landschaftsformen bieten eine breite Palette an Wandermöglichkeiten: gemütliche Spaziergänge durch Weingärten und Kellergassen, leichte Touren zu Burgruinen und Aussichtswarten, romantische Wege an Wasserfällen und Flusstälern entlang, spannende Klettertouren an den Felsen der Wachau, echte

Lohnenswertes Wanderziel ist die Ferdinandswarte bei Mautern

Gipfelsiege auf den „Tausendern" Nebelstein und Großer Peilstein, tagelange Höhen- und Weitwanderwege. Zu Letzteren zählen der Ostösterreichische Grenzlandweg 07 (Abschnitt Nebelstein – Thayatal – Retz – Hainburg; ca. 300 km), der Mariazeller-Wallfahrerweg 06 (Abschnitt Nebelstein – Kamptal – Wachau, ca. 200 km), der Eisenwurzenweg 08 (Abschnitt Litschau – Groß Gerungs – Ostrong – Ybbs, ca. 200 km) und der Ysper Weitental-Rundwanderweg (121 km).

Generell sind Wanderwege eher zuverlässig markiert, meist mit Farben oder Nummern. Ein einheitliches Markierungssystem nach Vorgaben der EU ist im Entstehen.

Karten: Praktisch sind die Wander- und Freizeitkarten von Freytag&Berndt, 1:50.000, mit GPS-Punkten und touristischen Informationen für rund 7 €. Für die Region erhältlich sind: WK 071 (Wachau, inkl. südl. Waldviertel), WK 072 (Kamptal-Gars), WK 073 (Nat.-park Thayatal – Znaim – Retz), WK 111 (Zwettl – Gmünd), WK 011 (Wienerwald), WK 015 (Weinviertel). Die WK 5071 (Wachau – Artstetten – Melk – Jauerling – Göttweig) hat einen Maßstab von 1:35.000.

Von Kompass gibt es die Wanderkarte Nr. 207 (mit Beiheft) für Wachau-Nibelungengau (1:50.000, ca. 7 €).

Übernachten

Das Angebot reicht vom Zeltplatz an einem See- oder Flussufer über Privatzimmer auf gemütlichen Weinbauernhöfen bis zu Luxusherbergen in alten Schlossmauern.

Die Übernachtungsmöglichkeiten konzentrieren sich in traditionellen Tourismusregionen wie der Wachau, dem Kamptal oder dem Retzer Land, kleiner ist die Auswahl in der übrigen Region. Zur Marillenblüte, im Weinherbst oder zu lokalen Festen kann es schwierig sein, eine Bleibe zu finden. Wer eine ganz bestimmte Unterkunft im Auge hat, sollte jedenfalls rechtzeitig Vorsorge treffen, denn die stilvollsten und romantischsten Herbergen haben häufig nur eine begrenzte Anzahl an Betten.

• *Information* Für Wachau-Nibelungengau, Waldviertel und Weinviertel werden jeweils eigene, kostenlose Unterkunftsverzeichnisse herausgegeben, die nahezu alle Betriebe, von Hotels, Privatzimmern, Ferienwohnungen bis zu Campingplätzen, detailliert auflisten. Schon vor der Reise anzufordern sind sie bei den regionalen Informationsstellen (s. S. 50, „Reisepraktisches von A bis Z"). Unterwegs sind sie in den Touristenbüros größerer Orte erhältlich. Ansonsten helfen Informationstafeln und grüne Hinweisschilder bei der Quartiersuche weiter. Die meisten Übernachtungsmöglichkeiten sind auch im Internet unter www.wachau.at, www.waldviertel.or.at und www.weinviertel.at aufgeführt.

• *Reservierung* Üblicherweise reserviert man telefonisch beim Vermieter. Online-Buchungen sind über die genannten Websites möglich.

Die im Reiseteil genannten Zimmerpreise beinhalten stets auch das **Frühstück**. Unter **Komfortzimmer** wird generell eine Unterkunft mit eigenem Bad/WC oder Dusche/WC und TV im Zimmer verstanden.

Gemütliches Logieren in Weitra

Hotels, Gasthöfe und Pensionen

Österreichische Beherbergungsbetriebe sind nach einem **Fünf-Sterne-System** klassifiziert. Das einzige Luxushotel der Region mit der höchsten Sterneanzahl ist das *Schlosshotel Dürnstein* in der Wachau. Die Verteilung der Sterne richtet sich primär nach Ausstattung und Service, wie z. B. TV im Zimmer oder Häufigkeit des Bettwäschewechsels, und sagt weniger über Aussehen und Alter der Möblierung aus. Für einen vierten Stern muss ein Hotel Wellnessbereiche (Sauna, Solarium) oder Seminarräume anbieten. Entlang der Donau und im Waldviertel gibt es jeweils rund zwanzig Vier-Sterne-Betriebe, im Weinviertel hingegen nur eine Hand voll. Nicht klassifizierte Betriebe sind vergleichbar mit einem Zwei-Sterne-Betrieb, also zweckmäßig ausgestattet.Zum **Frühstück** wird neben Kaffee, Gebäck und Marmelade meist auch Schinken und Käse serviert. Betriebe ab drei Sternen sollten ein Früh-

Welcome-Ticket

Dieses Gutscheinsystem macht den Aufenthalt besonders preisgünstig. Man erhält Welcome-Tickets in österreichischen und deutschen Reisebüros (Verkehrsbüro, Mondial, ITS, Ameropa, Dertour) zum Preis von 18 € pro Person für eine Übernachtung mit Frühstück und dazu ein Verzeichnis aller Unterkünfte (Hotels, Gasthöfe, Privathäuser, Bauernhöfe), bei denen mit den Tickets gezahlt werden kann. Reserviert wird direkt beim Vermieter, in der Hauptsaison am besten einige Tage im Voraus. Je nach Kategorie wird mit ein oder zwei Welcome-Tickets pro Person bezahlt, also 36 € bzw. 72 € für ein DZ pro Nacht und damit bis zu 25 % weniger als die normalen Tarife der jeweiligen Betriebe.

Weitere Informationen unter ✆ +43/1/536106200, www.welcometicket.at.

stücksbuffet anbieten. **Preise**: Ein Doppelzimmer in einem Drei-Sterne-Betrieb kostet je nach Standort, Aufenthaltsdauer und Ausstattung im Schnitt 46–60 €, in einem Vier-Sterne-Betrieb 70–150 €. In der Wachau sind die Preise bis zu 25 % höher.

Privatzimmer

Eine preiswerte Alternative sind die zahlreichen Privatquartiere, meist Einfamilienhäuser, in denen zwischen 4 und 10 Betten in Einzel-, Doppel- oder Dreibettzimmern vermietet werden. Der Großteil der Quartiere wird regelmäßig geprüft und mit zwei bis vier Sonnen bewertet, wobei die Gastfreundlichkeit, die Wohnbehaglichkeit und angebotene Aktivitäten (Leihräder, Sport- und Fitnessmöglichkeiten, Spielplatz) mitberücksichtigt werden. Die Atmosphäre ist familiär, das **Frühstück** oft mit hausgemachten Spezialitäten verfeinert.

Preise: Für das Doppelzimmer in Drei-Sonnen-Betrieben zahlt man 30–40 € pro Tag, Vier-Sonnen-Betriebe, deren Zimmer über eigene Dusche/WC oder Bad/WC verfügen müssen, sind je nach Standort 10–20 € teurer. Kurznächtigungszuschläge von 10–20 % für Aufenthalte unter drei Tagen sind üblich. Wer keinen Wert auf Komfort legt, wird auch Privatquartiere zu DZ-Preisen zwischen 20 und 30 € finden.

Urlaub auf dem Bauernhof

Groß ist das Angebot an Zimmern und Ferienwohnungen auf Bauernhöfen, das vor allem von Familien geschätzt wird. Abgesehen vom landwirtschaftlichen Betrieb ist der Unterschied zu Privatquartieren gering. Die Höfe werden auch bewertet und mit zwei (eher rustikal) bis vier (komfortabel) Blumen ausgezeichnet. Während Bauernhöfe im Waldviertel größtenteils Ackerbau betreiben, Kühe, Schafe oder Schweine

Vier Blumen für größten Komfort

halten, können die Weinbauernhöfe entlang der Donau, im unteren Kamptal und im Weinviertel an Tieren meist nur Katzen und Hunde bieten. Doch sollten die Winzer extra erwähnt werden, denn gerade sie haben in den letzten Jahren viele Räume neu geschaffen und liebevoll eingerichtet. Zum **Frühstück** kann man meist selbst gebackenes Brot und hausgemachte Marmelade erwarten. Die **Preise** verhalten sich wie bei Privatzimmern.

Information Bebilderter kostenloser Katalog (Niederösterreich-Ausgabe) erhältlich unter ✆ +43/662/880202. Online-Buchung unter www.landurlaub.at.

Jugendherbergen

Fünf offizielle Jugendherbergen gibt es in der Region: in Melk und Krems in der Wachau, im Waldviertel in Bad Großpertholz, Drosendorf und Neu-Nagelberg. Sie sind meist vom 1.4. bis zum 31.10. geöffnet. Die Nacht im Mehrbettzimmer inkl. Frühstück und Bettwäsche kostet 15–20 € p. P. Meist wird ein gültiger Jugendherbergsausweis verlangt. Er ist beim jeweiligen nationalen Jugendherbergsverband (auch online) erhältlich und kostet je nach Alter 10–20 € pro Jahr.

• *Information* **Österreichischer Jugendherbergsverband**, Schottenring 28, 1010 Wien, ✆ 01/5335353, 📠 01/5350861, www.oejhv.or.at. **DJH Hauptverband**, Leonardo-da-Vinci-Weg 1, 32760 Detmold, ✆ 05321/99360, 📠 05321/99360, www.jugendherberge.de; **Schweizer Jugendherbergen**, Schaffhauserstraße 14, Postfach 161, 8042 Zürich, ✆ 01/3601414, 📠 01/3601460, www.youthhostel.ch.

Ferienwohnungen

Ferienwohnungen werden in privaten Einfamilienhäusern und auf Bauernhöfen angeboten. Pro Betrieb stehen meist ein, zwei, allerhöchstens drei Wohnungen zur Verfügung, die 4–6 Personen Platz bieten können. Sie sind durchweg gut und wohnlich ausgestattet, nach dem bewährten Sonnen- und Blumen-System (s. o.) klassifiziert und kosten für 4 Personen im Schnitt 40–60 € pro Tag. In touristischen Hotspots wie der Wachau klettert der Preis auch über 70 € hinaus. Für die Endreinigung muss oft extra bezahlt werden (bis 35 €).

Camping

Die knapp 20 Campingplätze der Region liegen fast alle an Flüssen, Seen oder Badeteichen und sind meist von April/Mai bis Anfang/Ende Oktober geöffnet. Der mit rund 100 Stellflächen größte und am besten ausgestattete Platz ist in Krems an der Donau. Für 2 Personen mit Zelt und Auto zahlt man bis 25 € pro Tag. Bei kleineren Plätzen ist eine Vorreservierung nötig.

Information www.campingfuehrer.at

Essen und Trinken

Allein der Gaumenfreuden wegen lohnt sich eine Reise in diese Region, die mit einer kulinarischen Vielfalt aus ländlich-traditioneller und gutbürgerlicher Küche aufwartet, zubereitet aus frischen Zutaten der Umgebung und begleitet von ausgezeichneten Weinen der Region.

Regionale Spezialitäten

Die **Wachauer Marille**, eine ursprünglich aus China stammende Frucht, die anderswo Aprikose genannt wird, gerät im Klima der Wachau zu höchstem Aroma und

Süßes aus Mohn

unverwechselbarer Qualität. Ihre Sorte und ihr Name sind EU-rechtlich geschützt, ihre Verarbeitungsmöglichkeiten vielfach: Roh in eine Hülle aus Brand-, Topfen- oder Erdäpfelteig (je nach Rezept) gehüllt und im Wasser gekocht ergeben sie die berühmten *Marillenknödel*. In Strudelteige gewickelt oder auf Kuchenteige gesetzt, bereichern sie die Mehlspeisküche. Eingekocht genießt man sie als *Marmelade* auf dem Frühstücksbrot, in der Sachertorte oder als *Röster* (gedünstet) zum Dessert. Neuerdings werden Marillen auch in Essig eingelegt und als pikante *Chutneys* zu Fleischspeisen gereicht. Für die richtige Abrundung eines opulenten Mahls sorgt die Marille im destillierten Zustand, als *Marillenschnaps* oder *-likör*. Hochsaison für die Marille sind die Erntemonate Juli und August. Dann huldigt man ihr mit lokalen Festen, wie dem Marillenkirtag in Spitz.

Ähnlich vielfältig einsetzbar ist der **Waldviertler Graumohn** (s. S. 166, „Mohndorf Armschlag"). Gemahlen ist er Hauptzutat unzähliger Süßspeisen: Am bekanntesten sind die *Gewuzelten Mohnnudeln*, handgerollte, gekochte und in Mohn und Zucker geschwenkte Erdäpfelteignudeln, die warm serviert werden. Mit Mohn gefüllt werden *Mohnstrudel, Mohnknödel, Mohnpalatschinken* und *Mohnzelten* (gebackene, flach gedrückte Knödel). Bei der *Mohntorte* und dem *Mohngugelhupf* wird der Mohn in die Masse gemischt, ebenso beim hübsch getupften *Mohnmousse* oder *Mohnparfait*. Mohn findet man auch als Einlage *(Mohnschöberl)* in einer klaren Suppe, als *Mohnkäse* oder in Form von *Mohnöl*.

Köstliches reift auch unter der Erde des Waldviertels: der **Waldviertler Erdapfel**. 1740 ordnete Kaiserin Maria Theresia den erstmaligen Anbau der aus Peru und Chile stammenden Kartoffelknolle in Österreich an und wählte dafür das Waldviertel aus. Bis heute wachsen hier die besten Erdäpfel Österreichs. Man verarbeitet sie mannigfaltig, etwa zu Erdäpfelteig, der in der Mehlspeisküche (s. o.) benötigt wird oder zur bekanntesten regionalen Bratenbeilage, dem *Waldviertler Knödel*. Zahllose

Geschichten ranken sich um ihn, denn seine Zubereitung aus geriebenen, rohen und gekochten Erdäpfeln ist tückisch: Er darf nicht zu weich und nicht zu fest werden und ja keine dunkle Farbe annehmen. Beim Verzehr sollte er nicht mit dem Messer geteilt, sondern nur mit der Gabel zerrissen werden. Als Klassiker serviert man Waldviertler Knödel zu einem saftigen Schweinebraten mit Speckkraut. Gut passt er auch zur gebratenen Gans und zu Wildspezialitäten (Flugente, Rehragout, Wildschweinbraten), für die im Spätherbst Saison ist. Auch in ihrer einfachsten Zubereitungsart – nur gekocht – schmecken Waldviertler Erdäpfel einmalig: Geschält oder ungeschält, mit einem Stück Butter *(Erdäpfel mit Butter)* sind sie so als warme Jause im Spätsommer eine ideale Ergänzung zum Glas *Sturm* (hefetrüber, gärender Traubenmost).

Beliebt sind die gekochten Erdäpfel, angereichert mit Salz oder Petersilie, auch als Beilage zu **Fischgerichten**. Dafür fängt man in der Donau und seinen Zuflüssen den *Donauschill* (Zander), den *Donauwaller* (Wels), die *Forelle*, den *Saibling* und den *Hecht*. Aus den über tausend Waldviertler Teichen, die im Mittelalter von Klöstern angelegt wurden, kommt der *Waldviertler Spiegelkarpfen*, der wegen seines geringen Fettgehalts besonders geschätzt wird. Er ist seit 1999 eine geschützte Marke. Die Fische werden gekocht, pochiert, gebraten oder gebacken. Manchmal kommen sie in Form einer Fischsuppe oder Pastete auf den Tisch. Geräuchert oder eingelegt sind sie auch auf den Speisekarten guter Heurigenlokale zu finden. Ist von einem geschröpften Karpfen die Rede, so wurde er durch feine Schnitte so gut wie grätenfrei gemacht.
Zu warmen Fischgerichten wird im Spätsommer gerne eine Gemüsebeilage aus gewürfeltem **Kürbis** gereicht. Das frühere Tierfutter und Arme-Leute-Gewächs erfuhr in den letzten Jahren – auch dank Halloween – eine kulinarische Aufwertung. Im Land um Retz werden mehr als ein Dutzend Kürbisarten großflächig angebaut und ihnen zu Ehren alljährlich ein Fest abgehalten. In der Küche wird die dickschalige Beerenfrucht zur *Kürbiscremesuppe* püriert, zum *Kürbisrisotto* eingerührt, zum *Kürbiskernöl* gepresst und mitunter auch süß, zur *Kürbiskerntorte* oder dem *Kürbisparfait*, verarbeitet. Als *Kürbiskernaufstrich* kommt sie auf das Jausenbrot. Die sandigen Böden des südlichen Weinviertels und des angrenzenden Marchfelds lassen auch hervorragenden **Spargel** heranreifen. Mit Erntebeginn im April brechen dann nahezu flächendeckend im Land „Spargelwochen" aus. Auf den Speisekarten der Restaurants stehen nun *Spargelcremesuppen* oder *Spargelmousse*, *Spargel gratiniert*, *Spargel gekocht* und *Spargelrisotto*. Auch manch feineres Heurigenlokal nimmt Spargel, etwa als Salat, in sein Speisenangebot auf. Üblichere Bestandteile der eher deftigen **Heurigenkost** sind kalte Fleisch- und Wurstwaren vom Schwein und Rind, wie *Geselchtes* (Rauchfleisch), *Kümmel-* und *Schweinebraten* mit frischem *Kren* (Meerrettich), *Speck* und die warm servierte *Saumaise* (geselchtes Faschiertes). Dazu kommen Streich- und Frischkäse, die häufig von Schaf oder Ziege stammen. Brote mit *Schmalz* oder *Grammeln* (Grieben) sind ebenfalls keine Seltenheit. Der bekannteste Heurigenaufstrich ist der *Liptauer*, dessen Zutaten je nach Lokal variieren. Meist besteht er aus Topfen, Sauerrahm, Sardellenpaste, Senf, Kapern und Paprikapulver. Ein Potpourri aus allen Speisen erhält, wer eine *Brettl-* oder *Hauerjause* bestellt. Die berühmteste „Beilage" zur Heurigenjause ist das aus Dürnstein stammende *Wachauer Laberl*, ein knuspriges, rundes Weißgebäck.

• *Wörterbuch* **Beuschel**: Gericht aus Kalbslunge und -herz, **Blunzen**: Blutwurst, **Bruckfleisch**: Gericht aus Schlachtabfällen (Herz, Rindsleber, Milz), **Dalken**: kleiner Hefeteigpfannkuchen, **Eierschwammerl**: Pfifferlinge, *Erdapfel* – Kartoffel, **Faschiertes**: Hackfleisch,

Fleckerln: kleine, quadratische Nudelstücke, **Frankfurter**: Wiener Würstchen, **Geselchtes**: Rauchfleisch, **Germ**: Hefe, **Golatsche**: süßes Plundergebäck, **Grammeln**: Grieben, **Gugelhupf**: Napfkuchen, **Hendl**: Hähnchen, **Kipferl**: Hörnchen, **Kitz**: junge Ziege, **Knödel**: Klöße, **Kren**: Meerrettich, **Palatschinke**: Pfannkuchen, **Paradeiser**: Tomate, **Püree**: Mus, **Rahm**: saure Sahne, **Röster**: gedünstetes Obst, **Schmalz**: ausgelassenes Schweinefett, **Semmel**: Brötchen, **Stelze**: Eisbein, **Topfen**: Quark.

April – Saisonbeginn in den Gastgärten der Wachau

Die Lokale

Das Donautal und vor allem die Wachau sind bekannt als Paradies für Feinschmecker. Unter den zahlreichen **Restaurants** und **Landgasthöfen**, in denen kreative Küche auf höchstem Niveau offeriert wird, ist das *Landhaus Bacher* in Mautern das meistprämierte. Ebenfalls von Gourmetführern mit mehreren Sternen oder Hauben dekoriert wurden u. a. das *Kloster Und* und *Zum Kaiser von Österreich* in Krems, die Schlosstaverne *Grafenegg*, *Tom's Restaurant* in Melk, der *Florianihof* und *Holzapfels Prandtauerhof* in Weißenkirchen, das *Gut Oberstockstall* in Kirchberg am Wagram und *Mörwald Zur Traube* in Feuersbrunn. Geboten wird eine kreativ verfeinerte regionale Küche, die bisweilen mediterran oder asiatisch inspiriert ist. Viele Betriebe haben Montag und Dienstag Ruhetag. Warme Gerichte werden von 11.30–14 Uhr und von 17.30/18–21/22 Uhr serviert. Durchgehend warm gekocht wird häufig am Wochenende. Eine Reservierung ist ratsam.

Bodenständige, regionaltypische Küche in großen Portionen zu günstigen Preisen wird in den zahlreichen **Wirtshäusern** serviert. Sie sind meist einfach ausgestattet, kommen größtenteils ohne Tischtücher aus und sind Treffpunkte der einheimischen Bevölkerung, die bestimmte Vorrechte genießt. So sind für sie der wirtshaustypische Stammtisch und die Plätze an der Schank reserviert. Hier wird Karten gespielt oder politisiert. Ein Wirtshaus verlangt das Vorhandensein eines Wirts, der mitunter auch etwas schroff zu den Gästen sein darf. Montags bis freitags gibt es ein bis zwei preiswerte Mittagsmenüs, üblicherweise mit zwei Gängen. Die meisten Wirtshäuser haben montags, viele bereits sonntagabends geschlossen.

Wirtshauskultur

Um dem Wirtshaussterben in ländlichen Regionen Einhalt zu gebieten, wurde 1994 in Niederösterreich die Aktion „Wirtshauskultur“ ins Leben gerufen. Beteiligte Betriebe sind an einem ovalen grünen Emailschild am Eingang zu erkennen. Sie bieten eine gemütliche Atmosphäre und legen besonderen Wert auf Authentizität. Für die Zubereitung der Speisen verwenden sie hauptsächlich regionale Zutaten. Auf der Getränkekarte werden Obstsäfte, Wein oder Bier aus lokaler Herstellung angeboten. Manche dieser Wirtshäuser haben mittlerweile Eingang in Gourmet-Führer gefunden. Trotzdem sind sie noch immer mit Stammtisch und Schank ausgestattet. In einigen Lokalen haben sich sogar besonders nostalgische Wirtshauseinrichtungen erhalten, deretwegen sich allein ein Besuch lohnt. Im Reiseteil werden Kulturwirtshäuser als solche bezeichnet, alle Adressen findet man unter www.wirtshauskultur.at.

Fast jeder größere Ort hat auch eine eigene **Café-Konditorei**. Diese ist meist täglich von 7 bis 19/20 Uhr geöffnet. Nachmittagskaffee wird üblicherweise zwischen 14 und 16 Uhr getrunken. Neben Mehlspeisen gibt es häufig kleine Snacks und im Frühling und Sommer selbst gemachtes Eis.

Ein Aufenthalt in einer Weinbauregion darf nicht ohne einen Besuch beim **Heurigen** vergehen. Darunter versteht man ein Lokal, das Eigenbauweine ausschenkt und dazu eine kalte Jause anbietet. Weitere typische Getränke sind ein *G'spritzter* (halb Wein/halb Sodawasser), Traubensaft pur oder g'spritzt, *Almdudler* (kohlensäurehaltige Kräuterlimonade) und ein *Kaiserg'spritzer* (Wein, Sodawasser, Holunderblütensaft). Echte Heurige sind nicht das ganze Jahr über offen, sondern wochenweise über das Jahr verteilt. Ein geöffneter Heuriger hat „ausg'steckt“, d. h. er signalisiert sein Geöffnetsein durch einen (beleuchteten) Föhrenbusch. Daher stammt auch sein alternativer Name **Buschenschank**. Seine Tore öffnet er meist um 15 Uhr. Er kann in dunklen Kellergewölben und in leer geräumten Arbeitsräumen untergebracht sein oder in geschmackvoll rustikal eingerichteten Gasträumen. Serviert er dazu noch kreative Spezialitäten abseits von Brettljause und Fleischbrot und hat prämierte Weine anzubieten, wird er landläufig als „Nobel-Heuriger“ bezeichnet. Über Aussteckermine informieren Heurigenkalender, die bei Informationsstellen erhältlich sind. Ganzjährig geöffnete Heurige haben eine Gastgewerbekonzession, können daher warme Küche und auch fremde Weine anbieten und sollten sich Heurigenrestaurants nennen.

Wein

Der Weinbau in der Region hat dank einzigartiger Urgesteins- und Lössböden und des günstigen Klimas eine Jahrhunderte lange Tradition. Heute ist das Weinviertel das größte Weinbaugebiet Österreichs und auf den Rebterrassen der Wachau und des Kamptals gedeihen internationale Spitzenweine.

Der römische Kaiser Probus ließ um 280 n. Chr. erstmals entlang der Donau Weingärten anlegen. Ab dem Mittelalter waren die Klöster Förderer des Weinbaus. Sie legten in der Wachau Rebterrassen an und errichteten im Donautal und im Weinviertel Weinlesehöfe, in denen sie die Trauben zu Messwein verarbeiteten und die Weinfässer lagerten. Im 18. Jh. begannen sie mit der Entwicklung von Qualitätswein. Die Reblaus, ein aus Amerika eingeschleppter Schädling, verbreitete sich ab 1872 und zerstörte fast alle Kulturen. Es dauerte Jahrzehnte, bis die Weingärten wieder Erträge brachten. Im Nachhinein als Segen entpuppte sich der österreichische Weinskandal von 1985, als einige Winzer ihren Rebensaft mit süß schmeckendem Frostschutzmittel (Glykol) aufbesserten. Als Folge wurde eines der weltweit strengsten Weingesetze erlassen und eine Qualitätssteigerung ausgelöst, die viele Weine an die Weltspitze brachte und noch immer bringt.

Wein aus der Wachau, dem Wald- und dem Weinviertel

Anbaugebiete und Rebsorten

Auf über 25.000 ha wird in der Region Wein angepflanzt. Als **Anbaugebiete** unterschieden werden Weinviertel (18.000 ha), Kamptal (4200 ha), Kremstal (2400 ha), Wagram (2500 ha) und Wachau (1450 ha).

Die Paraderebsorte ist der **Grüne Veltliner**, eine weiße Traube, die fast nur in Österreich vorkommt. Die daraus gekelterten Weine unterscheiden sich je nach Anbaugebiet. Einmal sind sie leicht, herb säuerlich, mit einem sanft an Pfeffer erinnernden Aroma (sog. „Pfefferl"), oder – unter idealen Bedingungen (alte Rebstöcke, geringer Ertrag, sonnenreiche Lage) – sind sie elegante kräftige Spitzenweine mit langer Lagerfähigkeit. Der Anteil des Grünen Veltliners in den Anbaugebieten liegt über 50 %, im Weinviertel, seiner liebsten Heimat, über 70 %. Dort hat er auch ein besonders ausgeprägtes Pfefferl. Ist er noch dazu besonders fruchtig und würzig, was eine Expertenrunde zu befinden hat, erhält er seit 2003 das Gütesiegel *DAC Weinviertel* („Districtus Austriae Controllatus").

Eine der weltweit besten weißen Rebsorten, der **Riesling**, wird nur in den steilsten und sonnigsten Lagen angebaut und bringt in der Wachau und im Kamptal Welt-

Weinlese im Pulkautal

klasseweine hervor. Sie sind feinfruchtig, säurebetont, lagern gut und werden dadurch noch besser. Trotz Namensgleichheit nicht verwandt mit dem Riesling ist der **Welschriesling**, der leichte, feinwürzige Weißweine ergibt und vorwiegend im Weinviertel gedeiht. In allen Gebieten häufig angebaut wird der **Müller-Thurgau** (Riesling x Silvaner). Sein Weißwein ist leicht, hat oft einen Muskat-Ton, ist aber nie von herausragender Qualität. Da er früh reift, wird er vor allem für Jungweine und Sturm (gärender Traubenmost) verwendet. An weißen Rebsorten findet man auch den **Weißburgunder** (Pinot blanc), dessen Weine von fruchtiger Säure und leichtem Mandelgeschmack als Speisenbegleiter geschätzt werden, und den **Muskateller** mit leichten, trockenen und säurebetonten Weinen. Der **Neuburger** ist eine genuin österreichische Sorte, seine Weine sind mild, nussig und weniger fruchtbetont. Seltener sind der **Chardonnay** und der **Rote Veltliner**. Letzterer ist eine uralte Rebsorte, die nichts mit dem Grünen Veltliner zu tun hat und entgegen ihrem Namen weiß ist.

Nur knapp ein Fünftel der Rebberge sind mit roten Trauben bepflanzt. Dabei dominiert der **Zweigelt**, eine österreichische Kreuzung aus Blaufränkisch und Sankt Laurent (1922), die nach ihrem Züchter, dem Direktor der Klosterneuburger Weinbauschule Dr. Fritz Zweigelt (1888–1964), benannt ist. Der Zweigelt ist Österreichs Paraderotwein, ein Massenträger, mild, feinfruchtig, hellrot, der aber bei geringem Ertrag kräftige, dunkelrote Weine mit typischem Weichselaroma ergeben kann. Weit verbreitet ist der **Blaue Portugieser**, aus dem eher einfache, dünne, säuerliche Rotweine gekeltert werden. Aus einer Kreuzung von Blauem Portugieser mit Blaufränkischem entstand der **Blauburger**, ein einfacher Massenträger, der aber im Barriqueausbau kräftig und dunkelrot gelingt. Der eher seltene **Blauburgunder** (Pinot noir) ergibt in guten Lagen feine und lagerfähige Weine. Die besten Rotweine der Region kommen aus dem Pulkautal und dem Kamptal.

Weinkategorien

Sie beginnen bei einfachen *Tafel-* und *Landweinen*, die in 1-Liter-Flaschen abgefüllt werden. Jeder *Qualitätswein* ist staatlich geprüft und trägt eine Prüfnummer. Seine Trauben kommen, wie auch beim Landwein, aus nur einem Weinbaugebiet. *Kabinettweine* sind Qualitätsweine mit mehr Restzucker. *Prädikatsweine* sind Qualitätsweine besonderer Reife und Leseart. Sie dürfen nicht aufgebessert sein und sind entsprechend teuer. Zu ihnen zählen *Spätlese*, *Auslese* und *Beerenauslese*, die aus speziell gelesenen überreifen bzw. edelfaulen Trauben gewonnen werden, des Weiteren *Ausbruch* und *Trockenbeerenauslese* aus eingetrockneten Beeren und daher mit noch höherem Restzucker sowie *Eiswein*, der aus gefrorenen, bei Minusgraden gelesenen Trauben erzeugt wird. Eigene Qualitätskategorien verwendet die Wachau (s. S. 78, Kasten).

Sturm ist der hefetrübe, gärende Traubenmost, der nur vom 1. August bis Ende des Lesejahres ausgeschenkt werden darf. Da es sich noch nicht um Wein handelt, stoßen Sturmtrinker nach alter Sitte mit „Mahlzeit“ und nicht mit „Prost“ an. Der Jungwein des aktuellen Jahrgangs wird ab dem 11.11. (Fest des Hl. Martin) *Heuriger* bezeichnet, und zwar genau ein Jahr lang.

- Weinkauf Wein kostet und kauft man am besten in den im Reiseteil genannten Gebietsvinotheken, kleinere Mengen auch (falls möglich) beim Heurigen und größere nach telefonischer Voranmeldung ab Hof. Wegen ein, zwei Flaschen wird man einen Winzer aber nicht in den Keller bemühen.
- Preisbeispiele Land- und Tafelweine sind beim Weinbauern und in Ortsvinotheken schon für wenige Euro zu bekommen. Qualitätsweine namhafter Winzer kosten zwischen 8 und 35 €.

Bier

Biergenießer kommen in der Region ebenfalls nicht zu kurz. Sie werden vor allem im Waldviertel fündig, wo Klima und Bodenbeschaffenheit ideal sind: Das Quellwasser aus dem harten Urgestein ist weich, kühle Waldviertler Nächte zögern die Reife der Braugerste und des Hopfens hinaus und erhöhen so ihre Qualität. Gebraut werden die milden – böhmischen Bieren vergleichbaren – Gerstensäfte in traditionellen Braustädten wie Schrems (seit 1380), Zwettl (seit 1708) und Weitra (seit 1321). Einzige Weinviertler Brauerei ist das Hubertusbräu in Laa an der Thaya.

Glasgrößen im Restaurant Ein Krüge(r)l fasst 0,5 l, ein Seidl 0,35 l, ein Pfiff 0,2 l Bier

Alte Schmiede in Schönberg: Vinothek, Touristeninformation und Museum

Reisepraktisches von A bis Z

Botschaften

Deutsche Botschaft, Metternichgasse 3, 1030 Wien, ✆ 01/711540, 📠 01/7138366, www.deubowien.at.

Schweizerische Botschaft, Prinz-Eugen-Str. 7, 1030 Wien, ✆ 01/79505, 📠 01/77950521, www.eda.admin.ch/wien.

Dokumente

Deutsche und Schweizer benötigen für die Einreise bei einem Aufenthalt von bis zu drei Monaten einen gültigen Personalausweis oder Reisepass. Kinder unter 16 Jah ren brauchen einen eigenen Kinderausweis, wenn sie nicht in den Reisepass der Eltern eingetragen sind.

Einkaufen

Den Einkauf von **Lebensmitteln** und Gütern des täglichen Bedarfs erledigt man am günstigsten in Supermärkten: *Spar, Nah & Frisch* und *Adeg* sind eher in den Ortszentren angesiedelt, *Billa, Zielpunkt, Mondo* und die Discounter *Hofer* und *Lidl* zumeist an Orts- und Stadträndern. **Bauernmärkte** finden in größeren Städten einmal pro Woche statt. Die größten Weinbaugemeinden besitzen **Vinotheken** mit in der Saison oft großzügigen Öffnungszeiten. Adressen, Markt- und Öffnungszeiten sind im Reiseteil bei den einzelnen Orten angeführt.

Feiertage

Geschäfte und Banken haben an folgenden Feiertagen geschlossen: 1. Januar (Neujahr), 6. Januar (Hl. Drei Könige), Ostermontag, 1. Mai (Tag der Arbeit), Christi Himmelfahrt, Pfingstmontag, Fronleichnam, 15. August (Mariä Himmelfahrt), 26. Oktober (Nationalfeiertag), 1. November (Allerheiligen), 8. Dezember (Mariä Empfängnis), 25./26. Dezember (Weihnachten). Am 15. November, dem Landesfeiertag für Niederösterreich und Wien („Leopolditag"), sind Geschäfte und Banken üblicherweise geöffnet.

Geld

Die Österreicher haben für die Rückseiten ihrer **Euro**- und **Cent**-Münzen verschiedene Motive gewählt: Die 2-€-Münze ziert ein Portrait der Friedensnobelpreisträgerin *Bertha von Suttner*, die 1-€-Münze ist *Wolfgang Amadeus Mozart* gewidmet. Das Wiener *Sezessionsgebäude* ist auf der 50-Cent-Münze, das Wiener Barockschloss *Belvedere* auf der 20-Cent-Münze abgebildet. Das 10-Cent-Stück zeigt den Turm des Wiener *Stephansdoms*. Die Münzen zu 5, 2 und 1 Cent schmücken Alpenprimel, Edelweiß und Enzian.

An **Geldautomaten** (Kennzeichen: blau-grünes „B") kann mit einer bankomatfähigen Karte (Maestro, ec-Karte) oder Kreditkarte und jeweiliger Geheimnummer Bargeld abgehoben werden. Der tägliche Höchstbetrag entspricht dem persönlichen Kartenlimit, üblicherweise 400 €. Die Bargeldabhebung mit Kreditkarte kostet im Schnitt 2–4 % des Betrages, mindestens aber 5 € (für in Deutschland ausgegebene Karten) bzw. 2,50 € (bei österreichischen Kreditkarten) pro Transaktion. Fast in jedem Ort ist ein Geldautomat vorhanden. Am besten sieht man sich dafür am Hauptplatz um.

Die gängigen **Kreditkarten** (Visa, Mastercard) werden in größeren Geschäften, in Restaurants, Hotels und Tankstellen sowie von Fahrscheinautomaten der Bahn akzeptiert. In ländlichen Gebieten hingegen ist das Bezahlen mit Kreditkarte weniger verbreitet.

• *Verlust der Bank- oder Kreditkarte* Sperrung der ec/Maestro-Karte unter ✆ 0049/180 5021021 in Deutschland, unter ✆ 0041/12712 230 in der Schweiz und unter ✆ 01/2048800 in Österreich rund um die Uhr. Bei Verlust einer Kreditkarte gelten folgende Sperrnotrufnummern in Österreich: für Eurocard/ Mastercard ✆ 01/717010, für VISA ✆ 01/711110, für Diner's Club ✆ 01/501350.

Gesundheit

Seit Juni 2004 gibt es für Bürger der EU und der Schweiz den **Urlaubskrankenschein E 111-neu**. Diesen muss man sich vor Abreise bei seiner heimischen Krankenkasse abholen und ihn im Bedarfsfall beim behandelnden Arzt oder Krankenhaus direkt vorlegen. Der Abschluss einer kurzfristigen privaten **Reisekrankenversicherung** ist dennoch zu empfehlen, denn sie deckt auch den Rücktransport nach Hause.

Apotheken gibt es nur in größeren Orten. Sie sind üblicherweise Montag bis Freitag von 8–12 und 14–18 Uhr und Sa von 8–12 Uhr geöffnet. Ein Aushang an jeder Apotheke informiert über Notdienste.

Haustiere

Hunde und Katzen benötigen seit Oktober 2004 für Reisen innerhalb der EU einen **EU-Heimtierausweis**. Dieser wird bei Vorliegen einer eindeutigen Kennzeichnung des Tieres (Tätowierung, Mikrochip) ausgestellt und muss einen Nachweis über eine gültige Tollwutimpfung (mindestens 30 Tage, maximal 12 Monate vor Grenzübertritt) enthalten. Seit 2002 müssen Hundebesitzer in Niederösterreich ihre Lieblinge im Ortsgebiet, in öffentlichen Verkehrsmitteln und Einrichtungen, in Parkanlagen, Freizeit- und Vergnügungsparks stets an der **Leine** oder mit **Maulkorb** führen.

Information

Vor Reiseantritt kann man sich für allgemeine Informationen telefonisch und via Internet an die **Urlaubsinformation Österreich** und an die **Niederösterreich Information** wenden. Letztere hat eine empfehlenswerte, prämierte Homepage, die stets topaktuell ist. Prospekte zu den einzelnen Regionen erhält man bei den regionalen Informationsstellen.

- *Deutschland* **Urlaubsinformation Österreich**, Servicenummer zum Ortstarif Mo–Fr 9–17.30 Uhr: ✆ 01802101818. Prospektanforderung auch via Internet www.austria.info.
- *Schweiz* **Urlaubsinformation Österreich**, Servicenummer ✆ 0842101818, Prospektanforderung auch via Internet www.austria.info.
- *Österreich* **Niederösterreich Information**, Postfach 10.000, 1010 Wien, ✆ +43/1/536106200, www.niederoesterreich.at.

Tourismusregion Wachau-Nibelungengau, Schlossgasse 3, 3620 Spitz an der Donau, ✆ +43/2713/3006060, www.wachau.at.

Tourismusregion Waldviertel, Hauptplatz 4, 3910 Zwettl, ✆ +43/2822/54109 oder ✆ 0800/300350, www.waldviertel.or.at.

Tourismusregion Weinviertel, Kolpingstraße 7, 2170 Poysdorf, ✆ +43/2552/3515, www. weinviertel.at.

Kinder

Ein tonnenschwerer Wackelstein, der sich dennoch leicht bewegen lässt, eine rätselhafte Steinpyramide oder eine sagenumwobene Ritterburg geben lohnenswerte Wander- und Ausflugsziele für Kinder ab. Besonders attraktiv sind die Burgruine Aggstein, der Naturpark Nordwald bei Bad Großpertholz, die Blockheide bei Gmünd und die Flugvorführungen auf der Rosenburg und Burg Kreuzenstein. Ein Tiererlebnis bietet der Naturpark Geras, der lebende Bauernhof in Simonsfeld und etwas exotischer das Straußenparadies in Schönberg. Geheimnisvolles gibt es in der Geisterwerkstatt in St. Leonhard, und auch die Fahrt mit den Dampfzügen der

Familienspaß garantiert – die Blockheide in Gmünd

Waldviertler Schmalspurbahn kann aufregend sein. In der Amethystwelt in Maissau können Kinder den edlen Stein schürfen. Im Weinviertel werden unter dem Logo „Betty Bernstein" spezielle Kinderprogramme geboten, etwa im Urgeschichtsmuseum in Asparn, in den March-Thaya-Auen, im Freilichtmuseum Niedersulz oder auf der Staatzer Burgruine. Jährlich im August finden in Gföhl die Karl-May-Spiele statt, ein Erlebnis für Groß und Klein.

Landkarten

Den detailliertesten Maßstab haben die **Freytag & Berndt** Auto- und Freizeitkarte Niederösterreich, 1:150.000 (ca. 9 €) und die **Kümmerly+Frey** Straßenkarte Niederösterreich/Wien 1:150.000 (ca. 8 €). Daneben gibt es noch die **Falk** Österreich Bundesländerkarte 1 Niederösterreich und Wien, 1:175.000 (ca. 7 €).

Literatur

Folgende empfehlenswerte Romane gewähren Einblick in die Geschichte und das Leben der Region:

Alfred Komarek, *Polt muß weinen*, 1998; *Blumen für Polt*, 2000; *Himmel, Polt und Hölle*, 2001, und *Polterabend*, 2003; Haymon-Verlag, Innsbruck, oder Diogenes Taschenbuch; Zürich. Die (auch für das TV verfilmten) vier Kriminalromane um den einfühlsamen Landgendarmen Simon Polt führen in die Unterwelt der Pulkautaler Weinkeller.

Umberto Eco, *Der Name der Rose*, dtv 1999. Die klösterliche Bibliotheksarbeit im düsteren Mittelalter ist Ausgangspunkt brutaler Morde. Die Melker Stiftsbibliothek stand Pate für das Meisterwerk.

Michael Köhlmeier, *Die Nibelungen – neu erzählt*, Piper 1999. Leicht verdauliche, moderne Kurzfassung der langen Heldensage.

Josef Haslinger, *Der Tod des Kleinhäuslers Ignaz Hajek/Die mittleren Jahre*, Fischer Taschenbuch 2001. Zwei berührende Lebensgeschichten aus seiner Waldviertler Heimat stehen im Zentrum der beiden sozialkritischen Novellen des bekannten Autors *(Opernball)*.

Peter Härtling, *Zwettl – Nachprüfung einer Erinnerung*, dtv 1998. In dem autobiographischen Roman verarbeitet Härtling seine Kindheitserlebnisse in Zwettl gegen Ende des 2. Weltkrieges und zu Beginn der russischen Besatzung.

Gernot Wolfgruber, *Auf freiem Fuß*, dtv 2001. In Ich-Form erzählte Geschichte einer aussichtslosen Jugend in der Waldviertler Provinz der Nachkriegszeit.

National- und Naturparks

Im nordöstlichen Waldviertel erstreckt sich der grenzüberschreitende **Nationalpark Thayatal**. Daneben gibt es neun **Naturparks**: An den Hängen des Jauerling in der Wachau, im Waldviertel die Blockheide mit riesigen Granitsteinen in Gmünd-Eibenstein, das Thayatal bei Dobersberg, die Wald- und Teichlandschaft um Stift Geras, das Heidenreichsteiner Moor, der Nordwald mit Steinriesen und Mooren in Bad Großpertholz, das Hochmoor in Schrems, die Flussauen und Waldhänge des Kamptals in Schönberg und im Weinviertel die Leiser Berge. Nähere Informationen jeweils im Reiseteil.

Notruf

Österreichweit gelten folgende Notrufnummern: ✆ **133** für die **Polizei**, ✆ **122** für die **Feuerwehr** und ✆ **144** für die **Rettung** (Krankenwagen). Im Fall einer **Autopanne** ist der ARBÖ unter ✆ **123** bzw. der ÖAMTC unter ✆ **120** zuständig.

Öffnungszeiten

Banken: Geldgeschäfte kann man Mo–Fr 8–12 und 13.30/14–16 Uhr erledigen. Filialen in kleinen Orten sind nachmittags häufig geschlossen.
Geschäfte: Große Lebensmittelketten haben Mo–Do 8–18.30/19, Fr 8–19.30/20 und Sa 8–17 Uhr geöffnet. Kleinere Geschäfte in ländlichen Gebieten halten von 12.30 bis 15/16 Uhr Mittagspause und sind Mittwoch- und Samstagnachmittag geschlossen.
Post und Tabaktrafik: Postämter, die leider nur noch in größeren Orten zu finden sind, haben üblicherweise Mo–Fr 8–12 und 14–17 Uhr geöffnet. Tabaktrafiken haben ähnliche Öffnungszeiten und sind auch Samstagvormittag geöffnet.
Museen: Größere Museen haben meist täglich außer Mo 9–17 Uhr geöffnet, manche halten eine Mittagspause (12–13/14 Uhr). Kleinere Einrichtungen sind oft nur an Wochenenden zugänglich. Nahezu alle Museen in der Region haben von Anfang November bis Anfang April/Anfang Mai Wintersperre. Ganzjährig besuchen kann man die Museen der Kunstmeile Krems, die Amethyst-Welt in Maissau, die Geisterwerkstatt in St. Leonhard und außer im Januar auch das Loisium in Langenlois. Im Stift Melk sind das ganze Jahr über Führungen möglich.
Schlösser und Burgen: Ausnahmslos alle halten in der kalten Jahreszeit ihre Pforten geschlossen. Sie öffnen wieder zwischen Anfang April und Anfang Mai, sind dann meist täglich außer Mo 9/10–17/18 Uhr geöffnet und beenden ihre Saison mit Anfang/Ende Oktober bzw. spätestens am 15. Nov. (Landesfeiertag).
Kirchen: Eine Besichtigung ist im Allgemeinen von frühmorgens bis zur Dämmerung möglich, während Gottesdiensten ist ein Herumgehen unangebracht. Kirchen in kleineren Orten sind häufig geschlossen. Für einige kann der Schlüssel bei einem Ortsbewohner ausgeliehen werden, andere wurden mit Gitter- oder Glastüren ausgestattet, um dem Besucher einen Blick ins Innere zu ermöglichen.

Porto

Standardbrief- und Postkartensendungen aus Österreich in ein europäisches Land kosten 0,55 €. Briefmarken erhält man auf Postämtern und in Tabaktrafiken. Die gelben Briefkästen werden Mo–Fr einmal täglich entleert. Richtig adressiert ist eine Sendung, wenn vor der Postleitzahl kein Länderkürzel (D/CH) steht, sondern das Empfängerland in Großbuchstaben in der untersten Zeile angeführt ist.

Radio

Die drei wichtigsten **Radiosender** des öffentlich-rechtlichen Rundfunks (ORF) sind Ö1 (Journale zu Kultur, Politik, Wissenschaft; klassische Musik, Jazz), Radio Niederösterreich (Regionalprogramm mit volkstümlicher Musik, Oldies, Schlagern) und Hitradio Ö3 (stündliche Nachrichten, halbstündliche Verkehrsnachrichten, Hitparadenmusik). Daneben empfängt man einige Privatsender, die mehr oder weniger das Programmschema von Ö3 imitieren (KroneHit, Radio Arabella, Antenne Wien, 88,6).

Souvenirs

Mitbringsel aus der Region sind Kulinarisches oder Kunsthandwerk. An erster Stelle steht Wein aus der Wachau, dem Kamptal und dem Weinviertel. Außerdem gibt es feinste Liköre, Edelbrände und Winzersekte. In den Vinotheken, Bauern- und Klosterläden erhält man Marmeladespezialitäten, Kräutertees, Fruchtsäfte und eingelegtes Obst. Eine Erinnerung an das Waldviertel ist Graumohn, etwa in Form von Mohnölen, Mohnseifen, Mohnbränden oder Mohnsüßspeisen. Bleibende Erinnerungen an das Waldviertel sind Glaskunst sowie Flachs-, Textil- und Leinenprodukte und Schmuck aus der Perlmuttdrechslerei im Thayatal.

Hochprozentiges aus der Marille

Sport

Sportfreunden bietet die Region vor allem im Sommer ein vielfältiges Angebot. Wandern, Radfahren und Golf werden groß geschrieben.

Angeln: Die Donau, ihre Zubringer und die Teiche im Waldviertel sind beliebte Angelreviere. Fischen ist erlaubt mit Fischer(gast)karte und der Lizenz für das jeweilige Revier. Fischergastkarten mit max. Geltungsdauer von 30 Tagen/Jahr und Tageslizenzen vergeben die Besitzer bzw. Pächter von Fischwässern.

Golf: 7 Plätze (18-Loch) im Waldviertel: Kamptal-Lengenfeld, Ottenstein, Weitra, Waidhofen, Litschau (Haugschlag und Herrensee) und Drosendorf. In der Wachau wird in Maria Taferl Golf gespielt, im Weinviertel um Schloss Schönborn und in Poysdorf. Nähere Infos zu den Plätzen und der entsprechenden Hotellerie unter ✆ 01/536106021, www.golfland.co.at.

Kanu: Kanuwandern kann man am unteren Kamp (Rosenburg, Langenlois), in der Thaya (Raabs), in der Stockerauer Au und in den March-Thaya-Auen.

Laufsport: Zentren sind Gars am Kamp und die Xundheitswelt im Waldviertel. Zahlreiche Hotels haben Laufstrecken ausgeschildert, die jeder kostenlos benutzen kann. Infos im Reiseteil und unter www.laufendgeniessen.at, www.xundwaerts.at.

Mountainbike: Das Waldviertel hat das größte Mountainbike-Wegenetz Österreichs (90 Routen, 2000 km). Gute Ausgangspunkte für MTB-Touren sind Persenbeug, Gars, Zwettl, Gmünd, Mühldorf und Bärnkopf, s. Reiseteil. Die Karte „Mountainbike Waldviertel" (8,65 €) erhält man bei der Niederösterreich Information, im Buchhandel und unter www.mbike.at/mbike/wv.

Radfahren und Wandern: s. S. 36, „Unterwegs in der Region".

Reiten: Über 1000 km Reitwege wurden in den letzten Jahren im Wald- und Weinviertel markiert. Bekannt sind die Region Kampstauseen-Gföhlerwald (www.wanderreitenwaldviertel.at) und das südwestliche Waldviertel. Eine gute Übersicht über Wege und Reitbetriebe bietet www.pferdeland.at.

Schwimmen: Neben dem Bad in den Kamptalstauseen, im Litschauer Herrensee oder im dunkelbraunen Kamp (Langenlois, Plank) und in der nicht wirklich blauen Donau (u. a. Weitenegg, Luberegg, Rossatz) gibt es in fast jedem größeren Ort ein Freibad und in den größeren Städten auch Hallenbäder. Thermalwasser bietet die Bade-Oase Laa an der Thaya.

Wassersport: Segel- und Surfschule am Ottensteiner Stausee, Wasserschi auf der Donau in Marbach und Schönbühel. Rudern und Tretbootfahren in Weitenegg, am Herrensee/Litschau und in den Kamptalstauseen.

Wintersport: **Schilanglauf**: Das westliche, schneesichere Waldviertel ist eines der ältesten Langlaufgebiete Österreichs; das größte Netz bietet Bärnkopf-Gutenbrunn (140 km), 22 km Loipen gibt es bei Groß Gerungs. In Karlstift-Bad Großpertholz (20 km) hat man Anschluss an das 30 km große Netz von Liebenau im Mühlviertel/Oberösterreich. **Alpiner Schisport/Snowboarden**: Für Anfänger und Kinder gibt es in Karlstift und Harmanschlag im nordwestlichen Waldviertel und am Jauerling einige Schlepplifte, die auch Flutlichtbetrieb anbieten.

Telefonieren

Telefonieren kann man in Postämtern und öffentlichen Telefonzellen, die meist in der Nähe von Bahnhöfen, Postämtern und Hauptplätzen aufgestellt sind. Wenige funktionieren noch mit Münzen, die Mehrzahl mit Telefonkarten, die man in Trafiken und Postämtern erhält. Sukzessive werden einzelne Telefonzellen in Multi MediaStationen umgewandelt, an denen auch Internetsurfen (6 €/Std.) und die Versendung von E-Mails (0,10 €) möglich ist. Internet-Cafés sind selten. Telefonate sind Mo–Fr 18–8 Uhr und an Wochenenden am günstigsten. Bei Gesprächen aus Hotels und Pensionen ist wie überall mit Zuschlägen zu rechnen.

Internationale Vorwahl von Österreich: ✆ 0043, die 0 der jeweiligen Ortskennzahl entfällt. Bei Ortsgesprächen wird die Ortskennzahl weggelassen!

Vorwahlen aus Österreich: nach Deutschland ✆ 0049, in die Schweiz ✆ 0041, die 0 der jeweiligen Ortskennzahl entfällt. Telefonauskünfte in Österreich: ✆ 118200 für Inland und Deutschland, ✆ 118202 für Ausland.

Veranstaltungen, Feste und Brauchtum

Der Reigen der Veranstaltungen beginnt im April mit der **Marillenblüte in der Wachau** und dem Saisonstart der Donauschifffahrt. Nach dem **Donau-Festival zeitgenössischer Kunst** in Krems und Korneuburg steht Ende Juni das sommerliche **Theaterfest** an: In einzigartiger Kulisse vor Schlössern und Klöstern werden Freilichtaufführungen von Opern, Operetten, Musicals, Komödien und Dramen geboten. Ende August folgt das mehrwöchige **Weinherbst-Festival** in den Weinbauregionen, mit rauschenden Lese- und Kellergassenfesten, offenen Kellertüren

Publikumsmagnet – Mittelalterfest in Eggenburg

und traditionellen Weintaufen. Fast nahtlos geht es über in die Adventszeit, wo eine unüberschaubare Zahl an Weihnachtsmärkten stattfindet, aus denen die **Weitraer Adventtage** und der **Grafenegger Advent** herausragen.
Information www.theaterfest-noe.at, www.weinherbst.at.

Zeitungen/Zeitschriften

Die beliebtesten Tageszeitungen im Osten Österreichs sind die Boulevardblätter *Kronen Zeitung* und *Kurier*, gefolgt von den Qualitätszeitungen *Die Presse* und *Der Standard*. Die wichtigste regionale Zeitung sind die *Niederösterreichischen Nachrichten* (NÖN), die ein Mal pro Woche erscheinen. Zu den beliebtesten bunten Wochenmagazinen zählen *Profil*, *News* und *Format*.

Zoll

Innerhalb der EU dürfen Waren ohne Mengenbeschränkung aus- und eingeführt werden, wenn sie dem privaten Gebrauch dienen. Als Richtmenge pro Person gelten: 800 Zigaretten, 400 Zigarillos, 200 Zigarren, 1 kg Tabak, 10 l Spirituosen über 22 % Alkoholgehalt, 20 l unter 22 % Alkoholgehalt, 90 l Wein und 110 l Bier. Wer durch Tschechien an- oder abreist oder einen Ausflug nach Tschechien oder in die Slowakei unternimmt, muss Einschränkungen bei Tabakwaren beachten: Reisende mit Wohnsitz in Österreich dürfen aus diesen Ländern nur 25 Zigaretten oder 10 Zigarillos oder 5 Zigarren, Reisende mit Wohnsitz außerhalb Österreichs nur 200 Zigaretten oder 100 Zigarillos oder 50 Zigarren abgabenfrei ausführen. Erst, wenn die genannten Länder ihre Tabaksteuer auf EU-Niveau angehoben haben, werden diese engen Grenzen fallen.
Für Reisende aus Nicht-EU-Ländern gelten generell folgende Obergrenzen: 2 l Wein (bis 15 % Vol.), 1 l Spirituosen (über 15 % Vol.), 200 Zigaretten, 50 Zigarren, 250 g Pfeifentabak, 500 g Röstkaffee.

An der schönen blauen Donau

Wachau mit Nibelungengau

Der knapp 60 km lange Abschnitt zwischen Ybbs und Krems ist einer der großartigsten und schönsten des gesamten Donautals. Sanfthügelig beginnt er mit dem Nibelungengau. Ab Melk folgt die Wachau – ein enges Durchbruchstal, geprägt von mittelalterlichen Burgruinen, barocken Prachtbauten und dem berühmten Wein.

Die Landschaft im Nibelungengau, dem 25 km langen Abschnitt zwischen Ybbs und Melk, ist lieblich. Hier neigen sich die waldbestandenen Ausläufer des Waldviertels von Norden her sanft zur Donau hin ab. Am Südufer liegen die Städte **Ybbs an der Donau** und Oskar Kokoschkas Geburtsort **Pöchlarn**. Die großen Sehenswürdigkeiten des Nibelungengaus finden sich am Nordufer: die prächtige Wallfahrtskirche **Maria Taferl** und das reizvolle **Schloss Artstetten**. Straßenbrücken in Pöchlarn und Melk verbinden die beiden Ufer.
Das berühmte **Stift Melk** steht am Südufer und am Anfang der Wachau. 30 km flussabwärts bis vor Krems hat sich die Donau bis 800 m tief in die Hochfläche der böhmischen Masse eingegraben und formte so eine der meistbesuchten Regionen Österreichs mit klingenden Ortsnamen wie **Spitz an der Donau**, **Weißenkirchen**, **Dürnstein**, **Aggstein** und **Stift Göttweig**.

Nibelungengau

Den Eingang in den Nibelungengau markiert die Staumauer des 1957 errichteten Donaukraftwerks Ybbs-Persenbeug. Zuvor bildeten die Schlösser Persenbeug am Nord- und Donauhof bei Ybbs am Südufer gegenüber das Tor zu dieser Region.

Ersteres thront noch immer imposant über der Donau und dem gleichnamigen Ort, Letzteres versank in den Fluten des Rückstaus. Seinen Namen erhielt der Nibelungengau zu Beginn des 20. Jh. – in einer Zeit mit großer Vorliebe für deutschnationales Gedankengut. Pöchlarn ist schließlich Schauplatz mehrerer Episoden der Nibelungensage.

Was den Nibelungengau mit dem Nibelungenlied verbindet

Das Nibelungenlied ist mit über 2000 Strophen das größte deutschsprachige Heldenepos. Es wurde um 1200 von einem Dichter aus dem Donauraum in einem eigenen Versmaß in mittelhochdeutscher Sprache verfasst und ist in über 30 bruchstückhaften, inhaltlich abgewandelten Handschriften überliefert. Das Werk verknüpft die Legenden um Kriemhild, Schwester des Burgunderkönigs Gunther (der historisch auf Gundikar zurückgeht), mit den altgermanischen Heldenepen um die mythischen Gestalten von Siegfried und der Walküre Brunhild sowie der historisch belegten Sage vom Untergang der Burgunder durch die Hunnen.
Inhaltlich teilt sich das Epos in zwei Teile: Der erste, die *Brunhildsaga,* spielt in der rheinischen Heimat der Nibelungen und erzählt von der burgundischen Königsschwester Kriemhild und ihrer Liebe zum heldenhaften Siegfried. Nach der Ermordung Siegfrieds durch Hagen, den Diener des Burgunderkönigs Gunther, schwört Kriemhild Rache an ihrer Familie. Im zweiten Teil, der *Burgundensaga*, heiratet sie den Hunnenkönig Etzel (Attila) in Etzelburg (Esztergom bei Budapest). Sie täuscht Sehnsucht nach ihrer Familie vor und lädt sie zu sich ein. Die Reise der Burgunder führt donauabwärts. Damit wird in rund 100 Strophen das Gebiet des heutigen Nibelungengaus zum Handlungsort. Die Burgunder halten für vier Tage bei Markgraf Rüdiger in Bechelaren (Pöchlarn), wo sich Giselher, der burgundische Königsbruder, mit Rüdigers Tochter Gotelint verlobt. Bösen Vorzeichen zum Trotz ziehen sie weiter und somit direkt ihrem Untergang entgegen. Ganz im Sinne von Kriemhilds Racheplan werden die Burgunder von den angreifenden Hunnen regelrecht abgeschlachtet. Der auf Seiten der Hunnen kämpfende Dietrich von Bern liefert Gunther und Hagen als letzte Überlebende an Kriemhild aus. Sie lässt zunächst ihren Bruder Gunther töten und köpft dann Hagen eigenhändig mit dem Schwert Siegfrieds. Daraufhin wird Kriemhild von Hildebrand, einem Gefolgsmann Dietrichs, niedergestreckt. So endet das Nibelungenlied.

Tipp: Auf der Burgruine Aggstein wird die Story mit Figuren kindgerecht nacherzählt.

Ybbs an der Donau

Die Kleinstadt am südlichen Donauufer besitzt einen malerischen Ortskern auf einer Felskuppe, ein Kabarettfestival und das älteste Donaukraftwerk Österreichs.

Vom römischen Grenzlager Aiduvense ist genauso wenig erhalten wie von der Yparesburg, die von den Germanen 850 an Stelle der heutigen, das Stadtbild bestimmenden Kirche erbaut wurde. Die heute ältesten Bauwerke sind das in den 90er Jahren ausgegrabene *Alte Stadttor* (10. Jh.) und der *Passauer Kasten*. Beide befinden

sich an der Donaulände, die sich als Ausgangspunkt (Parkplätze, Donauradweg) eines Stadtrundgangs eignet. Der Passauer Kasten mit seinen frühgotischen Fenstern war der Palas der Ybbser Stadtburg, die im 13. Jh. unter den Babenbergern errichtet wurde. Die Bischöfe von Passau, die bis 1783 über die Stadt herrschten, nutzten ihn später als Lagerhalle.
Von der Donau steigt man zum *Kirchenplatz* hinauf, der von der spätgotischen *Pfarrkirche St. Lorenz* dominiert wird. In ihrem Inneren verdienen das schöne Netzrippengewölbe von 1500 und der spätgotische Taufstein Beachtung. Die übrige Ausstattung und der neugotische Turm wurden nach den Stadtbränden von 1716 bzw. 1868 errichtet. Vom Kirchenplatz führen die *Brauhaus-* und die *Kirchengasse* (mit dem erkerverzierten Salzamt, 16. Jh.) in die *Herrengasse.* Alle drei werden von schmucken Bürger- und Mauthäusern gesäumt. Sie zeugen vom einstigen Reichtum der Stadt, die vom 14.–17. Jh. ein florierender Handelsplatz war. Wein aus dem Donautal sowie Eisen und Salz aus den Voralpen wurden von hier stromaufwärts verschifft. Im Alten Pfarrhof (Herrengasse Nr. 12) ist ein kleines *Fahrradmuseum* eingerichtet. Die Herrengasse mündet in den *Burgplatz,* wo sich ein hübsches, frisch renoviertes und als Schule genutztes Renaissanceschloss erhebt. Über die F.-Kirch-Straße erreicht man den *Hauptplatz* mit dem figurengeschmückten Stadtbrunnen (1613), der von schönen Bürgerhäusern, u. a. dem Rathaus (16. Jh.), umgeben ist. An der Wiener Straße geht es zum *Schiffmeisterplatz,* den die Loggia des repräsentativen Schiffmeisterhauses beherrscht.
Wieder an der Donaulände genießt man die Aussicht: gegenüber Schloss Persenbeug, links die Staumauer des Donaukraftwerks und geradeaus die Türme der Basilika von Maria Taferl. Letzteres macht stutzig, denn Maria Taferl liegt eigentlich ein Stück stromabwärts. Erklärung ist die 180°-Schlinge der Donau bei Ybbs – ein Blick auf die Landkarte hilft. An der Donaulände stromabwärts gibt es mit dem runden *Pfeiferturm* noch einen Überrest der Stadtbefestigung. Unweit davon beginnt ein Promenadenweg entlang des *Stadtgrabens* rund um die Altstadt.

• *Daten* 220 m, 5700 Ew.

• *Information* **Informationsstelle** am Radweg bei der Donaubrücke, Radlerrastplatz, 24-Std.-Infoservice, tgl. April bis Okt. Stauwerkstraße 86, ✆ 07412/55233.

• *Verbindungen* **Bahn**: mit St. Pölten 1x stdl., Bhf. 2,5 km außerhalb. **Bus**: alle 1–2 Std. mit Yspertal, Pöggstall, 4–5x tgl. mit Persenbeug. So jeweils nur 1x! Busbhf. am Bürgerspitalplatz. **Schiff**: Ende Mai bis Mitte Sept. 2x wöchentlich nach Wien bzw. Passau, www.donauschiff.com.

• *Übernachten/Essen* **Babenberger Hof**, gutbürgerlicher Hotel-Gasthof in historischen Mauern, Gastgarten am Donauradweg, preisgünstige Regionalküche, Wirtshauskultur. Hauptspeisen 7–11 €, Nov. bis April Mo Ruhetag. 9 Komfortzimmer. DZ ca. 66 €. Wiener Straße 10, ✆ 07412/54334, www.babenbergerhof.at.

Gasthof Mang, in der Altstadt, gutbürgerliche Küche, gemütliche Gaststube, schöner Gastgarten. Mo Ruhetag. 6 neue Komfortzimmer, Radgarage, DZ 50–60 €. Herrengasse 8, ✆ 07412/52498.

*** **Gasthof Lindenhof**, radfahrerfreundlicher Betrieb mit 10 Komfortzimmern unweit der Donaubrücke an der B 25. DZ 52–62 €. Regionale Küche, Di Ruhetag. Stauwerkstraße 45, ✆ 07412/53003, www.tiscover.at/lindenhof.ybbs.

• *Fahrradverleih* **Fa. Pichlmayr**, Mi/Sa 8–12, Mo/Di/Do/Fr 13–18 Uhr, ca. 11 €/Tag. Wiener Straße 38a, ✆ 07412/52492.

• *Baden* **Freizeitzentrum** mit Hallenbad, Mo 13–21, Di–So 9–21 Uhr. Sportplatzstraße 6, in Altstadtnähe.

• *Veranstaltungen* **Ybbsiade**, 2 Wochen Ende März/Anf. April, bekanntes Kabarett- und Kleinkunstfestival mit Verleihung des „Ybbser Spaßvogels" (www.ybbsiade.at).

Sehenswertes

Fahrradmuseum: Die kleine, sehenswerte Schau bietet theoretisches Hintergrundwissen für jeden Donauradwegbenutzer. Anhand von 70 historischen Fahrrädern, Fahrradzubehör und Fotos werden 200 Jahre Fahrradgeschichte dokumentiert. Zu sehen gibt es Hoch-, Nieder- und Luxusräder sowie die berühmten „Steyr-Waffenräder“. *Öffnungszeiten* Mai bis Ende Sept. tgl. 10–12, 14–18 Uhr. Eintritt: 2 €.

Donaukraftwerk Ybbs-Persenbeug: Das 1938 begonnene und zwischen 1954 und 1959 fertig gestellte Flusskraftwerk war ein bedeutendes Großprojekt der Wiederaufbauzeit. 1996 wurde es durch den Einbau der größten Kaplanturbine Europas erweitert. Führungen durch das Innere der Anlage rentieren sich kostenmäßig nur für Gruppen. Sie müssen zwei Tage im Voraus angemeldet werden (✆ 01/47889065).

Zwischen Ybbs und Pöchlarn

Donatuskirche in Säusenstein 8 km am Südufer donauabwärts lohnt die auf einer Anhöhe im Ort errichtete spätbarocke Pfarrkirche Hl. Donatus (Wegweiser) einen Stopp. Der außen schlichte Bau aus dem 18. Jh. überrascht mit seinem prachtvollen, saalartigen Inneren, in dem zarte Pastellfarben dominieren. Die Deckenfresken stammen von Johann Bergl (1767), das Hochaltarbild von Paul Troger (1746). Bemerkenswert sind auch die Orgel und die weiß-goldene Renaissancekanzel (1620), die aus dem Speisesaal des 1334 gegründeten Zisterzienserklosters Gottestal stammt. Dieses lag einige hundert Meter donauabwärts direkt an der Donau. 1703–60 zu einem prächtigen mauerumfriedeten Barockstift ausgebaut, fiel es 1789 zunächst der Josephinischen Klosterreform und 1856 dem Bau der Westbahnstrecke zum Opfer. Reste der Anlage, die heute teilweise zu Wohnzwecken genutzt werden, lassen die einstige Pracht erahnen.

Nikolokirchlein von Holzern: Von Krummnussbaum bietet sich ein Abstecher zu dieser 4 km abseits gelegenen frühgotischen Kirche an. Der mittelalterliche Bau von 1450 mit dem gedrungenen Steinturm und dem mächtigen Dach ist dem Hl. Nikolaus, dem Patron der Schiffer, geweiht (Messe am 6.12.).

Pöchlarn

Die „sagenhafte“ Nibelungenstadt mit römischen Wurzeln liegt im geographischen Mittelpunkt des Nibelungengaus. Mit dem Kokoschka Haus ist sie ein Ziel für Freunde moderner Kunst.

Die Kleinstadt am südlichen Donauufer entwickelte sich aus dem am Limes errichteten Römerlager *Arelape*. Fundstücke aus dieser Zeit, wie Öllampen, Münzen und Grabbeigaben, können im Stadtmuseum besichtigt werden (Mai bis Okt. Mo–Do 9–12, 13–15, Fr 9–12, Sa 10–12 Uhr, Eintritt: 2 €). Es ist im ufernahen *Welserturm* untergebracht, dem westlichen Wehrbau der mittelalterlichen Stadtbefestigung (1484). Diese ließen die Regensburger Bischöfe, die 832–1803 im Besitz von Pöchlarn waren, aus alten römischen Bruchsteinen errichten. Die Stadtmauern sollten die im 15./16. Jh. durch Salz- und Weinhandel zu Reichtum gekommene Stadt schützen. Damals entstand auch die spätgotische *Pfarrkirche Maria Himmelfahrt* (1429) mit einem schönen netzrippengewölbten Chor. Ihr barockes Aussehen, drei Altartafeln des Kremser Schmidts und den weithin sichtbaren Turm erhielt sie nach dem großen Stadtbrand von 1766. An ihren Außenwänden sind alte Römersteine eingemauert, am Kirchenplatz steht ein schöner, barocker *Marienbrunnen* (1640). Sein Gegenstück, der *Wolfgangbrunnen*, findet sich am anschließenden Thörringplatz. Westlich vom Welserturm steht in der ufernahen Grünanlage das 1987 errichtete *Nibelungendenkmal* mit den Wappen jener 16 Städte, die im Nibelungenlied genannt werden, darunter auch Pöchlarn, Melk und Mautern. Schräg gegenüber fällt ein dunkelrotes Gebäude mit dem Schriftzug *Kokoschka Haus* (Regensburger Straße 29) ins Auge. Es ist ein beachtenswertes Dokumentations- und Ausstellungszentrum, das seit 1973 rund um das im Innenhof gelegene Geburtshaus von Oskar Kokoschka entstanden ist und auch Originalwerke besitzt. Nach dem Umbau 2002 ist im straßenseitigen Trakt eine ständige Schau zum Leben und Werk des Künstlers zu sehen, während im Hoftrakt jährliche, mit Leihgaben bestückte Sommerausstellungen zu seinen Schaffensperioden gezeigt werden (z. B. „Kokoschka und seine Studienzeit").

Öffnungszeiten 1.5. bis 26.10. tgl. 9–17 Uhr. Eintritt: 5 €, ermäßigt 3,50 €. ✆ 02757/7656.

Oskar Kokoschka (1886–1980)

Oskar Kokoschka, am 1. März 1886 in Pöchlarn – in dem weißen Haus mit der außen liegenden Treppe – geboren, gilt als einer der führenden Vertreter des Expressionismus. Er wurde in Wien ausgebildet, ab 1918 verschlug es ihn nach Berlin, Dresden und Prag. 1938 musste er als Schöpfer „entarteter Kunst" nach London emigrieren. Von 1954 an lebte er am Genfer See, wo er 1980 verstarb. Typisch für Kokoschkas gegenständlichen Malstil sind monumentale Landschaftsbilder und eindringliche, farbkräftige Porträts. 1951 erhielt er die Ehrenbürgerschaft seiner Geburtsstadt Pöchlarn, knapp 20 Jahre später konnte dort mit seiner Mithilfe das Dokumentationszentrum eröffnet werden.

- *Daten* 216 m, 3800 Ew.
- *Information* **Touristeninformation** im Kokoschka Haus, Mai bis Okt. tgl. 9–17 Uhr. Regensburgerstraße 29, ✆ 02757/231011, www.poechlarn.at.
- *Verbindungen* **Bahn**: 1x stdl. mit Ybbs/Melk/St. Pölten. Bhf. am südlichen Stadtrand.
- *Übernachten/Essen* *** **Hotel-Restaurant Moser**, Familienbetrieb mit 31 Komfortzimmern und Restaurant (Hauptspeisen 7–14 €). Leihräder. DZ 60–80 €. März bis Dez. Bahnhofsplatz 3, ✆ 02757/2448, www.hotelmoser.at.

*** **Frühstückspension Barbara**, unweit der Kirche, 9 moderne Komfortzimmer, Garten, Radgarage. Leihräder. DZ 46–50 €. Wiener Straße 4, ✆ 02757/2321.

Gasthaus Lechner Zum Goldenen Schiff, gegenüber dem Nibelungendenkmal, preiswertes, bodenständiges Wirtshaus. Hauptgerichte 5,50–10,50 €, Mi Ruhetag, Regensburgerstraße 19, ✆ 02757/2223.

Futtertrögl, rustikales Lokal unweit der Kirche mit schönem Innenhof und solider Küche, Okt. bis März Di Ruhetag, Hauptspeisen 7,50–15 €. Kirchenplatz 2, ✆ 02757/2395.

Persenbeug

Gegenüber von Ybbs markiert am Nordufer Persenbeug den Eingang zum Nibelungengau. Zu bieten hat es ein kaiserliches Schloss, mächtige Schleusenanlagen des Donaukraftwerks und Mountainbikewege.

Persenbeug – der Name soll von der stromabwärts folgenden großen Donauschlaufe („böse Beuge") stammen – ist ein Knotenpunkt im Ausflugsverkehr. Die Straßenbrücke des Kraftwerks ermöglicht eine Überquerung der Donau, die B 36 führt von hier nördlich ins Yspertal im südlichen Waldviertel (s. S. 167) und die B 3 stromabwärts Richtung Wachau.

Donauschleuse vor Schloss Persenbeug

Das alles überragende Bauwerk ist *Schloss Persenbeug* auf einem Felsen am Donauufer. Es wurde im 10. Jh. auf den Mauern eines römischen Kastells als Wehrburg errichtet, in der Kaiser Barbarossa auf seinem Kreuzzug im 12. Jh. genächtigt haben soll. 1460–1538 erfolgte der Ausbau zum Schloss. Kaiser Franz II./I., der die Region besonders schätzte, erwarb das Anwesen 1800 und nutzte es zur Sommerfrische. 1887 kam in den Schlossmauern Karl I., der 2004 selig gesprochene, letzte Kaiser von Österreich zur Welt. Heute gehört das Schloss Michael Habsburg-Lothringen, einem Urenkel von Kaiser Franz Joseph. Es dient als Wohnschloss und Sitz der Gutsverwaltung und kann nicht besichtigt werden.

Unterhalb des Burgfelsens liegen die beiden Schleusenkammern des *Donaukraftwerks Ybbs-Persenbeug*. Ein Schleusungsvorgang, mit dem Schiffe den rund 10 m großen Unterschied in der Flusshöhe überwinden, dauert rund 20 Minuten (Ausblick für Schaulustige bietet die Straßenbrücke).

Im kleinen Ort unterhalb des Schlosses sollte man den *Rathausplatz* ansteuern, in dessen Mitte sich eine 700-jährige Marktlinde ausbreitet. Das barocke Rathaus beherbergt ein kleines Heimatmuseum mit Exponaten zur Stadt- und Schlossgeschichte (Mo–Do 8–12, 13–16, Fr 8–12 Uhr, Eintritt: 0,73 €). Die *Pfarrkirche Hl. Florian* besitzt einen schönen Chor (1515) und wertvolle Plastiken aus der Gotik. Das schönste Bürgerhaus ist das ehemalige *Schiffsmeisterhaus* (Schloss-Straße 2) aus dem 16. Jh. mit reizvoller, schwarz-weißer Fassadenmalerei.

- *Daten* ??? m, 2100 Ew.
- *Information* **Gemeindeamt**, Mo–Fr zu Bürozeiten. Rathausplatz 1, ✆ 07412/52206, www.tiscover.at/persenbeug-gottsdorf.
- *Verbindungen* **Bahn**: Mai bis Okt. Sa/So 2x tgl. mit Krems bzw. St. Valentin (Westbahn). **Bus**: s. Ybbs.
- *Übernachten/Essen* *** **Radhotel Gasthof Böhm**, zentral und direkt am Donauradweg, Wirtshauskulturwirt, gemütliche Gaststube, gute regionale Küche, Hauptgerichte 7–15 €, Do Ruhetag. 18 nette Komfortzimmer, teils mit Balkon. Radgarage, Leihräder. DZ 66 €. Hauptstraße 16, ✆ 07412/58930, www.gasthof-boehm.at.

*** **Fischwirtshaus Landmotel Donaurast**, 2 km östlich in Persenbeug-Metzling an der Wachaustraße. Ausgezeichnetes, hübsches Fischrestaurant direkt am Ufer der Donau, aus der die Fische stammen. Wirtshauskultur. Hauptgerichte 7–19 €. Nov./Dez./März Mi, Jan./Febr. auch Di geschl. 8 Komfortzimmer mit Donaublick, DZ 64 €. Wachaustraße 28, ✆ 07412/52438, www.donaurast.com.

Radlerpension Leeb, kürzlich renoviertes Haus 2 km außerhalb am Donauradweg, 4 Komfortzimmer, Radgarage, Leihräder. DZ 36–44 € oder 2 Welcome-Tickets. Hagsdorf 19, ✆ 07412/54718, www.radler-leeb.at.

Tipp für Mountainbiker: Drei markierte Strecken führen steil bergauf ins Waldviertel. Ab dem Gasthof Böhm beschildert ist die anspruchsvolle Rundtour *Sulzbergstrecke* (30 km), die zunächst an der Donau entlang und dann teils recht steil bergauf ins südliche Waldviertel und wieder zurück führt.

• *Reiten* **Joe's Horse Ranch** organisiert mehrtägiges Wanderreiten ab Persenbeug durch das südliche Waldviertel, Teichstraße 3, ✆ 07412/58072.

Maria Taferl

Das Prunkstück des Nibelungengaus und eine der meistbesuchten Wallfahrtskirchen Österreichs thront hoch über dem nördlichen Donauufer. Wer sich nicht für Kirchen interessiert, kommt wegen des fantastischen Panoramablicks.

Rund 200 m liegt Maria Taferl über der Donau. Hier bestand bereits eine vorchristliche Kultstätte. Davon zeugt der „Taferlstein", ein keltischer Opfertisch, der heute – umgeben von einem barocken Steingeländer – seitlich der Kirche aufgestellt ist. Die christlichen Wallfahrten gehen zurück auf das frühe 17. Jh., als ein Holzfäller versehentlich eine mit einem Kreuz geschmückte und somit „heilige" Eiche fällen wollte, sich dabei aber selbst verwundete. Danach kam es zu zahlreichen, von der Gegenreformation begeistert kommentierten Wunderheilungen, Engels- und Marienerscheinungen, sodass 1660 der Bau der heutigen *Wallfahrtskirche* beschlossen wurde.

Links neben der Kirche steht der mächtige *Pfarrhof* aus dem 17. Jh. Von der *Aussichtsterrasse* vor der Kirche sieht man das Donautal und die Alpenkette von Schneeberg bis Traunstein. Nebenan bieten nostalgische Andenkenstände den obligaten Souvenirkitsch. Der Ort Maria Taferl besteht aus einer Straße, die von gut einem Dutzend Hotels, Gasthöfen, Pensionen und Kaffeehäusern gesäumt ist. Für Unterhaltung sorgen eine Mechanische Krippe mit 300 Figuren und ein kleines Volksschulmuseum.

• *Daten* 443 m, 872 Ew.

• *Information* **Marktgemeinde**, Hauptstraße 35, Mo–Fr 8–12, 13–16 Uhr. ✆ 07413/7040, www.mariataferl.at.

• *Anfahrt* über die Wachaustraße B 3 am Donauufer: von Marbach sind es 3 km, von Klein-Pöchlarn 4,5 km, jeweils beschildert.

• *Verbindungen* **Bus**: 2x tgl. mit Bhf. Melk.

• *Öffnungszeiten (Museen)* **Volksschulmuseum**: Ostern bis Ende Okt. So 9.30–11.30 Uhr. Eintritt frei. **Mechan. Krippe**: 1.4. bis 2.11. tgl. 9–17 Uhr. Eintritt: 0,73 €.

• *Einkaufen* **Bauernladen-Käsehütte**, Richtung Artstetten, Bauernprodukte, 70 Käsesorten, darunter Vorarlberger Bergkäse, Mi/Do 15–18, Fr/Sa 9–18, So 10–18 Uhr. ✆ 07413/6180.

• *Übernachten* **** **Hotel Schachner Krone & Kaiserhof**, bekanntes, rustikal-gediegenes Hotel mit zwei Häusern und 80 sehr gut ausgestatteten Zimmern direkt im Ort. Panoramahallenbad, Sauna, Solarium, Laufstrecke vor dem Haus. DZ 94–130 €, Jan./Febr. geschl. Maria Taferl 24, ✆ 07413/6355, www.hotel-schachner.at.

**** **Hotel Rose**, zweites großes Hotel im Ort, 50 Komfortzimmer, DZ 80–90 €. März bis Okt. Maria Taferl 20, ✆ 07413/304, www.hotelrose.mariataferl.at.

Pension Haus Regina, nette Frühstückspension mit Garten in der Hauptstraße, 5 Komfortzimmer, DZ 50 € oder 2 Welcome-Tickets. März bis Nov. Maria Taferl 42, ✆ 07413/266, www.hausregina.at.

Maria Taferl – barocke Pracht im Nibelungengau

Die meisten Unterkünfte holen Radfahrer vom Donauradweg ab.

• *Essen* **Gasthof Goldener Löwe**, traditionelles Wirtshaus mit holzgetäfeltem Schankraum unweit der Wallfahrtsbasilika, Wirtshauskulturwirt. Tgl. von März bis Okt. Hauptspeisen 6,50–11 €. Maria Taferl 6, ✆ 07413/340.

Restaurant Donauterrasse, traditionelles Restaurant im Hotel Krone (s. dort) mit traumhafter, kastanienbestandener Aussichtsterrasse, geboten wird gehobene Hausmannskost, legendär sind Stanitzel mit Beerensoße. Hauptgerichte 9–20 €, tgl. geöffnet, Nov./Dez. variable Ruhetage.

Kleines Restaurant, elegantes Gourmetlokal im Hotel Krone, ausgezeichneter Mix aus klassisch-österreichischer und mediterraner Küche, dazu beste Wachauer Weine. Hauptgerichte 14–34 €. Öffnungszeiten s. Donauterrasse.

Maria Tafler Café-Konditorei, kleines Café in der Hauptstraße, seit 1902. Mehlspeisen, Eis. Mo Ruhetag. Maria Taferl 21, ✆ 07413/7052.

Café Maria Theresia, Mehlspeisen, Eis, Gastgarten an der Hauptstraße. März bis Okt. tgl. geöffnet. Maria Taferl 9, ✆ 07413/7033.

Café Schüller, unweit der Basilika, Mehlspeisen, Eis, Imbisse, Gastgarten. Mi Ruhetag. Im Untergeschoss Schauschnapsbrennerei. Maria Taferl 5, ✆ 07413/303.

• *Baden* **Hallenbad**, im Hotel Krone, Eintritt: 5 €. ✆ 07413/6355.

• *Golf* 9-Loch-Anlage in hügeligem Gelände, Green Fee 20–50 €. ✆ 07413/350, www.gc-mariataferl.at.

• *Wandern* Zahlreiche Rundwanderwege. Schön ist der Steinbachklamm-Alpenblick-Weg Nr. 12: Er führt ab Maria Taferl über den Diebstein und die Schaufelsiedlung zur Steinbachklamm. Zurück geht es über den Hilmanger (Gehzeit: 5 Std.)

Sehenswertes

Wallfahrtsbasilika zur Schmerzhaften Muttergottes: Die frühbarocke Kirche entstand 1660–1710 nach Plänen von Jakob Prandtauer über einem kreuzförmigen Grundriss und wurde mit einer der Donau zugewandten Doppelturmfassade versehen. Diese soll aus der Ferne wirken und ist daher schlicht gehalten. Üppige Pracht offenbart sich erst, wenn man durch das barocke Marmorportal das Innere betritt: Rotbraune Marmorsäulen, Pilaster und Friese, vergoldetes Schnitzwerk, die Wände und Decken zur Gänze barock bemalt. Die Deckenfresken im Langhaus stellen das Leben des Hl. Joseph dar, im Querschiff sieht man Szenen aus dem Leben Mariens. Ins Auge stechen die ausladende, mit Gold überzogene *Kanzel* (1727) und der grandiose *Hochaltar* von Matthias Götz (1736), der die Apsis gänzlich ausfüllt. In seiner Mitte, umgeben von einem goldenen Strahlenkranz, prangt das Gnadenbild, eine Pietà. Links und rechts stehen, ebenfalls in Gold, die überlebensgroßen Statuen der Propheten Jeremia und Jesaja. Die Bilder an den Altären im Querschiff stammen vom Kremser Schmidt. Rechts vom Hochaltar geht es in die *Schatzkammer*, in der man Votivgaben, nutzlos gewordene Krücken, Dankesgaben und Exponate zur Wallfahrtsgeschichte sieht (Eintritt: 0,70 €).

Marbach an der Donau

Der kleine Markt unterhalb des Taferlberges liegt eingezwängt zwischen Strom und steilen Uferfelsen. Auffälligster Bau ist die *Schule* von 1913. Es war das erste Werk des Architekten Clemens Holzmeister. Schmucke Winzer- und Bürgerhäuser erinnern an die Blütezeit von Marbach im 17./18. Jh., als Pilgerscharen vor ihrem Aufstieg nach Maria Taferl verköstigt werden mussten. Heute werden vorwiegend Donauradler versorgt.

- *Daten* 220 m, 2100 Ew.
- *Verbindungen* **Bahn** s. Persenbeug.
- *Baden* **Nibelungenbad**, Freibad oberhalb des Orts, Mai bis Juni 13–19 Uhr, Juli/Aug. tgl. 10–20 Uhr. ✆ 07413/7730.
- *Übernachten/Essen* **** **Rad-Hotel Wachauerhof**, gepflegter Betrieb in schöner Lage direkt an der Donau, 500 m flussabwärts. 15 Komfortzimmer im Landhausstil, Leihräder. DZ 74–82 € oder 4 Welcome-Tickets. Restaurant mit guter, regionaler Küche, Hauptgerichte 7,50–15 €. Mai bis Sept. tgl. Marbach 43, ✆ 07413/7035, www.wachauerhof.at.

*** **Landgasthof Zur Schönen Wienerin**, radfahrerfreundlicher, traditioneller Gasthof und Wirtshauskulturbetrieb im Ortszentrum mit bodenständiger Küche und Wachauer Weinen. Di Ruhetag, Nov. bis April auch Mi. 8 Komfortzimmer. DZ ca. 60 €. Marbach 48, ✆ 7413/7077, www.wienerin.co.at.

Campingplatz, kleiner Platz direkt an der Donau, Restaurant, Wassersportmöglichkeiten, 1.4. bis 31.10., 2 Pers., Zelt, Auto ca. 20 €. ✆ 07413/703533, www.marbach-freizeit.at.

Zum weißen Lamm, freundlich-helles Gasthaus direkt an der Donau mit Uraltschank, Kachelofen und bäuerlichen Gerätschaften an den Wänden. Schöne Terrasse, altösterreichische Küche. Tgl. außer Sa/So, Marbach 7–8, ✆ 07413/7031.

Café-Konditorei Braun, traditionsreicher und wegen seiner Donaulage schon oft vom Hochwasser heimgesuchter Betrieb mit guten Mehlspeisen, Eisspezialitäten und berühmten Schaumrollen. Wintergarten. Mo Ruhetag. An der B 3 im Ortskern. Wachaustraße 49, ✆ 07413/203.

Schloss Artstetten

Das abseits vom Donauufer inmitten einer baumbestandenen Parkanlage gelegene Schloss mit den markanten Zwiebeltürmen war 1992 Schauplatz der TV-Serie „Donauprinzessin" und 100 Jahre zuvor Wohnsitz von Erzherzog Franz Ferdinand. Diesem ist eine sehenswerte Dauerausstellung gewidmet.

Schon im 13. Jh. befand sich hier, rund 4 km oberhalb des Donauufers, eine Burg, die im 16./17. Jh. in eine vierflügelige Schlossanlage umgebaut wurde. 1823 erwarb sie Kaiser Franz II./I., sein Enkel Carl Ludwig ließ 1861 den Park anlegen. 1890 übergab dieser das Anwesen seinem Sohn Franz Ferdinand, der den Bau modern ausstattete, die sieben Zwiebelhelme aufsetzen und die Familiengruft unter der Schlosskirche anlegen ließ, in der er und seine Frau Sophie Chotek Herzogin von Hohenberg nach dem Attentat von Sarajewo 1914 bestattet wurden.

Schloss Artstetten gedenkt dem Thronfolger

Das Schloss ist bis heute von den Fürsten Hohenberg bewohnt, die auch den Großteil des *Schlossparks* privat nutzen. 1982 machten sie mehr als zwei Dutzend Schlossräume als *Erzherzog-Franz-Ferdinand-Museum* zugänglich und zeigen dort eine liebevoll gestaltete, umfangreiche Schau über das Leben und die Interessen des Thronfolgers, deren Schwerpunkt jährlich wechselt. Den Museumsbesuch lässt man am besten im Schloss-Café ausklingen.

Franz Ferdinand und Sophie – die „ersten" Weltkriegsopfer

Als sich Kronprinz Rudolf, einziger Sohn von Kaiser Franz Joseph und Sisi, 1889 gemeinsam mit seiner Geliebten das Leben nahm, musste ein neuer Thronfolger gefunden werden. Ausgewählt wurde Franz Ferdinand, der 26-jährige Neffe des Kaisers, der beim Militär hätte Karriere machen sollen. Er interessierte sich für Kunst, war ein besessener Jäger und liebte das Reisen. Bei Hof setzte er seine Liebesheirat mit der böhmischen Gräfin Sophie Chotek durch, die als nicht standesgemäß galt. Er musste dafür auf die Thronfolge seiner Kinder verzichten. Am 28. Juni 1914 wurden er und seine Frau während eines offiziellen Besuchs in Sarajewo vom Studenten Gavrilo Princip im Auftrag serbischer Nationalisten erschossen. Dieses Attentat führte binnen weniger Wochen zum Ausbruch des Ersten Weltkrieges. Franz Ferdinand war 51, Sophie 46 Jahre alt. Beide wurden – da ihnen eine Beisetzung in der Wiener Kapuzinergruft, der traditionellen Habsburgergrabstätte, verwehrt war – in der Familiengruft von Artstetten bestattet.

Die mit dem Hauptbau verbundene *Schlosskirche*, seit jeher auch örtliche Pfarrkirche, wurde von Franz Ferdinand mit wertvollen Altären und Plastiken, u. a. aus

Tirol und Istrien, ausgestattet (Eintritt frei). Gegen geringes Entgelt kann man die von außen zugängliche *Gruft* mit den schlichten Marmorsarkophagen des Thronfolgerpaares besuchen.

- *Anfahrt* von **Klein-Pöchlarn** am Donauufer (hübsche gotische Pfarrkirche Hl. Otmar von 1517 mit auffälligem, steinernem Turm) 3 km bzw. von Maria Taferl 5 km, jeweils beschildert.
- *Verbindungen* **Bus**: Mo–Sa 2x tgl. mit Melk.
- *Öffnungszeiten* 1.4. bis 1.11. tgl. 9–17.30 Uhr, Museum (inkl. Gruft): 6,20 €, Kinder (6–15 J.) 3,60 €, Stud. 4,70 €; Gruft: 1,50 €. ✆ 07413/80060, www.schloss-artstetten.at.
- *Übernachten/Essen* *** **Schloss-Gasthof Landstetter**, freundliches Kulturwirtshaus, in dem regionale Küche aus Zutaten vom eigenen Bauernhof serviert wird. Di Ruhetag. 34 Komfortzimmer in Vollholz im Gästehaus, Hausmusikabende. DZ 56–60 €. Artstetten 12, ✆ 07413/ 8303, www.schlossgasthoflandstetter.com.

Landgasthaus Kloihofer, gutbürgerlicher Betrieb im Ortszentrum mit regionaler und italienischer Küche, beliebt bei Reisegruppen. Mo Ruhetag. Artstetten 19, ✆ 07413/8301.

Heuriger Hold, 2 km nördlich von Artstetten, schönes, freundliches Lokal mit bodenständigen Spezialitäten und hausgemachten Wurstwaren, 2x jährlich 4–8 Wochen. Nussendorf 12, ✆ 07413/8476, www.heuriger-hold. at.

Weitenegg und Schloss Leiben

Einige Kilometer stromabwärts mündet von Norden das Weitental (s. S. 167) in das Donautal. An dieser Stelle erhebt sich die mächtige Ruine *Weitenegg*. Im 10. Jh. erbaut, gehörte sie im 13. Jh. den Kuenringern und diente ab dem 19. Jh. als Baumaterial für die unterhalb errichtete Ultramarin-Farbfabrik (Fa. Harbich), die bis heute in Betrieb ist. Was als Ruine übrig blieb, ist in Privatbesitz und kann nicht besichtigt werden. Hauptanziehungspunkt von Weitenegg ist das gepflegte Freizeitzentrum am Fuß der Burgruine: Der beim Melker Kraftwerksbau von der Donau abgetrennte Altarm ist ein Paradies für Wassersportler.

Lohnenswert ist ein Abstecher zum schön renovierten *Schloss Leiben*, das versteckt 2 km abseits vom Donauufer auf einem Felsen über dem Weitental (B 216) thront. Es stammt aus dem 12. Jh. und wurde in der Renaissance zu einem viergeschossigen Schloss mit Arkadenhof umgestaltet. Bekannt sind seine prachtvollen, mit mythologischen Szenen bemalten Kassettendecken aus dem 17. Jh. Das Schloss beherbergt auch ein *Landtechnik-Museum* mit bis zu 100 Jahre alten Traktoren und Pflügen.

- *Verbindungen* **Bahn**: Mai bis Okt. 2x tgl. mit Krems bzw. St. Valentin. **Bus**: Mo–Sa 2x tgl. mit Melk.
- *Öffnungszeiten* **Landtechnik-Museum**: April bis Nov. So 10–17 Uhr. Eintritt: 3,79 €, Kinder (6–15 J.) 1,50 €.
- *Übernachten/Essen* **Gasthof Dürregger**, 3 km westlich von Weitenegg am Donauradweg, freundlicher Betrieb mit 7 geräumigen Komfortzimmern mit Balkon, Radgarage. DZ 52 €. Wirtshauskulturwirt mit bodenständiger Küche, Mi Ruhetag. Ebersdorf 4, ✆ 02752/71415, www.duerregger.at.
- *Baden/Wassersport* **Freizeitzentrum** am Donau-Altarm, schöner Badestrand, Surfen, Segeln, Rudern, Beachvolleyball, Kinderspielplatz, Tretbootverleih. Strandbuffet im Sommer, Gratisparkplätze.

Schloss Luberegg

2 km donauabwärts gegenüber von Stift Melk liegt an der Donauuferstraße ein schmuckes Landschlösschen mit riesigem Holzschindeldach. Sein Aussehen verdankt es Kaiser Franz II./I., der es ab 1795 zu seinem Sommersitz ausbauen ließ. Zuvor war es ein einfaches Landhaus, das 1780 von Joseph von Fürnberg, einem der ersten Großunternehmer Österreichs, als Verwaltungsgebäude errichtet worden war. Dieser besaß ausgedehnte Wälder im südlichen Waldviertel, deren Erträge

Luberegg – Zeugnis adeligen Landlebens

er als Brennholz von hier nach Wien verschiffen ließ. Um auch nächtens die Kähne beladen zu können, ließ er die beiden ziegelgemauerten Rundtürme am Ufer errichten, die mit Feuer auf ihren flachen Dächern als frühe Flutlichtanlage dienten.
1990 erwarben die Besitzer von Schloss Artstetten Schloss Luberegg und richteten die Dauerausstellung *Kaiser Franz und seine Zeit – von der Französischen Revolution bis zum Wiener Kongreß* ein, die aber seit den immensen Hochwasserschäden von 2002 geschlossen ist. Wieder geöffnet ist dagegen der gemütliche Heurige im Nebentrakt.

• Verbindungen **Bus**: 6- bis 12x tgl. mit Bhf. Melk.

• Übernachten/Essen **** **Landhotel Wachau**, in Sichtweite von Schloss Luberegg an der B 3, nach dem Hochwasser 2002 neu renoviert mit 32 Komfortzimmern im Landhausstil. DZ 96–110 €. Restaurant mit regionaler Küche; mehrere gemütliche Gaststuben. Gastgarten. Jan./Febr. geschl. Luberegg 20, ✆ 02752/72572, www.landhotel-wachau.at.

Heuriger Hafer Kast'n im Schloss Luberegg, kalte Jause, deftige warme Speisen wie Blunzen und Grammelknödel 5,40–7,20 €. Gastgarten. Sa/So ab 15, Mo/Di/Fr ab 16 Uhr geöffnet. ✆ 02752/71777.

• Baden/Wassersport Strand und Freizeitanlage Luberegg an einem Donau-Altarm.

• Wandern Unweit vom Schloss beginnt der blau markierte Weg auf die **Dachbergwarte** (383 m), von der sich ein schöner Blick ins Donautal und zu den Voralpen bietet (ca. 40 Min.). Kürzer ist der Anstieg vom Weiler Rantenberg, 2 km oberhalb von Luberegg (ebenfalls blau markiert, 15 Min., Schlüssel im Haus Rantenberg Nr. 5).

Emmersdorf

Der alte Markt am Donauufer mit seinem romantischen Straßenplatz ist schon lange auf Donautouristen eingestellt und wirbt für sich als „Radlerdorf".

Das 1171 erstmals erwähnte „Emarsdorf" gegenüber von Melk besteht aus zwei Ortsteilen. Parallel zur Donauuferstraße verläuft der lang gestreckte *Marktplatz* mit malerischen Bürger- und Winzerhöfen des 16.–19. Jh., in denen es sich gut tafeln lässt. Der verschachtelte zweigeschossige Bau an der Südfront des Platzes ist die *Magdalenenkapelle* (1516). In ihr spätgotisches Inneres mit kleinen Barockaltären gelangt man über die schöne Freitreppe. Unter dem größten Viadukt der Donauuferbahn hindurch oder auf dem Fußweg über die Kolomanistiege erreicht man den höher gelegenen Ortsteil Hofamt, der von der *Pfarrkirche zum Hl. Nikolaus* beherrscht wird. Diese hat ein gotisches, netzrippengewölbtes Langhaus und einen mächtigen Chor. Die Mini-Obelisken am barocken Turm wurden in Dürnstein abgeschaut. Von der Kirchenterrasse erblickt man *Schloss Rothenhof*, einen Bau des 16. Jh., der 1883 im Stil des Historismus umgebaut wurde und heute als gediegenes 9-Betten-Hotel genutzt wird.

• *Daten* 227 m, 1760 Ew.

• *Information* **Tourismusinformation** beim Kreisverkehr östlich des Zentrums. Mai bis Ende Sept. 15–19 Uhr, hilft bei der Unterkunftssuche, elektronischer Zimmernachweis (24 Std.). ✆ 02752/700100.

• *Verbindungen* **Bahn**: 2–4x tgl. mit Krems. **Bus**: 6–12x tgl. mit Melk. **Schiff**: Mai bis Sept. 1x tgl. mit Melk bzw. Krems.

• *Übernachten* **** **Schloss Rothenhof**, intimes Schlosshotel mit 2 Suiten und 2 DZ in stilvoll eingerichteten, großzügigen Räumen, DZ 104 €, Suiten 156–170 €. Schloss-Restaurant, März bis Dez. Hofamt 14, ✆ 02752/71741, www.tiscover.at/schlosshotel-rothenhof.

**** **Hotel Zum Schwarzen Bären**, 50 gemütliche Komfortzimmer im Landhausstil im modernen Hotelanbau. Hallenbad, Laufstrecke vor dem Haus. DZ 74–120 €. Febr. geschl. Emmersdorf 7, ✆ 02752/712490, www.hotelpritz.at.

**** **Hotel Donauhof**, an der B 3 direkt in Emmersdorf, selbe Besitzerfamilie wie Land hotel Wachau in Luberegg, 32 Komfortzimmer im Landhausstil. Leihräder. Laufstrecke. DZ 90–110 €. Restaurant mit Kaminstube und Donauterrasse, Hauptgerichte 7–19 €, tgl. außer Mo 11–21 Uhr. Emmersdorf 40, ✆ 02752/717770, www.donauhof.com.

Weitere 100 Gästebetten stehen in Privatquartieren (DZ inkl. Frühstück 38–50 €) und Ferienwohnungen zur Verfügung.

Donaucamping, ortsnahe kleine Anlage mit 48 Stellplätzen, gut ausgestattet, Waschmaschine, Trockner. 2 Pers., 1 Auto, 1 Zelt ca. 12 € pro Tag, Mai bis Sept. ✆ 02752/71707.

• *Essen* **Zum Schwarzen Bären**, traditionelles Landgasthaus am Marktplatz, wunderschöne Gaststube mit altem Kreuzgewölbe, Hochwassermarke 2002! Ausgezeichnete regionale, kreativ verfeinerte Küche. Febr. geschl., März bis Jan tgl. geöffnet. Hauptspeisen 7–22 €, Menüs 10–27 €, große Dessertauswahl. ✆ 02752/712490.

Weißes Rössl, zweites Traditionsgasthaus am Dorfplatz mit bodenständiger Küche, Wirtshauskulturwirt, Treffpunkt der Einheimischen. Stammhaus der Familie Pichler, die im Ort zwei Hotels betreibt. Do Ruhetag. Emmersdorf 8, ✆ 02752/7141453.

Langthaler, kinderfreundliche Jausenstation in Pömling 4 km nördlich, grüne Panoramalage, gemütliche Kaminstube, Wurst- und Fleischwaren vom eigenen Bauernhof. Kalte Jause Mi–So ab 15 Uhr, Sa/So/Feiertage mittags auch warme, bodenständige Gerichte (6–9 €). Pömling 14, ✆ 02752/71427.

• *Fahrradverleih* **Hotel Donauhof**, tgl. 7.30–21 Uhr, 11 €/Tag. Emmersdorf 40, ✆ 02752/71777.

Im „Radlerdorf“ werden **vier geführte Radtouren** (inkl. Radtransport und Versorgung) angeboten. Es geht u. a. nach Dürnstein und ins Waldviertel. Wer alles abstrampelt, erhält das sog. „Doktor-Rad“. Anmeldung über die Unterkunft oder unter ✆ 02752/71469. Preise: 9–21 € je nach Tour.

• *Wandern* Empfehlenswert ist die Wanderung am Treppelweg von der Infostelle in Emmersdorf durch den Emmersdorfer Auwald donauabwärts bis *Grimsing*, von wo man einen der schönsten Blicke auf Schloss Schönbühel und die Felsen im Wasser genießen kann.

Stift Melk – ein Höhepunkt der Wachau

Melk

Stift Melk, der prächtigste Barockbau des Donautals, markiert majestätisch auf einem steil abfallenden Felshügel den Beginn der Wachau und wird mit dieser zum Weltkulturerbe gezählt.

Ein Besuch des großartigen, schönbrunnergelben Klosters, das auf eine über 900-jährige Geschichte verweisen kann, sollte auf keiner Reise durch den Osten Österreichs fehlen. Wie kaum anderswo gelang es hier, aus Fluss, Landschaft und Kloster ein harmonisches Ganzes zu entwerfen und das Projekt auch tatsächlich zu vollenden. Unterhalb der gewaltigen, 360 m langen Südfront des Stiftes liegt die Stadt Melk, dessen reizvolle, autofreie Altstadt einen Rundgang verdient.

Geschichte

Der steile, 57 m hohe Uferfelsen am Beginn des engen Tals der Wachau reizte schon die alten Römer zum Bau des Kastells *Namare*. Als Kaiser Otto II. 976 den Babenberger Leopold I. mit der Ostmark belehnte, wählte dieser den Felsen als seinen Herrschaftssitz. Er ließ eine Burg mit Kirche bauen, in der 1014 der Märtyrer Koloman bestattet wurde (siehe Kasten). 1089 holte der Babenberger Leopold II. Benediktinermönche nach Melk, die hier ein neues Kloster gründeten. Sein Sohn Leopold III. verlegte die Residenz nach Klosterneuburg und überließ 1113 die Herrschaft Melk mit zahlreichen Gütern und Pfarreien den Benediktinern. Das Kloster entwickelte sich bald zum kulturellen Mittelpunkt des Babenbergerreiches. Der Sittenprediger Heinrich von Melk war Laienbruder des Stifts. Frau Ava, die frühste deutschsprachige Dichterin, war hier schriftstellerisch tätig. Die „Melker Reform“, eine Erneuerungsbewegung gegen die Verweltlichung der Benediktinerklöster, ging

1418 von hier aus. Reformation, Türkeneinfälle und mehrere Brände führten im 16./17. Jh. allerdings beinahe zum Ruin. An Stelle einer Reparatur entschied sich Abt Berthold Dietmayr 1702 für einen barocken Neubau der Kirche und 1711 für eine Neugestaltung der ganzen Anlage. Er engagierte dafür Jakob Prandtauer, der nach seinem Tod 1726 durch seinen Schüler und Schwiegersohn Joseph Munggenast ersetzt wurde. 1746 war der Bau schließlich vollendet.

Information/Verbindungen/Einkaufen

- *Daten* 228 m, 5300 Ew.
- *Information* **Tourismusbüro**, im Stadtzentrum auf Höhe des Stiftsportals, Zimmervermittlung, Fahrradabstellplätze mit Safes (1 €), Mo–Fr 9–12, 14–17, Sa 10–12 Uhr. Babenbergerstraße 1, ✆ 02752/52307410, www.tiscover.com/melk.
- *Verbindungen* **Bahn**: 1x stdl. mit Ybbs u. St. Pölten. **Bus**: 3x tgl. mit Krems, 6- bis 12x tgl. mit Emmersdorf, Mo–Sa 4- bis 8x tgl. mit Pöggstall und Maria Laach am Jauerling. **Schiff**: Mitte April bis Ende Okt. 4- bis 5x tgl. mit Dürnstein/Krems, im Hochsommer mehrmals wöchentlich mit Tulln/Wien.
- *Parken* Parkscheibenpflicht in der Altstadt.
- *Telefon/Internet* Zelle am Hauptplatz.
- *Bauernmarkt* am Rathausplatz, März bis Dez. 1. Sa im Monat 8–11 Uhr.

Übernachten/Essen und Trinken

- *Übernachen/Essen* **** **Hotel Zur Post (9)**, radfahrerfreundliches Traditionshotel mit Arkadenhof im Stadtzentrum, 28 Komfortzimmer, DZ 88–98 €. Jan. bis Mitte Febr. geschl. Restaurant mit gemütlich stilvoller Gaststube, verfeinerte, regionale Küche, Pizza, gute Weine, Eissalon, Hauptgerichte 8–17 €, im Winter So abends/Mo geschl. Linzer Str. 1, ✆ 02752/52345, www.tiscover.com/post-melk.

*** **Hotel-Restaurant Wachauerhof (7)**, radfahrerfreundlicher Familienbetrieb im Stadtzentrum, 54 Komfortzimmer, teils mit Balkon. Sauna. DZ 66–80 €. Restaurant, Heurigenbuffet im Gewölbekeller, Wintergarten. Wiener Straße 30, ✆ 02752/52235, www.tiscover.com/wachauerhof-teufner.

*** **Hotel Pension Wachau (3)**, neue radfahrerfreundliche Pension etwas außerhalb mit 23 netten Komfortzimmern, Sauna, Solarium, DZ 76–82 €. Mitte Dez. bis Mitte Jan. geschl. Am Wachberg 3, ✆ 02752/52531, www.hotel-wachau.at.

** **Gasthof Goldener Stern (5)**, in der ältesten Gasse der Stadt direkt unterhalb des Stifts, radfahrerfreundlicher Familienbetrieb mit 11 Zimmern, DZ mit Du/WC/TV 58 €, mit Etagendusche 10 € billiger, Romantikzimmer (DZ) 100 €. Ostern bis Okt. Nettes Restaurant mit gutbürgerlicher Küche, Gastgarten, Hauptspeisen 8–13 €, günstige Menüs. Sterngasse 17, ✆ 02752/52214.

** **Pension Goldener Ochs (10)**, preiswerte Pension (ehem. Hotel) nah am Donauufer mit 20 Komfortzimmern. DZ 40 €. Nibelungenlände 7, ✆ 0664/1526266.

Junges Hotel Melk (12), moderne Jugendherberge mit 104 Betten 1 km außerhalb, 24 Vier-Bett-Zimmer mit DU/WC auf dem Gang, Garten, Radkeller, 1.4. bis 14.10., 16–20 € p. P. mit Frühstück. Abt-Karl-Str. 42, ✆ 02752/52681, www.melk.noejhw.at.

Melker Camping (1), April bis Okt., 70 Stellplätze beim Melker Fährhaus in der Au, Kolomaniau 3, ✆ 02752/53291.

Tom's Restaurant (6), Gourmetlokal am Hauptplatz. Seit 2002 kocht im traditionellen Familienbetrieb der kreative Juniorchef Thomas Wallner: Hummer, Trüffel, Gänseleber. Unkonventionell, aber perfekt zubereitet. Speisekarte mit nur zwei Menüs bis zu 6 Gängen (ca. 75 €). Nov. bis März Do Ruhetag. Hauptplatz 1, ✆ 02752/52475.

Gasthaus zum alten Brauhof (11), der frühere Brauhof an der Uferstraße ist heute ein rustikales, freundliches Kulturwirtshaus mit gutbürgerlicher Küche und bekannt für Backhendl. Großer, schattiger Biergarten, Heurigenkeller, Hauptspeisen 7–13 €, ganztägig warme Küche, Mo Ruhetag. Linzer Straße 25, ✆ 02752/52296.

Stiftsrestaurant (2), in der ehemaligen Orangerie des Klostergartens wird Mitte März bis Mitte Nov. tgl. von 8–19 Uhr preisgünstig und durchgehend gekocht. ✆ 02752/52555.

- *Cafés* **Konditorei-Café Mistlbacher (8)**, elegantes Café mit hausgemachten Mehlspeisen und Eis in der Fußgängerzone, Gastgarten, Mo–Sa 7–18, So 13–18 Uhr. Hauptstraße 1, ✆ 02752/52350.

Café & Shop Wieser (4), direkt beim Aufgang von der Stadt zum Stift; hier kostet und kauft man Espresso, Wein und feinste Destillate aus eigener Erzeugung des Wachauer Familienbetriebes aus Wösendorf. Di–Sa 9–17 Uhr. Rathausplatz 6, ✆ 02752/50197.

Freizeit/Veranstaltungen

- *Fahrradverleih* im **Hotel Zur Post** und in der **Hotel-Pension Wachau**, Adressen s. dort. Vorher telefonisch anfragen!
- *Baden* **Wachaubad**, Erlebnisfreibad mit Rutsche, Sport- und Kinderbecken, östlich außerhalb des Ortszentrums, Mai bis Sept. tgl. 10–20 Uhr. Fürnbergstraße 12.
- *Veranstaltungen* **Sommerspiele Melk**, Juli/Aug., klassisches Theater an drei Spielorten zwischen Donau und Stift. **Internationale Barocktage**, Pfingstwochenende, Konzerte im Stift (www.barocktage.at). **Kolomanikirtag**, 13. Okt., Jahrmarkt in der Altstadt.

Sehenswertes

Stift Melk: Die Klosteranlage wird von hinten betreten, wo auch der große Parkplatz ist. Man passiert den Barockgarten mit dem Stiftsrestaurant in der wieder aufgebauten Orangerie und steht dann vor dem Stiftsportal. Aus der Stadt gelangt man über steile Stiegen direkt hierher.

Das *Portal* wird von zwei Basteien flankiert: Die linke stammt von 1650, die rechte fügte Prandtauer 70 Jahre später aus optischen Gründen hinzu. Statuen stellen die Heiligen Koloman und Leopold, die beiden Stiftspatrone, dar. Über einen *Vorhof* und eine weitere, mit einem Fresko zur Verherrlichung des Ordensgründers Hl. Benedikt geschmückte Torhalle *(Benediktihalle)* erreicht man den 82 x 42 m großen *Prälatenhof.* In der Mitte steht ein Brunnen, bis 1722 war es jener, der heute den Melker Rathausplatz ziert. Die den Hof umschließenden Fassaden sind mit Apostel- und Prophetenstatuen und in den Maueraufsätzen mit modernen Fresken geschmückt. In den Gebäudetrakten rechts ist das renommierte Stiftsgymnasium untergebracht, geradeaus erblickt man die Kuppel der Stiftskirche. Links vorn betritt man hinter einem Torbogen einen schmalen Arkadenhof, der das Kloster von der Kirche trennt. Rechts befindet sich die *Prälatur,* die mit prächtigen Fresken geschmückten Repräsentations- und Arbeitsräume des Abtes, die nicht besichtigt werden können. Gegenüber führt die *Kaiserstiege* zu den sechzig entlang des 200 m langen Kaisergangs (mit Herrscherporträts) gereihten *Kaiserzimmern.* Sie dienten einst prominenten Besuchern, wie Maria Theresia oder Napoleon, und deren Hofstaat als Gästezimmer. Heute beherbergen zehn von ihnen das *Stiftsmuseum,* das in moderner Aufmachung die Geschichte des Klosters erzählt und seine Kunstschätze (u. a. Altarbilder von Jörg Breu und dem Kremser Schmidt) vorstellt. Bei den kostbarsten Exponaten, wie dem Melker Kreuz mit einem Splitter vom Kreuz Christi (14. Jh.) und einem Elfenbeinaltärchen aus dem 11. Jh., muss man sich mit Fotos begnügen. Sie sind in der nicht zugänglichen Schatzkammer verschlossen.

Auf die Kaiserzimmer folgen die beiden Prunkräume des Stiftes: Der *Marmorsaal* mit einem prächtigen Deckenfresko von Paul Troger (1731) und Stuckmarmor an den Wänden diente als Fest- und Speisesaal für die Gäste. Von hier tritt man hinaus auf die *Altane,* den einzigartigen Terrassenvorbau, den Prandtauer knapp am Felsabbruch platzierte. Sie bietet einen wunderbaren Blick ins Donautal und auf die berühmte Doppelturmfassade der Stiftskirche und führt elegant zur *Bibliothek* hinüber, dem zweiten Prunksaal. Hier lässt Umberto Eco seinen berühmten Roman „Der Name der Rose" beginnen. Der zweigeschossige, zur Gänze mit braun-goldenen, intarsierten und durch einen Balkon zugänglichen Bücherregalen angefüllte Raum beeindruckt durch seine harmonische Raumwirkung und das in Blautönen gehaltene Deckenfresko von Paul Troger (1732). Vergoldete Holzfiguren an den Türen stellen die vier Fakultäten dar. Insgesamt besitzt die Melker Bibliothek rund 100.000 Bände sowie 2000 Handschriften und frühe Druckwerke.

Den krönenden Abschluss des Rundgangs bildet die *Stiftskirche,* deren in warmen Rotbraun- und Goldtönen gehaltenes Inneres vollendete Barockkunst ist. Den Blick fesseln die eindrucksvollen Deckenfresken von Johann Michael Rottmayr, die im Langhaus den Hl. Benedikt und in der 65 m hohen Vierungskuppel Gottvater, Christus und die Evangelisten darstellen. Der marmorne Säulenhochaltar zeigt ein figurenreiches Schauspiel: In der Mitte nehmen die Kirchenpatrone Petrus und Paulus vor ihrem Martyrium voneinander Abschied, zu beiden Seiten flankiert von je drei Propheten. Die Seitenaltarbilder stammen ebenfalls von Rottmayr (Hl. Drei Könige, Hl.

Michael, Hl. Johannes) bzw. von Paul Troger (Hl. Nikolaus, Hl. Sebastian). Der Kolomani-Altar links im Querschiff bewahrt in einem Sarkophag die Gebeine des Heiligen.

Hl. Koloman – vom Spion zum Landespatron

Einer der ersten namentlich bekannten Pilger auf dem Donauweg Richtung Jerusalem war der Ire Koloman. Bis ins Heilige Land kam er allerdings nicht. In Stockerau bei Wien wurde er 1012 irrtümlich für einen Spion gehalten und aufgehängt. Als sein Körper nicht verweste und wundersame Dinge geschahen, verlangte der babenbergische Markgraf die Überstellung des Leichnams nach Melk. Für die neu kolonisierte Ostmark fehlte noch ein Landespatron, und wundertätige Heilige oder Teile von ihnen konnte jede Kirche gut gebrauchen. So wurde Koloman für den Reliquienhandel aufbereitet. Jedes noch so kleine Knöchelchen oder Teilchen aus Kolomans Leben war für Wunder geeignet, etwa ein Kieferknochen und ein Backenzahn, die bis heute in der Melker Schatzkammer aufbewahrt werden, und ein Holzsplitter des Holunderbaumes, an dem er gehängt worden war.

Anfang Mai bis Ende Oktober kann auch der *Stiftspark* besichtigt werden. Er befindet sich zwischen Parkplatz und Stiftsportal und besteht aus einem barocken Garten und einem englischen Landschaftspark. Zu Ersterem gehört ein *Gartenpavillon* von 1748, der von Johann Bergl mit interessanten exotischen Wand- und Deckenfresken ausgemalt wurde und ein Café beherbergt.

Öffnungszeiten/Eintritt Mai bis Sept. tgl. 9–18, April/Okt. tgl. 9–17 Uhr, Besichtigung mit oder ohne Führung. Nov. bis März nur mit Führung tgl. 11 und 14 Uhr. Eintritt (inkl. Stiftspark): 7 €, Schüler 4,10 €, Familien (Eltern und Kinder bis 16. J.) 14 €, Stiftsführung 1,60 €/Person. Eintritt in den Stiftspark: 3 €, Kinder (6-16 J.) 1,50 €. www.stiftmelk.at.

Stadtrundgang: Rund um den hübschen *Rathausplatz*, in dessen Mitte der Kolomanibrunnen von 1687 mit dem Heiligen in Pilgertracht steht, versammeln sich einige historische Bauten: Das ehemalige *Lebzelterhaus* mit den bemalten Fensterläden stammt von 1657 (heute Apotheke), rechts davon steht das *Rathaus* aus dem Jahr 1575. Das untere Ende des Platzes markiert der Alte Brotladen mit zwei holzgedeckten Ecktürmchen. Rechts davon beginnt die *Sterngasse*, die älteste und einst wichtigste Straße der Stadt. Der Gasthof zum Goldenen Stern (Sterngasse 17) ist die ehemalige, von Munggenast 1736 erbaute Stiftstaverne. Am westlichen Ende der Sterngasse liegt etwas versteckt auf der Hangseite das älteste Haus Melks (15. Jh.), an dessen Fassade sich ein uralter Weinstock breit macht. Über den Hauptplatz gelangt man in die Linzer Straße, wo sich der schönste Bau der Stadt, die reliefverzierte *Alte Post* von 1790 befindet. Wieder am *Hauptplatz* weist der spätbarocke Pfarrhof den Weg zur gotischen Stadtpfarrkirche. Von hier Richtung Bahnhof erstreckt sich das Melker Villenviertel mit einigen Jugendstilbauten. Am bekanntesten ist die Kachelvilla an der Ecke Babenbergerstraße/Abt-Karl-Straße, die Jože Plečnik, der berühmte slowenische Otto-Wagner-Schüler, 1901 entwarf.

Schloss Schallaburg

Der Arkadenhof aus roter Terrakotta macht die Schallaburg zu einem der schönsten Renaissanceschlösser Mitteleuropas. Geöffnet ist sie während der jährlichen Sonderausstellungen, die große Bekanntheit genießen.

Die Schallaburg thront 6 km südlich von Melk und abseits der Donau weithin sichtbar auf einem bewaldeten Berghang. Überragt wird sie von einem viereckigen

Schallaburg – ein Juwel der Renaissance

Hochturm, dessen schwarz-weiße Fassade auf die Renaissance verweist. Die ursprüngliche Burg der Grafen von Schalla entstand im 12. Jh. Von ihr sind noch die hohe Ringmauer, der Burggraben und die monumentale, seit langem dachlose Wohnburg erhalten. Sie sind am besten vom Garten aus zu sehen. Die restliche Burg wurde unter den Losensteinern, die zu den führenden Protestanten des Landes gehörten, 1540–1600 nach italienischen Vorbildern ausgebaut. Dabei entstand eine dreiflügelige Vorburg mit dem berühmten **Großen Arkadenhof**. Nach schweren Schäden in den Kriegs- und Besatzungsjahren wurde das Schloss vorbildlich renoviert und dient seit 1974 als Kultur- und Ausstellungszentrum mit jährlichen Sonderausstellungen. Dauerhaft gezeigt wird eine private Spielzeugsammlung mit Exponaten aus 2500 Jahren.

Der Weg ins Schloss führt über den Burggraben (mit Spielplatz) zu einem Torbau, dessen Terrakottawappen an die Losensteiner erinnert. Hier befindet sich der Ticketverkauf. Nach einem schmalen Vorhof steht man ziemlich unvermittelt im zweigeschossigen, dreiseitigen *Arkadenhof.* Dieser beeindruckt durch seine ziegelrote Terrakottaverzierung auf Bögen und Säulen, die 1573 vom Salzburger Hafner Jakob Bernekker geschaffen wurde und aus 1600 tönernen Figuren, Büsten, Masken, Wappen und Flachreliefs besteht. Sie stellen ganz im Sinne der Renaissance antike Motive dar, Szenen aus der Herkuleslegende, Musen, Atlanten, Allegorien oder römische Herrscher. Berühmt ist die Büste „Fräulein mit dem Hundekopf" im Bereich oberhalb des Restaurants. Nach einer Sage soll die Geldgier eines Ritters mit der Geburt einer hundeköpfigen Tochter bestraft worden sein. Über den Kleinen Arkadenhof unterhalb des Hochturms erreicht man die *Schlosskapelle* mit dem Renaissance-Hochgrab (1587) jenes Losensteiners, der den Arkadenhof errichten ließ. Frei zugänglich ist der 2003 neu bepflanzte *Renaissancegarten* südlich außerhalb des Schlosses.

- *Anfahrt* 6 km südlich von Melk, gut beschildert.
- *Verbindungen* Busshuttle zu Ausstellungszeiten vom Bhf. Melk: Abf. 9.50, 13.15, 16.20 Uhr. Ticket: 2,50 €/Fahrt.
- *Öffnungszeiten* 1.5. bis 1.11. tgl. 9–17, Sa/So 9–18 Uhr. Eintritt (je nach Ausstellung): 7-10 €, Schüler/Stud. 3-4 €, Familienkarte 14-18 € (2 Erw. und Kinder bis 16 J.). ✆ 02754/6317, www.schallaburg.at.
- *Essen* **Schlossrestaurant** (nach der Ticketkontrolle im Arkadenhof) mit Schnitzel, Fisch und Vegetarischem (6–10 €) sowie zu den Ausstellungsthemen passenden Spezialitäten. 1.5. bis 1.11. tgl. 9–17, Sa/So 9–18 Uhr, www.schallaburg.com.

Marienkirche Mauer bei Melk

Kunstfreunden sei von Melk aus ein 10 km langer Abstecher in den Ort Mauer empfohlen, wo es in der Pfarrkirche einen berühmten gotischen Schnitzaltar von

1510 zu sehen gibt. In seinem Mittelteil thront Maria, umgeben von Engeln und Aposteln, in den Flügeln stellen Reliefs Verkündigung, Heimsuchung und Geburt Christi dar. Der Tod Mariens rechts unten zeigt Parallelen zum Krakauer Marienaltar von Veit Stoß. Für 1 € wird der Altar beleuchtet.
Auch der Rest der dreigeteilten Kirche ist einen Blick wert. Turm und Chor mit Maßwerkfenstern, Netzgewölbe und schönem Sakramentshäuschen stammen aus der Gotik, das Langhaus dazwischen ist Überbleibsel einer früheren Kirche. 1737 wurde der Innenraum barockisiert und dabei der gotische Flügelaltar zur Seite geschoben.
Anfahrt von Melk auf der B1 Richtung St. Pölten, in Loosdorf (3 km) links abbiegen und weitere 3 km bis Mauer fahren.

Wachau – Nordufer

Der besondere Reiz der mit dem Prädikat Weltkulturerbe ausgezeichneten Landschaft der Wachau liegt in der Jahrtausende alten Prägung durch den Menschen: Die malerischen Weinbergterrassen entstanden ab der Zeit Karls des Großen bis zum 12. Jh., als über 31 süddeutsche Hochstifte und Abteien das um 820 erstmals als „Wahowa" erwähnte Tal zum Weinbau nutzten. Auch die prachtvollen Klöster und Kirchen, Burgen und Winzerhöfe gehen auf geistliche Grundherren und ihre weltlichen Lehensleute zurück. Und wo der Wein gut schmeckt, steht ihm die Küche um nichts nach. Kurz: die Wachau ist ein Genuss für Auge und Gaumen.
Am schönsten erlebt man die Wachau, wenn man das Auto stehen lässt und sie durchwandert oder mit Muße auf dem Fahrrad durchquert. Man benutzt dafür den **Donauradweg**, der auf der alten, verkehrsarmen Wachaustraße durch Weingärten und Ortskerne führt. Wer zwischendurch ans Südufer wechseln möchte, kann eine Fähre benutzen. Linienschiffe verkehren von Anfang April bis Ende Oktober. Danach wird es für einige Monate ruhig in der Wachau. Es heißt, sie hielte ihren Schönheitsschlaf. Viele Hotels und Gasthöfe schließen und der Wein hat Zeit, den Winter über in den Kellern zu reifen.

Von Emmersdorf bis Spitz

Die Donaubrücke bei Melk entlässt den Autofahrer außerhalb von Emmersdorf (s. S. 67) ans Nordufer. Erster Ort stromabwärts ist **Gossam**, wo eine rund 8 km lange Straße zur hoch gelegenen Wallfahrtskirche **Maria Laach** und zum **Naturpark Jauerling** abzweigt. Dann folgen am Ufer entlang bis Spitz einige verträumte Dörfer.

Wallfahrtskirche Maria Laach

Inmitten des auf einem reizvollen Hochplateau (591 m) am Fuß des Jauerlings gelegenen, sonnenreichen Erholungsdorfs Maria Laach steht die außen unauffällige, gleichnamige gotische Wallfahrtskirche. In ihrem Inneren überrascht sie mit bemerkenswerten Kunstschätzen: Das prächtige, marmorne *Renaissance-Hochgrab* von Freiherr Johann Georg III. von Kuefstein erwartet den Besucher gleich rechts nach der Empore. Es stammt von 1607, als die Kirche noch Begräbnisstätte der protestantischen Grafen Kuefstein war, und zeigt den Freiherrn in voller Rüstung, lebensgroß und kniend beim Gebet. Originell ist das *Gnadenbild* der Wallfahrtskirche am linken Seitenaltar. Es entstand um 1450 und zeigt – warum auch immer – „Unserer Lieben Frau sechs Finger" – „der rechten Hand", könnte man ergänzen. Prunkstück der Kirche ist der spätgotische *Hochaltar*, ein geschnitzter Doppelflügelaltar aus dem Jahr 1480, einer der prächtigsten des Landes. In der Mitte thront

Maria mit Krone und Zepter als Himmelskönigin auf einem Sichelmondgesicht, auf ihrem Schoß der nackte, lockige Jesus. Die Reliefs auf den Flügeln zeigen links Verkündigung und Christi Geburt und rechts Heimsuchung und Anbetung der Hl. Drei Könige. Einen Blick lohnt auch die reich verzierte, gotische *Steinkanzel* (1500).

• *Anfahrt* vom linken Donauufer aus, ab Gossam 8 km, ab Aggsbach-Markt 6 km oder ab Spitz 15 km.

• *Verbindungen* **Bus**: nur zu Schulzeiten Mo–Fr 4x tgl. mit Bhf. Melk.

• *Bauernmarkt* in einem revitalisierten Bauernhaus neben der Kirche, Febr. bis Dez. Sa 9–15 Uhr.

• *Übernachten/Essen* *** **Dorf-Hotel Grüner Baum**, empfehlenswertes Hotel im gemütlichen Landhausstil mit Hallen- und Freibad, Sauna. 26 schöne Komfortzimmer, DZ 66–80 €. Gutbürgerlicher Gasthof mit bodenständiger Küche, eigener Obst- und Gemüseanbau. Wirtshauskultur. Hauptgerichte 6,50–10 €. Geöffnet Ostern bis 1. Nov. tgl., Nov./Dez. nur Sa/So. Maria Laach 3, ✆ 02712/8303, www.hotel-ringl.at.

** **Gasthof Waldruhe**, abgeschieden zw. Gossam und Maria Laach gelegen, 10 schlichte Komfortzimmer mit Balkon. DZ 50 €. Bodenständige Küche, preisgünstige Menüs (Mo–Sa). Nov. bis April Di Ruhetag. Felbring 11, ✆ 02712/8312.

• *Kinder* **Hubhof**, nostalgischer Familienpark zwischen Maria Laach und Aggsbach-Markt mit Märchenlehrpfad, Ziegengehege, Sommerrodelbahn, 50 lebensgroßen Dinosauriern. Für das Gebotene nicht ganz billig. Ostern bis Ende Okt. Sa/So 10–17 Uhr, Juli/Aug. tgl. 10–17 Uhr. Eintritt: Erw. 6 €, Kinder (ab 3 J.) 3 €. ✆ 02712/241.

• *Wandern* Der **Kraftweg** führt von der Kirche zu 10 Erlebnisstationen (Brunnen, Klangstation, etc.), an denen die Sinne aktiviert werden können (max. 1 Std.).

Naturpark Jauerling-Wachau

Der fast 1000 m hohe Jauerling ist die größte Erhebung entlang des gesamten Donaulaufs. Zwei Straßen, eine von Maria Laach, eine von Spitz, führen auf den „Ahornberg“ (slaw. *javor)*, der als Wandergebiet geschätzt ist.

Donaudurchbruch, vom Jauerling aus gesehen

Sein wellig-hügeliges Plateau mit Wäldern, Feldern und Wiesen weist mehrere Gipfel auf. Die beiden höchsten sind der *Jauerling* (960 m) und der *Burgstock* (947 m). Auf Letzterem (Parkplatz Burgstock, erster Endpunkt der Straße) steht mit einem fast 140 m hohen Sendemast des ORF ein weithin sichtbarer Orientierungspunkt. Der wenige Schritte entfernte, 38 m hohe *Aussichtsturm* sollte bei Schönwetter unbedingt bestiegen werden. Er bietet einen grandiosen Rundblick vom Wienerwald über die Ostalpen zum Salzburger Untersberg. Mit scharfem Auge sieht man Stift Melk, die Schallaburg, die Ruine Aggstein, die Kirche Maria Langegg und die Türme von Maria Taferl. Am Fuß des Turms befindet sich eine riesige Turn- und Spielwiese. Am steilen Osthang des Burgstocks geht bei ausreichender Schneelage ein Schlepplift in Betrieb.

Zweiter Endpunkt der Straßen auf den Jauerling-Rücken ist der Parkplatz Naturpark. Der kurze Fußmarsch (ca. 20 Min.) von hier zum Naturpark-Gasthof *Hans-Pichler-Haus* am Nordabhang des Jauerling-Gipfels wird mit einem herrlichen Tiefblick ins Donautal bei Spitz belohnt.

Naturpark-Rundweg: Ab Parkplatz Burgstock geht es vorbei am Sendemast und am Aussichtsturm und durch den Wald bis zum Hans-Pichler-Haus. Weiter bergab, dann links und den grünen Markierungen folgend bis zur Kreuzung der Forststraßen und weiter am Weg Nr. 4 zurück zum Ausgangspunkt (2 Std.).

Burgstock-Weg ab Maria Laach: Blau markierter, gemütlicher Wanderweg ab Maria Laach durch den Ortsteil Zeißing auf Fahrwegen und Forststraßen zum Burgstock und wieder zurück (3 Std.).

• *Anfahrt* ab Maria Laach 5 km, ab Spitz 9 km.
• *Öffnungszeiten* **Aussichtsturm**: April bis Okt. tgl. 9–18 Uhr, Nov. bis März nur Sa/So, Erw. 1,50 €, Snackbar im Turm. **Schilift**: Schneetelefon 02713/2874, 2-Std.-Karte 7,70 €, Tageskarte 14 €, Flutlicht 18.30–21.30 Uhr, www.jauerling.at.
Hans-Pichler-Haus: Ostern bis Nov., kleine und einige deftige warme Speisen, Mehlspeisen. Kräutermuseum. ✆ 02713/2406.

Am Donauufer

Aggsbach-Markt: Der beschauliche Ort hat einen Namensvetter gegenüber am Südufer: Aggsbach-Dorf – ein Umstand, der leicht für Verwirrung sorgt. In Aggsbach-Markt lohnt die mächtige *Pfarrkirche Maria Himmelfahrt*, eine spätromanische Pfeilerbasilika von 1300 mit gotischem Chor, Gewölbe und barocker Einrichtung, einen Stopp. Mitunter länger verweilt man auf dem wunderschönen *Natursandstrand* an der Donau.

Willendorf – Fundort der Venus: Der Name des 3 km donauabwärts gelegenen Dorfes ist weithin bekannt, wurde doch hier 1908 beim Bau der Donauuferbahn die „Venus" ausgegraben, eine 11 cm große, steinzeitliche Statuette. Die nackte, fußlose und sehr dicke Frauenfigur dürfte altsteinzeitlichen Jägern als Fruchtbarkeitssymbol gedient haben. Einst war sie mit roter Farbe bemalt. Eine monströs geratene Venus-Nachbildung markiert die Fundstätte unweit des Bahndamms (beschildert), Schautafeln informieren über Venusstatuetten. Wer noch mehr wissen möchte, kann ein kleines *Museum* besuchen. Die originale Figur sieht man dort allerdings nicht, sie ist im Naturhistorischen Museum in Wien ausgestellt.

Öffnungszeiten Anfang Mai bis Ende Okt. Sa 14–16, So 10–11.30, 14–16 Uhr. Eintritt frei.

Schwallenbach: Der winzige Ort 2 km donauabwärts bietet ein malerisches Ensemble mittelalterlicher Bauten. Dazu zählen die spätgotische *Wehrkirche Hl. Sigismund* mit ihrem markanten, steinernen Turm, der ehemalige *Pfarrhof* (16. Jh.) gegenüber und der frühere Herrschaftssitz der Schwallenbacher, ein mächtiger Bau

(1617) mit schönem Hausschild. Auf der anderen Seite des Schwallenbachgrabens erhebt sich der burgartige *Rannahof*, ein Lesehof des 16. Jh. Stromabwärts kurz vor Spitz passiert man die *Teufelsmauer*, einen auffälligen, mauerähnlichen Felsen, der sich zur Donau herunterzieht und ein Werk des Teufels sein soll (s. S. 100).

Vom Wachauer Wein zur Wachauer Tracht

Das berühmte Weinbaugebiet Wachau reicht von Schwallenbach entlang beider Donauufer bis vor die Tore von Krems. Es deckt sich mit den einstigen Besitzungen des Kuenringers Leuthold I. (1260–1312), dessen Siegel heute die Weinetiketten der *Vinea Wachau Nobilis Districtus* ziert, einer 1983 gegründeten Schutzgemeinschaft von über 180 Winzern. Als Mitglieder müssen sie strikte und streng kontrollierte Auflagen befolgen. Sie dürfen nur Weingärten in der Wachau besitzen und ausschließlich hier geerntete Trauben zur Weinherstellung verwenden. Zu über 50 % handelt es sich dabei um Grünen Veltliner, zu einem Sechstel um Riesling. Noch geringer ist der Anteil von Müller-Thurgau, Neuburger, Weißburgunder und Zweigelt.

Für ihre Weine verwenden die Winzer der Vinea Wachau eigene Qualitätskategorien: *Steinfeder* heißt der leichteste Wein. Er ist trocken und duftig mit verspielter Würze und Säure. Sein Name ist einem Wachauer Trockengras entlehnt. Der klassische Wachauer Wein ist der *Federspiel* (entspricht dem Kabinettwein), ein Begriff aus der hier einst beliebten Falkenjagd. Aus spät gelesenen Trauben herausragender Lagen – auf dem Etikett „Rieden" genannt – wird der große, gehaltvolle, meist lange lagerfähige *Smaragd* bereitet (entspricht einer Spätlese), der frühestens ab Mai des Folgejahres verkauft werden darf. Benannt ist er nach der schillernden Smaragdeidechse, die in den Wachauer Weinterrassen zu Hause ist.

Die Steinfeder ist nicht nur Namensgeberin für den leichtesten Wachauer Wein, sie ziert auch den Hut der hiesigen Männertracht. Ungleich prachtvoller ist der Kopfschmuck der Festtagstracht der Winzerinnen – eine reich bestickte, aus schwerem Brokatstoff gefertigte Goldhaube. Die Wachauer Damenwelt trägt sie noch zum Kirchgang an hohen Festtagen, wie Fronleichnam und Erntedank, beim Martiniloben in Weißenkirchen oder beim Marillenkirtag in Spitz.

Spitz an der Donau

Das Wahrzeichen des alten Markts inmitten der Wachau ist der rebenbewachsene 1000-Eimer-Berg. Zum reizvollen Ortskern mit alten Bürgerhäusern kommen noch ein Schifffahrtsmuseum und eine stattliche Burgruine. Marillen und Wein sorgen für kulinarischen Genuss, ansprechende Unterkünfte für einen stimmungsvollen Aufenthalt.

Das Ortsbild wird von einem kegelförmigen Hügel bestimmt, dessen Reben in guten Jahren einen Ertrag von 1000 Eimern (das sind etwa 56.000 Liter) Wein erbrachten und ihm so seinen Namen gaben. Nördlich davon liegt abseits der Donau etwas erhöht das Ortszentrum mit der bemerkenswerten *Pfarrkirche St. Mauritius* und schmucken Renaissance- und Barockbauten. Südlich des 1000-Eimer-Berges mündet das Spitzerbachtal ins Donautal, ein uralter Verkehrsweg aus dem Waldviertel. An diesem Knotenpunkt erhebt sich die *Ruine Hinterhaus*. Einen

An hohen Festtagen tragen auch die Wachauer Kids Goldhaube und Steinfeder

Kilometer talaufwärts widmet sich *Schloss Erlahof* der Schifffahrt. Für gemütliche Spaziergänge eignen sich die 2 km lange Donauuferpromenade oder der Weg zum *Roten Tor*.

Die erste urkundliche Erwähnung von Spitz erfolgte im 9. Jh. in einer Schenkungsurkunde, mit der Karl der Große das Gebiet dem bayerischen Kloster Niederaltaich übertrug. Von diesem gelangte es als Lehen an die Kuenringer, die im 12./13. Jh. die Burgen „Hinteres Haus“ und „Vorderes Haus“ errichteten. Erst 1504 kam Spitz aus bayerischer unter österreichische Herrschaft. Im folgenden Jahrhundert wurde der Ort ein Zentrum des Protestantismus, die Verwüstungen im Dreißigjährigen Krieg (1620) waren demzufolge enorm. Bekanntheit erwarb sich Spitz, als 1947 in einem örtlichen Hotel der Heimatfilm *Der Hofrat Geiger* mit Volksschauspielern wie Hans Moser und Waltraud Haas gedreht wurde. Das Hotel gibt es immer noch, es nennt sich heute nach der Titelfigur des Films „Mariandl“.

Information/Verbindungen/Einkaufen (siehe Karte S. 81)

- *Daten* 207 m, 1760 Ew.
- *Information* **Tourismusverein Spitz**, unweit der Rollfähre, Ostern bis Ende Okt. Mo–Sa 10–13, 14–20, So 14–18, Nov. bis Ostern Mo–Fr 14–16 Uhr. Mittergasse 3a, ✆ 02713/2363, www.spitz-wachau.at.
- *Verbindungen* **Bahn**: 6–14x tgl. mit Krems. **Bus**: 4x tgl. mit Melk und Pöggstall, 1x tgl. mit Ottenschlag. **Rollfähre** nach Arnsdorf: Mai bis Sept. tgl. 7–20.30 Uhr. Okt. sowie 16.–31. März 7–18.30 Uhr, April 7–19.30 Uhr; So jeweils erst ab 8 Uhr. 1.–15. Nov. Mo–Sa 7–18 Uhr, So 10–18 Uhr. 16. Nov. bis 15. März nur Mo–Fr 6–11.30, 15.30–18 Uhr. Personen 1,10 €, PKW 2,10 €, Fahrrad 0,70 €. **Schiff**: Mitte April bis Ende Okt. 3–5x tgl. mit Melk und Krems.
- *Einkaufen* **1. Wachauer Wein- & Genusshandlung (5)**, exklusive Vinothek in einem riesigen, alten Warenlager an der Donaupromenade mit heimischen und internationalen Weinen und Wein-Raritäten, die ein früherer Sommelier betreibt. Do/Fr 13–18, Sa 10–18, So 10–16 Uhr. ✆ 02713/2029.

Übernachten/Essen und Trinken

• *Übernachten/Essen* **** **Weinberghof Lagler (3)**, mitten in den Weingärten gelegenes modernes Hotel Garni mit 13 schmucken Landhauszimmern und 2 Suiten, DZ 70–80 €. März bis Ende Nov. Am Hinterweg 17, ✆ 02713/2939, www.weingut-lagler.at.

**** **Hotel Mariandl (1)**, radfahrerfreundliches Hotel im Grünen, im Osten des Orts, das einst als Drehort für den *Hofrat Geiger* diente, viele Erinnerungsstücke (Mariandlstüberl). Leihräder, Restaurant. 27 moderne Komfortzimmer, DZ 54–70 €. April bis Okt. Kremser Straße 2, ✆ 02713/2311.

**** **Barock-Landhof Burkhardt (4)**, herrschaftlicher Lesehof im Ortszentrum, 8 moderne Komfortzimmer, stilvoller Frühstücksraum, 5 Ferienwohnungen (nur wochenweise), großer Garten. DZ 66–92 €. April bis Okt. Kremser Straße 19, ✆ 02713/2356, www.burkhardt.at.

*** **Gasthof Goldenes Schiff (8)**, traditioneller Familienbetrieb unweit der Donau, 35 Komfortzimmer teils mit Balkon, Sauna, Dampfbad, DZ 60–66 €. Gasthof mit regionaler Küche, großer Gastgarten, Hauptgerichte 7–14 €, Mitte März bis Nov. tgl. geöffnet. Mittergasse 5, ✆ 02713/2326.

*** **Weinhotel Wachau (11)**, neu renoviertes Hotel im Spitzerbachgraben abseits der Donau mit 36 Komfortzimmern, teils mit Balkon. DZ 60–80 € od. 4 Welcome-Tickets. Gutbürgerliches Restaurant (Mo Ruhetag). Ottenschläger Straße 30, ✆ 02713/2254, www.weinhotel.at.

Weingut In der Spitz (9), 4 nette Komfortzimmer beim Winzer, hinter dem 1000-Eimer-Berg. DZ 48–50 €. Leihräder, Heuriger (s. dort). In der Spitz 3, ✆ 02713/2644, www.donabaum.at.

Weingut Gritsch (7), 4 gemütliche Komfortzimmer beim Winzer, ruhige Lage oberhalb des Ortskerns, DZ 42–50 €, März bis Okt. Radlbach 11, ✆ 02713/2208, www.weingut-gritsch-wachau.at.

Zahlreiche weitere **Privatvermieter** mit DZ inkl. Frühstück von 33–52 € je nach Ausstattung. Zu finden über den Tourismusverein.

Terrassenrestaurant Strandcafé (6), unweit der Schiffsstation an der Donau, regionale Küche, Mehlspeis-Spezialitäten, Hauptgerichte bis 16 €, Mitte März bis Mitte Nov., Di/Mi Ruhetag. Donaulände 7, ✆ 02713/2320.

• *Heurige* In und um Spitz gibt es rund 20 Heurigenbetriebe.

Heuriger Karl Lagler (2), Nobelheuriger am Weg zum Roten Tor, Innenhof-Garten. Zu ausgezeichneten Weinen isst man verfeinerte Heurigenschmankerl. Ostern bis Ende Juni, Sept./Okt. Di–Sa ab 17 Uhr. Rote Torgasse 10, ✆ 02713/2612.

Strawanzer-Martin Donabaum (9), schöner Heuriger mit Innenhof und Garten am Rande der Weinberge, Mai bis Mitte Juni, Aug. tgl. ab 15 Uhr. In der Spitz 3, ✆ 02713/2644, www.donabaum.at.

Donabaum Josef und Herta (10), der gemütliche Heurige mit den ausgezeichneten Weinen von Junior Johann Donabaum hat meist im April/Mai und im Aug. ausg'steckt. Laaben 15, ✆ 02713/2618.

Freizeit/Veranstaltungen

• *Fahrradverleih* **Bahnhof**, tgl. 9–19 Uhr, tel. Voranmeldung empfehlenswert. ✆ 0664/3469486.

• *Baden* **Freibad** an der Donaulände mit Erlebnisrutsche, Mai bis Sept., ✆ 02713/2289.

• *Veranstaltungen* **Sommersonnenwende**, Sa, der dem 21. 6. am nächsten ist. 1000-Eimer-Berg, Ruine und Boote werden spätabends von Fackeln erleuchtet, Riesenfeuerwerk. **Marillenkirtag**, letztes Juli-Wochenende, Markt im Ortszentrum mit Marillenprodukten von Knödel bis Schnaps, Trachtenumzug, Volkstanz. **Erntedankfest**, Anf. Okt., Festzug, Festmesse, Volkstanz, Wein, Sturm. **Weinherbstwochen**, Okt., Weingartenführungen, Weinkost.

Sehenswertes

Pfarrkirche Hl. Mauritius: Der stattliche Bau aus dem 14./15. Jh. dominiert den Kirchenplatz. Sein mächtiger Turm trägt ein Walmdach, gedeckt mit bunten, glasierten

Ziegeln. Im Inneren fällt auf, dass der Chor ein gutes Stück nach links knickt. Beachten sollte man das schöne Netzrippengewölbe und den barocken Hochaltar mit dem „Martyrium des Hl. Mauritius“, ein Spätwerk des Kremser Schmidt (1799). Wertvoll sind die Holzfiguren von 1380 (Christus und die Apostel) an der gotischen Brüstung der Orgelempore.

Bürgerhäuser: Zu den interessantesten Gebäuden auf dem mit Donauschotter gepflasterten Kirchenplatz zählen der später barockisierte *Pfarrhof* aus dem 14. Jh. und der *Mauritiushof*, der frühere Lesehof des Klosters Niederaltaich mit schönen Innenhofarkaden (13. Jh.). Bergwärts über Friedhof- und Schlossgasse erreicht man das viereckige, um einen Hof errichtete alte *Schloss*. Der Renaissancebau ersetzte im 16. Jh. die Mittelalterburg „Vorderes Haus“. Nur mehr als Ruine vorhanden ist die protestantische Schlosskapelle, die im Dreißigjährigen Krieg zerstört wurde. Vom Kirchenplatz abwärts führen Markt- und Hauptstraße. Im Haus Hauptstraße 2 wurde ein historischer Kaufmannsladen eingerichtet (Besichtigung nach tel. Voranmeldung ✆ 02713/2074). An der Ecke zur Kremser Straße steht ein herrschaftlicher, barocker Weinlesehof, der heute als Pension dient. Das aus dem 14. Jh. stammende *Alte Schiffsmeisterhaus* (Kremser Straße 8) am Fuß der berühmten Weinlage Singerriedel wird seit Generationen von der bekannten Winzerfamilie Hirtzberger bewohnt. Ein malerisches Bild gäbe auch das Ensemble aus gotischem *Alten Rathaus* und *Bürgerspital* (um 1400) ab, hätte man die Trasse der Donauuferbahn nicht knapp daran vorbeigeführt.

Fortbewegung auf der Donau – Rollfähren und Donauschiffe

Rollfähre in Spitz

Eine Motorbootzille, wenig größer als ein Ruderboot, bringt heute Fußgänger und Radfahrer von Rossatz nach Dürnstein und retour – eine Donauquerung, die unweigerlich Respekt vor dem großen Strom einflößt. Ebenso wie die Überfahrt mit dem Auto auf einer Rollfähre, wie sie zwischen Spitz und Arnsdorf sowie Weißenkirchen und St. Lorenz noch möglich ist. Dabei erstaunt das simple Prinzip: Ein frei schwimmender Katamaran aus Stahlfachwerk, darüber ein Ladedeck. Das Ruder schräg gegen den Flusslauf gestellt, wird die bis zu 20 t schwere Fähre von der Strömung vorwärts gehievt. Ein langes, starkes Tragseil, quer über die Donau gespannt, hält die Fähre auf Höhe, und nach wenigen Minuten erreicht man das jenseitige Ufer. Diese Art der Donauüberfahrt wird nicht nur für touristische Zwecke aufrechterhalten – die Rollfähre in Spitz ist ein von Pendlern täglich benutztes Verkehrsmittel.

Während die Fahrt donauabwärts einfach ist – wenn auch Stromschnellen und Strudel sie einst erschwerten –, war die *Hohe Nau*, die Fahrt stromaufwärts, lange Zeit ein gewaltiger Aufwand. Vom 14.–19. Jh. verkehrten sog. Schiffszüge aus mehreren Haupt- und Nebenschiffen. Donauaufwärts wurden sie von Dutzenden Pferden gezogen, welche die ufernahen „Treppelwege" nutzten. Die Plätte, ein kleines, bis ins 19. Jh. verwendetes Warenschiff, wurde stromaufwärts in Ufernähe mit langen Stangen „gestangelt". Die Erfindung der Dampfmaschine beendete die mühsame Hohe Nau. 1837 befuhr die „Maria Anna" der *Kaiserlich-königlich privilegierten Donau-Dampfschifffahrtsgesellschaft (DDSG)* die Wachau. Auf ihren Namen griffen später Heimatfilmproduzenten zurück. Auch sog. Kettenschiffe verkehrten bis Ende des 19. Jh. Sie zogen sich an einer im Fluss verlegten Kette und einer dampfgetriebenen Seiltrommel am Schiff gegen die Strömung vorwärts.

Heute betreibt den Linienschiffverkehr ein Nachfolgebetrieb der DDSG gemeinsam mit anderen Unternehmen. Darunter mischen sich seit Eröffnung des Rhein-Main-Donau-Kanals 1992 immer mehr Frachtkähne und Schleppverbände sowie internationale Kabinenschiffe, die schwimmenden Luxushotels gleichen.

Schloss Erlahof mit Schifffahrtsmuseum: Der Erlahof im Spitzer Graben diente dem Kloster Niederaltaich bis ins 19. Jh. als Lesehof. Er besteht aus einem Herrenhaus und einem Wirtschaftstrakt mit barocken Giebeln. Im Inneren ist er mit Stuck und Fresken ausgestattet. Das reich bestückte Schifffahrtsmuseum wurde 1970 eingerichtet. Es veranschaulicht in einem Dutzend Räumen anhand detailgetreuer Modelle die Geschichte der Donauschifffahrt seit der Römerzeit. Dokumentiert werden auch Leben und Bräuche der Schiffer und Flößer. Eines der Prunkstücke ist eine bunt bemalte, tragbare Schifferorgel von 1697. Eindrucksvoll ist das über 17 m lange Modell eines Schiffszuges mit 60 Schlepppferden, das deutlich macht, wie mühsam die Fahrt stromaufwärts einst war.

Öffnungszeiten 1.4. bis 1.11. tgl. 10–12, 14–16, Sa 10–12, 13–17 Uhr. Eintritt: 4,50 €, ermäßigt 2,25 €.

Ruine Hinterhaus: Von der einstigen Kuenringerburg „Hinteres Haus" auf einer Felskante inmitten von Weinreben am Ausgang des Spitzerbachtals sind noch Wehrmauern und Schießscharten, vier runde Ecktürme, die Mauern der Hauptburg und der viereckige Bergfried erhalten. Letzterer kann innen auf schmalen Treppen erklommen werden und bietet von oben eine wunderbare Aussicht, wegen der sich der rund 20-minütige Aufstieg vom Ort zur Ruine lohnt. Der Weg hinauf beginnt donauseitig unterhalb der Ruine im Ortsteil Hinterhaus oder im Spitzerbachtal unweit vom Museum (jeweils beschildert).

Rotes Tor: Das ehemalige Weingarten- oder möglicherweise Stadtmauerntor liegt 10 Gehminuten oberhalb der Kirche in den Weinbergen. Mit dem nahen Bildstock ist es ein beliebtes Fotomotiv und bietet den aus Prospekten vertrauten Blick auf Spitz. Wer gut zu Fuß ist, kann von hier auf einem Höhenweg (rot markiert) nach St. Michael wandern und über den *Treppelweg* am Donauufer wieder nach Spitz zurückkehren (Gehzeit: ca. 2 Std.).

Im Spitzerbachtal

Mühldorf

Der beschauliche Ort liegt 6,5 km taleinwärts im Spitzerbachtal (B 217), das für seine steilen Weinberg- und Obstterrassen bekannt ist. Die riesige Betonbüste von Friedrich W. Raiffeisen (1818–88) im Ortszentrum erinnert daran, dass hier 1886 die erste österreichische Raiffeisenkasse gegründet wurde.

• *Verbindungen* **Bus**: 5–10x tgl. mit Spitz, 4x tgl. mit Pöggstall/Ottenschlag.

Tipp für Mountainbiker: Die ab dem Marktplatz von Mühldorf beschilderte Weinstein-Tour (40 km) führt in anspruchsvollem Bergauf und -ab vorbei an Burg Oberranna auf den Jauerling (960 m) und zurück, www.weinstein.at.

• *Übernachten/Essen/Heuriger* *** **Gasthof Weißes Rössl Siebenhandl**, Landgasthof mitten im Ort, bodenständige Küche von Selchfleischknödel bis Mohntorte zu günstigen Preisen, Wirtshauskultur. Tgl. außer Mo/Di, 10 Komfortzimmer, DZ 44–50 €. Mühldorf 8, ✆ 02713/8257.

Heuriger Josef Gritsch, beliebte Weinstube des Topwinzers im Spitzerbachtal, nur 2. Oktoberhälfte tgl. ab 15 Uhr. Vießling 21, ✆ 02713/8478, www.josef-gritsch.net.

• *Baden* **Erlebnisbad**, Freibad mit Rutsche, Mai bis Sept. tgl. 9–20.30 Uhr.

Burg Oberranna

Auf einer Anhöhe 1,5 km nördlich von Mühldorf thront ein kunsthistorisches Juwel. In der von einer turmbewehrten, doppelten Ringmauer umgebenen Burg befindet sich ein in Österreich einzigartiger romanischer Sakralbau: Die dem Hl.

Georg geweihte Burgkirche entstand im frühen 12. Jh., ihr seltener Grundriss weist zwei Querhäuser, zwei Chöre und zwei Vierungstürme auf, von denen aber nur noch einer erhalten ist. Gewölbefresken mit Aposteln und Heiligen datieren aus dem 15. Jh. Westseitig besitzt die Kirche eine düstere, erst im 20. Jh. entdeckte Krypta mit vier Säulen, deren romanische Kapitelle mit interessanten Jagdszenen geschmückt sind.
Neben der Kirche bestand zunächst nur eine bescheidene, ebenfalls im 12. Jh. errichtete Wohnburg. Im 16. Jh. wurde sie zu einer vierflügeligen, dreigeschossigen Festung ausgebaut, in die der Westteil der Kirche integriert wurde. Renaissancemalereien aus dieser Zeit sind über dem Burgportal und im Innenhof erhalten. In einem Teil der Burg ist heute eine Pension untergebracht.

• *Besichtigung* Nur mit Führung: 1.5. bis 1.11. Sa 15–17, So 14–17.30 Uhr.
• *Übernachten* **** **Burg Oberranna**, romantische Burgpension mit 12 stilvoll-nostalgischen, mit Antiquitäten, Stuckdecken und Kachelöfen ausgestatteten Burgzimmern und Apartments (2–4 Pers.), Burgschenke für Hotelgäste, Sauna, DZ 102–130 €. ✆ 02713/8221, www.schlosshotels.co.at/schlosshotels.

Hinter Mühlbach führt die B 217 über viele Serpentinen hinauf ins Waldviertel. Nach 13 km erreicht man **Ottenschlag** (s. S. 166).

Wehrkirche St. Michael

2 km donauabwärts hinter Spitz trifft man an einer Engstelle des Donautals auf eine sehenswerte, burgartige Kirchenanlage. Hier bestand bereits eine keltische Kultstätte, die von den ersten christlichen Landesherren 987 mit einer Kirche überbaut wurde. Es war die erste Pfarre der Wachau, von der aus Donautal und Waldviertel missioniert wurden.
Die heutige *Kirche* entstand um 1500 im Stil der Spätgotik, die Zinnen auf ihrem viereckigen, gedrungenen Turm sind Hinzufügungen der Renaissance. Von Wehrmauern mit Schießscharten umschlossen wurde sie im frühen 16. Jh., als Türken die Region bedrohten. Bekannt sind die sieben kleinen Tierfiguren am Dach des Chores, deren Bedeutung bis heute umstritten ist. Dass ihre landläufige Bezeichnung als „Hasen" nicht korrekt ist, sieht man im Weinstadtmuseum Krems, wo ihre Originale aus nächster Nähe zu betrachten sind. Das Innere der Kirche wurde nach einem Gewölbeeinsturz um 1630 barockisiert, nur der sternrippengewölbte Chor und die mit Apostelfiguren geschmückte Empore sind noch gotisch. Die Orgel von 1660 ist eine der ältesten des Landes. Im gotischen *Karner* neben der Kirche (1389), dessen Altar mit Totenköpfen belegt ist, werden zwei mehrfach verwendbare Sparsärge aus der Zeit Joseph II. aufbewahrt.

• *Besichtigung* Nur mit Führung, 1.4. bis 1.11. Mo–Fr 9–17, Sa/So 9–12, 13–17 Uhr. Bei Haus Nr. 6 läuten.
• *Verbindungen* **Bus**: 4–7x tgl. mit Krems/Melk.

Wösendorf und Joching

In den beiden winzigen ufernahen Weiorten zwischen St. Michael und Weißenkirchen stehen einige der schönsten Lesehöfe der Wachau: Im *Florianihof* in **Wösendorf**, dessen malerische, enge Gassen sich um die kleine Barockkirche Hl. Florian (mit Altarbildern des Kremser Schmidt) schmiegen, verarbeitete das oberösterreichische Kloster St. Florian seit dem 12. Jh. seine Trauben. Das St. Pöltener Chorherrenstift errichtete seinen Lesehof 1308 im nahen **Joching** und ließ ihn 1696 durch Barockbaumeister Jakob Prandtauer prächtig ausbauen. Seitdem wird der markante altrosa Bau *Prandtauerhof* genannt. Beide Höfe sind heute gemeinsam mit dem *Jamek* Ziel von Feinschmeckern.

• *Essen* **Florianihof**, in gemütlich-stilvollen Stuben unter altem Gewölbe oder im schattigen Gastgarten erfreut man sich an regionaler, mediterran inspirierter Küche und erstklassigen Weinen. Hauptgerichte 12–24 €, Menü 18–45 €. Mi/Do Ruhetag, Febr. geschl. Wösendorf 74, ✆ 02715/2212.

Holzapfel's Prandtauerhof, Weingut, renommierte Schnapsbrennerei und kleines Gutshofrestaurant mit Arkadenhof in einem. Verfeinerte, regionale Küche. Hauptgerichte 12–24 €. Mitte März bis Mitte Nov., Mo/Di Ruhetag, So nur mittags geöffnet. 2 Gutshofsuiten (140 €). Joching 36, ✆ 02715/2310.

Jamek, das elegant-großbürgerliche Restaurant im renommierten Weingut ist ein Klassiker. Seit Jahrzehnten wird hier in stets hoher Qualität regionale, verfeinerte Küche geboten. Dazu glasweise alle Jamek-Weine. Hübscher Gastgarten. Hauptgerichte 12–21 €, Menü 20–40 €. Mitte Jan. bis Mitte Dez. Mo–Do 11.30–16, Fr/Sa 11.30–23 Uhr. Joching 45, ✆ 02715/2235.

• *Heurige* **Weinstube Schmelz**, Joching, bekannter Heuriger mit kreativ verfeinerter Heurigenkost, den Topweinen des Hausherrn Johann Schmelz und schönem Garten. Nur je 2 Wochen ab Mitte März und ab Mitte Aug. tgl. ab 15 Uhr. Weinbergstraße 14, ✆ 02715/2435, www.schmelzweine.at.

Buschenschank Höllmüller, Joching, gemütliches Lokal im alten Presshaus mit Garten inmitten der Weinberge, verfeinerte Heurigenspezialitäten, Mitte März, Mai, Ende Juli/Anf. Aug., 2. Septemberhälfte tgl. ab 15 Uhr. Weinbergstraße 46, hinter der Bahnlinie, ✆ 02715/2380, www.weingut-hoellmueller.at.

Im Internet gibt **www.heurigenkalender-wachau.at** Auskunft über täglich geöffnete Heurige der Wachau. Ebenso können hier die jährlichen Ausstecktermine jedes einzelnen der fast 130 Betriebe abgefragt werden.

Weißenkirchen in der Wachau

Der malerische Winzerort mit seinen stolzen Bürgerhäusern liegt hingebreitet inmitten sonniger Weingärten. Wehrmauern umfassen die alles überragende Kirche und einen großartigen Winzerhof, in dem ein Wachaumuseum eingerichtet ist.

Mit den Orten Joching, Wösendorf und St. Michael bildet Weißenkirchen die größte Weinbaugemeinde der Wachau. Im 13. Jh. wurde die nach dem hellen Baustein ihrer *Kirche* benannte Siedlung Hauptort der damaligen Wachau, 1459 wurde sie zum Markt erhoben. Im 15./16. Jh. verhalf der Weinbau Weißenkirchen zu zusätzlichem Reichtum, von dem noch heute die zum Schutz vor den Türken errichtete und zum Teil erhaltene Wehrmauer und imposante Bürgerhäuser zeugen. Zu diesen zählen der *Teisenhoferhof* am Marktplatz, das ehem. *Schiffsmeisterhaus* (Nr. 54, heute Hotel) und der benachbarte *Freisingerhof* (Nr. 55) sowie der leer stehende *Lehensritterhof* (Nr. 60).

Information/Verbindungen/Einkaufen

• *Daten* 206 m, 1490 Ew.

• *Information* **Infostelle**, bei der Schiffsstation, April bis Okt. tgl. außer So 10–13, 15–18 Uhr. ✆ 02715/2600, www.weissenkirchen.at.

• *Verbindungen* **Bahn**: 6–14x tgl. mit Krems/Spitz. **Rollfähre** nach St. Lorenz: April bis Ende Okt. Mo–Fr 9–12, 13.30–18.30 Uhr, Sa/So 9–18.30 Uhr. Personen 1,10 €, PKW 2,10 €, Fahrrad 0,70 €. **Schiff**: Mai bis Okt. 2x tgl. nach Melk.

• *Einkaufen* **Gärtnerei Hick**, am westlichen Ortsende, an der B 3, hier gibt es Wachauer Minimarillenbäumchen und Weinstöcke im Topf zum Mitnehmen, Mo, Di, Do, Fr 7–12, 14–18, Mi, Sa 7–12 Uhr, ✆ 02715/2291.

Wein & Keramik im Salzstadl, in den alten Salzstadeln an der B 3 erhält man Keramik zum Thema Wein, wie Weinkühler und Krüge. Ostern bis Allerheiligen Mo–Sa 10–18, So 13–18 Uhr, ✆ 02715/2214.

Vinothek Thal Wachau, Weinverkauf bei der Infostelle/Schiffsstation, Mai bis Okt. tgl. 10–12, 14.30–19 Uhr.

Übernachten/Essen und Trinken

• *Übernachten* **** **Renaissancehotel Raffelsbergerhof**, gediegen logiert man im historischen Ambiente des Schiffsmeisterhauses von 1574 inmitten von Arkaden und Antiquitäten. 14 stilvolle Komfortzimmer, DZ 102–160 €, April bis Ende Nov. Leihräder, Weinbar, kein Restaurant. Weißenkirchen 54, ✆ 02715/2201, www.raffelsbergerhof.at.

**** **Donauhof**, kleines, familiäres Hotel-Garni unweit des Donauufers, 13 liebevoll eingerichtete Komfortzimmer, Radgarage, Kosmetiksalon, Massagen. DZ 92–104 €. Mitte März bis Mitte Nov. Wachaustraße 298, ✆ 02715/2353, www.tiscover.at/hotel-garni-donauhof.

**** **Kirchenwirt**, historischer Gasthof unterhalb der Kirche mit 16 neu renovierten Komfortzimmern. DZ 100–120 €. Ganzjährig. Kremser Straße 17, ✆ 02715/2332, www.weissenkirchen.at/kirchenwirt.

*** **Hotel Donauwirt**, alter Lesehof aus dem 16. Jh. unweit der Donau mit 12 gemütlichen Komfortzimmern, DZ 76–88 €. Empfehlenswerter Weingasthof im Haus. Wachaustraße 47, ✆ 02715/2247, www.donauwirt.at.

Gästezimmer Denk, hübscher Winzerhof mit 5 Komfortzimmern im Ortszentrum. Leihräder. DZ 52–70 €. Bachgasse 74, www.tiscover.at/denk.

Winzerhof Lehensteiner, Gästehaus mit 6 netten, geräumigen Komfortzimmern am östlichen Ortsrand, Leihräder, renommiertes Weingut. DZ 48–56 €, Kremser Straße 7, ✆ 02715/2284.

Zahlreiche weitere **Privatquartiere** mit DZ inkl. Frühstück von 34–60 €. Zu finden über die Infostelle.

• *Essen* **Restaurant Heinzle**, direkt an der Donau, empfehlenswerte Adresse für regionale, mediterran oder asiatisch inspirierte Fischgerichte. Schöne Terrasse, gute Desserts. Mitte Jan. bis Mitte Dez. Mo/Di Ruhetag, Hauptgerichte 10–24 €. Wachaustraße 280, ✆ 02715/2231.

Weingasthof Donauwirt, Wirtshauskulturbetrieb mit kreativ verfeinerter Wachauer Küche, die im Kastaniengarten oder den rustikal-eleganten Gasträumen besonders mundet. Verkauf von Wachauer Souvenirs und Delikatessen. Hauptgerichte 10–19 €. Anf. März bis Mitte Dez., Di/Mi Ruhetag. Adresse s. Hotel Donauwirt.

Kirchenwirt, traditionell zubereitete, schmackhafte Wachauer und Waldviertler Gerichte in gepflegt rustikalen Gaststuben, Hauptspeisen 9–20 €, 3-Gänge-Menüs 20 €. Mitte März bis Mitte Nov. tgl. geöffnet. Adresse s. „Übernachten".

Gasthaus Schwarz, viel gelobtes, um einen Wintergarten erweitertes Dorfgasthaus in Nöhagen, 8 km von Weißenkirchen. Täglich wechselnde Speisekarte mit schmackhaften Waldviertler Gerichten, stets frisch zubereitet, dazu ein herzliches Ambiente und eine der besten Weinkarten Österreichs. Reservieren! Menü 12–39 €, Hauptgerichte 8–20 €. Mo/Di Ruhetag, Nov. bis April nur Fr–So offen. Nöhagen 13, ✆ 02717/8209.

Freizeit/Veranstaltungen

• *Fahrradverleih* bei der **Rollfähre**, April bis Ende Okt. tgl. 9–12, 13.30–18.30 Uhr, Sa/So 9–18.30 Uhr.

• *Baden* Donaubadestrand direkt im Ort.

• *Veranstaltungen* **Seiberer Bergpreis**, letzter So im April, Oldtimerrennen auf der Seiberer-Bergstraße. **Fronleichnamsfest**, im Juni, Trachtenumzug mit Goldhauben, Festmesse. **Schwimmfest**, 1. Sa/So im Aug., von Joching ans rechte Ufer und wieder zurück. **Rieslingfest**, 15. Aug., im Teisenhoferhof wird gekostet und musiziert. **Erntedankfest**, Ende Sept., Trachtenumzug mit Goldhauben, Festmesse. **Martiniloben**, Anfang Nov., Weintaufe mit Festmesse, Volkstanz im Teisenhoferhof.

Frühling in Weißenkirchen

Sehenswertes/Wandern

Pfarrkirche Maria Himmelfahrt: Vom winzigen Marktplatz mit der Nepomukstatue (18. Jh.) führt eine überdachte Holztreppe mit 80 Stufen hinauf zum mauerumgürteten, schmalen Kirchhof (Aussicht zur Donau!), in dem sich der verschachtelte Bau der spätgotischen Wehrkirche erhebt. Ihr wuchtiger, quadratischer Turm (1502) mit dem Walmdach ähnelt dem der Spitzer Pfarrkirche, das sechseckige Seitentürmchen stammt bereits von 1400. Das Innere wurde im 18. Jh. barockisiert, gotisch ist noch der Chor. Bemerkenswert ist die Rokoko-Orgel von 1768. Ebenfalls im Kirchhof befindet sich die älteste, seit 1385 betriebene Schule des Landes.

Teisenhoferhof und Wachaumuseum: Zurück am Marktplatz darf man rechter Hand den Eingang zu einem der schönsten Profanbauten der Wachau nicht übersehen. Auch wer sich nicht für das darin eingerichtete, sehenswerte Wachaumuseum interessiert, in dem es neben Volkskultur vor allem Landschafts- und Genrebilder der sog. „Wachau-Maler“ (s. S. 28) zu bestaunen gibt, sollte einen Blick in den geräumigen, zinnenbewehrten Renaissance-Innenhof aus dem 16. Jh. mit blumen- und maiskolbengeschmückten Arkaden werfen. Bauherr war ausnahmsweise kein Kloster, sondern Heinrich Teisenhofer, ein reicher Winzer des 16. Jh. Der Hof wird für Veranstaltungen (Weinseminare, Weinkost) genutzt.

Öffnungszeiten 1.4. bis 31.10. Di–So 10–17 Uhr. Eintritt: 3 €, ermäßigt 2 €.

Riedenwanderung: Der Weg zur berühmten *Weinriede Klaus* beginnt am östlichen Ende der Kremser Straße. Leicht ansteigend gelangt man auf einem Fahrweg zwischen hohen Trockenmauern zum Bildstock „Ried Klaus“. Ab hier folgt man der weiß-gelb markierten Straße links bergauf bis zu einer Plattform mit traumhaftem Ausblick ins Donautal. Etwas unterhalb zweigt links eine Straße ab (Wegweiser), die quer durch die bekannte *Weinriede Achleiten* führt. An ihrem Ende steigt man links durch Weingärten wieder zum Ausgangspunkt hinab (Gehzeit: ca. 30 Min.) oder macht noch einen Abstecher zum Aussichtspunkt Kügerlwand (Wegweiser, zusätzlich 30 Min.).

Als Kontrast zur sonnigen Wachau bietet sich von Weißenkirchen ein Ausflug (9 km, Anfahrt über Weinzierl am Walde) ins Waldviertel zu den Höhlen im wildromantischen Kremstal an (s. S. 163).

Perle der Wachau – Dürnstein mit seinem Stift und der sagenumwobenen Ruine

Dürnstein

Das Städtchen mit dem himmelblauen Kirchturm ist der berühmteste Ort der Wachau. Unterhalb von Dürnstein fließt die Donau, im Hintergrund thront auf einem Felsen die Ruine jener Burg, in der einst Richard Löwenherz einsaß. Dazwischen liegen mittelalterliche Wehrtürme, romantische Gassen, ein Barockkloster und außerhalb berühmte Weinterrassen.

Dürnstein ist der einzige Ort der Wachau, in dem die aus den 1950er Jahren stammende Bundesstraße nicht am Donauufer entlang, sondern in einem Tunnel hinter dem Ort geführt wird. Diese begrüßenswerte Lösung erzwangen die stets kampfbereiten Dürnsteiner, die in den 70er/80er Jahren auch die geplante Staustufe unmittelbar vor ihrer Nase verhindern konnten. Der Besucher betritt den etwas erhöht gelegenen Ortskern durch das Steiner Tor im Osten oder einen Stadttorrest im Westen. Die Altstadt ist Fußgängerzone, Radfahrer müssen ihren Drahtesel schieben. Wer mit dem Schiff ankommt, gelangt über zwei überdachte, finstere Stiegenaufgänge von der *Donauuferpromenade* mitten in die Altstadt, die nur aus wenigen Gassen besteht: Die beiden Stadttore verbindet die bergseitig, parallel zur

Donau verlaufende *Hauptstraße*. Von ihr zweigen ein Wanderweg auf die Ruine bzw. die *Klostergasse* und der *Prangerplatz* ab, die vor dem Stiftsportal aufeinander treffen. Burg und Stadt Dürnstein wurden im 12. Jh. als Mautstelle an der Donau von den Kuenringern gegründet. Im Laufe der Jahrhunderte kamen die weitreichenden Befestigungsanlagen sowie zwei Klöster hinzu.

Information/Verbindungen/Einkaufen (siehe Karte S. 91)

• *Daten* 209 m, 930 Ew.

• *Information* **Infobüro** unweit von Parkplatz/Bahnhof am östlichen Ortsrand, Mitte April bis Mitte Okt. Mo–Sa 11/13–18 Uhr. Dürnstein 132, ✆ 02711/200, www.duernstein.at.

• *Verbindungen* **Bahn** (Haltestelle Dürnstein-Oberloiben): 6–14x tgl. mit Krems/Spitz. **Motorbootfähre Dürnstein-Rossatzbach**: nur für Personen und Fahrräder, Mai bis Sept. tgl. 10–18/19 Uhr, 2. April- bzw. 1. Oktoberhälfte nur Sa/So. Ticket: Erw. 1,70 €, Fahrrad 0,80 €. **Schiff**: Mitte April bis Ende Okt. 5x tgl. Richtung Krems bzw. Melk, Juni bis Sept. 2–4x wöchentlich nach Tulln, Wien, Passau.

• *Parken* In der gesamten Altstadt gilt Fahrverbot, auch für Fahrräder! Nahezu alle Parkplätze außerhalb sind gebührenpflichtig: Mo–Sa 9–12, 14–17 Uhr, 0,50 €/30 Min., 3 €/Tag.

• *Einkaufen* **Bäckerei Franz Schmidl (4)**, dort, wo es in den 1930er Jahren erfunden wurde, wird das berühmte Wachauer Laberl (s. S. 42) noch immer nach Geheimrezept gebacken. Es ist auch tiefgefroren zum Aufbacken erhältlich. Mo–Sa 6.30–12, 14–18 Uhr, So 8–11, 14–18 Uhr. Konditorei im Haus nebenan (Nr. 20) tgl. 9–18 Uhr. Hauptstraße 21, ✆ 02711/224.

Wieser Café-Shop (3), trendiges Lokal in der Hauptstraße unweit vom Schloss, in dem Produkte aus der eigenen Kaffeerösterei, Edelbrennerei und Marmeladenküche probiert und gekauft werden können. Tgl. 8.30–17 Uhr. Dürnstein 39, ✆ 02711/80544.

Vinothek Kellerschlössel (8), s. S. 93.

Übernachten/Essen und Trinken (siehe Karte S. 91)

• *Übernachten/Essen* ***** **Hotel Schloss Dürnstein (2)**, Luxushotel, in dem sich schon gekrönte Häupter zu Bett legten. Trotzdem ein kinderfreundlicher Familienbetrieb. 38 stilvolle Zimmer, Suiten und ein dreigeschossiges Turmapartment. Hallenbad, Freibad im Schlossgarten. Ausgezeichnetes Gourmetrestaurant mit der wohl schönsten Terrasse im Donautal. DZ 190–350 €. Ende März bis Nov. Dürnstein 2, ✆ 02711/212, www.schloss.at.

**** **Romantikhotel Richard Löwenherz (9)**, Traditionshaus im früheren Klarissinnenkloster mit 38 eleganten Komfortzimmern. Freibad im ehem. Klostergarten. DZ 150–240 €. Ausgezeichnetes Restaurant mit klassisch österreichischer Küche und hervorragenden Weinen, herrliche Donauterrasse, 4-gängiges Menü ab 32 €, à la carte 14–30 €. Mitte April bis Anfang Nov. Dürnstein 8, ✆ 02711/222, www.richardloewenherz.at.

*** **Hotel Sänger Blondel (6)**, ein Hotel mit diesem Namen darf nicht fehlen (s. Kasten): kleiner Familienbetrieb im Ort, 14 geräumige Komfortzimmer, DZ 90–106 €. Restaurant mit Wachauer Küche (Rostbraten und Marillenknödel sind die Spezialitäten) und romantischem, blumenreichem Gastgarten direkt hinter der Stiftskirche. Hauptgerichte 12–20 €. Mitte März bis Mitte Nov. tgl. außer Mo. So nur bis 16 Uhr. Dürnstein 64, ✆ 02711/253, www.saengerblondel.at.

*** **Gästehaus Stöger (1)**, Winzerhof an der westlichen Stadtmauer mit 4 modern-rustikalen Komfortzimmern und Ferienwohnungen. Radgarage. Buschenschank. März bis Nov. DZ 48–58 €. Dürnstein 57, ✆ 02711/396, www.winzerhof-stoeger.at.

*** **Weingut-Pension Stockingerhof (11)**, östlich außerhalb der Altstadt am Donauradweg in den Weingärten, 15 schöne Komfortzimmer, teils mit Balkon. DZ 60–74 € oder 4 Welcome-Tickets. Buschenschank. Dürnstein 40, ✆ 02711/384, www.stockingerhof.at.

Gasthaus Goldener Strauß (5), ganzjährig geöffnetes Traditionsgasthaus in der Hauptstraße mit bodenständiger Küche, schöner Gastgarten am Weg zur Ruine, Hauptgerichte 8–14 €. Kein Ruhetag. Dürnstein 18, ✆ 02711/267.

• *Trinken/Heurige* **Die Tränke (7)**, kleine Café-Bar innerhalb vom Steiner Tor mit Bier vom Fass und Wein aus der Wachau. April bis Okt. tgl. bis 1 Uhr früh. Dürnstein 18a, ✆ 02711/230.

Alter Klosterkeller (10), großes Heurigenrestaurant mit schöner Terrasse im Grünen und alten Gewölbekellern unweit der östlichen Stadtmauer. 1.3. bis 18.12. Fr–So, April bis Okt. tgl. außer Mi, jeweils ab 15 Uhr, ✆ 02711/292.

Buschenschank Stöger (1), an der westlichen Stadtmauer, mehrmals ausg'steckt zwischen März und Nov., jeweils ab 15 Uhr. Dürnstein 57, ✆ 02711/396.

Freizeit/Veranstaltungen

• *Baden* **Kuenringerbad**, Freibad östlich, außerhalb an der Donaulände, Mai bis Sept., ✆ 02711/320.

• *Veranstaltungen* **Fronleichnamsfest**, Festmesse mit Prozession. **Sommersonnenwende**, am Sa, der dem 21. 6. am nächsten ist, Ruinenbeleuchtung, Feuerwerk (22 Uhr). **Wachau-Marathon**, 3. So im Sept., Krems–Spitz–Krems.

Sehenswertes

Ruine Dürnstein: Die Burg, deren Reste markant oberhalb der Stadt thronen, ließ sich Hadmar I. von Kuenring 1140 als Herrschaftssitz erbauen. 1192 erlangte sie nachhaltige Berühmtheit, als in ihrem Kerker der englische König Richard Löwenherz gefangen gehalten wurde. 1645, im Dreißigjährigen Krieg, wurde die schon baufällige Burg von den Schweden erobert und gesprengt. Von der einstmals imposanten Anlage sind die zinnenbekrönten Wehrmauern, die sich fast bis ans Donauufer hinunterziehen, sowie Teile der Hochburg erhalten. Ein Aufstieg zur Ruine zählt zum Pflichtprogramm eines Dürnstein-Besuches: Der promenadenartige Äußere Burgweg beginnt außerhalb des Stadttores und führt an den Felstürmen des

Richard Löwenherz und der Sänger Blondel in Dürnstein

Der englische König Richard Löwenherz hatte am 3. Kreuzzug (1189–92) ins Heilige Land teilgenommen, dort mit dem österreichischen Babenbergerherzog Leopold V. die Festung Akko erstürmt und diesen dabei beleidigt, indem er sein Banner in den Staub trat. Einige Monate, nachdem Leopold in seine Heimat zurückgekehrt war, machte sich auch Löwenherz auf den Heimweg. Weil er aber wegen der gefürchteten Herbststürme vor Gibraltar eine Schiffsreise nicht wagte und in Frankreich seine Feinde saßen, musste er den Rückweg durch die Lande Leopolds antreten. Er verkleidete sich als armer Pilger, wurde aber an einem Ring erkannt, in Wien festgenommen und dem Babenbergerherzog übergeben. Leopold ließ ihn in den Wintermonaten 1192–93 auf der Kuenringerburg Dürnstein einkerkern. Im Frühjahr lieferte er ihn an Kaiser Heinrich VI. aus, den Löwenherz als Lehnsherren anerkennen musste. Nach einer weiteren, monatelangen Gefangenschaft in der Stauferburg Trifels und der Zahlung von 100.000 Mark Silber wurde Löwenherz schließlich freigelassen. Das Lösegeld teilten sich Heinrich und Leopold, der damit Städte anlegen und befestigen ließ (z. B. Laa an der Thaya).

So weit der historisch nachweisbare Ablauf der Geschichte. Viel romantischer endet diese in der weit verbreiteten Legende vom Sänger Blondel. Dieser, ein treuer Diener des englischen Königs, zog auf der Suche nach seinem gefangenen Herrn von Burg zu Burg. Dabei sang er das Lieblingslied des Königs, bis ihm in Dürnstein aus dem Verlies die zweite Strophe entgegenschallte ...

Fesslhütte 550 m
Wanderung 1: Ruine Dürnstein und Vogelbergsteig
Starhembergwarte 564 m
Vogelbergsteig
Talgraben
Übernachten
1 Gästehaus Stöger
2 Schloss Dürnstein
6 Sänger Blondel
9 Richard Löwenherz
11 Pension Stockingerhof
Essen & Trinken
2 Schloss Dürnstein
5 Gh. Goldener Strauß
6 Sänger Blondel
9 Richard Löwenherz
Einkaufen
3 Wieser
4 Bäckerei Schmidl
8 Vinothek Kellerschlössel
Heuriger
1 Buschenschank Stöger
7 Die Tränke
10 Alter Klosterkeller
Spitz
Donau-Bundesstraße
Hauptstraße
Ruine Dürnstein 360 m
Schlossberg
Schloss Dürnstein
Rathaus
äußerer Burgweg
Schiffanlegestelle
Pranger
Steiner Tor
Klarissinnenkloster
Hauptstraße
Bahnhof 209 m
Dürnstein
Dürnstein
Franzosendenkmal, Loiben, Kellerschlössel
Donau
Donauuferpromenade
Donau - Bundesstraße
Prälatenweg
Mitterweg
Fähre Dürnstein-Rossatz
B 3
Loiben, Krems
Kuenringerbad
100 m
Dürnstein

Dürnsteiner Klettergartens vorbei. Der steilere, Stock und Stein überwindende Innere Burgweg startet in der Hauptstraße rechts neben dem Gasthaus Strauß. Die Gehzeit beträgt jeweils ca. 20 Min. Ausgehend von der Ruine gibt es weitere Wanderziele.

Hauptstraße: Die mittelalterlich krumme Gasse wird gesäumt von alten Bürgerhäusern aus dem 16. Jh., die reizvoll mit Türmchen, Erkern, barocken Fassaden oder alten Zunftzeichen geschmückt sind. Der Kirchturm auf dem Friedhof gleich oberhalb des Steiner Tores ist der letzte Rest der gotischen Pfarrkirche *Hl. Kunigunde* (13. Jh.) und mit dem turmähnlichen *Karner* (14. Jh.) an seiner Seite ein reizvolles Motiv. Einige Schritte weiter fällt bergseitig das mächtige, mit Renaissance-Sgraffiti versehene *Rathaus* auf. Der spätgotische Bau mit hübschem Innenhof stammt von 1547. Schräg gegenüber steht die alte *Kuenringer Taverne* mit einem Tor von 1590 (Gasthaus, Nr. 4). Auf derselben Seite folgt schließlich *Schloss Dürnstein*, das 1630 im Stil der Spätrenaissance anstelle von zehn Häusern errichtet wurde. Nach dem Zweiten Weltkrieg wurde es von einer Schlossruine in ein Luxushotel umgewandelt. Seine Restaurantterrasse mit Donaublick diente schon oft als Filmkulisse.

Ehem. Klarissinnenkloster: Von dem 1289 durch die Kuenringer gegründeten und während der Reformation ausgestorbenen Frauenkloster ist nur mehr die mächtige, säkularisierte Hallenkirche am Platz mit dem Pranger erhalten. Wegen zugemauerter Fenster und dem nicht sichtbaren Dach wirkt sie wie eine Ruine, sie wird jedoch als Ausstellungsraum genutzt. Die einstigen Klostergebäude wurden zu einem Hotel ausgebaut.

Autofreies Dürnstein

Ehem. Chorherrenstift: Prunkstück der Stadt ist das 1788 von Joseph II. aufgehobene Stift, dessen auf einem Donaufelsen platzierte Kirche mit ihrem berühmten Turm heute als Pfarrkirche dient. Bereits 1410 wurde von den Kuenringern ein gotisches Kloster errichtet, das der feudale und findige Propst Hieronymus Übelbacher 300 Jahre später aufwendig barockisieren ließ. Als Baumeister engagierte er Jakob Prandtauer, Joseph Munggenast und Matthias Steinl. Sie schufen von 1710–33 ein barockes Meisterwerk, das in den 1980/90er-Jahren mustergültig in den Originalfarben renoviert wurde. Seither ist für die Besichtigung ein angemessenes Entgelt zu leisten.

Man gelangt zunächst in den *Stiftshof*, einen der schönsten Klosterhöfe des Barock. Auf allen vier Seiten ist er von Stiftsgebäuden umschlossen, deren gelbgraue Fassaden reich verziert sind. An den Trakt links lehnt sich ein mächtiges

Für den berühmtesten Dürnstein-Blick muss man ans andere Donauufer

Prunkportal, hinter dem der blau-weiße Kirchturm emporragt. Es ist geschmückt mit korinthischen Säulen, gekrönt von zwei Obelisken und flankiert von vier lebensgroßen Statuen verschiedener Kirchenheiliger. Seine Mitte beherrscht eine Christusstatue. Das Portal leitet durch einen schmalen Hof zur *Kirche.* Ihr helles, geräumiges Inneres ist dezent mit weißen Stuckreliefs und vergoldetem Schnitzwerk verziert, um das Langhaus reihen sich geschwungene Emporen. Beim Blick in den schmäleren Chor fallen links die Kanzel, rechts die Nepomuk-Statue und unterhalb des Hochaltars der globusförmige, vergoldete Tabernakel auf. Diese Werke stammen von Johann Schmidt, dem Vater des berühmten Kremser Schmidt, der seinerseits für zwei Seitenaltarbilder verantwortlich zeichnet.

Vom Stiftshof erreicht man durch Ausstellungsräume die *Donauterrasse* am Fuß des markanten Kirchturms, der den Beinamen „Fingerzeig Gottes" trägt. Von hier kann man seinen reichen plastischen Schmuck, die verzierten Obelisken mit den goldenen Kügelchen, die Putten und Figuren genau studieren und den Blick auf die Donau genießen.

Wer an einer Stiftsführung teilnimmt, sieht außerdem den donauseitig an die Kirche angebauten, barocken *Kreuzgang* und die *Krypta* mit dem Grab Übelbachers.

Öffnungszeiten 1.4. bis 31.10. Mo–Sa 9–18, So 10–18 Uhr. Eintritt: 2,40 €, Kinder (6–14 J.) 1,50 €. Führung (nur mit Voranmeldung ✆ 02711/375) zusätzlich ca. 1,50 € p. P.

Kellerschlössel: Östlich der Stadt befindet sich am Fuß der berühmten Weinlage Kellerberg ein augenfälliges, barockes Lustschloss, das 1714 im Auftrag von Hieronymus Übelbacher nach Plänen von Jakob Prandtauer erbaut wurde. Es diente den Chorherren als Weinlesehof. Seine Räume sind mit Stuck und Deckenfresken verziert, seine Weinkeller hunderte Meter lang. Heute nutzt es die Winzergenossenschaft *Freie Weingärtner Wachau (FWW),* eine der führenden weltweit,

Hier schmachtete bereits Richard Löwenherz im Verlies: Ruine Dürnstein

die über 700 Winzer und fast 550 ha Anbaufläche vereint. Sie betreibt hier eine Vinothek und bietet Führungen, Weinwanderungen und Verkostungen an.

Öffnungszeiten **Vinothek**: April bis Okt. Mo–Sa 9–18 Uhr, Nov. bis Ende März Mo–Do 8–17, Fr 8–14 Uhr. **Weinschnuppern** (Führung durch das Kellerschlössel, Verkostung von 6 Weinen): April bis Okt. jeden Di/Do/Sa 14 Uhr, Preis: 10 €. ✆ 02711/371, www.fww.at.

Franzosendenkmal: An der alten Wachaustraße (Radroute), in Sichtweite des Kellerschlössels, erinnert ein Denkmal in Form einer monumentalen Granate an das 1805 hier ausgetragene Gefecht zwischen den verbündeten österreichischen und russischen Truppen gegen Napoleons Heer, das mit einer Niederlage der Franzosen endete. Dabei wurde der benachbarte Weiler Oberloiben niedergebrannt. An manchen Fassaden im Ort sind beim Wiederaufbau eingemauerte Kanonenkugeln zu sehen.

Wanderung 1: Ruine Dürnstein und Vogelbergsteig (Karte S. 91)

Ruine, Ausblicke von Felskanten. Gehzeit 2½ Std., mittel.

Diese Rundtour ist eine der beliebtesten in der Wachau. Sie führt von Dürnstein auf die **Burgruine** (360 m) und weiter bergauf zur selten geöffneten Waldschenke **Fesslhütte** (grün markiert) und zu dem einige Minuten entfernt stehenden Mauerturm der **Starhembergwarte** (564 m, 1 Std.), die man nicht unbedingt besteigen muss. Der Rückweg nach Dürnstein über den **Vogelbergsteig** (rot markiert ab Fesslhütte) führt vorbei an Felsgebilden, atemberaubenden Aussichtsplätzen und auch einer mit Seil gesicherten Stelle. Gutes Schuhwerk und Trittsicherheit sind erforderlich. Nach einer knappen Stunde mündet der Steig in den Talgraben. Talauswärts führt ein nun grün markierter Fahrweg zur Hauptstraße am nördlichen Ende von Dürnstein.

Ober- und Unterloiben

Östlich von Dürnstein breitet sich eine von Weingärten bestandene Ebene aus, aus der wie Inseln die Häuser der Winzerdörfer Ober- und Unterloiben herauslugen. Gegen Norden und Osten durch den Loiben- und Pfaffenberg geschützt, wachsen in dem sonnenreichen Gebiet Riesling und Veltliner von Weltformat. Sie sind meist schon ausverkauft, wenn sie noch am Weinstock hängen. Zu sehen gibt es in Unterloiben die *Pfarrkirche Hl. Quirin,* für die zwei gotische Kirchen miteinander verbunden wurden. Das Hochaltarbild des barockisierten Baus schuf der Kremser Schmidt.

• *Einkaufen* **Dinstlgut Loiben**, Vinothek der gleichnamigen Winzergenossenschaft (350 Mitglieder) im imposanten, 100-jährigen Felsenkeller. Ende März bis Okt. tgl. 10–18 Uhr, Nov. bis Dez. tgl. 10–16.30 Uhr, Jan. bis März Mo–Do 10–16.30, Fr 10–12 Uhr. Bei der Bahntrasse. Unterloiben 51, ✆ 02732/85516, www.dinstlgut.at.

• *Übernachten* 100 Gästebetten stehen in Privatquartieren (DZ inkl. Frühstück 34–70 €) und Ferienwohnungen zur Verfügung. Zu finden über die Infostelle in Dürnstein.

• *Essen* **Loibnerhof**, eine der besten kulinarischen Adressen der Wachau. Josef Knoll kombiniert deftig einfache, gutbürgerlich verfeinerte und Waldviertler Küche. Tolle Weinauswahl, u.a Tropfen vom Cousin und Spitzenwinzer Emmerich Knoll. Im Sommer wird im riesigen, lauschigen Gastgarten serviert. Hauptgerichte 18–37 €. März bis Dez., Mo/Di Ruhetag. Unterloiben 7, ✆ 02732/82890.

Wachauer Stuben, Unterloiben, eines der in der Wachau seltenen bodenständigen Wirtshäuser, preisgünstige, deftige Hausmannskost. Wirtshauskultur. Radfahrer sind willkommen, sie werden von einem „müden Kollegen" begrüßt. Mitte Febr. bis Dez., Mi Ruhetag, So nur bis 17 Uhr. Hauptgerichte 7–12 €. Unterloiben 24, ✆ 02732/85950.

Wachau – Südufer bis Göttweig

Das südliche Ufer der Donau ist die ruhige Seite der Wachau, die vom Massentourismus noch weitgehend unbehelligt ist. Von der Sonne weniger verwöhnt, wächst hier kaum Wein. Stattdessen breiten sich Wald sowie Marillen- und andere Obstgärten aus. Der Donauradler findet auf dem diesseitigen Radweg ausreichend Platz, der Burgenliebhaber kommt mit **Schönbühel** und **Aggstein** auf seine Kosten, der Kirchenfreund hält in **Aggsbach** und **Maria Langegg**. Ebenfalls nicht versäumen darf man **Stift Göttweig** und die vielen Heurigen in **Rossatz-Arnsdorf**.

Schönbühel

4 km unterhalb von Melk überragen knapp hintereinander ein pittoreskes Schloss und ein ehemaliges Servitenkloster das Donauufer.

Zuerst war das *Schloss* da: Es geht zurück auf eine Burg des 12. Jh., die der Ritter Machwart von Schoenbuchele auf dem fast 40 m hohen Uferfelsen anlegen ließ. Im 14. Jh. vergrößerten die Fürsten Starhemberg die Burg und nutzten sie als Gefängnis. Danach verfiel sie. Das heutige Schloss wurde 1819–21 auf alten Mauerresten neu errichtet. Es ist in Privatbesitz und kann nicht besichtigt werden. Mit seinem fünfgeschossigen Zwiebelturm und den Pfefferbüchsen bildet es ein bekanntes Motiv der Wachau, das sich am schönsten vom Schiff oder von Grimsing am Gegenufer aus präsentiert. Unterhalb des Schlosses ragen die beiden Felsrücken „Kuh und Kalbl" mitten aus dem Strom; sie wurden bei der Schiffbarmachung der Donau verschont.

500 m vom Schloss flussabwärts ließ Fürst Conrad von Starhemberg im Überschwang der Gegenreformation 1666–69 an einem Uferfelsen die heiligen Stätten von Palästina nachbilden. Vom Donauufer aus – früher reiste man mit dem Schiff an – gelangte man über Stufen in die aus mehreren Räumen bestehende Geburts- und weiter aufwärts in die Grabkapelle und am höchsten Punkt zur Kalvarienberggruppe. An und über den Kapellen entstand bis 1674 das *Servitenkloster*, dessen schmale, frühbarocke Rosaliakirche heute als Pfarrkirche dient. Die Grabkapelle schließt an ihren Chor an. Die Geburtskirche ist wie eine Unterkirche zu erreichen, die Golgathagruppe mit lebensgroßen Figuren liegt vor der Klosterpforte. Eine Besichtigung der Kirche und der Kapellen ist nur gegen Voranmeldung möglich. Ein kurzer Abstecher zu dem versteckt unterhalb der Straße (Parkplatz) gelegenen Komplex lohnt aber auf jeden Fall, denn von der Klosterpforte hat man einen herrlichen Blick ins Donautal mit den Türmen von Stift Melk.

Schönbühel – Blickfang für Schiffsreisende

• *Besichtigung* Ein Blick in die Kirche „hinter Gittern" ist meist möglich. Führungen ✆ 02752/8795 oder 8710 oder 8630.

• *Verbindungen* **Bus**: Mo–Sa 2–4x tgl. mit Melk.

• *Übernachten/Essen* **Gasthof-Camping Stumpfer**, rustikales Wirtshaus direkt im Ort Schönbühel mit preiswerter Hausmannskost und Gastgarten (Mai bis Ende Aug. tgl., sonst tgl. außer Di/Mi). 9 Komfortzimmer (DZ 54–64 €), kleiner, gut ausgestatteter Campingplatz auf einer baumbestandenen, flachen Wiese am Donauufer, Badestrand, Wasserschi, Bootsanlegestelle. 2 Pers., 1 Auto, 1 Zelt ca. 20 €. Schönbühel 7, ✆ 02752/8510.

Kartause Aggsbach

Das noch mit Mauern und Türmen befestigte Kloster liegt idyllisch am Ausgang eines Seitentals der Donau, ein Stück landeinwärts. 1380 wurde die Kartause von den Maissauern gegründet und mit 12 Mönchen besiedelt. 400 Jahre später, 1782, bereitete ihr die Josephinische Klosterreform ein Ende. Ihre Kunstschätze, u. a. der Hochaltar, ein spätgotisches Meisterwerk, wurden ins Stift Herzogenburg bei St. Pölten gebracht. Die Mönchszellen, einzelne Häuschen, die sich rund um einen Großen Kreuzgang scharten, wurden abgerissen, die Klosterkirche zur Pfarrkirche erklärt. Der für den Einsiedlerorden unübliche Kirchenturm wurde erst 1832 angefügt. In den letzten Jahrzehnten konnten die übrigen Teile der verschachtelten Anlage vorbildlich revitalisiert werden. Sie dienen heute als Privatwohnungen.

Die 1392 erbaute, frei zugängliche ehemalige *Klosterkirche* ist mit nur 7 m Breite, aber fast 50 m Länge ein typisch lang gestreckter Kartäuserbau. Ihr schönes Kreuzrippengewölbe weist tierförmige Schlusssteine auf. Die reich verzierte Kanzel ist eine Hinzufügung des Rokoko (1766). In den neuen Hochaltar, den der Jugendstil-Architekt Friedrich Ohmann 1913 entwarf, ist ein spätgotisches Relief integriert. Berühmt ist die Kirche für ihre gute Akustik, die für Chorkonzerte genutzt wird. Nebenan ist ein Flügel des Kleinen Kreuzgangs erhalten. Ein privates *Kartäusermuseum* in einem Nebengebäude stellt den Orden und anhand eines Modells sowie Bildern die Geschichte und frühere Ausstattung der Kartause vor. Eine original nachgestellte Kartäuserzelle veranschaulicht das Mönchsleben.

Die einst ebenfalls zum Kloster gehörende *Alte Hammerschmiede*, wenige Schritte talauswärts, stammt aus dem 16. Jh. und war bis 1956 in Betrieb. Mit drei Wasserrädern und zwei Schmiedeessen ist sie eine der letzten ihrer Art (Schaubetrieb).

• *Anfahrt* in Aggsbach-Dorf, 5 km hinter Schönbühel, rechts abbiegen (braun beschildert), dann 1 km bis zur Kartause.

• *Verbindungen* **Bus**: Mo–Sa 2x tgl. mit Krems.

• *Öffnungszeiten* **Kartäusermuseum**: 21.3. bis 15.11., tgl. 9–18 Uhr. Eintritt frei.

Hammerschmiede: Ostern bis Ende Okt. Sa/So 11–17 Uhr. Eintritt: 1,40 €. ✆ 02753/8337.

• *Übernachten* **Gästehaus Reisinger**, an der Donauuferstraße gelegenes, von einem Garten umgebenes Privathaus mit 5 hellen Komfortzimmern. DZ rund 40 €. Aggsbach-Dorf 20, ✆ 02753/8372.

Wallfahrtskirche Maria Langegg

Von Aggsbach-Dorf lohnt sich ein 6 km langer Abstecher landeinwärts in den Dunkelsteinerwald. Dieser gehört geologisch noch zur Böhmischen Masse und wurde durch die Donau abgetrennt. Inmitten dunkelgrüner Wälder erhebt sich dort auf einer hügeligen Anhöhe (500 m) die barocke Wallfahrtskirche Maria Langegg. Ihr Ursprung geht zurück auf eine kleine Kapelle, die 1605 als Dank für eine wundersame Heilung errichtet wurde. 1645 kam sie in den Besitz der Serviten, die unweit davon ein vierflügeliges Kloster erbauten. Bald war die Kapelle zu klein für den Pilgeransturm, und so entstand 1765–74 direkt an der Seite des Klosters die heutige Barockkirche mit der geschwungenen, eintürmigen Fassade. Interessant ist ihr in Rosa, Weiß und Hellgrün gehaltenes Inneres: Aus Kostengründen wählte man anstelle von Skulpturen und Reliefs eine malerische Lösung, die verblüffend echt wirkt: Bemerkenswert sind die Scheinkuppel und die sechs Seitenaltäre, die alle von Joseph von Mölk gemalt wurden. Eine optische Täuschung ist auch der Aufbau des Hochaltars, in dessen Mitte sich das (echte) Gnadenbild, umgeben von einem Strahlenkranz befindet. Real und greifbar ist dagegen die prachtvolle spätbarocke Orgel (1781)

Die dunkelrosa Kapelle neben der Kirche ist der Chor und somit der letzte Rest der Ursprungskapelle. Sie wurde in eine Gedenkstätte für Gefallene umgewandelt. Im Kloster nebenan können die Schatzkammer und ein winziges Wallfahrermuseum mit Votivgaben, Zöpfen, Haarbildern und kirchlichem Kunstgewerbe besichtigt werden.

• *Anfahrt* ab Aggsbach-Dorf, auch erreichbar von Rossatzbach und Mautern.

• *Verbindungen* **Bus**: Mo–Fr 3–5x tgl. mit Krems.

• *Öffnungszeiten* **Schatzkammer/Wallfahrermuseum**: Mai bis Okt. So/Feiertage 11.45–12.30 Uhr, ganzjährig 1. So im Monat 14–16 Uhr. ✆ 02753/393.

• *Essen* **Langegger Hof**, bodenständiger Wirtshauskulturwirt im Erdgeschoss des imposanten, an der Kreuzung unterhalb der Kirche gelegenen Schlösslhofs (16. Jh.) mit solider österreichischer Küche. Schattiger Gastgarten. Hauptgerichte 5,50–9,50 €. Mo Ruhetag. Maria Langegg 4, ✆ 02753/295. Im 1. Stock kann man samstags eine Modelleisenbahnanlage um ein Miniatur-Dürnstein (✆ 02753/224) bestaunen.

Ruine Aggstein – beliebtes Ausflugsziel hoch über der Donau

Burgruine Aggstein

Das bekannteste Bauwerk des Südufers und weithin sichtbare Wahrzeichen der Wachau liegt eindrucksvoll in luftigen 320 m Höhe über der Donau. Wer einst diese sagenumwobene Raubritterburg besaß, hatte Kontrolle über den Stromverkehr.

Seit Beginn des 12. Jh. im Besitz der Kuenringer, wurde Burg Aggstein 1231 im Zuge des Aufstands gegen den Babenbergerherzog Friedrich den Streitbaren und 60 Jahre später auch von den Habsburgern zerstört. Nach dem Aussterben der Aggsteiner Kuenringer gelangte die Ruine 1429 in den Besitz von Jörg Scheck vom Wald, der sie wieder aufbaute und ihr im Wesentlichen ihre heutige Größe verlieh. 1529 wurde die Burg von den Türken niedergebrannt, 1606 unter Anna von Pollheim erneuert und zu einem Zentrum des Protestantismus gemacht. Seit Ende des 17. Jh. verfiel die Anlage, Steine und Balken wurden zum Bau des Klosters von Maria Langegg verwendet. 1930 gelangte die Ruine in den Besitz der Grafen Seilern zu Aspang-Schönbühel, die sich seither um die Erhaltung und touristische Nutzung bemühen. 2004 wurden Burgkapelle, Treppenanlagen und Aussichtspunkte neu gestaltet.

Die auf einem nach drei Seiten abfallenden Felsen gelegene Anlage wird durch einen mächtigen Torbau betreten. An der Kasse vorbei geht es in den zweiten Hof mit einem 8 m tiefen *Verlies.* Durch das Innere Haupttor, auf dem Schreckenwalds Wappen in rotem Kalkstein prangt, verlässt man die Vorburg und erreicht den von einer riesigen Linde begrünten *Großen Hof.* Gleich links geht es in den *Brunnen-* und den *Schmiedehof.* Über Holzstufen ersteigt man das *Bürgel,* einen mächtigen Felsblock, auf dessen oberstem Plateau einst der Bergfried in die Höhe ragte. Heute ist hier eine Aussichtsterrasse, von der man bis zu den Voralpen blicken kann. Wieder zurück im Großen Hof, sieht man linker Hand die unter Anna von Pollheim errichteten

Wohngebäude. Sie wurden 2004 mit einem Dach versehen. Das Obergeschoss dient als Rittersaal für Feiern, im darunter liegenden *Burgkeller* wurde die Nibelungensage mit kitschigen Figuren in 16 Szenen nachgestellt. Auf der rechten Seite des Hofs ist in der alten Burgküche bzw. der Gesindestube eine Gaststätte eingerichtet.

Die „Hunde von Kuenring", der „Schreckenwald" und das „Rosengärtlein"

Um Burg Aggstein ranken sich viele Sagen und Legenden. Von den einstigen Burgherren, den Kuenringerbrüdern Hadmar III. und Heinrich I., wird erzählt, sie hätten in Raubrittermanier die Donau bei Aggstein mit einer Eisenkette abgesperrt, die Schiffe so an der Weiterfahrt gehindert und dann um ihre Ladung erleichtert. Bis in die Schulbücher unserer Zeit wurden sie dafür als „Hunde von Kuenring" verunglimpft (dabei meinte „Hund" im Mittelalter einen treuen Gefolgsmann). Dem üblen Spiel ein Ende setzte der listige Babenbergerherzog Friedrich der Streitbare. Er versteckte sich mit schwer bewaffneten Knappen unter Deck eines reich beladenen Handelsschiffes und fuhr bis zur Kette. Als Hadmar das Schiff betrat, wurde er überwältigt und seine Burg zerstört.

Auch Georg Scheck vom Wald terrorisierte 200 Jahre später von Burg Aggstein aus das Donautal, sodass er bald nur noch „Schreckenwald" gerufen wurde. Seine Gefangenen quälte er besonders grausam. Entweder ließ er sie in dem heute noch erhaltenen Verlies verhungern oder er sperrte sie auf einen winzigen Felsbalkon am höchsten Punkt der Burg, den er harmlos „Rosengärtlein" nannte und wo den Besucher heute noch ein mulmiges Gefühl befällt. Dort verhungerten sie ebenfalls, oder sie versuchten, sich mit einem Sprung in die Tiefe zu befreien. Für unzählige Gefangene war es jedoch ein Sprung in den Tod. Eines Tages aber landete einer glücklich in den Baumkronen und konnte, vorbei an den Gebeinen der vor ihm Herabgestürzten, fliehen. Er sammelte eine Schar von tapferen Rittern um sich und nahm Schreckenwald gefangen. Noch heute heißt es im Wachauer Volksmund „Der sitzt in Schreckenwalds Rosengärtlein", wenn sich ein Mensch nur unter Gefahren aus einer misslichen Lage befreien kann.

In die *Hochburg* gelangte man einst nur durch die gotische Pforte, die fast 6 m über dem Boden liegt und durch einen Pecherker geschützt ist. Heute führt eine bequeme Treppenanlage zu ihr. Nach der Pforte kommt man an weiteren Kellerräumen vorbei. Zum Palas, der auf einer Felskuppe thront, muss man noch ein Stück höher steigen. Dort befindet sich dann auch das legendäre *Rosengärtlein* (s. Kasten). An den Palas schließt die *Kapelle* an, in der noch gotische Gewölberippen erhalten sind. Sie kann für kirchliche Feiern gemietet werden.

- *Anfahrt/Wandern* 2,5 km lange, bis 20 % steile Straße vom Ort Aggstein am Südufer der Donau. Großer Parkplatz bei der Burg. Alternativen sind der steile **Wanderweg**, ebenfalls vom Ort Aggstein (45 Min.), oder die sehr beliebte, gut beschilderte Wanderung ab Maria Langegg, die zuerst auf einer Forststraße, dann auf breitem Weg leicht ansteigend und im letzten Abschnitt bergab zur Ruine führt (Gehzeit: 1 Std.).
- *Öffnungszeiten* März bis Ende Okt. tgl. 8–18 Uhr. Eintritt: 4,50 €, Kinder (6–15 J.) 2,50 €, Audio Guide (auch mit speziellen Kindertexten) 2,50 €.

Kirche St. Johann im Mauerthale

Bei der Weiterfahrt donauabwärts kommt man 2 km hinter Aggstein an dieser schönen, direkt am Ufer erbauten, gotischen Kirche (15. Jh.) vorbei. Auffällig ist ihr achteckiger, steinerner Turmhelm, auf dessen Spitze ein legendärer Wetterhahn wacht. Ihr eher schlichtes Inneres kann gegen Voranmeldung besichtigt werden (✆ 02714/8492).

Die Sage von der Teufelsmauer zwischen Schwallenbach und St. Johann

Der Teufel wollte einst die kleine Kirche von St. Johann, die viele Pilger anlockte, überfluten. Dafür sollte quer über die Donau eine Staumauer entstehen. Der liebe Gott stellte die Bedingung, dass das Werk bis zum dritten Hahnenschrei am nächsten Morgen vollendet sein sollte. Hinterlistig kaufte der Teufel alle Hähne der Gegend bis auf einen einzigen auf. Einen einzigen übersah er – und dieser krähte frühmorgens drei Mal. Voll Wut schoss der Teufel dem Gockel einen Pfeil durch den Leib. Noch heute sieht man den Pfeil im Wetterhahn von St. Johann stecken und am Ufer gegenüber erkennt man bei Schwallenbach den fertigen Teil der Teufelsmauer.

Die vier Arnsdörfer

Hinter St. Johann verbreitert sich das Ufer zu einem fruchtbaren Becken, das von Marillen- und anderen Obstgärten geprägt ist. Zur Blüte- und Erntezeit (April bzw. Juli) muss man mit erhöhtem Verkehrsaufkommen rechnen.

Hintereinander an der Donau liegen die malerischen Siedlungen Oberarnsdorf, Hofarnsdorf, Mitterarnsdorf und Bacharnsdorf, die bis 1806 zum Bistum Salzburg gehörten und nach Erzbischof Arno (8./9. Jh.) benannt wurden. Zu Recht rühmen sie sich des schönsten Blicks auf Spitz und den 1000-Eimer-Berg. Besonders gefragt ist dieser beim Sonnwendfest (wieder erhöhtes Verkehrsaufkommen). Nach Spitz hinüber gelangt man mit der Rollfähre, eine weitere fährt 3 km donauabwärts von St. Lorenz nach Weißenkirchen.

• *Verbindungen* **Rollfähre Arnsdorf-Spitz**: Mai bis Sept. tgl. 7–20.30, Okt. sowie 16.–31. März 7–18.30, April 7–19.30 Uhr. So jeweils erst ab 8 Uhr. 1.–15. Nov. Mo–Sa 7–18 Uhr, So 10–18 Uhr. 16. Nov. bis 15. März nur Mo–Fr 6–11.30, 15.30–18 Uhr. **Rollfähre St. Lorenz-Weißenkirchen**: April bis Ende Okt. Mo-Fr 9–12, 13.30–18.30 Uhr, Sa/So 9–18.30 Uhr. Personen 1,10 €, PKW 2,10 €, Fahrrad 0,70 €.

• *Übernachten/Essen* **Gasthof Zur Wachau**, netter kinder- und radfahrerfreundlicher Familienbetrieb nahe der Donau mit 18 Komfortzimmern, teils mit Balkon. Leihräder. Hallenbad. DZ 58–70 €. Febr./Nov. geschl. Gasthof mit gutbürgerlicher Küche (Mo Ruhetag). Mitterarnsdorf 55, ✆ 02714/8217, www.zeller-wachau.at.

Winzerhof Pammer, 5 freundliche Gästezimmer teils mit Balkon unweit der Donau, Leihräder. DZ 38–48 €. März bis Nov. Auch Heuriger. Bacharnsdorf 18, ✆ 02714/6545.

• *Heurige* Von den rund 25 Betrieben in Arnsdorf-Rossatz hat ganzjährig tgl. mindestens einer ausg'steckt.

Winzerhof Pammer, gemütlich-rustikales Heurigenlokal, Mitte/Ende Mai, 2. Augusthälfte, Okt. tgl. ab 13 Uhr. Bacharnsdorf 18, ✆ 02714/6545, www.zumpammer.at.

Weingärtnerei Elisabeth und Rudolf Hick, gemütlicher Buschenschank April bis Anf./Mitte Juni, Juli bis Mitte Aug. Di–Sa ab 14 Uhr, Sept./Okt. Fr–So ab 14 Uhr. Oberarnsdorf 58, ✆ 02714/8214, www.hick.at.

Heuriger Franz u. Karin Hick, April bis Mitte Juni Sa/So ab 14 Uhr, z.T. auch Fr, Aug. bis Mitte Okt. Fr–Di ab 14 Uhr. Oberarnsdorf 82, ✆ 02714/8227.

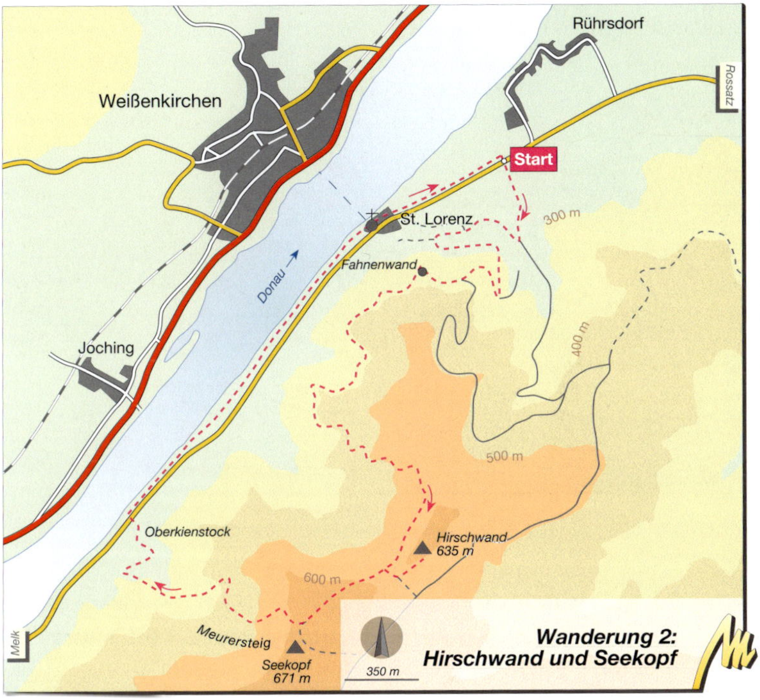

Sehenswertes/Wandern

Hofarnsdorf: Der Ort besitzt nah am Ufer eine gotische Pfarrkirche, die dem Hl. Rupert, dem ersten Salzburger Bischof geweiht ist. Im Inneren sind eine prächtige Steinkanzel (15. Jh.) und Seitenaltarbilder des Kremser Schmidt zu sehen.

Mitterarnsdorf: Das größte der vier Dörfer hat sich ein geschlossen mittelalterliches Ortsbild bewahrt. Das verschachtelte Anwesen Nr. 1 besitzt noch eine Schwarze Kuchl (Räucherkammer) mit einem pyramidenförmigen Kamin, die schlichte gotische Pfarrkirche St. Katharina einen hübschen hölzernen Dachreiter.

Bacharnsdorf/Kupfertal/Türkentor: Ein Wanderweg führt von der Bushaltestelle in Bacharnsdorf über einen alten Fahrweg (blau markiert) sanft bergan ins Kupfertal, wo sich die besterhaltenen Römerstraßen Österreichs mit Steinpflasterung und Fahrrillen befinden. Vom Talschluss wandert man durch das 1529 gegen die anstürmenden Osmanen errichtete Türkentor und auf dem „Oberen Römerweg“ (grün markiert, Fahrrillen) Richtung Mitterarnsdorf wieder zum Ausgangspunkt zurück. Gehzeit: ca. 2 Std.

Kirche St. Lorenz: Mit ihrem steinernen, pyramidenförmigen Turm sticht die kleine Kirche knapp 3 km hinter Bacharnsdorf ins Auge. Ihr Langhaus stammt noch aus der Romanik (12. Jh.), der Chor aus der Gotik (Schlüssel im Pfarrhof Rossatz).

Am Klettersteig auf die Hirschwand

Wanderung 2: Hirschwand und Seekopf (Karte S. 101)

Felsformationen, Klettersteig, Aussichtswarte, Gehzeit ca. 4 Std., mittel.

Die sehr reizvolle Tour startet an der B 33 500 m östlich von St. Lorenz (Wegweiser „Hirschwand" links neben einem gelben Haus). Eine Straße führt von hier an den Waldrand. Nun geht es rechts (gelb bezeichnet) Richtung **Fahnenwand**, deren Felsen man nach zwei lang gezogenen Kehren (zuerst links, dann rechts) erreicht (½ Std.). Der Weg führt weiter in einem Bergauf und Bergab durch steile, teils abschüssige Hänge mit eindrucksvollen Felsgebilden. Nach weiteren 1½ Std. erreicht man eine Wegteilung auf einem Sattel. Für Klettersteig-Erfahrene lohnt sich links der 10-minütige Abstecher (grün-blau markiert) zum 30 m hoch aufragenden Felsgipfel der **Hirschwand** (635 m), der von zwei Seiten auf Klettersteigen erklommen werden kann. Wieder zurück geht es entlang des grün bezeichneten Wegs in 10 Min. zum **Seekopf** (671 m, Aussichtswarte). Von hier steigt man über die vielen Kehren des rot bezeichneten **Meurersteig** durch den Wald und vorbei an weiteren Felsen in 1 Std. wieder zum Donauufer hinab. Nun rechts und auf dem Radweg neben der Uferstraße bzw. ab Unterkienstock auf dem Treppelweg bis St. Lorenz zurück. Die letzten 500 m zum Ausgangspunkt muss man auf der Straße zurücklegen.

Rossatz

Der denkmalgeschützte Ort und seine „Trabanten" Rührsdorf und Rossatzbach sind bekannt für die gemütlichen Heurigen und den Dürnsteinblick.

Hinter St. Lorenz bildet die Donau ein Knie und in dessen Beuge liegt ein breiter, fruchtbarer, von Auen und Altarmen durchzogener Schwemmkegel. Straße und

Radweg schwenken daher vom Ufer ab und führen am alten Winzerdorf **Rührsdorf** vorbei nach Rossatz, das inmitten des Schwemmkegels liegt.

Vor mehr als 1000 Jahren wurde der Ort als *Rossezza* – wo die „Rosse“ der Schiffszüge auf das andere Ufer über-„setzten“ – erstmals erwähnt. Vom 10.–18. Jh. gehörte er verschiedenen Klöstern und Herrschaften, die rund um den kleinen, dreieckigen Dorfplatz spätgotische Bürgerhäuser und das Schloss im Renaissancestil (mit schönem Arkadenhof) erbauten. Hinzu kommen malerische alte Weinkeller, Kamine der alten Räucherkammern, die im Kern frühgotische Pfarrkirche St. Jakob, ein Pranger von 1633 und eine spätbarocke Nepomukstatue, die sich alle zu einem geschlossenen Ortsbild fügen.

1 km weiter liegt der Ortsteil **Rossatzbach**. Der Blick nach Dürnstein genau gegenüber ist eines der bekanntesten Wachau-Motive. Die Fahrt hinüber ist in der warmen Saison mit einer Motorbootfähre möglich.

• *Daten* 210 m, 1200 Ew. (mit Arnsdorf)

• *Verbindungen* **Bus**: Mo–Sa 2- bis 5x tgl. mit Krems. **Motorbootfähre Dürnstein-Rossatz**: nur für Personen und Fahrräder, Mai bis Sept. tgl. 10–18/19 Uhr, 2. April- bzw. 1. Oktoberhälfte nur Sa/So. Ticket: Erw. 1,70 €, Fahrrad 0,80 €.

• *Übernachten* **Haus Annemarie**, Gästehaus in ruhiger Grünlage mit 3 Komfortzimmern und 3 Ferienwohnungen. Leihräder. DZ 42 €, Ferienwohnung (2 Pers.) 40–44 €. Rossatz 164, ✆ 02714/6261, 0676/6461252, www.hausannemarie.at.

Landhaus Rossatz, neues, gemütliches Gästehaus am Donauradweg, 2 ländlich eingerichtete Komfortzimmer, 1 Ferienwohnung (4 Pers. 65 €), Leihräder. DZ ca. 46 €. ✆ 02714/6362, www.tiscover.at/landhaus.rossatz.

Campingplatz Rossatzbach, direkt am Radweg und am Donauufer mit Dürnsteinblick. Nur 40 Stellplätze, daher rasch voll, passabel ausgestattet, Waschmaschine, Imbiss, Ostern bis Ende Okt. 2 Pers., 1 Zelt, 1 Auto ca. 15 €. Rossatzbach 21, ✆ 02714/6317.

• *Heurige* **Heurigenhof Jankerlkeller**, ganzjährig geöffnetes Heurigenrestaurant der Fam. Donabaum mit bodenständiger Kost, Käse- und Wildspezialitäten. Ausgezeichnete Weine, schöner Innenhofgarten. Tgl. 11–22 Uhr, Nov. bis April Mo–Do erst ab 15 Uhr. Rossatz 8, ✆ 02714/58358.

Thiery-Keller, feinbürgerlicher Heuriger in Rührsdorf mit warmen Spezialitäten, wie Forelle und Ente, Mo/Do/Fr ab 16, Sa/So ab 13 Uhr. Kellerhaus 147, ✆ 02714/6505.

Heurigenschank Rehrl-Fischer, direkt an der Bundesstraße, schön renoviertes altes Presshaus. Mai bis Aug., Mitte Sept./Anf. Okt. tgl. ab 15 Uhr. Rossatzbach 15, ✆ 02714/6295.

Heuriger Polz, großer Gastgarten, Ende April bis Mitte Mai, Mitte Aug. bis Mitte Sept. tgl. ab 14 Uhr, Okt. Fr–So. Rührsdorf 22, ✆ 02714/6326, www.polzwachau.at.

Weingärtnerei Frischengruber, blumenreicher Gastgarten im Innenhof, Stube mit Kachelofen. Mitte Mai bis Mitte Juni und Aug. bis Ende Dez. tgl. ab 14 Uhr. Rührsdorf 19, ✆ 02714/6354, www.frischengruber.at.

• *Baden* Schöner Donaustrand in Rossatzbach Aug' in Aug' mit Dürnstein.

Mautern an der Donau

Das geschichtsträchtige Städtchen liegt am Ausgang der Wachau. Nach den Römern und dem Hl. Severin wirkt heute an dieser einst bedeutenden Mautstelle eine der besten Köchinnen des Landes.

Wer entlang der Donau nach Mautern kommt, dem fällt die mächtige grüne Eisenfachwerkbrücke auf, die zu den markantesten im Donautal zählt. 1895 ersetzte sie eine hölzerne Brücke, die bereits 1463 über den Strom zur Zollstadt Stein geschlagen wurde. Sie war die zweitälteste Donaubrücke des Landes und brachte Mautern, das 1276 zur Stadt erhoben worden war, wirtschaftlichen Aufschwung. Davon zeugen ein Renaissance-Schloss (früherer Sitz der Passauer Bischofe) sowie zahlreiche Bürgerhäuser und Lesehöfe im Ortszentrum. In der Kirchengasse stehen das sgraffitogeschmückte *Göttweig'sche Eckhaus* (Nr. 3) und das *Lasperger-Haus* (Nr. 1).

Einen Besuch wert ist auch die wuchtige *Pfarrkirche Hl. Stephan*. Sie wurde um 1370 erbaut und konnte aus der Gotik den Chor, eine Taufkapelle und ein steinernes Portal bewahren, alles Übrige wurde 1697 barockisiert. 1770 schuf der Kremser Schmidt die düsteren Kreuzwegstationen. Der Grabstein seines Vaters Johann befindet sich neben dem Kircheneingang. Der burgartige *Nikolaihof* in der gleichnamigen Gasse, einstiger Lesehof des Klosters Nikola bei Passau, dient seit 985 als Weingut.

Einen Donauübergang in Mautern gab es schon zur Zeit der Römer. Im 1. Jh. n. Chr. kam das Militärlager und spätere Kastell *Favianis* dazu, von dem aus der Limes gegen die Germanen verteidigt wurde. Erhalten sind einige Mauern und ein Turm des Kastells (4. Jh., westlich der Pfarrkirche) sowie über 1500 Fundstücke, die in einem interessanten *Römermuseum* gezeigt werden. Es wurde 1997 in einem barocken Schüttkasten (Getreidespeicher, Schlossgasse 12) eröffnet und präsentiert Tonmasken, rekonstruierte Wandmalereien, eine römische Küche, wertvolle Grabbeigaben, Schmuck und Keramik (1.4. bis 31.10. Mi–So 10–12, Fr/Sa 10–12, 16–18 Uhr, Eintritt: 2,20 €).

Nichts übrig ist hingegen von dem Kloster, dass der römische Missionar und spätere Heilige Severin im 5. Jh. in Mautern gründete.

- *Daten* 200 m, 3000 Ew.
- *Verbindungen* **Bus**: 2–7x tgl. mit Krems.
- *Übernachten/Essen* **Weinhof Römerweg**, neues Gästehaus im Ortsteil Mauternbach, 3 gemütliche Komfortzimmer, teils mit Balkon, 2 Ferienwohnungen. Leihräder. DZ ca. 48 €, Ferienwohnung (4 Pers.) 50 €. Mauternbach 11, ✆ 02732/72848, www.duerauer.at.

Winzerhof Brauneis, direkt am Donauradweg außerhalb von Mautern, ruhige Lage, 4 Komfortzimmer, Leihräder. DZ 44 €. Grüner Weg 37, ✆ 02732/85188.

Landhaus Bacher, das mit 2 Michelin-Sternen geadelte Restaurant der TV-erprobten Lisl Wagner-Bacher inmitten von Mautern ist eine der feinsten Gourmet-Adressen Österreichs. Ehemann Klaus ist für den erlesenen Weinkeller zuständig. Hauptgerichte 23–30 €, März bis Dez. Mi–So 11.30–14, 18.30–21 Uhr. 10 Vier-Sterne-Zimmer (DZ 110–150 €). Südtiroler Platz 2, ✆ 02732/82937, www.landhaus-bacher.at.

Nikolaihof Wachau, imposanter Lesehof mit für Bioweine berühmtem Weingut. Weinstube, man sitzt in alten Gewölben oder im wunderschönen Innenhof unter der mächtigen Linde und genießt Köstliches aus der Wachauer Küche. Mai bis Mitte Nov. Mi–Fr 17–23, Sa 12–23 Uhr. Hauptgerichte 8–11 €. Nikolaigasse 3, ✆ 02732/82901, www.nikolaihof.at.

- *Fahrradverleih* **RentAWachauBike**, 13–16 €/Tag. Austraße 50, ✆ 0664/2143512.
- *Baden* bei der Eisenbrücke, aufgeschotterter Badestrand, Liegewiese, Imbiss. Die Hundsheimer Insel stromaufwärts ist Ziel für Schlauchboote und gute Schwimmer.

Severin – der „Seher von Noricum"

Der um 420 n. Chr. in Rom geborene Missionar war zur Zeit der Völkerwanderung in der damals von Germanen bedrängten römischen Provinz Noricum tätig. Severin soll Tag und Stunde germanischer Angriffe prophezeit haben, wirkte als geschickter Vermittler zwischen den gegnerischen Parteien, befreite Sklaven aus germanischer Gefangenschaft und gründete Klöster, wie jenes in Favianis (Mautern). Seine Taten überlieferte einer seiner Schüler in der *Vita Severini* (6. Jh.). Dort ist auch zu lesen, dass sich Severin gerne „ad vineas", also in die Weinberge zurückzog – was als erster schriftlicher Beleg für den Wachauer Weinbau gewertet wird. 482 verstarb Severin in Favianis. Nach seinem Willen wurde er in Italien (Neapel) beigesetzt, wo er bis heute als Heiliger verehrt wird.

Umgebung von Mautern

Ferdinandswarte: Einer der schönsten Aussichtspunkte der Wachau ist diese 1890 über steil abfallenden Felsen 2,5 km außerhalb von Mautern erbaute Warte. Sie wurde nach Thronfolger Franz Ferdinand benannt, der hier oft zur Jagd unterwegs war. Man zweigt im Zentrum von Mautern ab und fährt über Mauternbach hinauf nach Unterbergern, wo rechter Hand (Wegweiser) eine 1,2 km lange, im letzten Abschnitt geschotterte Zufahrtsstraße abgeht (alle vorherigen Abzweigungen ignorieren). Vor der Einfahrt in ein Föhrenwäldchen parkt man und geht die letzten Meter zu Fuß.

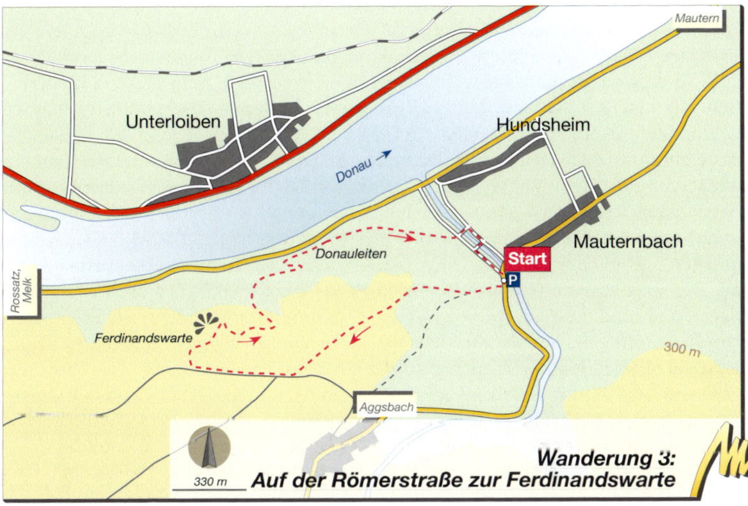

Wanderung 3: Römerstraße und Ferdinandswarte

Römische Spurrinnen, Donautalblick. Gehzeit 1½ Std., leicht

Ausgangspunkt ist der Parkplatz gegenüber dem Weingut Graf in **Mauternbach**, 1,5 km westlich von Mautern. 50 m oberhalb beginnt rechts von der Straße der rot bezeichnete Weg zur Ferdinandswarte. Er passiert den untersten Abschnitt der **Römerstraße „Steinplatte"** (Spurrinnen) und führt bergauf durch Weingärten und am Waldrand entlang bis zu einer Sandstraße, auf der man in einer langen Rechtskurve die **Ferdinandswarte** erreicht (s. o., 40 Min.). Von dort erfolgt der Abstieg in steilen Kehren (blau bezeichnet) über die **Donauleiten**. Der Pfad mündet nach ½ Std. in den **Donauleitenweg** (grüner Wegweiser). Nun geht es rechts weiter an Obstgärten entlang bis zu einer T-Kreuzung. Hier biegt man rechts in die Sackgasse (Verkehrsschild), quert nach 200 m auf einer kleinen Holzbrücke den Bach und erreicht über einen Pfad bergauf und entlang des **Beierlwegs** wieder den Ausgangspunkt.

Stift Göttweig

Das Benediktinerstift thront auf einer 200 m hohen, bewaldeten Bergkuppe und bildet eine markante Silhouette am Schlusspunkt der Wachau.

Im Unterschied zu Melk, das die westliche Grenze der Wachau markiert, ist die mächtige Göttweiger Anlage nicht sofort als Kloster zu erkennen. Von der Donauseite kommend erblickt man die 180 m lange Barockfassade, die von zwei markanten Zwiebeltürmen flankiert wird, während die Stiftskirche mit ihren unvollendeten Turmstümpfen dahinter verborgen bleibt.

Geschichte

Auf dem schon von Kelten genutzten „kleinen Hügel" (kelt. *Chotwich)* gründete der Passauer Bischof und spätere Heilige Altmann 1083 ein Augustiner-Chorherrenstift, in dem sich nach seinem Tod Benediktiner aus dem Schwarzwald niederließen. Bis ins 15. Jh. erlebte Stift Göttweig eine Blütezeit: Tochterklöster wurden gegründet, und ein Frauenkonvikt am Fuße des Göttweigers, in dem Ava wirkte, die erste bekannte deutschsprachige Dichterin, die um 1130 in Melk verstarb. Türkeneinfälle und die Reformation führten im frühen 16. Jh. zu einem vorübergehenden Niedergang. 1636 wurde dem gotischen Chor der Klosterkirche ein frühbarockes Langhaus nach Plänen von Cipriano Biasino vorangestellt. Barocke Glanzzeiten brachen – ähnlich wie in Stift Dürnstein – erst mit Amtsantritt eines neuen Abtes an. Der weit gereiste Gelehrte Gottfried Bessel beauftragte 1719 nach einem verheerenden (und möglicherweise gelegten) Großbrand, von dem nur die Erentrudiskapelle (11. Jh.), die Stiftskirche, Teile des gotischen Kreuzganges und die Alte Burg erhalten blieben, Johann Lukas von Hildebrandt mit der Errichtung einer barocken, gegen weitere Türkenanstürme befestigten Gottesburg, die letztlich aus Geldmangel nur zu zwei Drittel fertig gestellt wurde.

• *Anfahrt* ab Mautern 5 km Richtung Südosten (beschildert).

• *Öffnungszeiten* 21.3. bis 15.11. tgl. 10–18 Uhr, Juni/Sept. 9–18 Uhr, letzter Einlass 17 Uhr. Eintritt: 2,50 € kleiner Rundgang (mit Stiftshof, Erentrudiskapelle, Stiftskirche, Krypta, Alter Kreuzgang, Dauerausstellung zur Klostergeschichte), 6,50 € (Schüler und Stud. 3 €) großer Rundgang (zusätzlich Kaiserstiege, Fürsten- und Kaiserzimmer).

• *Essen* **Stiftsrestaurant Göttweig**, 2004/05 neu gestaltetes Restaurant mit Orangerie, Kachelofenstube und herrlicher Panoramaterrasse Richtung Donautal. Regionale Küche, zur Kaffeejause kann man die Benediktinertorte versuchen. ✆ 02732/85581225.

Landgasthof Schickh, traditionelles Feinschmeckerlokal in Klein-Wien am Fuß des Göttweigers, das für seine verfeinerte österreichische Küche und den Kastaniengarten (mit Eisenbahnwaggon) bekannt ist. Hauptgerichte 14–18 €. Im Haus 10 schöne Zimmer mit Vier-Sterne-Komfort. Mi/Do Ruhetag, Küche Sa/So durchgehend. Klein-Wien, Avastraße 2, ✆ 02736/7218.

Dorfwirtshaus Palt, mitten in Palt, 2 km nördlich von Göttweig gelegenes Gasthaus und Restaurant mit regionaler Küche, Di/Mi Ruhetag. Wiener Straße 41, ✆ 02732/73173.

Sehenswertes

Stift Göttweig: Eine Besichtigung beginnt im riesigen *Stiftshof*, wo ein großer Brunnenobelisk (1742) von Johann Schmidt, dem Vater des Kremser Schmidt, den Endpunkt der barocken Wasserleitung aus dem Tal markiert. Ebenfalls im Hof sieht man die mittelalterliche *Erentrudiskapelle*, die Bischof Altmann 1072 gründete. Im Kaisertrakt befindet sich die berühmte, monumentale *Kaiserstiege*, die Franz Anton Pilgram als Nachfolger Hildebrandts 1739 vollendete. Sie wird zu den schönsten barocken Treppenhäusern Europas gezählt, ist dreigeschossig und gipfelt in einem gewaltigen Deckenfresko von Paul Troger, in dem der Habsburgerkaiser Karl VI. verherrlicht wird – wohl deshalb, weil er den Klosterneubau unterstützte. Die Plastiken und Skulpturen stammen von Johann Schmidt. Von der Kaiserstiege aus betritt man das Benediktizimmer und die anschließenden drei *Fürstenzimmer*, die mit kunstvollen, seltenen Tapeten geschmückt sind. Gemeinsam mit dem Sebastianiturm werden sie für Jahresausstellungen genutzt, in denen einzelne Exponate aus dem reichen Göttweiger Klosterschatz gezeigt werden. Dieser umfasst die über 130.000 Bände starke Bibliothek, eine Gemäldegalerie mit über 100 Werken des Kremser Schmidt (der Haus- und Hofmaler Göttweigs war) und ein Graphisches Kabinett, das europaweit zu den umfangreichsten zählt. Diese Räumlichkeiten sind – da mitten im Klausurbereich gelegen – für Besucher nicht zugänglich.

Über den Kaisergang und den für Feste genutzten *Altmanisaal* (mit schönem Aussichtsbalkon) erreicht man die vier prächtigen *Kaiserzimmer*, die einst gekrönten Gästen des Klosters zur Verfügung standen.

Vom Stiftshof führt eine Freitreppe zur *Stiftskirche Mariä Himmelfahrt*. Sie bietet ein breites Stilgemisch: Die zweitürmige Fassade lässt mit der Säulenhalle bereits den Klassizismus anklingen, das mit viel Stuck überzogene Langhaus ist frühbarock, der erhöhte, sternrippengewölbte Chor noch gotisch (1402). Auch die Glasgemälde hinter dem Hochaltar stammen aus dem 15. Jh. Frühbarock ist der blau-goldene Hochaltar und die Kanzel, die um 1639 entstanden. Zwei Seitenaltarbilder hat der Kremser Schmidt gemalt. Unter dem Chor liegt die 1430 erbaute, später barockisierte Krypta mit einer gotischen Pietà, deretwegen Göttweig auch ein Ziel für Wallfahrten ist. In einer Kapelle nebenan steht ein leeres Hochgrab mit einer Liegefigur von Bischof Altmann. Seine Reliquien befinden sich unweit in dem Silberschrein von 1689. Von der Krypta erreicht man den einzig erhaltenen Flügel des alten, spätgotischen Kreuzgangs (heute Lapidarium), von wo man wieder in die Kirchenvorhalle hinauf steigen kann.

Einen schönen Blick auf Stift Göttweig hat man von dem donauabwärts gelegenen Nachbarhügel, auf dem das weithin sichtbare **Hollenburger Wetterkreuz-Kirchlein** thront. Es ersetzte im 17. Jh. ein hölzernes Wetterkreuz und war einst beliebtes Wallfahrtsziel.

• *Anfahrt* zum Wetterkreuzkirchlein am Ortsende von Hollenburg zweigt die 3 km lange, schmale Wetterkreuzstraße ab (Wegweiser).

• *Veranstaltungen* **Wetterkreuzfest**, 2. So im Sept. mit Hl. Messe.

Stift Göttweig ist weithin sichtbarer Endpunkt der Wachau

Kulturstadt Krems

Krems und der Wagram

Krems an der Donau ist eine der schönsten Städte Österreichs und östlicher Endpunkt der Wachau. Flussabwärts weitet sich das Tal der Donau. Ihr urzeitliches Nordufer, der Wagram, ist Weinbaugebiet und Südgrenze des Weinviertels.

Die Stadt **Krems** zählt zu den absoluten Highlights des Donautals. Ihre reizvollen Altstadtteile und die Kunstmeile ziehen das ganze Jahr über Touristen an. Weiter östlich in der weiten Auen- und Ackerlandschaft werden Besucher seltener, einzig das romantische **Schloss Grafenegg** sticht hervor. Nördlich davon beginnt der zur Donau parallel, aber gut 6 km von ihr entfernt verlaufende **Wagram**, der mit seinen Kellergassen bereits auf das Weinviertel hindeutet.

Krems-Stein

Die alte Doppelstadt breitet sich am Ostende der Wachau auf den Terrassen des linken Donauufers aus. Ihre historische Bausubstanz, ihre romantischen Plätze und ihre modernen Akzente machen sie zu einer der Top-Sehenswürdigkeiten Österreichs. Nicht minder bedeutend ist das vielfältige Kulturprogramm der Stadt.

Krems an der Donau, wie die Stadt offiziell heißt (Stein ist ein eingemeindeter Stadtteil im Westen), ist eine der ältesten Städte, eines der bedeutendsten Schulzentren Österreichs und seit 1995 Sitz einer Universität. Krems ist europäische Musterstadt für Denkmalpflege und ihre Altstadtteile gehören zum Weltkulturerbe. Neben Kultur und Tourismus sind die wirtschaftlichen Standbeine Dynea Austria, die frühere Krems Chemie, die Kunstharze herstellt, der Donauhafen sowie Metall und Stahl verarbeitende Betriebe.

Im Westen von Krems liegt Stein, dessen Altstadt sich entlang der *Steiner Landstraße* entwickelte und von zwei erhöht gelegenen Kirchen überragt wird. Das Kremser Tor markiert das östliche Ende der Steiner Altstadt. Von Stein ostwärts bis zum Kloster Und zieht sich die Kunstmeile Krems. Rund 600 m weiter steht dann das alte Stadttor und Wahrzeichen von Krems, das *Steiner Tor*. Es leitet in die *Kremser Landstraße*, von der man, wie in Stein, zu alten Plätzen und Kirchen hinaufsteigen kann. Die Industriebetriebe von Krems liegen abseits im Osten der Stadt.

Geschichte

Erste Besiedlungsspuren in Krems stammen aus der Altsteinzeit. Berühmtestes Fundstück ist die 32.000 Jahre alte Statuette *Venus/Fanny vom Galgenberg*, die im Weinstadtmuseum gezeigt wird (s.u.). Um 500 n. Chr. soll sich auf dem Steiner Frauenberg die Burg des germanischen Rugierkönigs befunden haben. 995 wird Krems erstmals urkundlich als *Chremisa* erwähnt. Keimzelle dieser Siedlung war eine heute nicht mehr vorhandene Burg auf einer Felshöhe über der Donau. Im 11. Jh. errichteten die Babenberger eine neue Stadtburg, in der sie 1120–1190 die erste Münzstätte ihrer Ostmark betrieben. Aufgrund der verkehrsgünstigen Lage entwickelte sich Krems zum wichtigen Maut- und Handelsplatz für Wein, Salz, Getreide und Eisen, der im 12./13. Jh. größere Bedeutung hatte als Wien. Stein stand Krems um nichts nach und erhielt zudem 1463 eine hölzerne Brücke über die Donau, die Mauteinkünfte brachte. Im 16. Jh. wurde Krems protestantisch, um 1620 kamen mit den Jesuiten und Piaristen die Gegenreformation und die ersten Schulen in die Stadt. Die Schweden richteten 1645, nachdem sie in Stein gewütet hatten, in Krems ihr Hauptquartier ein. Im 19. Jh. verdrängten die Eisenbahn (1872 Anschluss an die Eisenbahn, 1909 Eröffnung der Donau-Uferbahn) und das Auto immer mehr das Schiff als Transportmittel. Beide Städte verarmten und konnten sich keine Neubauten mehr leisten – aus heutiger Sicht ein Glücksfall, denn so blieben viele Bauten aus Spätgotik und Renaissance erhalten. Zwischen diese wurde in den letzten Jahren auch gelungene moderne Architektur platziert.

Information/Verbindungen/Einkaufen

- *Daten* 221 m, 23.300 Ew.
- *Information* **Tourismus Information** im Kloster Und, April bis Okt. Mo–Fr 8.30–18, Sa/So 10–12, 13–16/17 Uhr, im Winter nur Mo–Fr 8.30–17 Uhr. Undstraße 6, ✆ 02732/82676, www.krems.info.
- *Verbindungen* **Bahn**: 1x stdl. mit Wien, alle 1–2 Std. mit St. Pölten, 6- bis 14x tgl. mit Spitz, 3x tgl. mit Emmersdorf, von Mai bis Okt. Sa/So 2x tgl. mit Persenbeug. Bhf. südlich der Kremser Altstadt. **Bus**: 6x tgl. via Emmersdorf mit Melk, 2–5x tgl. mit Zwettl, 5–10x tgl. mit Senftenberg. **Schiff**: Schiffsstation in Stein unweit der Kunstmeile. Mitte April bis Ende Okt. 4–5x tgl. Richtung Melk.
- *Stadtverkehr* **City-Bus**: 5 Rundkurse ab Bhf. Krems, Mo–Sa 6.20–18.20 Uhr Linie 1 fährt nach Stein. Tickets (1,50 €) beim Busfahrer.
- *Parken* Gebührenpflicht in der Altstadt Mo–Fr 8–12, 14–18, Sa 8–12 Uhr, 0,50 €/Std. Mehrere Parkgaragen (ca. 1,10 €/Std.).
- *Öffentliches WC* am Täglichen Markt, entworfen von Luigi Blau, tgl. 6.30–18.30 Uhr.
- *Post* Krems, Brandströmstraße 4-6, unweit des Bahnhofs, Mo–Fr 8–18 Uhr.
- *Einkaufen* **Winzer Krems**, Vinothekenkeller der renommierten Kremser Winzergenossenschaft, Mo–Do 7–12, 13–16, Fr 7–12 Uhr. Sandgrube 13, von der Wiener Straße (Friedhof) zu erreichen. ✆ 02732/85511.

Wein.Handlung.Noitz, trendig gestaltete Vinothek im Kloster Und, Verkostung und Verkauf heimischer und internationaler Top-

weine, Mi–So 11–20 Uhr. Undstraße 6, ✆ 02732/70704.

Weingut Stadt Krems, traditionelles, renommiertes Weingut der Stadt. Mo–Sa 9–12, 13–17 Uhr. Stadtgraben 11, ✆ 02732/801441.

Weingut Johann Müller, alteingesessenes Weingut in Krems, das seit 2002 kräftig expandiert. Mo–Do 7–12, 13–17, Fr 7–12 Uhr. Körnermarkt 10, ✆ 02732/82196.

Bailoni, 1. Wachauer Marillen-Destillerie, Steiner Familienbetrieb seit 1872, international bekannt für ausgezeichneten Marillenlikör und -schnaps, der auch in Supermärkten vertrieben wird. Shop geöffnet Ostern bis Ende Okt. Fr/Sa 9–12, 13–17 Uhr. Steiner Donaulände 111–113, ✆ 02732/83794.

Lederleitner Orangerie Krems, Stadtgeschäft des bekannten Gartenbauers mit exquisiten Pflanzen und Accessoires. Mo–Fr 8–18, Sa 8–16 Uhr. Göglstraße 6, ✆ 02732/8530.

• *Bauernmarkt* Am Pfarrplatz, Mo–Fr vormittags.

Übernachten

**** **Steigenberger Avance Hotel (10)**, modernes, erstklassiges Wellness- und Seminarhotel in den Weinbergen oberhalb von Krems mit schöner Aussicht, 116 Komfort zimmer, 10 Suiten. Hallenbad mit Außenbecken, Sauna, gutes Gourmet-Restaurant. DZ je nach Lage 140–180 €, Suiten bis 230 €. Am Goldberg 2, ✆ 02732/71010, www.krems.steigenberger.at.

**** **Gourmethotel Am Förthof (29)**, französisch anmutendes Landhotel, westl. von Stein, nah an Donau und Radweg. Freibad im Innenhof, Sauna. 23 Komfortzimmer. DZ 100–140 € je nach Ausstattung und Lage. Restaurant im Haus. Hauptspeisen bis 22 €. Mitte Jan. bis Mitte März geschl. Förthofer Donaulände 8, ✆ 02732/83345, www.tiscover.at/gourmethotel.

**** **Hotel Klinglhuber (5)**, am Rande der Altstadt, schlichter, urbaner Hotelneubau von 1996, dessen Architektur Preise einheimste. 44 Komfortzimmer, DZ 94–110 €. Wienerstraße 12, ✆ 02732/86960, www.klinglhuber.com.

*** **Unter den Linden (18)**, gemütlich-rustikales Stadthotel mit 37 modernen, schmucken Komfortzimmern zwischen Krems und Und, von Mai bis Okt. auch Halbpension möglich, DZ 62–84 €. Schillerstraße 5, ✆ 02732/82115, www.udl.at.

Gästehaus Einzinger (28), 12 Komfortzimmer im Zentrum von Stein in einem Bürgerhaus aus dem 16. Jh. mit Arkadenhof. DZ 62 €. Steiner Landstraße 82, ✆ 02732/82316.

Weingut Zöhrer (3), neues Gästehaus in den Weinbergen oberhalb von Krems. 6 modern-rustikale Komfortzimmer mit Betten in Form von Schlitten und Fässern! Urige Buschenschank im Haus (April bis Sept.). DZ ca. 64 €. Sandgrube 1, ✆ 02732/83191, www.zoehrer.at.

Weingut Hutter (2), 5 neu errichtete Gästezimmer im Landhausstil, Frühstück im Wintergarten, Weinberglage oberhalb von Krems, Landgasthof (s. „Essen"). DZ ca. 60 €. Weinzierlbergstraße 10, ✆ 02732/82006, www.hutter-krems.at.

Orange Wings (24), 2004 eröffnetes Billighotel im Gewerbegebiet. Kaum Personal, dafür 24-Stunden-Checkin am Hotelomat mit Kreditkarte oder von 15–21 Uhr an der Rezeption. 42 nüchterne Zimmer (1–2 Pers.) mit französischem Bett, Du/WC/TV/Internet für 42 €. Frühstück 5 €. Hofrat-Erben-Straße 4, ✆ 0820/202020, www.orangewings.com.

Jugendherberge (20), am Radweg zwischen Krems und Stein. Radgarage, großer Garten mit Grillplatz. 1.4. bis 31.10. geöffnet. Vier 4-Bett und sechs 6-Bett-Zimmer mit Du/WC. 12,50–18 € p. P. inkl. Frühstück. Ringstraße 77, ✆ 02732/83452, www.oejhv.or.at.

Zahlreiche **Privatzimmer** und **Ferienwohnungen** in und im Umkreis von Krems-Stein.

Donau-Camping (25), an der Donau, Hallen- und Freibad nebenan. 80 Stellplätze, sehr gut ausgestattet, Buffet, 1.4. bis 31.10., 2 Pers., 1 Zelt, 1 Auto ca. 20 €. www.tiscover.at/camping-krems.

Kremser Senf – heute ein Wiener

Das Geheimnis des berühmten Kremser Senfs liegt darin, Senfmehl mit unvergorenem, süßem Traubenmost zu verkochen. Der süße, grob geschrotete Senf war von 1850 bis 1950 ein Exportschlager der Fa. Hietzgern aus dem Kremstal. Heute produziert Mautner Markhof in Wien das einstige Markenzeichen von Krems.

Essen und Trinken/Kaffeehäuser/Nachtleben (siehe Karte S. 110/111)

• *Restaurants/Gasthäuser* **Mörwald Kloster Und (19)**, das 2003 eröffnete, modern und kühl gestaltete Lokal im alten Kloster entwickelte sich rasch zur ersten Adresse der Stadt. Die hoch dekorierte Küche bietet Klassisches und Kreatives, bei monatlich wechselndem Motto (z. B. „Wachau trifft Elsass"). Gastgarten im Innenhof. Hauptgerichte 15–25 €. Mi–So 10–12, 18–22 Uhr. Undstraße 6, ✆ 02732/704930.

Zum Kaiser von Österreich (8), modern-rustikales, gutbürgerliches Restaurant im Untergeschoss eines Bürgerhauses der Kremser Oberstadt, mehrfach prämierte österreichische Küche mit mediterranen oder asiatischen Einschüben. Gute Weinauswahl. Hauptgerichte 13–33 €. Mo–Sa 11.30–14, 18–22 Uhr. Okt. bis Mai auch So 11.30–14 Uhr. Körnermarkt 9, ✆ 02732/86001.

Gasthof Jell (4), in der liebevoll dekorierten Gaststube oder der grünen Laube in einer ruhigen Ecke der Kremser Altstadt kann man die äußerst schmackhafte Küche der umtriebigen Ulli Amon-Jell genießen, die regional-bodenständige Kost pur oder kreativ verfeinert auf den Teller zaubert. Wirtshauskultur. Hauptgerichte 8–19 €. Di–Fr 10–14, 17.30–22, Sa/So 10–14 Uhr. Anfang Febr./Anf. Juli geschl. Hoher Markt 8–9, ✆ 02732/82345.

Gasthof Alte Post (14), eines der ältesten Gasthäuser von Krems, in gemütlichen Stuben oder sommers im romantischen Renaissance-Arkadenhof wird klassische Wiener Küche serviert, Hauptspeisen 9–15 €. April bis Dez., Mi Ruhetag, Di 7–14 Uhr geöffnet. Obere Landstraße 32, ✆ 02732/82276.

Gasthaus zum Elefanten (27), 2004 neu gestaltetes, schickes Restaurant mit großer Donauterrasse in Stein, an einem Traditionsstandort, an dem schon seit 1721 gekocht wird. Kreative, internationale Küche, die vom Programm des Hauses der Regionen nebenan beeinflusst wird. Café im Erdgeschoss. Hauptspeisen 9–13 €. Mi–Fr 17–23, Sa/So 11–15, 18–23 Uhr. Steiner Donaulände 56, ✆ 02732/85016.

Museums-Wirtshaus Hofbauer (22), alteingesessenes Wirtshaus gegenüber der Kunsthalle mit solider bodenständiger Küche, die für Rindfleischgerichte geschätzt wird. Do ab 14 sowie Fr Ruhetag, Steiner Landstraße 5, ✆ 02732/82261.

Schwarze Kuchl (11), Wirtshauskulturwirt in der Kremser Landstraße, gemütliche, dekorierte Kachelofen-Stube, günstige Mittagsmenüs, saisonale Gerichte bodenständiger Küche. Salatbuffet. Hauptspeisen 6–12 €. Mo–Fr 8–19.30, Sa 8–17 Uhr. Untere Landstraße 8, ✆ 02732/83128.

Restaurant & Café-Bar „Crembs" (12), Erlebnisgastronomie in der Kremser Fußgängerzone, durchgehend warme Küche, Mehlspeisen und preiswerte 2-Gänge-Menüs, Hauptgerichte 6–9 €. Tgl. außer So 9–24 Uhr. Untere Landstraße 4, ✆ 02732/74751.

m.kunst.genuss (21), cooler Mix aus Weinbar, Café und Restaurant mit Wintergarten an der Front der Kunsthalle Krems. Leichte und kreative Küche, lockerer und entspannter Service. Tgl. 10–22 Uhr! Hauptgerichte 8–13 €. Franz-Zeller-Platz 3, ✆ 02732/908010-21.

Salzstadl (26), einfach eingerichtetes, sympathisches Bühnen- und Kulturwirtshaus in den alten Salzlagerhäusern in Stein, ordentliche Küche, netter Gastgarten. Tgl. außer Mi/Do 10–15, 18–24 Uhr. So nur mittags. 1–2x/Woche Konzerte, Lesungen etc. Donaulände 32, ✆ 02732/70312.

Am Weinzierlberg (1), Landgasthaus in aussichtsreicher Lage oberhalb von Krems mit bodenständigen Schmankerln (bis 12,50 €). Di–Sa 16–21 Uhr, So 11–15 Uhr. Weinzierlbergstraße 10, ✆ 02732/79470.

Arte Wein und Kunstgalerie (6), Kremser Fußgängerzone, an den Wänden Werke lokaler Künstler, in den Regalen vorwiegend heimische Tropfen, dazu eine Bar mit Antipasti. Di–Sa 9–23 Uhr. Obere Landstraße 4, ✆ 02732/806230.

Bistro de la Tour (16), an der alten Stadtmauer unweit des Steiner Tors, gemütliche Weinbar mit kleiner Auswahl an warmen, nicht unbedingt französischen Speisen. Mo 18–24, Di–Fr 11–24, Sa 10–16 Uhr. Schwedengasse 4, ✆ 02732/84045.

• *Kaffeehäuser* **Café-Konditorei Raimitz (7,17,23)**, traditionsreiche Konditorei beim Kremser Bahnhof mit großer Torten- und Kuchenauswahl, hausgemachten Pralinen und Eis. Mo–Sa 7.30–20, So 8–20 Uhr. Bahnhofplatz 12. Filiale „Biedermeiercafé" mit gediegenem Ambiente in der Altstadt, Mo–Sa 7–18 Uhr. Kirchengasse 1, ✆ 02732/824550. Filiale „Stein-Donaulände", Steiner Landstr. 21, ✆ 02732/83115, Mo–Sa 7–19, So 8–19 Uhr.

Café-Konditorei Hagmann (13, 15), zweite große Konditorei mit leckeren Mehlspeisen, Strudel, Torten und handgeschöpfter „Wachauer Schokolade". Mo–Sa 7–19, So 13.30–18 Uhr. Untere Landstraße 8, ✆ 02732/83167. Die dazugehörige beliebte Eisdiele beim Steiner Tor hat von April bis Okt. (Mo–Sa 10–19, So 13–19 Uhr) geöffnet.

Café Berger (9), typisches Wiener Kaffeehaus, etwas verraucht und ausgedient, in der Kremser Fußgängerzone, Snacks, Mittagsmenüs, Kaffee und Kuchen. Mo–Fr 7–20, Sa 7–19, So 14–19 Uhr. Obere Landstraße 8, ✆ 02732/87715.

• *Nachtleben* Die besten Reviere dafür sind der Kremser Pfarrplatz und die Steiner Donaulände.

Piano, traditionsreiches Bierlokal in Stein, tgl. 17–21 Uhr. Donaulände 21, ✆ 02732/85809.

Q-Stall, Szenelokal der Studenten in der Kremser Altstadt, tgl. 18–4 Uhr. Hoher Markt 12, ✆ 02732/87910.

Hendrik, beliebte Cocktailbar in der Kremser Altstadt, tgl. 18–2 Uhr. Margarethenstr. 10, ✆ 02732/86755.

Freizeit/Veranstaltungen

• *Fahrradverleih* **Rund ums Rad**, Fa. Walter Völkl, Mo–Fr 9–12, 13–18, Sa 9–12 Uhr, 13 €/Tag, Steiner Landstraße 103, ✆ 02732/71071. **Shell Station**, tgl. 6–22 Uhr, 15 €/Tag, Steiner Donaulände 17, ✆ 027321/844240.

RentAWachauBike, für jene, die mit Bahn und Schiff ankommen, Radzustellung am Bhf. oder bei der Schiffsstation nach Vereinbarung, 10–14 €/Tag. ✆ 0664/2143512, www.rentawachaubike.at.

• *Baden* **Badearena Krems**, Hallen- und Sommerbad mit mehreren Becken und Erlebnisrutsche. Mo 13–17, Di–Do 9–21, Fr 9–21.30, Sa 9–20.30, So 9–20 Uhr, nahe der Donau.

• *Veranstaltungen* **Alles Marille**, Wochenende im Juli, Köstliches von der Marille in der Altstadt. **Glatt&Verkehrt**, 2. Julihälfte,

Festival für traditionelle und zeitgenössische Musik. Spielorte in Krems, Stein und der Wachau. **Donaufestival**, April/Mai, zeitgenössische Kunstformen. In Krems, Korneuburg. **NÖ Landesmesse und Wachauer Volksfest**, alle 2 Jahre 10 Tage lang Ende Aug., in Krems. **Wachau-Marathon**, 3. So im Sept., 42 km durch die Wachau.

Sehenswertes

Den Rundgang in Krems beginnt man am besten in der Landstraße, der Fußgängerzone der Stadt. Man erreicht sie durch das Steiner Tor (Parkgarage). Wer vom Bahnhof kommt, kann sich zunächst an dem 2004 von Stararchitekt Boris Podrecca neu gestalteten Bahnhofsvorplatz erfreuen, quert dann bei der Ampel die Ringstraße und erreicht bergan über die Dinstlstraße und Spänglergasse die Landstraße. Geht man diese rund 500 m nach links, steht man vor dem Steiner Tor.

Altstadtrundgang in Krems

Obere Landstraße/Körnermarkt: Die Landstraße ist Hauptachse des Stadtkerns. Gesäumt wird sie von schönen Bürger- und Handelshäusern aus der Renaissance- und Barockzeit. Ihr westliches Ende begrenzt das monumentale, von zwei gotischen Rundtürmen mit Kegeldächern flankierte *Steiner Tor*, das letzte von vier Stadttoren. Es wurde 1480 unter Friedrich III. errichtet (Marmortafel an der Außenseite), 1754 erhielt es den barocken Turmaufbau in der Mitte. Von der Landstraße führt die Schmidgasse hinauf zum *Körnermarkt*. Der leicht abschüssige, dreieckige, mit Donauschotter gepflasterte und von Bäumen bestandene Platz ist einer der reizvollsten der Stadt. Leider ist er meist zugeparkt. In seiner Mitte steht eine Mariensäule (1685). Von den stattlichen Bürgerhäusern rundherum sind das *Haus zu den vier Jahreszeiten* mit Rokokofassade (Nr. 4) und das *Mesnerhaus* mit einem reichen Stuckrelief (Nr. 8) die auffälligsten. Der Körnermarkt geht in den Dominikanerplatz über, der von der gleichnamigen ehemaligen Kirche beherrscht wird.

Dominikanerkirche und -kloster (Weinstadtmuseum): Das um 1240 errichtete Bettelordenskloster wurde im 17. Jh. barockisiert und 1785 von Joseph II. aufgehoben. In den 1960er Jahren wurde es mustergültig renoviert, sogar Teile des frühgotischen Kreuzgangs konnten von der barocken Ummauerung befreit werden. Seit 1996 bieten die gotischen Kloster- und Kirchenräume den eindrucksvollen Rahmen für das *Weinstadtmuseum*. Prunkstück der Schau ist die 7,2 cm große, aus grünlichem Schiefer gefertigte Statuette der Fanny/Venus vom Galgenberg, die 1988 in einem Kremser Vorort gefunden wurde. Mit 32.000 Jahren zählt sie zu den ältesten Steinplastiken der Welt. Interessant ist das Stadtmodell von Krems im Jahre 1745 mit noch erhaltener Stadtmauer. In weiteren Räumen widmet man sich dem Salz-, Wein- und Eisenhandel auf der Donau, zeigt Modelle der Wachauer Tracht und das Brauchtum der Winzer und präsentiert den berühmten Sohn der Stadt, den Kremser Schmidt (s. S. 118, Kasten). Wertvolle, gotische Plastiken zieren den Kreuzgang, und in den alten Kellergewölben dreht sich alles um das Leben im mittelalterlichen Krems und um den Wein.
Öffnungszeiten März bis Ende Nov. Di–So 10–18 Uhr, Eintritt: 3,60 €, ermäßigt 2,50 €.

Pfarrplatz: Vom Dominikanerplatz schlendert man durch die Schlüsselamtsgasse – links ist der mittelalterliche Turm des ehem. Passauerhofes zu sehen – zum Pfarrplatz. An seiner Südseite steht das *Rathaus* mit einer frei zugänglichen, von zwei Renaissancesäulen aus dem Jahre 1549 geschmückten Aula. Die andere Seite des Rathauses kann man auf dem Rückweg in der Oberen Landstraße betrachten. Die *Pfarrkirche St. Veit* in der Mitte des Platzes ist eine der frühesten Barockkirchen nördlich der Alpen und entstand 1630 nach Plänen des Italieners Cipriano Biasino auf romanischen Grundmauern einer Vorgängerkirche. Das weiträumige, düstere Innere ist mit spätbarocken Wand- und Deckenfresken des Kremser Schmidt geschmückt. Bemerkenswert sind die Kanzel und das Chorgestühl. An der Außenwand des Chors befindet sich eine überdachte gotische Steinfigur aus dem frühen 14. Jh. Sie zeigt die Hl. Anna, die Maria das Lesen lehrt. Gegenüber ist das schöne Ensemble aus verschachtelten Mittelalterhäusern bemerkenswert, das den Platz gegen Norden abschließt. Dort beginnt auch die überdachte Piaristenstiege, die zur gleichnamigen Kirche hinauf führt.

Durch das Steiner Tor betritt man die Kremser Altstadt

Piaristenkirche: Das Gotteshaus mit dem markanten, von vier Ecktürmchen bekrönten Turm, der einst als Stadtturm diente, thront auf einer Terrasse oberhalb der Altstadt. An dieser Stelle stand bereits 1040 eine Kirche. Der heutige, imposante spätgotische Bau wurde 1475–1515 errichtet. Eindrucksvoll ist sein helles, weiträumiges Inneres. Trotz späterer Barockisierung kann man an den gotischen Bündelpfeilern, dem schönen Netz- und Sternrippengewölbe und den großen Maßwerkfenstern noch den Einfluss der Wiener Dombauhütte von St. Stephan erkennen. Das geschnitzte Chorgestühl ist ein Werk der Frührenaissance. Alle Altarbilder stammen vom Kremser Schmidt, auch das Fresko am Eingang zur Hl. Franz-Xaver-Kapelle gegenüber dem Hauptportal. Diese ließen die Jesuiten 1640 anbauen. Sie hatten das Gotteshaus 1616 im Zuge der Gegenreformation übernommen und neben der Kirche von Cipriano Biasino ein Kollegium (heute Fachhochschule) und ein noch bestehendes Gymnasium errichten lassen. Diese Einrichtungen und die Kirche gingen 1776 nach der vom Papst befohlenen Auflösung des Jesuitenordens an die Piaristen über.

Von der Terrasse vor der Kirche bietet sich ein reizvoller Blick auf die Dachlandschaft von Krems. Auffällig sind die sieben, außen um den Chor der Kirche angelegten barocken Kreuzwegstationen mit lebensgroßen Figuren.

Gozzo-Burg/Hoher Markt/Pulverturm: Wieder auf den Pfarrplatz hinab gestiegen geht es links weiter durch die Margarethenstraße bergauf zum Hohen Markt. Am Weg passiert man schöne Renaissance-Häuser, darunter das *Große Sgraffitohaus* (Nr. 5) von 1555. Kurz vor dem Hohen Markt fällt rechts eine Loggia mit gotischen Spitzbögen ins Auge. Sie ist Teil des komplexen Baus der *Gozzo-Burg*, die von einem reichen Bürger gleichen Namens um 1260 als Stadtpalais auf Vorbauten der

früheren babenbergischen Burg errichtet wurde. Sie gilt als einer der wichtigsten gotischen Profanbauten Österreichs; Pläne, sie der Öffentlichkeit zugänglich zu machen, ruhen seit langem in der Schublade. Links an die Gozzo-Burg schließt ein dunkelrosa Gebäude an. Es handelt sich um die durch Um- und Ausbauten stark veränderte eigentliche Babenbergerburg aus dem 11. Jh.
Der *Hohe Markt*, ein dreieckiger, mit Donauschotter gepflasterter Platz mit einem *Delphin- oder Herkulesbrunnen* (1682) wird von einem 1724 errichteten Schulgebäude beherrscht. Vorbei an dessen eleganter Fassade erreicht man die Pulverturmgasse, die rechts zu den mittelalterlichen Stadtmauerresten mit dem *Pulverturm* führt. Davor steht das Fragment einer Prangerfigur aus dem 16. Jh., genannt *Mandl ohne Kopf*. Der Legende nach soll es der zu Stein gewordene Körper eines schwedischen Offiziers sein, nachdem dieser auf ein Marienbild geschossen hatte. Entlang der Mauern geht es mit Blick ins Kremstal hinab zum Burgplatz, an dem im 10. Jh. die erste Kremser Burg stand. Über die Burggasse zurück zum Hohen Markt, führt links die Wegscheid zur Landstraße hinab.

Untere Landstraße: Beim *Simandlbrunnen* (1929), der einen vor seiner Frau knienden und um den Hausschlüssel flehenden Pantoffelhelden zeigt, erreicht man die Untere Landstraße. Wer will, kann noch einen Abstecher zu ihrem östlichen Ende machen, wo sich das erkergeschmückte *Gattermannhaus* von 1559 (Nr. 52) und das *Kleine Sgraffitohaus* (Nr. 69) von 1561 mit alttestamentarischen Motiven gegenüber stehen. In die andere Richtung gelangt man zum platzartigen **Täglichen Markt** mit der alten Mohrenapotheke von 1532 (Nr. 2), deren Gewölbe der Kremser Schmidt mit einem Fresko schmückte. Prachtstück des Platzes ist das mit einem spätgotischen Erker und Fresken (15. Jh.). verzierte *Göglhaus* (Nr. 1). Weiter in der Landstraße trifft man links auf die in die Straßenzeile integrierte, schlichte gotische *Bürgerspitalkirche*. Im Inneren besitzt sie eine Sakramentsnische aus dem 15. Jh. und von Matthias Schwanthaler geschnitzte Figuren auf beiden Seiten des Hochaltars. Gegenüber vom Kirchenportal darf man den kunstvollen Renaissanceerker (1548) an der Südseite des Rathauses nicht versäumen. Die Passage links neben der Kirche mündet in die Judengasse, die links zum *Dreifaltigkeitsplatz* mit einer ebensolchen Säule von 1738 geleitet. Über die Gögl- und die Dinstlstraße geht es zum Bahnhof. Wer zum Steiner Tor möchte, kehrt in die Landstraße zurück.

Stadtteil Und/Kunstmeile Krems

Was liegt zwischen Krems und Stein? „Und" ist die Antwort dieses Uraltscherzes. Tatsächlich leitet sich Und vom lateinischen *unda* für Wasser bzw. Welle ab. Bis ins 19. Jh. war dieses Gebiet zwischen den beiden Städten Brachland, auf dem sich lediglich zwei Klosterbauten erhoben. Beide wurden säkularisiert. Um das ehemalige Frauenkloster entstand der Komplex der Strafvollzugsanstalt Stein. Das frühere **Kapuzinerkloster Und** aus dem 17. Jh. gestaltete das Architekturbüro Eichinger oder Knechtl 2002 in ein Genuss- und Veranstaltungszentrum um. Dort ist auch die Touristeninformation untergebracht.
Zwischen dem Kloster Und und der Altstadt von Stein liegt die **Kunstmeile Krems**. Hier wurden in den letzten Jahren u. a. aneinandergereiht: ein gut besuchtes Karikaturmuseum, eine der größten Ausstellungshallen Österreichs, Künstlerateliers, ein Literaturhaus und eine Filmgalerie.

Karikaturmuseum: Bereits die 2001 von Gustav Peichl, dem österreichischen Stararchitekten und Karikaturisten „Ironimus", geschaffene Architektur des Museums

In der Steiner Landstraße

– ein rotnäsiger Narrenhut – regt zum Schmunzeln an. Kernstück des Hauses ist die Schau „Die Welt des Manfred Deix“. In Sonderausstellungen werden Werke bekannter Karikaturisten aus dem In- und Ausland oder thematische Schauen gezeigt.

Kunsthalle Krems: In einer früheren Tabakfabrik gegenüber dem Museum lädt die Kunsthalle zu renommierten Wechselausstellungen moderner Kunst.

Öffnungszeiten tgl. 10–18 Uhr. Eintritt pro Museum 8 €, ermäßigt 7 €. Familienkarte (2 Erw., Kinder bis 18 J.) 16 €, Kombicard für beide Ausstellungen: 10 €. www.karikaturmuseum.at, www.kunsthalle.at.

Altstadtrundgang in Stein

Die Steiner Altstadt wirkt verlassener, ist aber mindestens so sehenswert wie jene von Krems. Sie liegt näher am Donauufer und ist daher hochwassergefährdet. Ihre Plätze öffnen sich zur Steiner Donaulände und damit zum Strom, an dem leider auch die stark befahrene B 3 entlang führt.

Steiner Landstraße: Die Altstadt von Stein betritt man von Krems kommend durch das Kremser Tor aus dem 15. Jh. Entlang der Landstraße stehen stattliche alte Bürgerhäuser mit zum Teil aufwendig verzierten Fassaden. Gleich rechts führt die Göttweigerhofgasse zum früheren Wirtschaftshof des Stiftes Göttweig, der um 1290 erbaut wurde. In seiner Kapelle sind einzigartige, frühgotische Fresken von 1305 bis 1310 erhalten (Schlüssel in der Touristeninformation). Wenige Schritte weiter in der Landstraße erkennt man an den markanten Giebeln die beiden alten Salzstadel aus dem 16. Jh., die an die Rolle Steins als Umschlagplatz für das weiße Gold erinnern.

Minoritenkirche: Von den Salzstadeln wendet man sich dem oberen Ende des Minoritenplatzes zu, wo sich die mächtige ehemalige Minoritenkirche erhebt. Ebenfalls eine Bettelordenskirche ist sie das Gegenstück zur Kremser Dominikanerkirche. Sie wurde 1265 geweiht, ist in ihrer Architektur aber noch in der Romanik verhaftet. Im Chor wurden schöne Fresken aus dem 14. Jh. freigelegt. Das säkularisierte Gotteshaus diente lange als Tabaklager. 2004 hat man es als Veranstaltungsraum für Tanz und Klangkunst umgestaltet und mit modernster Ton-, Licht- und Bühnentechnik ausgestattet.

Pfarrkirche St. Nikolaus: In der Mitte der Steiner Landstraße erreicht man die Pfarrkirche aus dem 15. Jh., ihren barocken Turm hat Jakob Prandtauer 1713 entworfen. Im Inneren hängt eines der Hauptwerke des Kremser Schmidt, das Altarblatt mit dem Hl. Nikolaus (1751). Beachtenswert sind auch das gotische Rippengewölbe und die Orgelempore.

Frauenbergkirche/Rebentor: Oberhalb der Pfarrkirche liegt, über steile Stufen zu erreichen, die 1380 erbaute und 1785 von Joseph II. aufgehobene *Frauenbergkirche.* Seit 1963 ist sie ein Ehrenmal für Gefallene beider Weltkriege. Besonders markant ist ihr hoher, mittelalterlich klobiger Turm, der gemeinsam mit dem Barockturm der Pfarrkirche das Wahrzeichen von Stein ist. Dieses gegensätzliche Turmpaar ist auch zentrales Motiv des 1913 von Egon Schiele gemalten Bildes „Stein an der Donau" (heute Wien, Privatsammlung), das zu den bekanntesten Städtebildern des Expressionismus zählt. 50 m von der Frauenbergkirche entfernt bietet das *Rebentor*, ein Stadtmauerrest aus dem 15. Jh., ein schönes Fotomotiv und einen Ausblick bis Stift Göttweig.

Der Kremser Schmidt (1718–1801)

Einer der produktivsten Barockmaler Österreichs war Martin Johann Schmidt. Er war Sohn eines aus Hessen eingewanderten Bildhauers, der beim Bau von Stift Göttweig und Dürnstein beschäftigt war. Der junge Martin begleitete seinen Vater und lernte dabei Maler kennen, die seine Begabung erkannten und ihn förderten. Er entwickelte sich zu einem der gefragtesten Maler des Landes und hinterließ an die 1000 Altar- und Andachtsbilder, die heute noch Kirchen und Klöster schmücken. Es sind meist dramatische Heiligenszenen in warmen Brauntönen und mit starken Hell-Dunkel-Kontrasten. Durch sein umfangreiches Schaffen reich geworden, konnte er sich ein Bürgerhaus im Kremser Stadtteil Stein leisten. Er war bis ins hohe Alter tätig und starb mit 83 Jahren. Um ihn von dem etwa zeitgleich, vor allem in Wien tätigen Barockmaler Johann Georg Schmidt zu unterscheiden, bürgerte sich der Name „Kremser Schmidt" ein, unter dem er berühmt wurde.

Rathausplatz/Passauer Hof: Wieder zurück in der Landstraße, folgt bald der reizvolle, zur Donau hin offene *Rathausplatz* mit einer frühbarocken Säule des Hl. Nepomuk in der Mitte. Das frühklassizistische Rathaus an der Ostseite stammt aus dem 18. Jh. An der Landstraße Nr. 76 steht der imposante *Große Passauerhof*, der 1236 als Wirtschaftshof des Bistums Passau erbaut wurde. Sein heutiges Aussehen als zinnengeschmückter Renaissancepalast geht auf 1530 zurück.

Schürerplatz/Linzer Tor: Der folgende Platz ist von interessanten Bauten umgeben. Da ist zum einen das barocke *Mazzettihaus*, ein Stadtpalais von 1721, in dem der aus Stein stammende Musikwissenschaftler und Mozartforscher Ludwig Ritter von Köchel (1800–1877) seine Jugend verbrachte (Gedenktafel). Er schuf 1862 das „Chronologisch-thematische Verzeichnis sämtlicher Tonwerke W. A. Mozarts", das als Köchel-Verzeichnis (Abk. KV) bekannt wurde. Gegenüber befindet sich mit dem freskenverzierten, früheren kaiserlichen *Mauthaus* von 1536 eines der schönsten Renaissancehäuser Österreichs. Donaunah erhebt sich der Fischerturm.

Im letzten Abschnitt der Landstraße einen Blick wert sind die *Grüne Burg* (Nr. 92), ein Renaissancehaus von 1536, und das Haus Nr. 122, in dem der Kremser Schmidt lebte. Das Westende der Landstraße markiert das *Linzer Tor* (15. Jh.).

Steiner Donaulände: Wer will, kann über diese, parallel zur Landstraße verlaufende Straße mit einigen Ess- und Trinklokalen zum Ausgangspunkt zurückkehren. Von der Donaulände erreicht man auch die Uferpromenade. An der Donaulände Nr. 56 eröffnete 2004 in einem denkmalgeschützten Bau das *Haus der Regionen*, eine weitere Station der Kunstmeile Krems. Hier wird ein „ganzheitliches" Programm geboten: Musik, Tanz, Literatur, Kunsthandwerk (eigener Shop), Ausstellungen und kulinarische Spezialitäten (im Gasthaus zum Elefanten) regionaler und europäischer Kulturen.

Öffnungszeiten Di–Fr 14.30–18, Sa 10–13 Uhr.

Umgebung von Krems-Stein

Motorradmuseum: In Egelsee, 2 km nordwestlich, kann seit 1984 eine Privatsammlung mit 160 Exemplaren aus 100 Jahren Motorradgeschichte besichtigt werden. Außerdem werden historische Rundfunkgeräte gezeigt.

Öffnungszeiten/Anfahrt April bis Ende Okt. Sa/So 9–17 Uhr. Eintritt: 3,50 €, Kinder (8–15 J.) 1,50 €. Erreichbar mit dem Auto ab dem Kreisverkehr bei der Kunstmeile. ✆ 02732/41424.

Donauwarte: Die Kuppe des von Weinterrassen überzogenen Braunsdorfer Berges (450 m) oberhalb von Stein, die vom weithin sichtbaren Aussichtstürmchen der Donauwarte gekrönt ist, bietet einen herrlichen Panoramablick. Den Schlüssel für die Warte erhält man im Motorradmuseum Egelsee.

Anfahrt/Wanderweg Im Ortszentrum von Egelsee zweigt die Braunsdorfer Straße Richtung Warte ab. Nach 500 m Parkplatz, von dort noch 5 Min. zu Fuß. Vom Rebentor in Stein (s. S. 118) ist die Warte auf einem markierten Wanderweg in 30 Min. zu erreichen.

Schloss Grafenegg

Das Märchenschloss 10 km östlich von Krems ist eines der bedeutendsten österreichischen Bauwerke des späten 19. Jh. Es steht inmitten eines großen Parks und hat sich als Ausstellungs- und Veranstaltungszentrum einen Namen gemacht.

Die Geschichte von Schloss Grafenegg ist gekennzeichnet von Verwüstung und Wiederaufbau. Seit dem 13. Jh. gab es hier eine Burg. Sie wurde im 15. Jh. erweitert, von den Schweden im Dreißigjährigen Krieg verwüstet und im 17. Jh. wieder aufgebaut. Von diesem Bau sind noch die vier Eckhäuser der Schlossmauer und ein kleiner Rundturm mit Wendeltreppe im Innenhof erhalten. Der Rest wurde 1846–72 im Stil des romantischen Historismus errichtet. Der damalige Besitzer Graf August Ferdinand Breuner hatte auf Englandreisen den Stil der Tudorgotik kennen gelernt und ließ seine Burg vom Wiener Dombaumeister Leopold Ernst entsprechend in ein Traumschloss mit Türmchen, Erkern, Wasserspeiern und Zinnen umbauen und mit prächtigen Sammlungen ausstatten. Im 2. Weltkrieg und während der russischen Besatzung wurde es schwer beschädigt und beinahe seines gesamten Interieurs beraubt. 1955 erfolgte mit dem Österreichischen Staatsvertrag die Rückgabe des Besitzes an die Familie der Herzöge von Ratibor und Corvey, die das Schloss seit 1894 besessen hatten. Dem Vater des heutigen Schlossherrn, Franz Albrecht Metternich-Sándor, gelang es, mit Hilfe öffentlicher Mittel das Anwesen zu renovieren. Seit 1971 stehen die historischen Räume des Schlosses und die klassizistischen Nebengebäude (Taverne, Reitschule) für Ausstellungen und Veranstaltungen

Prachtbau des Historismus – Schloss Grafenegg

zur Verfügung. Der Grafenegger Advent ist mittlerweile weit über die Landesgrenzen bekannt, ebenso das klassische Konzertprogramm. In den kommenden Jahren sollen im Schlossareal noch eine Freilichtbühne für Sommerfestspiele und ein Anbau zur Alten Reitschule entstehen.

Über die von Löwen bewachte Schlossbrücke gelangt man unter dem mit feinem Maßwerk und Treppengiebel gestalteten Torgebäude in den Innenhof, der vom Schlossturm beherrscht wird. Die Räume des Schlosses sind für ihre zahlreichen verspielten bunten Kachelöfen, prachtvollen Holzdecken und üppigen Schnitzarbeiten bekannt. Größter Raum und einstiges Prunkstück ist der Rittersaal, dessen Ausstattung Vorbild für den späteren Ringstraßenstil in Wien, die Wiener Variante des Historismus, war. Diese ging in Kriegs- und Besatzungszeiten verloren und wurde nur zum Teil rekonstruiert. Weitere Prunkräume sind der Blaue, Gelbe und Grüne Salon sowie der Große Salon. Der Gartensaal mit prächtiger Kassettendecke und grünem Prunkofen, wird für Kammermusikkonzerte und Liederabende genutzt. Die 1853 geweihte Schlosskapelle, ein neugotisches Schmuckkästchen, beherbergt einen spätgotischen Altar und kann für Trauungen gemietet werden.

Der **Schlosspark** mit seinen uralten heimischen und exotischen Bäumen, wie kanadischen Tannen, Mammutbäumen und orientalischen Fichten, ist eine der bedeutendsten Parkanlagen des 19. Jh. Seit 1990 wird er restauriert und soll zur Landesgartenschau 2008 wieder gänzlich hergestellt sein. Ein Rundgang lohnt sich.

• *Anfahrt* S 5, Ausfahrt Grafenwörth.

• *Verbindungen* **Bahn**: von Krems/Wien 3–8x tgl. bis Wagram-Grafenegg, dann noch 2 km zu Fuß zum Schloss.

• *Öffnungszeiten* Mitte April bis Ende Okt. Di–So 10–17 Uhr. Eintritt: 5 €, ermäßigt 3 €.

• *Übernachten/Essen* **Hotel Schloss Grafenegg**, in der Schlosstaverne (s. u.) gibt es 9 erstklassige Zimmer bzw. Suiten, die bei Veranstaltungen im Schloss meist ausgebucht sind. DZ 118–138 €, Kinder bis 10 Jahre im Zi. gratis. Frühstück 15 € bzw. Sektfrühstück 20 €. Grafenegg 12, ✆ 02735/26160.

Schlosstaverne Grafenegg, in einem Nebengebäude im Schlosspark, gehört zur Mörwald-Gruppe. Kleine Auswahl an günstiger, klassischer Küche (7–11 €), Kaffee, Tee und Mehlspeisen in der Schloss-Stube & Bar. Im Restaurant kreativ verfeinerte Speisen, die Michelin einen Stern wert waren (Hauptgerichte 17–22 €, 4-gängige Menüs ca. 50 €). Mi–So 10–22 Uhr, Jan./Febr. geschl. ✆ 02735/26160.

*** **Gasthof Haag**, in Haitzendorf, außerhalb des Schlossareals, bodenständiges Gasthaus mit klassischer Küche und großen Speisesälen. Wirtshauskultur. Di Ruhetag. Neue Komfortzimmer, DZ ca. 50 €. Hauptstraße 51, ✆ 02735/2252.

• *Veranstaltungen* **Grafenegger Advent**, um den 8. Dez., traditioneller Weihnachtsmarkt, vorweihnachtliches Singen und Musizieren. Weiteres Kulturprogramm unter www.grafenegg.at.

Den Wagram entlang

Die 25 km lange Geländestufe des Wagram zwischen Krems und Stockerau ist das ehemalige Nordufer der Urdonau. Sie ist größtenteils mit Weinrieden überzogen und von alten Wehrkirchen besetzt. An ihrem Fuß verlaufen malerische Kellergassen.

Besonders reizvolle Zeiten am Wagram, der aus einer fast 30 m dicken Lössschicht besteht, sind der Frühsommer, wenn die Akazien weiß-rosa blühen, oder der Herbst mit dem bunt verfärbten Weinlaub. Den besten Blick auf die Geländekante hat man als Autofahrer von Grafenegg kommend oder als Bahnreisender auf dem Weg zwischen Tulln und Krems.

Wehrkirche Engabrunn: Eine der auffälligsten Wehrkirchen – spätgotisch und mit einem gedrungenen, kurzen Turm – steht an der B 34 im westlichsten Ort des Wagram.

Kellergassen in Feuersbrunn am Wagram: Mit über 200 Häusern zählen sie zu den längsten derartigen Anlagen Österreichs. Man erreicht sie von der B 34 aus über eine 2 km lange Obstbaumallee, die auf den Wagram und in die Hauptkellergasse zuläuft. Von dieser zweigen beiderseits fast ein Dutzend kleinerer Gassen ab. Von Mai bis Oktober hat mindestens ein Heuriger ausgesteckt (Fr ab 17, Sa/So ab 15 Uhr), am 2. Juli-Wochenende findet ein beliebtes Kellergassenfest statt. Freunden guter Küche ist Feuersbrunn wegen Toni Mörwalds Stammhaus *Zur Traube* ein Begriff.

• *Übernachten/Essen* **Wirtshaus und Restaurant Zur Traube**, Stammwirtshaus der Fam. Mörwald in einer hübschen Dorfzeile mitten im Ort. Im gemütlichen Wirtshaus schmackhaft bodenständige Küche mit Preisen bis 12 € und günstigen Menüs! Im Gourmetbereich verfeinerte regionale Kost (Hauptgerichte 10–22 €). Herrliche Mehlspeisen, tolle Auswahl an Weinen, auch vom Familienweingut. Fr–Di 12–14, 18–22 Uhr, Sa/So 12–22 Uhr.

Gegenüber kann in der **Villa Katharina**, einem modern ausgebauten Dorfbürgerhaus, genächtigt werden. 10 erstklassig ausgestattete Zimmer, DZ 100–120 € bzw. 4 Welcome-Tickets. Frühstück 15 €. Reservierungen für Restaurant und Hotel ratsam. Kleine Zeile 13–17 bzw. 10, ✆ 02738/22980.

Zum Goldenen Kreuz, an der Ortskreuzung mit der B 34, traditioneller Familien- und Wirtshauskulturbetrieb. Günstige Hausmannskost, beliebt bei Busgesellschaften. Gastgarten. Hauptspeisen 5–13 €. Mo Ruhetag, Fr nur mittags. Weinstraße 11, ✆ 02738/2342.

Bei der Weiterfahrt Richtung Kirchberg passiert man 2 km hinter Feuersbrunn die Ruine von **Schloss Thürnthal**, das einmal zu den prächtigsten spätbarocken Landschlössern Österreichs zählte. Sein Baumeister war Joseph Emanuel Fischer von Erlach. Das Schloss verfiel ab dem 19. Jh. Heute bemüht sich der private Besitzer um eine Restaurierung. Geld soll durch Veranstaltungen und Führungen beschafft werden.

Öffnungszeiten Sa/So 15–17 Uhr. Führung: ab 2 Pers. 7 €, ab 4 Pers. 3,30 €.

Kirchberg am Wagram

Der schönste Ort am Wagram ist durch die Geländekante geteilt. Durch eine tiefe Löss-Schlucht geht es vom unteren Ortsteil (Bahnhof) nach oben, wo auf einer Terrasse die prächtig ausgestattete *Wallfahrts- und Pfarrkirche Maria Trost* thront.

Nördlich davon erstreckt sich der von schönen Bürgerhäusern umstandene Marktplatz, dessen zentrale Grünfläche eine steinerne Rolandsfigur (Marktmandl, 1636) und eine Dreifaltigkeitssäule (1780) zieren. Im Obergeschoss des Alten Rathauses sieht man Funde aus dem mittelalterlichen Alchemistenlabor von *Gut Oberstockstall.*

• *Verbindungen* **Bahn**: 1x stdl. mit Krems und Wien. Bhf. am Fuß des Wagram.

• *Einkaufen* **Gebietsvinothek Region Wagram**, Verkostung und Verkauf regionaler Weine in mit Fässern und modernen Leuchten trendig gestylten alten Kellerröhren. März bis Dez. tgl. 15–18.30 Uhr, Jan./Febr. nur Sa. Rossplatz 1, ✆ 0664/5958607.

• *Übernachten/Essen* **** **Alter Winzerkeller**, denkmalgeschützter Bau unweit des Marktplatzes (Vinothek) mit 6 hübschen, wohnlichen Komfortzimmern (teils unter altem Gebälk) und einem Apartment (4 Pers.). März bis Weihnachten geöffnet. DZ 82 €, Apartment 41 € p. P. Der Hausherr ist bekannter Aquarellist und veranstaltet Malkurse. Rossplatz 1, ✆ 0664/5958607, www.alterwinzerkeller.at.

Gut Oberstockstall, beliebtes Ziel für Gourmets, man sitzt in gemütlichen Gaststuben oder im von blühenden Oleandern und einem Nussbaum geschmückten Innenhof. Eva Salomon kocht kreativ, regional bis mediterran und kann auf frische Zutaten aus dem eigenen Gut zurückgreifen. Hauptgerichte 13–33 €. März bis Nov. Mi 17–22, Do–Sa 12–22 Uhr, So 12–15 Uhr. Weinverkauf. Oberstockstall 1, ✆ 02279/2335.

Zum goldenen Hirschen, seit 1772 bestehendes Wirtshaus 7 km südöstlich von Kirchberg, die bewährte Küche leitet ein Fleischermeister mit Faible für Wild. Hauptgerichte 6–16 €. Di–Sa 9–24, So 9–15 Uhr. In Bierbaum am Kleebühel, Landstraße 51, ✆ 02278/2538.

Königsbrunner Landgasthof, in der Ortsmitte von Königsbrunn, 3 km östlich von Kirchberg, Einheimischengasthof mit nettem Winter- und Gastgarten und deftiger, preisgünstiger Hausmannskost, die ihre Zutaten aus der eigenen Fleischerei bezieht. Mo–Fr 10–14, 18–20 Uhr. Rathausplatz 14, ✆ 02278/23340.

Sehenswertes

Wallfahrtskirche Maria Trost: Der prachtvolle Barockbau verdankt seine üppige Ausstattung den Passauer Domherren, die im 18. Jh. die gotische Vorgängerkirche durch namhafte Künstler umgestalten ließen. Von Carlo Carlone stammt das Gemälde „Martyrium des Hl. Stephan“ am Hochaltar, wo sich auch die Wallfahrtsmadonna befindet. Den Marienaltar im linken Seitenschiff schuf der Kremser Schmidt. Beeindruckend sind die schöne Barockorgel und die goldenen Kanzeln.

Gut Oberstockstall: Das burgartige Anwesen 2 km nördlich von Kirchberg war einst Wirtschaftshof der Passauer Domherren und reicht in seiner Baugeschichte bis ins 14. Jh. zurück. Mitte des 19. Jh. wurde es von der Kremser Weinhändlerfamilie Salomon erworben. Jetzt betreiben deren Nachfahren hier Landwirtschaft, Weinbau und ein bekanntes Spitzenrestaurant. Bei Renovierungsarbeiten stieß man 1980 unter der Kapelle auf ein Alchemistenlabor von 1590. Fundstücke dieser kulturgeschichtlichen Sensation sind im Obergeschoss des Alten Rathauses von Kirchberg zur Schau gestellt (Sa 14–17 Uhr, ✆ 02279/2332).

9 km östlich von Kirchberg erreicht der Wagram in **Stetteldorf** seinen höchsten Punkt. An der Kante platziert ist hier die Juliusburg. Sie wurde 1588 von den Grafen von Hardegg erbaut und diente dem Polenkönig Jan Sobieski vor seinem Kampf gegen die Türken 1683 als Hauptquartier. 1731 von Johann Lucas von Hildebrandt barockisiert, hinterließen Kriegs- und Besatzungszeiten noch heute sichtbare Schäden.

Der Wagram ist die südliche Grenze des Weinviertels Von Stetteldorf ist man in wenigen Kilometern nordwärts an der B 4 im **Schmidatal** (s. S. 218) bzw. in **Stockerau** (s. S. 213).

Am Kam

Kamptal und südliches Waldviertel

Weinterrassen und Wackelsteine, wildromantische Schluchten und nostalgische Badehütten, eine weit verzweigte Seenlandschaft und tiefgrüne Nadelwälder, dazwischen prächtige Klöster und Schlösser und trutzige Burgen – unendlich abwechslungsreich ist die Reise von der Donau nordwärts entlang der Waldviertler Flüsse Kamp, Krems und Ysper.

„Der Krumme" (kelt. *kampos)* heißt der mit 160 km längste Fluss des Waldviertels. In unzähligen Schlingen wühlt er sich als honigbraunes, da eisenhaltiges Gewässer von West nach Ost durch die Böhmische Masse und schlägt mehrere Haken auf seinem Weg von der Quelle bis zur Mündung in die Donau. Dort liegt eines der bedeutendsten Weinbaugebiete Österreichs und mittendrin die sehenswerte Weinstadt **Langenlois**. Flussaufwärts folgen Winzerdörfer und ehemalige Sommerfrischeorte wie **Gars am Kamp**, das mit seinen Gesundheitszentren voll im Trend liegt. **Stift Altenburg** und **Stift Zwettl** sind kunsthistorische Höhepunkte, die **Rosenburg** beliebtes Ausflugsziel. Das enge Durchbruchstal im mittleren Kamptal und die idyllische Landschaft am Oberlauf begeistern Naturliebhaber. An den drei **Kamptalstauseen** dazwischen herrscht im Hochsommer reges Treiben. Auf die für das Waldviertel typischen Gesteinsformationen, die haushohen Restlinge und Wackelsteine, stößt man schließlich im Quellgebiet des Kamp auf einer nordisch anmutenden Granit-Hochebene. Südwestlich parallel zum Kamp verläuft das **Kremstal**, das von der Donau bis **Senftenberg** ebenfalls von Rebterrassen geprägt ist und dann mit tiefgrünen Nadelbäumen und Mohnfeldern zur Granit-Hochebene ansteigt. Die Südwestecke des Waldviertels rund um den 1000 m hohen Rücken des **Ostrong** ist ein lohnendes Ziel für Wanderer, die im **Yspertal** auch bizarre Felsgebilde und romantische Schluchten finden.

Kulturpark Kamptal

Anfang der 90er Jahre schlossen sich elf Gemeinden um das Untere Kamptal zu einem „Kulturpark" zusammen. Unter einem gemeinsamen Logo präsentieren sie natur- und erdgeschichtliche „Erlebnispunkte" sowie Kunst und Kultur dieser bereits seit 30.000 Jahren besiedelten Gegend: prähistorische Fundstellen, Granittürme, Kapellen und Karner, Kellergassen, Höhlen, Steinbrüche, Kalvarienberge, Lösswände, Burgruinen, Schlösser und Eisenbahnbrücken. Die jeweiligen Besonderheiten werden vor Ort anhand zweisprachiger Schautafeln erklärt. Wegen seiner geologischen Eigenarten wurde der Kulturpark 2005 als *UNESCO-Geopark* ausgezeichnet. Die drei „Eingangstore" in den Kulturpark sind das Ursin Haus in Langenlois, das Höbarthmuseum in Horn und das Krahuletz-Museum in Eggenburg. Dort gibt es jeweils Ausstellungen und Übersichtskarten mit allen 43 Erlebnispunkten.
Für 2006 ist das **Gartenfestival Kamptal** geplant. Bis dahin werden zehn Schau-, Kloster- und Schlossgärten, u. a. in den Stiften Altenburg und Zwettl, in Gars, Schiltern und Greillenstein, revitalisiert und mit Attraktionen versehen.

Langenlois

Die malerische Weinstadt mit einem der schönsten Marktplätze Österreichs liegt in einem Kessel am Übergang vom Donaubecken ins Waldviertel. Viel Sonne lässt an den Weinterrassen um die Stadt berühmte Weine heranreifen. Mit der Herstellung des Rebensafts befasst sich recht spektakulär die 2003 eröffnete Erlebniswelt des Loisiums.

Langenlois ist die größte Weinbaugemeinde Österreichs. 600 Betriebe bewirtschaften 2000 ha Weingärten, deren Erträge seit Jahrhunderten geschätzt werden. Zugute kommt dem Wein das Kleinklima der Stadt: In Langenlois regnet es kaum, dazu strömt milde Luft aus dem Donautal herbei und nachts entfaltet die frische Brise aus dem Waldviertel ihre kühlende Wirkung.
Dass der Weinbau dem Ort zu Reichtum verhalf, erkennt man an den prächtigen Bürgerhäusern des 16. Jh., die den zentralen *Kornplatz* umstehen. Ein kurzes Stück südwärts – über den Loisbach und am *Heimatmuseum* vorbei – erhebt sich die *Stadtpfarrkirche St. Lorenz*. Links neben ihr steht das mit einer Barockfassade versehene Rathaus, dessen Kern ins 14. Jh. zurück reicht. Nicht unumstritten ist sein moderner Zubau im Hof. Vom Kirchenplatz führt die von Patrizierhäusern (Nr. 39, ehem. klösterlicher Weinlesehof) gesäumte Rudolfstraße zum früheren Franziskanerkloster am gleichnamigen Platz. Auf dem Rückweg zweigt man links ab zum zweiten großen Stadtplatz, dem Holzplatz (mit Florianisäule), wo früher Stockholz für die Weingärten gehandelt wurde. Man quert ihn und spaziert entlang des Loisbachs wieder zum Kornplatz zurück. Die neueste Attraktion der Stadt, das *Loisium*, ist

vom Kornplatz in wenigen Minuten zu Fuß über die Walterstraße erreichbar. Die älteste Kirche von Langenlois, *St. Nikolaus,* liegt hingegen 2 km außerhalb des Orts.

Geschichte

Erstmals urkundlich erwähnt wurde die schon in der Steinzeit besiedelte Stadt 1082. *Liubisa* (slaw., „die Liebliche") war ihr Name, der sich vermutlich auf die schöne Lage bezog. Die „lange Stadt am Loisbach", wie sie später hieß, erstreckte sich seit 1430 über einige Kilometer. Damals wurden die von Bauern bewohnte „Obere Stadt" rund um die alte Nikolauskirche und die von reichen Kaufleuten planmäßig angelegte „Untere Stadt" (heutiges Stadtzentrum) zu einem Markt vereint. Mit dem Bau der Kamptalbahn 1889 entwickelte sich Langenlois zum Sommerfrischeort.

Information/Verbindungen/Einkaufen (siehe Karte S. 126/127)

• *Daten* 213 m, 7000 Ew.

• *Information* **Tourismusservice im Ursin Haus**, am Kornplatz im rückwärtigen Teil des Hauses, Mix aus Vinothek und Gästeinformation, viel Prospektmaterial, Leihräder. Tgl. 10–18 Uhr. Kamptalstraße 3, ✆ 02734/20000, www.langenlois.at.

• *Verbindungen* **Bahn**: von Krems oder Wien mit Umsteigen in Hadersdorf, alle 1–2 Std.

• *Einkaufen* **Vinothek im Ursin Haus**, 250 Weine von Kamptalwinzern zu Ab-Hof-Preisen, tgl. 10–18 Uhr, www.ursinhaus.at.

Loisium Kellerwelt, Vinothek im Besucherzentrum der Weinwelten, tgl. 10–19 Uhr. ✆ 02734/32240.

Jurtschitsch-Sonnhof (12), Topwinzer, dessen Jungweinetiketten Christian Ludwig Attersee entwirft. Weinverkauf im Lesehof aus dem 14. Jh. Mo–Fr 7–12, 13–16.30 Uhr. Rudolfstraße 39, ✆ 02734/2116, www.jurtschitsch.com.

Vinothek Ludwig Ehn (9), schicker Shop des Topwinzers unweit des Kornplatzes. Weine zu Ab-Hof-Preisen, Edelbrände, Marmeladen, Essig. April bis Okt. Do–Sa 10–18, So 10–16 Uhr. Bahnstraße 3, ✆ 02734/2236.

Weingut Fred Loimer (1), Topwinzer, sein schwarzer Quader unweit der B 34 ist einer der architektonisch spektakulärsten Weinkeller Österreichs. Ab-Hof-Verkauf Mo–Fr 8.30–16.30, Sa 13–17 Uhr. Kamptalstraße-Vögerlweg, ✆ 02734/22390.

Übernachten/Essen und Trinken (siehe Karte S. 126/127)

• *Übernachten* **** **Loisium-Hotel (2)**, im Okt. 2005 soll der von Steve Holl entworfene futuristische Bau unweit vom Loisium eröffnen. Es wird ein First-Class-Hotel mit 82 Zimmern sein. Die DZ sollen 170–200 €, Suiten an die 300 € kosten. Loisium-Allee 2, ✆ 02734/771000, www.loisiumhotel.at.

*** **Schloss Haindorf (6)**, barockes Landschloss bei den Kamp-Auen 2 km östlich, gehört dem Baumeisterverband, der in Nebengebäuden Schulungen durchführt. Standort des Operettensommers. 41 moderne, dunkel möblierte Komfortzimmer, Hallenbad, Sauna. DZ 60–66 €. Krumpöckallee 21, ✆ 02734/2693.

Gästehaus Klinglhuber (3), zentral und ruhig gelegen, 4 Komfortzimmer, DZ 46–50 €. Winzerweg 10, ✆ 02734/2250.

Gästezimmer Traxler (5), 1,5 km westlich in Richtung Gföhl, 4 nette Komfortzimmer am Winzerhof, DZ ca. 40 €. Gföhlerstraße 17, ✆ 02734/2090.

Gästezimmer Kroneder (4), 1,5 km westlich Richtung Gföhl, Weinbaubetrieb mit 3 Komfortzimmern, Leihräder, DZ 46–50 €. Febr. bis Nov. Gföhlerstraße 28, ✆ 02734/3617.

Weitere 120 Gästebetten (mit Du/WC) bei Privatvermietern oder Winzerhöfen im Ort.

• *Essen/Heurige* **Heurigenhof Bründlmayer (7)**, sympathisches Heurigenrestaurant des berühmten Langenloiser Winzers, dessen Weine hier glasweise verkostet werden können. Dazu genießt man verfeinerte Hausmannskost und warme Mehlspeisen in rustikalen Gewölben oder im Innenhof. Mitte März bis Ende Nov. Mi–Fr 15–24, Sa/So 11–24 Uhr. Walterstraße 14, ✆ 02734/2883, www.heurigenhof.at.

Café & Wein (8), trendige Kaffee- und Weinbar im Ursin Haus am Kornplatz, sonniger Gastgarten. Kaffee, Tee, Mehlspeisen bzw. kleine Speisen aus regionaler und mediterraner Küche (Pasta, Antipasti) von 6–13 €. Kamp-

taler Weine glasweise. Tgl. 9–24 Uhr, warme Küche 11.30–14, 17–22 Uhr. Kornplatz 5, ✆ 02734/20002.

Langenloiser Hof (10), passable regionale Küche, die man in der alten, getäfelten Kaminstube oder im wunderschönen Renaissance-Arkadenhof zu sich nimmt. Hauptgerichte 6–12 €, Mi–So geöffnet. Kornplatz 2, ✆ 02734/2475.

Landgasthof Trappmaier (13), gediegener Weingasthof unweit der Kirche, mit schönem Innenhof, regional verfeinerte Küche, tgl. außer Mo, So nur bis 15 Uhr. Rudolfstraße 1, ✆ 02734/77199.

Fiakerwirt (11), Treffpunkt der Einheimischen am Holzplatz mit preiswerter regionaler Küche und saisonalen Spezialitäten. Wirtshauskulturwirt. Mit hauseigenen Fiakern (Kutschen) kann man Ausflüge in die Weinberge unternehmen. Tgl. außer Di durchgehend warme Küche. Holzplatz 7, ✆ 02734/2150.

Heurigenbetriebe in den Kellergassen am Ortsende Richtung Gföhl (z. B. Nastl, ✆ 02 734/2903, Zum Hauermandl, ✆ 02734/2464) und Richtung Krems (z. B. Kellergasse Sauberg). Heurigenkalender mit Aussteckterminen im Ursin Haus erhältlich.

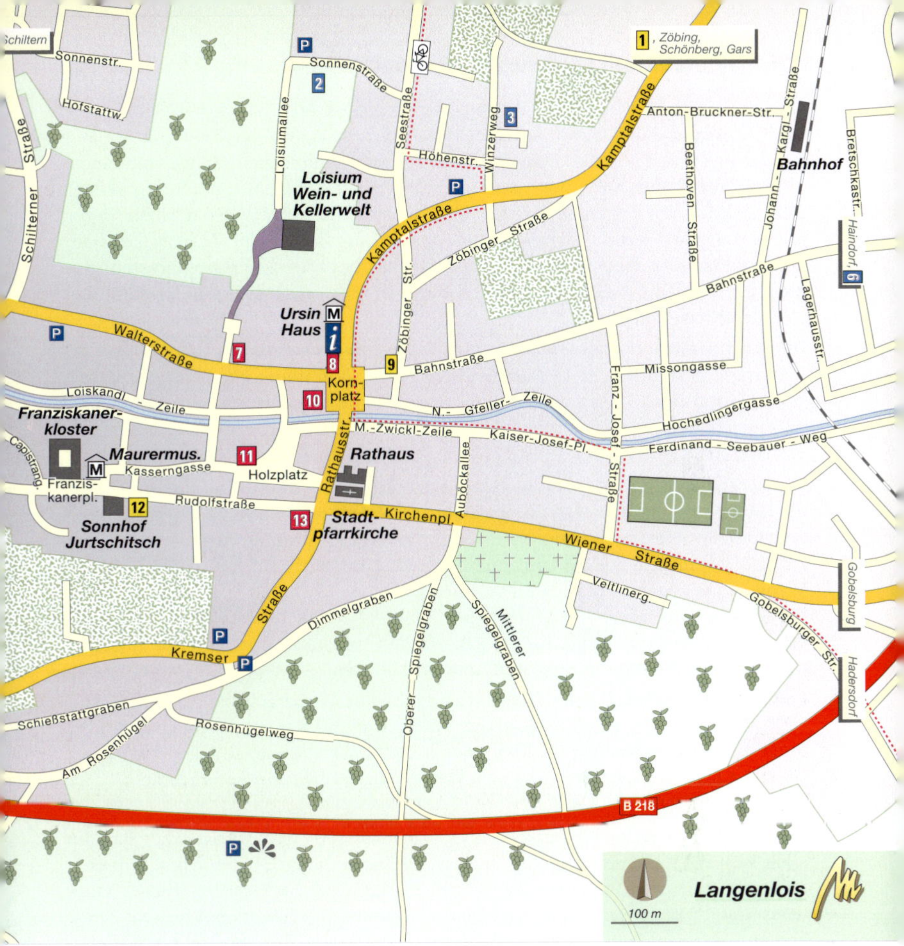

Freizeit/Veranstaltungen

- *Fahrradverleih* Ursin-Haus, 13 €/Tag.
- *Baden/Fischen* **Kampbad**, Naturbad in den Kampauen, große Liegewiese, Duschen, Kanuverleih. Eintritt frei.

Fischen im Großen Kamp, Tageskarten ab 26 € im Ursin Haus.

- *Golf* **Golfplatz Lengenfeld**, 18-Loch-Anlage 6 km westlich von Langenlois, zwischen Weinbergen und Wäldern, Green Fee 40–50 €, ✆ 02719/8710, www.golflengenfeld.at.
- *Veranstaltungen* **Tour de Vin**, 1. Sa/So im Mai, offene Kellertür der Kamptalwinzer.

Operettensommer Schloss Haindorf, 10 Abende Ende Juli bis Mitte Aug., Open-Air-Operette mit Mitgliedern Wiener Opernhäuser im Schlossgarten mit Winzerdorf, www.operettensommer.at.

Kamptaler Kellergassenfestival, an 4–5 Wochenenden im Sommer, jeweils in einer anderen Kellergasse.

Sehenswertes

Kornplatz/Ursin-Haus: Die Mitte des schönen *Kornplatzes* ziert eine aufwendige *Pestsäule* (1713), umgeben ist er von mächtigen, reich verzierten Bürgerhäusern aus dem 16.–18. Jh. Sie wurden von der sog. Vierzigerschaft, 40 privilegierten Bürgern der Stadt, errichtet. Eines davon ist das *Ursin-Haus* mit einer reizvollen, grau-weißen Renaissancefassade. Es beherbergt neben der Touristeninformation die Ausstellung „30.000 Jahre Leben am Kamp", als Einstimmung auf den Kulturpark Kamptal (s. S. 124, Kasten). Ein bemerkenswerter Wandschmuck, der Szenen des Alten Testaments darstellt, ziert das *Sgraffitohaus* von 1561 am Beginn der Bahnstraße. Beim *Langenloiser Hof*, einem schon seit dem 16. Jh. bestehenden Einkehrgasthof mit barocker Fassade, sollte man einen Blick in den sehenswerten Renaissance-Arkadenhof werfen.

Heimatmuseum: Das alte Gebäude (16. Jh.) mit der verwitterten Prangerfigur im Vorgarten präsentiert in 13 Räumen eine bunte Sammlung zur Stadtgeschichte, vom Mammutzahn über altes Handwerksgerät und Bauernmöbel bis zum Biedermeiersessel.

Öffnungszeiten 1.5. bis 1.11. Di–So 10–12 Uhr. Eintritt: 2,50 €, Kinder (bis 14 J.) frei!

Stadtpfarrkirche St. Lorenz: Ihr hoher Barockturm bestimmt die Stadtsilhouette, die Kirche ist aber viel älter. Sie wurde im 13. Jh. erbaut und im 15. Jh. spätgotisch erweitert. 1960 entfernte man die 1750 im Inneren eingearbeiteten barocken Hinzufügungen und stellte das romanisch-gotische Aussehen mit Holzflachdecke und Wandfries wieder her. Man besorgte einen gotischen Hochaltar (1500) mit fünf weiblichen Heiligenfiguren. Seine fehlenden Flügel ersetzten Tafelmalereien des phantastischen Realisten Helmut Kies (1964). An der Außenseite des Chors kann man in den Karner (mit sauber gestapelten Knochen) blicken.

Franziskanerkloster: Das im 15. Jh. erbaute Kloster wurde 1794 von Joseph II. aufgehoben und in der Folge als Kaserne, Werkstätte und Lager verwendet. Seit 1961 nutzt es eine Berufsschule für Maurer und Dachdecker. Im schönen spätgotischen Chor der Klosterkirche ist deshalb ein kleines Maurermuseum untergebracht.

Öffnungszeiten April bis Okt., Sa/So 9–16 Uhr. Eintritt frei.

Loisium: Inmitten der Weingärten erhebt sich seit 2003 ein futuristischer Bau des amerikanischen Star-Architekten Steve Holl. Der je nach Lichteinfall silbrig oder golden glänzende, leicht geneigte Würfel ist das Besucherzentrum (Kasse, Vinothek, Café) der neuen, künstlerischen Langenloiser Kellererlebniswelten. Diese betritt man nach dem Ticketerwerb hinter einem gelben Tor am Fuß der Weingärten. Zunächst geht es durch jahrhundertealte Weinkeller, wo mit Musik, Lichtspielen und Videos die Entstehung von Wein und Sekt erzählt wird. Dann steigt man aus dem Keller hinauf und findet sich in einem schön renovierten Museumswinzerhof wieder, in dem das Weinbauernleben um 1900 dargestellt wird. Durch den alten Presskeller geht es wieder in die Tiefe, vorbei am modernen Weinkeller des Weinguts Steininger: High-Tech und Stahltanks statt hölzerner Fässer. In den folgenden Lössgängen und im sog. Labyrinth kann man sich multimedial, mit Hilfe von Klangbildern und Installationen mit den Mythen um den Wein auseinandersetzen, bevor der Rundgang im Besucherzentrum endet.

Öffnungszeiten Mai bis Okt. tgl. 9–19 Uhr, Nov. bis April tgl. 10–19 Uhr, Jan. geschl., letzter Einlass 17 Uhr. Eintritt: 9 €, Kinder (6–16 J.) 4,50 €, Audioguide: 1 € (empfehlenswert!). Kellertemperatur ganzjährig um 12°C. ✆ 02734/32240.

Nikolauskirche/Lösswanderweg: 2 km loisbachaufwärts an der Straße Richtung Gföhl steht, umzäunt von einer alten Friedhofsmauer, die romanisch-frühgotische Kirche (13. Jh.) mit ihrem steinernen Dachreiter. Das schmucke Bild vervollständigt eine alte Steinbrücke. Bei der Kirche beginnt der gemütliche, markierte Rundwander-

Der Kornplatz ist das Zentrum der Weinstadt Langenlois

weg „Hohlwege und Weinterrassen", der an meterhohen Lösswänden vorbei führt (Gehzeit ca. 1 Std.), und der Wanderweg zur Kellergasse Mittelberg (s. Umgebung).

Umgebung von Langenlois

Zöbing/Kamptalwarte: Der bekannte Weinort liegt 2 km nördlich von Langenlois. Seine aussichtsreiche Kellergasse schmiegt sich an den Hang des sonnigen, von Terrassen durchzogenen Heiligenstein, an dem die besten Kamptaler Weine gedeihen. Obenauf sitzt weithin sichtbar die Kamptalwarte, ein romantisches Türmchen von 1897, von dem sich ein fabelhafter Rundblick über das Donautal bis zu den Voralpen bietet. Der Aufstieg vom Ende der Kellergasse dauert rund 20 Min.

• *Öffnungszeiten* Sa/So meist geöffnet, Eintritt: 1 €. Ansonsten ist der Wartenschlüssel im Ursin Haus (Langenlois) oder im Gh. Gutmann (s. u.) erhältlich.

• *Essen* **Zur Schönen Aussicht–Gutmann**, idyllischer, schönbrunnergelber Gasthof mit Nussbaumgarten oberhalb der Kampbrücke in Zöbing. Hervorragende regionale Küche, berühmt sind die Martini-Gansl. Kaffee und Kuchen ab 15 Uhr. Tgl. außer Mo/Di, So nur bis 18 Uhr. Heiligensteinerstraße 32, ✆ 02734/2334.

Schloss Gobelsburg: Aus Langenlois (2 km) kommend sieht man das mächtige Dach des Schlosses und den Turm der spätgotisch-barocken Pfarrkirche aus den Weinreben ragen. Von den Kuenringern im 11. Jh. gegründet, wurde das *Schloss* im 16. Jh. zu einer vierflügeligen Anlage um einen Arkadenhof erweitert und 1725 von Joseph Munggenast prachtvoll barockisiert. Seit 1740 gehört es Stift Zwettl, das hier ein renommiertes Weingut betreibt. In den mit viel Stuck und wertvollen Kachelöfen ausgestatteten Innenräumen ist ein nettes Volkskundemuseum (Keramik, Majolika, Bauernmöbel und Hinterglaskunst) untergebracht.
In der Wein- und Schloss-Straße (Heurigenbetriebe) beginnt der kurze, asphaltierte Weg auf den Gobelsberg zum hölzernen *Gobelsburger Aussichtsturm* mit schöner Rundsicht.

• *Öffnungszeiten/Einkaufen* **Schlossmuseum**: Mai bis Sept. Fr–So 11–18 Uhr. **Weinverkauf**: Mo–Fr 8–17, Sa 11–17 Uhr, ✆ 02734/22422.

• *Übernachten/Heurige* **Weingut Cobaneshof**, stimmungsvoller Heuriger und 4 nette Gästezimmer. DZ 46–54 €. Ambitionierte (auch warme) Küche, Käsespezialitäten, leckere Mehlspeisen, ausgezeichneter Eigenbauwein. Jeden 2. Monat Do–So ab 17 Uhr geöffnet. Weinstraße 37, ✆ 02734/2564, www.cobaneshof.at.

Schlossheuriger im Hof des Schlosses, kaltes Buffet und gute Weine, Mai bis Ende Sept. Fr/Sa 11–18 Uhr, ✆ 02734/22422.

Kellergasse Mittelberg: Die malerische Anlage von an einem Hang hintereinander gereihten Weinkellern befindet sich 4 km westlich oberhalb von Langenlois. Sie ist auch über einen markierten Wanderweg erreichbar, der bei der Nikolauskirche in Langenlois beginnt (4,5 km, 1 Std. Gehzeit).

Ruine Kronsegg/Gärten in Schiltern: Ein beliebtes Ausflugsziel – vor allem mit Kindern – ist die 8 km nordwestlich von Langenlois am Oberlauf des Loisbach gelegene *Ruine Kronsegg* (Abzweigung von der Straße Richtung Gföhl, Parkplatz 10 Min. unterhalb der Ruine). Auf Stegen und Treppen kann man die Reste der einst mächtigen, im 13. Jh. erbauten Burg erkunden und von einem der beiden Bergfriede eine schöne Aussicht genießen. Wer will, kann im Sommer im aufgestauten Loisbach am Fuß der Ruine eine Runde schwimmen. Die Burgherren von Kronsegg erbauten im 17. Jh. 2 km entfernt das *Schloss Schiltern,* ein hübsches Barockschlösschen mit Zwiebeltürmen. Es beherbergt ein Rehabilitationszentrum. Zugänglich ist der Schlossgarten, der als *Schaugarten Arche Noah* mit rund 1000 längst vergessenen Obst-, Blumen-, Kräuter- und Gemüsesorten bepflanzt wurde. Reizvoll angelegte Themengärten gibt es in den nahen *Kittenberger Erlebnisgärten* zu sehen.

Öffnungszeiten Schaugarten Arche Noah: Mitte April bis Mitte Okt. Di–Fr 10–16, Sa/So 14–18 Uhr. Eintritt: 6 €, Kinder bis 14 J. frei. Erlebnisgärten: April bis Dez. Mo–Sa 9–18, So 10–17 Uhr, März nur Mo–Sa. Eintritt: 4 €.

Hadersdorf am Kamp

Der Ort 4 km südöstlich von Langenlois überrascht mit einem sehenswerten *Marktplatz*: In der Mitte eine große, baumbestandene Grünanlage, auf allen vier Seiten mittelalterliche Bürgerhäuser mit schön renovierten, pastellfarbenen Barockfassaden, ein Sgraffitohaus (1567) und ein mächtiges Renaissance-Rathaus. Gegenüber Letzterem erhebt sich die Pfarrkirche (18. Jh.) und ihr zur Seite ein spätromanischer Rundkarner (13. Jh.).

3 km südöstlich gibt es in **Etsdorf** entlang einer Nuss- und Robinienallee eine herausgeputzte, von der Skulptur einer Weinberggeiß – einem typischen Weinbau-Symbol – angezeigte Kellergasse, die alljährlich am 3. Juli-Wochenende Schauplatz eines stimmungsvollen Festes ist.

• *Verbindungen* **Bahn**: Bhf. (Knotenpunkt Franz-Josefs-Bahn und Kamptalbahn) 1 km südlich des Zentrums, stdl. nach Krems/Wien, alle 1–2 Std. ins Kamptal.

• *Museum* Im Rathaus können während der Amtsstunden (Mo–Fr 8–12 Uhr) Fundstücke eines eiszeitlichen Rentierlagers und Funde aus dem 16. Jh. besichtigt werden.

• *Essen* **Färberstub'n**, im Traditionsgasthof am Marktplatz von Hadersdorf wird gut und bodenständig gekocht, die eindrucksvolle Weinkarte bietet heimische Tropfen. Hauptspeisen 8–16 €, Mi–So geöffnet. Hauptplatz 12, ✆ 02735/2618.

Landgasthaus anno 1920, am südlichen Ortsende von Etsdorf, direkt am Kamptalradweg. Gemütlich-idyllisches Wirtshaus mit schönem Gastgarten und unkomplizierter Küche, wo sich Einheimische, Radler und Ausflügler wohl fühlen. Mi Ruhetag. Untere Marktstraße 1, ✆ 02735/3003.

Straß im Straßertale

Das einst wenig beachtete Winzerdorf an den Südhängen des Manhartsberges 4 km östlich von Langenlois ist heute einer der höchstprämierten Weinorte Österreichs – ein Umstand, der sich in stolzen, repräsentativen Winzerhäusern niederschlägt. Eine regionale *Vinothek* wurde an der Ortseinfahrt auf dem Gelände einer früheren Fassbinderei eingerichtet, die mit viel Liebe in ein sehenswertes *Fassbinder- und Weinbaumuseum* mit Schauweingarten umgestaltet wurde. Von hier sind es 500 m durch die Herrengasse zum weiten, stimmungsvollen *Marktplatz*, den ein von Bäumen gesäumter Bach durchfließt. Ein schönes Motiv ist die kleine, barocke Brücke, genannt *Kaisersteig*, die den Bach auf Kirchenhöhe überspannt. An die Pfarrkirche (16. Jh.) schließt eine freskenverzierte Loretokapelle (17. Jh.) an.

3 km weiter im sich zusehends verengenden Straßertal befindet sich im Dorf **Elsarn** ein neu angelegtes *Freilichtmuseum* (Wegweiser ab Straß). Hier wurde ein germanisches Gehöft mit Wohn- und Wirtschaftsgebäuden, Äckern und Gärten rekonstruiert, das eine Vorstellung vom Leben der Bauern im 2./3. Jh. n. Chr. vermitteln soll. Beim Eingang befinden sich ein archäologischer Schauraum und ein Buffet.

• *Verbindungen* **Bus**: Mo–Sa 3x tgl. Straß-Krems.

• *Öffnungszeiten* **Fassbindermuseum Straß**: 1.4. bis 15.11. Sa 14–18, So 9.30–11.30, 14–18 Uhr. Eintritt: 2,20 €. **Freilichtmuseum Elsarn**: März- Dez. tgl. außer Mo 10–17 Uhr. Eintritt: 2,20 €.

• *Einkaufen* **Vinothek Straß**, verkostet werden die Weine im gemütlichen Lokal oder im schönen Garten, Mitte März bis Mitte Dez. Mo–Fr 16–20, Sa 14–20, So/Feiertage 9.30–11.30, 14–20 Uhr. Langenloiser Straße 199, ✆ 02735/3900.

• *Übernachten/Essen/Heurige* *** **Eisenbock's Strasser Hof**, neu renoviertes, modernes Landhotel am Marktplatz mit 40 Komfortzimmern. Sauna. DZ 76 €. Im Restaurant mit rustikaler Stube serviert man tgl. außer Mo/Di verfeinerte Regionalküche, Vegetarisches, Strauß und Wild von 7–15 €. Schöner Gastgarten. Marktplatz 30, ✆ 02735/2427, www.strasserhof.at.

*** **Gästehaus Bianca**, nah am Ortszentrum gelegen, 11 moderne Komfortzimmer. DZ 50–54 €. Prof. Kasererweg 355, ✆ 02735/5765.

Gasthaus Rosa Steininger, in der gemütlichen Stube oder im Gastgarten erfreut man sich an solider, preiswerter Hausmannskost, tgl. außer Do/Fr. Herrengasse 85, ✆ 02735/2332.

Weinstube Dolle, liebevoll dekorierter, bildhübscher Nobelheuriger im Innenhof eines renommierten Weinguts. Klassische und verfeinerte Heurigenjause, dazu erlesene Weine. Ende März bis Anfang Juni, Sept. bis Ende Nov. jeweils Fr ab 17, Sa/So ab 15 Uhr. Herrengasse 2, ✆ 02735/2326.

Heuriger Huber, in einem prächtigen historischen Hof am Marktplatz. Netter Heuriger mit den prämierten Weinen des eigenen Weinguts. 2 Wochen pro Monat tgl. ab 16 Uhr. Marktplatz 16, ✆ 02735/2303.

Weitere **Heurige** in den Kellergassen (z. B. Gaisberg, Obernholz) um den Ort.

Tagesausklang im Straßertale

Im Kamptal flussaufwärts bis Zwettl

Badeanlage wie aus früheren Zeiten

Nördlich von Langenlois wird das Kamptal tatsächlich zum Tal. Die Wälder links und rechts rücken näher, der Weinbau wird seltener, die Luft frischer, und bald haben neben dem stark gewundenen Fluss nur mehr Bahnlinie, Radweg und Straße Platz, die einträchtig allen Mäandern folgen. Die Orte im unteren Kamptal waren einst beliebte Sommerfrischeplätze, und zahlreiche Bauwerke, wie das entzückende Kampbad in **Plank**, erinnern noch an diese Zeit. Touristische Höhepunkte sind **Gars** und die wenige Kilometer flussaufwärts über dem Fluss thronende **Rosenburg**, die für ihre Falknereivorführungen bekannt ist. Straße und Bahn verlassen dann das Kamptal und führen hinauf nach **Horn** bzw. zum **Stift Altenburg**. Der Fluss knickt nämlich abrupt ab und es folgt flussaufwärts ein eindrucksvolles Durchbruchstal, das sog. **Mittlere Kamptal**, das nur per pedes oder mit dem Kanu erforscht werden kann.

Sommerfrische im Kamptal

„Auf Sommerfrische gehen" ist die etwas verstaubte Kunst der Städter, die heißen Sommermonate in angenehmerem Klima mit Muße und Stil zu überstehen. Anfang des 19. Jh. wurde die Wiener Gesellschaft auf das in wenigen Stunden erreichbare Untere Kamptal aufmerksam. Ab 1889 wurde es durch den Bau der Kamptalbahn endgültig für den Tourismus erschlossen. Zunächst kamen Begüterte samt Dienstpersonal, darunter der Operettenkomponist Franz von Suppé, der sich 1878 in Gars eine Villa bauen ließ. Viele folgten ihm. Bis 1914 entstanden zahlreiche Villensiedlungen im Heimatstil mit reich verzierten Veranden, Lauben, Giebeln und Türmchen aus Holz. Den Tag verbrachte der Sommerfrischler mit Spaziergängen, bei Konzerten im Kurpark, mit Bootspartien oder Baden im Kamp, dessen Wasser damals über 26°C erreichte und somit viel wärmer war als nach der Errichtung der Kamptalstauseen. Am Abend sorgten Sommer-Kino oder Saisontheater für Unterhaltung. Wie bei vielen Sommerfrischen bereiteten die Weltwirtschaftskrise, der 2. Weltkrieg und ein geändertes Urlaubsverhalten dem Boom ein Ende. Hotels, Villen und Residenzen dämmerten lange Zeit dahin. Mit Willi Dungl und seinem 1986 in Gars eröffneten Hotel, einem Vorreiterbetrieb im Bio- und Wellnessbereich, begann eine sanfte Renaissance.

Weiter kampaufwärts bietet sich am Fluss ein völlig anderes – von Menschenhand beeinflusstes – Bild: Steilufer und Felswände sind im Wasser der drei in den Nachkriegsjahren angelegten **Kamptalstauseen** versunken. Die künstlich geschaffene Seenlandschaft hat durchaus ihre Reize und ist ein überaus beliebtes Freizeitziel. Geprägt ist der gesamte Lauf des Kamp von mächtigen Schlössern und romantischen Ruinen, die auf jene Kette an Wehranlagen zurückgehen, die im frühen Babenbergerreich (11./12. Jh.) die Grenze gegen Böhmen schützten. Näher vorgestellt werden nur jene, die zugänglich sind.

Schönberg am Kamp

Der frühere Sommerfrische- und heutige Weinort liegt inmitten von Rebgärten, 5 km nördlich von Langenlois. Seine gotische *Wehrkirche* erinnert in ihrer Bauform an die Kirchen der Wachau. Unverwechselbar hingegen ist die *Alte Schmiede* (Hauptstraße 36). Das 400-jährige Haus wurde von *Peter Pelikan*, dem Architekten von Friedensreich Hundertwasser, zum neuen Anziehungspunkt umgestaltet. In dem gelb-rot gefleckten Bau findet man eine Vinothek, eine alte Schauschmiede und im Obergeschoss ein Sommerfrische-Museum mit zwei ins kleinste Detail nachgestellten, nostalgischen Fremdenzimmern. An diese Zeit erinnert auch das alte, grün-weiß gestrichene Flussbad direkt am Kamp, das man ab hier durch die Badgasse erreicht. Es dient heute nur mehr als Geräteschuppen, nebenan ist ein modernes Freibad entstanden. Für die Gegend eher unüblich ist die Straußenfarm in Schönberg (siehe unten).

• *Anfahrt* schöner als auf der B 34 ist die Anfahrt ab Zöbing am östlichen Kampufer, beschildert als „Weinstraße Kamptal".

• *Information* In der Alten Schmiede, Mo–Fr 11–18, Sa/So 10–18 Uhr. Dez. bis Ostern nur Sa/So. ✆ 02733/76476.

• *Verbindungen* **Bahn**: alle 1–2 Std. mit Krems/Horn.

Tipp für Radfahrer: Eine empfehlenswerte Tagestour ist die Strecke von Schönberg oder Zöbing auf dem Kamptalradweg bis zur Rosenburg und zurück (45 km bzw. von Zöbing 7 km länger; Anstieg zur Rosenburg!).

• *Einkaufen* **Alte Schmiede Vinothek**, ca. 90 regionale Weine zu Ab-Hof-Preisen, die man auch glasweise (1 €) im stimmungsvollen Gewölbe verkosten kann. Mo–Fr 11–18, Sa/So 10–18 Uhr, Dez. bis Ostern nur Sa/So.

• *Übernachten* *** **Haus Maria**, gepflegte, radfahrerfreundliche Frühstückspension mit großem Garten am Kamp 1 km vom Ortszentrum entfernt, 10 geräumige Komfortzimmer im Landhausstil. DZ 48 €. Stieferner Straße 15, ✆ 02733/8395.

Winzerhaus Staritzbüchler, 2 km außerhalb, im erhöht gelegenen Mollands, sonnige Lage, 4 Zimmer mit Du/WC, DZ 38–40 € oder 2 Welcome-Tickets. Mollands 47, ✆ 02733/8279.

• *Heurige* **Weingärtnerei Aichinger**, gemütlicher, schöner „Nobel-Heuriger", wo die kreativ verfeinerte Heurigenjause perfekt mit dem ausgezeichneten Wein des Hauses harmoniert. 4x im Jahr ausgesteckt, Mo–Do ab 16.30, Fr–So ab 15 Uhr. Schönberger Kellergasse (am westlichen Kampufer), ✆ 02733/0237 oder 0411, www.wein-aichinger.at.

Im Pfarrerstöckl, im stimmungsvollen Pfarrhof von Stiefern, 3 km nördlich von Schönberg, feine Heurigenspezialitäten aus warmer und kalter Küche, Kinderspielplatz. Mai bis Sept. Fr/Sa ab 17, So ab 11.30 Uhr. Stiefern, ✆ 02733/8555.

• *Baden* Freibad, nahe beim Kamp. Mitte Mai bis Ende Aug., ✆ 02985/8305.

• *Wandern* **Weinlehrpfad**: Rundwanderweg (ca. 5 km) mit Schautafeln, von Schönberg geht es durch Weingärten bergauf nach Mollands und durch die Kellergasse wieder zurück zum Ausgangspunkt an der B 34 unweit der Tankstelle.

• *Straußenland* 2-std. Führungen vom 1.4. bis 31.10. So/Feiertage 14 Uhr. Eigenes Fahrzeug erforderlich (das Großgehege ist 6 km entfernt). Eintritt: 3 €, Kinder 2 €. Treffpunkt: in Schönberg, Mollandserstraße 9, ✆ 02733/8224, www.straussenland.at.

Plank am Kamp: In dem lang gezogenen Dorf 6 km oder vier große Kurven hinter Schönberg fallen drei Gebäude ins Auge: In der Kampschlinge am Ortsanfang steht links das schön renovierte Ensemble einer ehemaligen Mühle. Dann folgt die Hauptattraktion, das bekannte *Strandbad*: rot-weiße, holzverschalte Umkleidekabinen aus den 1920er Jahren, dahinter eine winzige Liegewiese und ein entzückender Badeplatz im ruhigen Kamp (Juli bis Mitte Sept.). Am Ortsende, wieder links, steht eine zweite, gründerzeitliche Mühle, die schon etwas an Glanz verloren hat.

• *Essen* **Schwillinsky**, 2002 an einer alten Wirtshausadresse eröffnetes, in Sommerfarben und mit Rattanstühlen aufgefrischtes Gourmet-Lokal unweit der Kirche. Geboten wird Waldviertler Küche, kreativ verfeinert, aber auch Delikatessen wie Hummer und Trüffel. Hauptgerichte 9–16 €. Mo Ruhetag. Kremser Straße 8, ✆ 02985/30400, www.schwillinsky.com.

Nostalgie am Kampufer bietet die Badeanlage in Gars-Thunau

Gars am Kamp

Der lebhafte Sommerfrischeort war einst Residenz der Babenberger und ist heute Sitz der bekannten Willi-Dungl-Gesundheitszentren. Das Ortsbild prägen der Kamp, schöne Gründerzeit- und Jugendstilvillen und die mächtige Burgruine. Sie dient im Sommer den Opernfestspielen als Kulisse.

Gars besteht aus zwei durch den Kamp getrennten Ortsteilen: In Thunau, am westlichen Ufer, wo auch der Bahnreisende ankommt, erhebt sich der Burgberg mit der *Ruine* und der eigentümlichen *Gertrudskirche* knapp unterhalb. Ins moderne Freibad am Flussufer wurden die alten, rot-weiß gestreiften Holzpavillons integriert. Auf der anderen Kampseite (Fußgängersteg) in Gars befindet sich direkt am Wasser – an Stelle des früheren Strandbads – das China-Zentrum, wo nach traditioneller chinesischer Medizin behandelt wird. Dort ist auch der kleine *Kurpark* mit vier alten Badehäuschen (1914) und einem Gehege für zwei Zwergpandabären. Dahinter erstrecken sich der Dreifaltigkeits- und leicht ansteigend der verkehrsberuhigte *Hauptplatz*, beide von schönen Bauten umstanden. Einen Abstecher vom Dreifaltigkeitsplatz lohnt auch die Rainharterstraße wegen ihrer Bürgerhäuser. Der Hauptplatz endet bei der Pfarrkirche, kurz davor wird er leider von der Bundesstraße durchquert. Folgt man der Apoigerstraße links von der Kirche stadtauswärts, kommt man ins Villenviertel von Gars, wo sich die betuchten Sommerfrischler Anfang des 20. Jh. ihre Ferienhäuser erbauten. Eines davon (Weisergasse Nr. 179) stammt vom bekannten Jugendstilarchitekten Josef Hoffmann. Der Operettenkomponist Franz von Suppé (1819–95) residierte anderswo, er besaß die eher bescheidene *Villa Sophienheim* in der Kremserstraße 40 (Gedenktafel).

Geschichte

Gars war schon in der Jungsteinzeit und später von Kelten und Germanen besiedelt. Um 800 n. Chr. errichteten Slawen auf dem Schanzberg eine Burgsiedlung, die 1041 von den Babenbergern zerstört wurde. Überreste konnten weit oberhalb von Thunau ausgegraben werden. Die Babenberger erbauten ihre Burg auf einer Anhöhe direkt oberhalb des Kamp. Markgraf Leopold II. verlegte 1090 seinen Sitz von Melk in die Garser Burg, wo er auch 1095 verstarb. Die Anlage ging dann an die Kuenringer, die sie zur Wehrburg ausbauten und die Gertrudskirche errichteten. Die Stadt Gars entwickelte sich aus Platzgründen am anderen Kampufer und war seit dem 13. Jh. ein wichtiger Marktplatz. Der Bau der Kamptalbahn im 19. Jh. beflügelte die Sommerfrische. Seit 1986 locken die Dungl-Gesundheitszentren Sportler, gestresste Manager und Normalsterbliche zum „Batterieaufladen" nach Gars. Im Sommer 2002 richtete ein Jahrhunderthochwasser des Kamp verheerende Schäden an, die durch enormen Einsatz der Bevölkerung wieder beseitigt wurden.

- *Daten* 256 m, 3600 Ew.
- *Information* **Gästeinformation**, reichlich Prospektmaterial frei aufliegend, weitere Infos Mo–Fr 9–12, 16–18, Sa 10–12, 16–18, So 10–12 Uhr, Anfang Nov. bis Ende Febr. nur vormittags. Hauptplatz 83, ✆ 02985/2680, www.gars.at.
- *Verbindungen* **Bahn**: alle 1–2 Std. mit Horn bzw. über Hadersdorf mit Krems/Wien.
- *Parken* Kurzparkzone im Zentrum.
- *Markt* beliebter Viktualienmarkt am Hauptplatz Sa 8–12 Uhr.

Tipps für Mountainbiker und Läufer: Am Hauptplatz (beim Kräuterbrunnen) beginnen der *Bachlweg* (32 km, eher leicht) bzw. die *Dungl-Strecke* (8 km, einfach), die auch zum Laufen geeignet ist. Zusätzlich gibt es zehn markierte *Laufstrecken* von 1,3 bis 12,2 km Länge (insgesamt 60 km), die beim Dungl Aktiv Hotel starten.

- *Übernachten (s. Karte S. 137)* **** **Bio Trainingshotel Dungl-Zentrum (4)**, berühmtes Fit- und Wellnesshotel mit 80 Komfortzimmern im früheren Grandhotel mitten im Zentrum, alle Zimmer wurden nach baubiologischen Normen eingerichtet, DZ 150–240 € (inklusive Teilnahme an Sport- und Fitnessprogrammen), zahlreiche Packages buchbar. Hauptplatz 58, ✆ 02985/26660, www.willidungl.com.

**** **Dungl Aktiv Hotel (8)**, in der Nähe des Kurparks, moderner Bau mit 50 behaglichen Komfortzimmern in Vollholz, DZ 144–150 €. (inkl. Teilnahme an Fitness- und Wellnessprogrammen), kein Restaurant im Haus, Radgarage und -verleih. Kremser Straße 656, ✆ 02985/30100.

*** **Gästehaus Winglhofer (3)**, Pension mit 7 Komfortzimmern in einem alten Bürgerhaus mit Innenhof gegenüber der Kirche, Leihräder. DZ 44–46 €, März bis Okt. geöffnet. Hauptplatz 86, ✆ 02985/2294.

*** **Waldpension Mück (9)**, 15 Komfortzimmer in einer altmodischen Gründerzeitvilla von 1896 am Waldrand 800 m vom Zentrum, großer Garten. Echtes Sommerfrische-Flair hat man in den teureren Zimmern mit Veranda. DZ 52–62 €, Mai bis Okt. geöffnet. Wozniczakgasse 118, ✆ 02985/2365.

Gästehaus Pointner (1), 800 m nördl. vom Hauptplatz, modernes Haus mit 7 komfortablen Zimmern. Sauna, großer Garten, Badeteich, Leihräder, Laufstrecke vor dem Haus. DZ 48–50 €. Apoigerstraße 594, ✆ 02985/2407.

• *Essen* **Rösslstube (4)**, Restaurant im Biotrainingshotel, prämierte Naturküche mit Vollwert- und vegetarischen Gerichten, viel Gemüse – alles Bio! Kalorienangaben auf der Speisekarte! 4-gängiges Menü ca. 20 €, tgl. außer Mi. Hauptplatz 58, ✆ 02985/26660.

Zum Roten Panda (7), chinesisches Tee- und Speisehaus im Chinazentrum, 5-Elemente-Küche, tgl. außer Mo 12–22 Uhr. Franz-von-Suppé-Promenade 139, ✆ 02985/30770.

Restaurant Ehrenberger (5), in einer Gaststube mit alter Holzbalkendecke im Zentrum serviert man gute Waldviertler Küche und Hausmannskost, Gastgarten, Mittagsmenüs, Hauptspeisen 5–10 €. Tgl. geöffnet. Dreifaltigkeitsplatz 55, ✆ 02985/2241.

Gasthof Poldiwirt (2), sehr bodenständiges Kulturwirtshaus in einem alten Gründerzeitbau mit Gastgarten, an der B 34 unweit des Hauptplatzes, solide, preisgünstige regionale Küche, tgl. außer Do. Hornerstraße 201, ✆ 02985/2322.

Sappalot (6), moderne Bar mit Nudel- und Palatschinkenspezialitäten, Mo–Do 7.30–24, Fr/Sa 7.30–2, So 9–23 Uhr. Hauptplatz 6, ✆ 02985/33199.

Café-Konditorei Ehrenberger (5), stilvolle Konditorei im Zentrum, große Auswahl an Mehlspeisen, Eisbechern, Lebkuchen, Vollkornbackwaren, berühmt für Mohnzuzler (süßer Mürbteig mit Mohnfüllung) und Garser Mohn-Kurtorte, tgl. 7–19 Uhr. Dreifaltigkeitsplatz 55, ✆ 02985/2241.

• *Baden* **Sport- und Erlebnisbad**, gepflegte Anlage am Kampufer in Thunau, Wasserrutsche, Mitte Mai bis Mitte Sept. tgl. 10–19 Uhr.

• *Veranstaltungen* **Opern-Air**, Juli/Aug., Opernaufführungen in der Burgruine.

Sehenswertes/Wandern

Burgruine: Von der Kampbrücke zu Fuß über einen Kreuzweg oder mit dem Auto von der Straße nach St. Leonhard erreicht man die weiträumige, von einer Ringmauer umgebene Anlage, die am besten vom Parkplatz über die ehemalige Zugbrücke betreten wird. Unter dem achteckigen Bergfried (12. Jh.) hindurch gelangt man in den großen Hof, der für Opernaufführungen genutzt wird. Historisch bedeutsam ist der viereckige Mauerkomplex hinter der Besuchertribüne. Es sind die Überreste der Babenbergerburg, die aus der umschließenden Wehrmauer kaum hervorragen und auch nicht mehr betreten werden können. Hier residierte und starb Leopold II. Sein Grab befand sich vermutlich außerhalb in einer Kapelle, deren Gewölbereste noch in dem später darüber errichteten Fleischturm zu sehen sind. Dieser hohe Turm mit den geschweiften Zinnen wurde 1781 vom Blitz gespalten und muss seither mit Beton und Stahl gesichert werden. Vom erhöhten Aussichtspunkt unweit davon hat man einen herrlichen Tiefblick auf Gars.

Eine Ruine ist auch das dreigeschossige Renaissanceschloss, das im 16. Jh. an die Nordseite der Babenbergerburg gestellt wurde und um 1800 nach Einführung der Dachsteuer, deren Höhe von der Dachfläche abhängig war, abgedeckt wurde und somit verfiel. Ein restaurierter Teil dient zu Festspielzeiten als Künstlergarderobe und Burgheuriger.

Gertrudskirche: Die auf einer Felsterrasse unterhalb der Ruine (Zugang durch den Friedhof) gelegene Kirche ist fast 900 Jahre alt. Sie wurde 1250 an einen frei stehenden Vorturm der Babenbergerburg angebaut, der mit seinem romanischen Doppelbogenfenster später in die seltsam kahle Westfassade der Kirche integriert wurde. Einziger Schmuck sind vier kleine, frühgotische Radfenster aus dem 13. Jh. und der Kirchturm mit seiner arabisch anmutenden Kuppel. Im weiten, lichten Innenraum bemerkenswert sind die drei gotischen Chöre, die Pfeilerfresken aus dem 14. Jh. und vor allem die Glasfenster im Chor von 1330.

Öffnungszeiten Schlüssel im Pfarrhof am Hauptplatz erhältlich.

Hauptplatz: Er wird dominiert vom schlossartigen ehemaligen *Kamptaler Hof* aus dem Jahr 1913, einst Grand-, heute berühmtes Gesundheitshotel (Bio Trainingshotel Dungl). Davor steht ein Kräuterbrunnen aus Gesteinsarten der Region. Wenige

Schritte oberhalb befindet sich das *Rathaus*, ein hellgrüner Bau mit Türmchen und einem steinernen Becken an der Fassade. Dieser *Garser Metzen* von 1344 diente den Marktrichtern als Maß für Getreidemengen. Hinter dem Rathaus in der Kollergasse 155 befindet sich das *Zeitbrücke-Museum* mit der Suppé-Gedenkstätte und

Dokumentationen zu den Ausgrabungen am Schanzberg und zur Babenbergerburg. Schön ist auch der mächtige Renaissance-Pfarrhof (16. Jh.) rechts neben der Kirche. *Öffnungszeiten* Zeitbrücke-Museum: Mai bis Sept., Sa/So 10–12, 14–17 Uhr. Eintritt: 2 €.

Willi Dungl (1937–2002) – der österreichische Wellness-Papst

Seine Karriere begann der gelernte Masseur als Betreuer von Spitzensportlern. Bald konzentrierte er sich auf Formel-1-Piloten, denen er schon in den 70ern mentale und körperliche Fitnesstrainings und gesundheitsbewusste Ernährung vorschrieb. Rennfahrer wie Niki Lauda, Ayrton Senna oder Gerhard Berger waren unter seinen Fittichen. In seinem 1986 eröffneten Biotrainingshotel in Gars behandelte er unzählige Prominente, darunter die Tennisstars Steffi Graf und Thomas Muster. Dungl schrieb zahlreiche Bücher und weckte über die Medien das Gesundheitsbewusstsein der Österreicher. Er predigte das morgendliche Müsli und war Vorreiter der heutigen Wellnessbewegung. Nur 65-jährig erlag Dungl 2002 einem Herzinfarkt. Sein Lebenswerk in Gars, das er kurz vor seinem Tod noch um ein Zentrum für chinesische Medizin erweiterte, wird von seinen Töchtern weiter geführt.

Hamerlingwarte: Den schönsten Blick auf die Garser Burgruine hat man von dieser Aussichtsterrasse (343 m) im Südosten der Stadt. Man erreicht sie ab der Waldpension in 30 Min. (blau markiert).

Slawische Burgreste am Schanzberg: Zum Grabungsgelände und zum rekonstruierten Südtor der slawischen Burgsiedlung gelangt man ab Thunau über den Wurzelsteig in 30 Min. (blau markiert). Schneller am Ziel ist, wer mit dem Auto Richtung Tautendorf-Gföhl fährt, es nach 2 km beim Wegweiser abstellt und von dort 15 Min. zu Fuß geht.

Umgebung von Gars

Fischerkanzel in Tautendorf: Die sehenswerte Barockkanzel in der eher seltenen Form eines Schiffes mit den lebensgroßen Figuren von Christus und Petrus befindet sich in der Pfarrkirche von Tautendorf, 5 km südwestlich von Gars in Richtung Gföhl.

Kunst in der Natur am Wachtberg/Kunst in Schloss Buchberg: Eine empfehlenswerte Wanderung für Freunde moderner Kunst ist der rund 2 km lange Skulpturenweg vom Ortsanfang in Tautendorf auf den Wachtberg, wo es ganzjährig auf Wald und Wiese verstreute Installationen zu bestaunen gibt. Konstruktive Kunst und Rauminstallationen bieten auch die Sommerausstellungen im Renaissanceschloss Buchberg, das sich auf einem Felsen in einer Kampschlinge 3 km südlich von Gars erhebt.

Waldviertler Geisterwerkstatt: Im erst spät besiedelten Hornerwald, „Österreichs vergessener Gegend", kursieren viele Geistergeschichten. In St. Leonhard 10 km westlich von Gars werden sie gesammelt und in einer Mischung aus Ausstellung und Geisterbahn präsentiert. Man schreckt den Klatschgeist, erlebt optische Illusionen, wie einen eingemauerten Grafen, sieht Hexenwerkzeuge und das Moorweiberl und erfährt, was es mit Irrwisch, Werwolf, Ahnfrau, Elfen und dergleichen auf sich hat. Noch aufregender sind die unzähligen Events, wie nächtliche Geisterrallyes, Geisterritte und Grusel-Weekends oder Zauber- und Hexenunterricht für Kinder.
Öffnungszeiten Palmsonntag bis Ende Sept. tgl. 10–18 Uhr, sonst nur Mi–So. Eintritt: 6 €, Kinder (6–15 J.) 5 €. Geister-Hotline ✆ 0800/208777. www.geisterwerkstatt.at.

Schloss Rosenburg

Die sehenswerte Renaissanceanlage mit Wurzeln im 12. Jh. erhebt sich auf einem Felsen 100 m über dem Kamp und dem gleichnamigen Sommerfrischeort. Neben zahlreichen Türmchen und prächtigen Arkaden besitzt das Schloss einen der größten erhaltenen Turnierhöfe und einen Renaissancegarten, der Schauplatz beliebter Falknereivorführungen ist.

Die Rosenburg, 4 km nördlich von Gars, wurde im 12. Jh. als bescheidene Wehrburg gegen die von Norden her in das Babenbergerreich einfallenden Böhmen errichtet. Aus dieser Zeit stammt der mächtige Bergfried im Inneren Burghof. Ende des 15. Jh. wurde die Burg zu einer mächtigen gotischen Anlage ausgebaut. 1595 entstand anstelle der Vorburg ein prächtiges Renaissanceschloss. Die damaligen Besitzer, die Familie Grabner, hatten die Burg zu einem Zentrum des Protestantismus gemacht. Im 17. Jh. kamen ein Turnierhof, nach Schäden im Dreißigjährigen Krieg der Renaissancegarten und die zahlreichen Türme hinzu. Seit 1681 sind die Grafen Hoyos-Sprinzenstein Eigentümer der Burg, die sie Mitte des 19. Jh. zu einer Museums- und Schauburg umgestalteten.

Renaissanceschloss Rosenburg

Durch den ersten Torturm (Kasse) erreicht man den auf drei Seiten von Arkaden und Türmchen gesäumten 68 x 46 m großen *Turnierhof.* Als er angelegt wurde, gab es längst keine Ritterturniere mehr, jedoch Ritterspiele und Spielturniere. Rechts ab geht es in den Renaissancegarten, wo vor toller Kulisse die Flugvorführungen mit Edelfalken, Geiern, Adlern, Uhus und Falknern in Renaissancekostümen stattfinden. Vom Turnierhof durch einen frei stehenden Triumphbogen und den achteckigen, zweiten Torturm hindurch gelangt man in den Vorhof, der sich auf zwei Ebenen erstreckt. Linker Hand steht der dreigeschossige, zweiflügelige Renaissancetrakt. Eine Freitreppe führt zu den Prunkräumen (Bibliothek mit einer kunstvollen Kassettendecke (16. Jh.) und Marmorsaal mit Rednerkanzel, einem Überbleibsel aus der Zeit der protestantischen Schlossherren), die ohne Führung besucht werden können. Eine Steinbrücke hinter dem Torhaus führt über den tiefer gelegenen Hofteil (ehem. Burggraben, heute ein Rosengarten) zum Inneren Tor und weiter in den inneren, unregelmäßigen Burghof. Die dort befindlichen mittelalterlichen Gemächer, die mit Möbeln, Gemälden und Täfelungen des 16.–19. Jh. ausgestattet sind, bekommt man nur im Rahmen einer Führung zu sehen.

• *Anfahrt/Wanderweg* 1 km nördlich vom Ort Rosenburg führt eine Straße zum Schloss. Variante: Man lässt das Auto im Ort neben dem Gasthof Mann stehen, überquert auf der Fußgängerbrücke den Kamp und folgt den Wegweisern zum Schloss. Am steilen

Weg liegt die Graselhöhle, eines der Verstecke des legendären Räuberhauptmanns (s. S. 141), tatsächlich eine schon in der Jungsteinzeit bewohnte Höhle. Aufstieg 15–20 Min.

• *Verbindungen* **Bahn**: alle 1–2 Std. mit Horn bzw. über Hadersdorf mit Krems/Wien.

• *Öffnungszeiten* 1.4. bis 1.11. Di–So 9.30–16.30 Uhr, Mai bis Sept. tgl. 9.30–17 Uhr. Eintritt (Burgführung und Falknerei): 8 €, Kinder (6–15 J.) 4 €, Familien (2 Erw. und Kinder bis 15 J.) 18 €. Falknereivorführungen tgl. 11 und 15 Uhr. Falknerei zu Pferd mit Live-Musik von Mai bis Okt. meist erster Sa/So im Monat, dann Eintritt 2 € teurer. 1-std. Führungen durch das Burgmuseum vor und nach den Flugvorführungen.

• *Übernachten/Essen* *** **Landgasthof Mann**, traditioneller Familienbetrieb und Ausflugslokal im Ort Rosenburg, Küche mit Waldviertler Spezialitäten. Wirtshauskulturwirt, 12 Komfortzimmer, teils mit Balkon und Rosenburgblick. DZ 60–70 €. Tgl. außer Mo geöffnet. So ab 15 Uhr geschlossen, ✆ 02982/2915.

Schlossgasthof Rosenburg, außerhalb der Burg, gediegen-romantisches Ambiente mit Klassikern der österreichischen Küche. Tgl. außer Mo 11.30–22 Uhr, Nov. bis April Mo/Di Ruhetag, Jan./Febr. geschl. Rosenburg 2, ✆ 02982/30577, www.schlossgasthof-rosenburg.at.

• *Veranstaltungen* **Shakespeare-Festspiele**, Juli/Aug., modern inszeniert im überdachten Zelt im Turnierhof, wo die Besucher rund um die Bühne sitzen. ✆ 02982/20621. **Kerzenlichtkonzerte**, Mai bis Sept., klassische Musik im Marmorsaal. ✆ 02982/38222.

Horn

Das Verwaltungszentrum des östlichen Waldviertels bietet einen netten Hauptplatz, interessante Museen und eine recht lebendige Kunstszene.

Die Stadt liegt im Horner Becken nördlich des Kamptals, ihre Peripherie ist von Industrie und Gewerbe geprägt. Wegen der großzügigen Stadtumfahrungen versäumt man leicht den Weg ins Zentrum. Dieses liegt rund um den dreieckigen, lang gestreckten Kirchenplatz, in dessen bebauter Mitte sich die *St. Georgskirche* mit ihrem weithin sichtbaren Turm, dem Wahrzeichen Horns, erhebt. Er wurde 1880 aufgesetzt, wobei die Türme der Prager Teynkirche als Vorbild dienten. Bemerkenswert ist, dass dieses Gotteshaus 1593 von den Protestanten erbaut und erst später katholisch wurde – ein unüblicher Vorgang in Österreich. Horn war ab 1570 Zentrum des Protestantismus und ab 1608 Sitz des Horner Bunds. Die Rückkehr zum alten Glauben wurde ab 1619 gewaltsam erzwungen.

Um den Kirchenplatz stehen einige schön renovierte Renaissance- und Barockbauten, darunter ein *Sgraffitohaus* (1583). Links daneben enthält die frühbarocke *Piaristenkirche* ein Hochaltarbild des Kremser Schmidt (1777). Das anschließende ehemalige Piaristenkolleg, ein Renaissancebau des 16. Jh. mit dreigeschossigen Innenhofarkaden, wurde 1988 zum *Kunsthaus Horn* umgestaltet, einem Zentrum moderner Kunst mit Galerie, Ateliers und zahlreichen Aktivitäten. Am Kunsthaus vorbei gelangt man über die Wiener Straße – vorbei am nicht zugänglichen, barocken Schloss Horn – zu den *Museen der Stadt Horn*, die einen Besuch lohnen.

Die *St. Stephanskirche*, das älteste Gotteshaus der Stadt mit einem spätgotischen Chor und einer Steinkanzel (1500), steht auf einer Erhebung an der westlichen Stadteinfahrt (Prager Straße). Hier gab es um 1050 eine erste Ansiedlung, bevor sich die Stadt als Marktplatz weiter östlich entwickelte.

Als Kulturpark-Erlebnispunkt präsentiert werden die erhaltenen Häuser und die Kapelle einer früheren *Tuchmachersiedlung* in der Raabser Straße, der Verlängerung der Florianigasse, die vom Kirchenplatz nach Norden abgeht. Sie entstand um 1650 als frühindustrielle Arbeitersiedlung.

• *Daten* 309 m, 6500 Ew.

• *Information* **Infostelle** im Höbarthmuseum, 1.4. bis 2.11. tgl. 10–12, 13–17 Uhr. Wiener Straße 4, ✆ 02982/23721.

• *Verbindungen* **Bahn**: über Sigmundsherberg mit der Franz-Josefs-Bahn Wien-

Gmünd, mit der Kamptalbahn über Hadersdorf mit Krems/Wien.

• *Bauernmarkt* am Kirchenplatz Ostern bis Weihnachten Fr 14–18 Uhr.

• *Übernachten/Essen* *** **Gasthof zur Stadt Horn**, unweit der Museen, 12 Komfortzimmer und eine Suite mit Wasserbett und Whirlpool. DZ 64–66 €. Im Gasthaus solide Hausmannskost und Waldviertler Spezialitäten. Fr ganztägig/So nachmittags geschlossen. Hamerlingstraße 17, ✆ 02982/2257.

Restaurant Galerie im Kunsthaus, nettes Gasthaus mit tgl. 2 Mittagmenüs (3 Gänge 6–7 €), eines davon vegetarisch. Wiener Straße 2, ✆ 02982/2647140.

Bäckerei-Café Bucher, modernes Lokal mit Winter- und Innenhofgarten, Mo–Sa 5.30–18.30, So 8–18 Uhr. Florianigasse 9, ✆ 02982/2294.

Grasel-Wirtin, 7 km südlich an der B 4 Richtung Wien, beliebtes rustikal-bodenständiges Wirtshaus mit engagierter Wirtin, wo man durchgehend Waldviertler Küche oder eine Heurigenjause genießen und Interessantes über den Räuberhauptmann erfahren kann. Gastgarten, Wirtshauskulturwirt, tgl. außer Di 9–24 Uhr. Mörtersdorf 43, ✆ 02982/8235.

Gasthaus Zum Goldenen Engel, in Rodingersdorf 7 km nordöstlich an der B 45 Richtung Sigmundsherberg gelegenes, sympathisches Gasthaus mit Heurigen, liebevoll ländlich dekoriert. Mimi Surböck zaubert aus den Zutaten der eigenen Landwirtschaft gepflegte Gerichte regionaler Küche und bekannt leckere Mehlspeisen. Wirtshauskultur. Große Jausenkarte. Mittagsmenüs 5–11 €, Hauptgerichte 7–15 €. Di Ruhetag. 9 rustikal-gemütliche Komfortzimmer, DZ ca. 50 € oder 4 Welcome-Tickets. Rodingersdorf 46, ✆ 02983/2204.

• *Fahrradverleih* in den Museen.

• *Baden* **Horner Naturbad**, großer Badesee fast mitten in der Stadt.

• *Veranstaltungen* **Allegro Vivo**, Mitte Aug. bis Mitte Sept., internationales Kammermusik-Festival mit rund 50 Konzerten in Horn und den schönsten Sälen der Region (www.allegro-vivo.at). **Szene bunte wähne**, Ende Sept./Anf. Okt., Kinder- und Jugendtheaterfestival (www.sbw.at).

Räuberhauptmann Grasel – der Robin Hood des Waldviertels

Immer wieder stößt man im Waldviertel auf Höhlen und Wirtshäuser mit dem Namen Grasel. Sie erinnern an den legendären Räuberhauptmann Johann Georg Grasel, der im frühen 19. Jh. die Gegend unsicher machte. Die Landbevölkerung war damals bitterarm und sah in dem groß gewachsenen Mann den „Robin Hood des Waldviertels“, der die Reichen bestrafte und den Armen gab. In Wahrheit war der 1790 in der Gegend um Znaim geborene Sohn eines Tierkörperverwerters kein ehrenwerter Held. Als brutaler Anführer einer 66-köpfigen Räuberbande verübte er an die 200 Verbrechen, darunter unzählige Einbrüche und einen räuberischen Totschlag in Zwettl. Ständig auf der Flucht versteckte er sich in Erdhöhlen, zu denen jene nahe der Rosenburg und bei Maria Dreieichen gehört haben sollen. Durch eine List wurde der steckbrieflich Gesuchte 1815 schließlich in Mörtersdorf bei Horn gefasst und nach über dreijährigem Prozess in Wien vor einer riesigen Zuschauermenge öffentlich gehängt.

Sehenswertes

Museen der Stadt Horn: Rund um das frühere Bürgerspital ist in der Wiener Straße 4 ein Museumszentrum entstanden. Man sieht im Höbarthmuseum neben volkskundlichen und stadtgeschichtlichen Exponaten interessante Fundstücke aus der Ur- und Frühgeschichte, die vom Postbeamten Josef Höbarth (1891–1952) im Horner Becken ausgegraben wurden, u. a. ein Mammutstoßzahn, Gefäße der Hallstattkultur und jungsteinzeitliche Idole, wie die 7000 Jahre alte *Venus von Eggendorf*, die dem Museum als Logo dient. Eine beeindruckende Sammlung landwirtschaftlicher

Geräte mit Mähdreschern, Spinnrädern, Holzpflügen etc. präsentiert ein nach dem Sammler Ernst Mader benanntes Museum in einem Zubau zum Bürgerspital. Im alten Stadtturm an der Wehrmauer wird eine Dokumentation über den legendären Räuberhauptmann Grasel (s. S. 141, Kasten) gezeigt. Ein recht gelungenes Beispiel moderner Architektur ist die neue Halle in Sichtbeton, die 1996 als „Eingangstor Kultur" zum Kulturpark Kamptal (s. S. 124) an die Stadtmauer gesetzt wurde und in der ein Überblick über 30.000 Jahre Menschheitsgeschichte am Kamp geboten wird.

Öffnungszeiten 1.4. bis 2.11. tgl. außer Mo 10–12, 13–17 Uhr. Eintritt: 3 €, ✆ 02982/23721.

Wallfahrtskirche Maria Dreieichen

Weithin sieht man die zweitürmige *Wallfahrtskirche* am bewaldeten Hang des Manhartsberges 4 km östlich von Horn. Den spätbarocken Bau ließ der Abt von Stift Altenburg, Placidus Much, 1744–50 von Leopold Wißgrill erbauen – der ovale Kuppelraum im Inneren erinnert nicht zufällig an die Altenburger Stiftskirche.

Wie in Maria Taferl dreht sich die Gründungslegende um eine Eiche, diesmal eine Drillingseiche, an deren Stamm sich eine wundertätige, wächserne Pietà befand, die später durch eine geschnitzte ersetzt wurde. Sie ist heute am Hochaltar zu sehen, an dessen Rückseite noch Reste der drei Eichen aufbewahrt sind. Weitere Altarbilder stammen vom Kremser Schmidt und von Johann Bergl. Das eindrucksvolle Kuppelfresko ist ein Spätwerk von Paul Troger. Für ihren Klang bekannt ist die original erhaltene Orgel von 1780.

Keine fünf Gehminuten rechts hinter der Kirche stößt man im Wald – am Ende eines kapellengesäumten Kreuzweges – auf die *Bründlkapelle* und nebenan auf eine (vermutliche) *Höhle* des Räuberhauptmanns Grasel (Lichtschalter). Ansonsten gibt es in Maria Dreieichen eine Zeile mit entzückend nostalgischen Andenkenständen (Ostern bis Nov.) und drei einfache, bodenständige Gasthäuser.

Stift Altenburg

Das Benediktinerkloster hoch über dem Kamp gilt als „Barockjuwel des Waldviertels". Die imposante Anlage mit ihrer einzigartigen Bibliothek entstand im 18. Jh. über den verschütteten Resten eines mittelalterlichen Klosters, die – mittlerweile freigelegt – ebenfalls besichtigt werden können.

Das Benediktinerkloster wurde 1144 gegründet. Bei Umbauten im 14. Jh. entstanden der Kreuzgang und der gotische Chor, deren Reste ab den 1980er Jahren ausgegraben wurden. Bis ins 17. Jh. erlebte Altenburg eine Katastrophe nach der anderen: Zuerst zerstörten und plünderten es Böhmen und Hussiten, dann Matthias Corvinus, später protestantische Stände und schließlich 1645 die Schweden. Von der Anlage blieb eine Ruine, die Abt Benedikt Leiß 1651 einebnen ließ. Darüber entstand ein Klosterneubau, der ab 1715 unter Abt Placidus Much, Baumeister Joseph Munggenast (der auch an der Barockisierung der Stifte Melk und Dürnstein beteiligt war) und Maler Paul Troger zu einem prachtvollen, spätbarocken Gesamtkunstwerk geriet. Nach schweren Schäden in den Weltkriegs- und Besatzungsjahren wurde die Anlage vorbildlich restauriert, das mittelalterliche Kloster unter dem barocken Bau freigelegt und als Museum gestaltet. Bis 2006 soll der 3 ha große Park vor dem Stift revitalisiert und als „Garten der Religionen" angelegt werden.

Rundgang: Vom Parkplatz erreicht man die Pforte, eine pavillonartige Torhalle mit dem Klosterladen, wo man die Eintrittskarten erhält. Über den anschließenden *Prälatenhof* geht es zur frei zugänglichen Kirche. Sie steht mit ihrer eintürmigen

Die einzigartige Barockbibliothek von Stift Altenburg

Fassade hinter den ostseitigen Gebäuden, erscheint aber vom hinteren Ende des Prälatenhofs aus betrachtet, direkt angebaut. Das Innere der *Stiftskirche* überwältigt den Besucher mit seiner reichen, überaus harmonischen Ausstattung in Weinrot, Weiß und Gold. Es weitet sich in der Mitte zu einem ovalen Raum, dessen monumentales Kuppelfresko (1733) mit apokalyptischen Visionen geschmückt ist: Eindrucksvoll ist der Drache auf der Eingangsseite, der eine Frau mit Engelsflügeln verfolgt. Alle Fresken und das Hochaltarbild stammen von Paul Troger.

Links neben der Stiftskirche gelangt man auf eine Terrasse *(Altan)*, die sich auf mittelalterlichen Stützmauern ausbreitet. Von hier sieht man viel Wald und die imposante, über 200 m lange Ostfront des Klosters, aus der nur der barockisierte Chor der Kirche hervorragt. Rechts vom Chor liegt der Kaiser- oder Marmor-, links der Bibliothekstrakt. In beiden gibt es eine Feststiege, Prunkräume im Obergeschoss und jeweils ein mit Groteskenmalerei ausgestattetes Untergeschoss. Folgende Teile des Klosters können im Rahmen von Ausstellungen oder Veranstaltungen besichtigt werden:
Prunkstück ist die *Bibliothek*, ein riesiger Barocksaal mit drei von Troger ausgemalten Kuppeln und mächtigen, grün marmorierten Säulen, auf denen Sphingen ruhen und Rösser zum Sprung ansetzen. Die Bibliothek wird im Sommer als Konzertsaal genutzt. Direkt darunter liegt die nicht minder bekannte *Krypta*, ein riesiger Raum, den ein Schüler Paul Trogers mit originellen Totentanzszenen bemalt hat. Zwischen Pflanzen und Muscheln findet man den Tod etwa als Amor, als Götterbote oder als Sensenmann.
Im Marmortrakt kann man die mit einem Troger-Fresko überwölbte, prunkvolle *Fest-* oder *Kaiserstiege* bewundern. Die Sala-Terrena-Räume im Untergeschoss sind zur Gänze mit bunten Fresken voll weltlicher Motive ausgeschmückt. Direkt über der Pforte gibt es einen *Fest- oder Marmorsaal*, der auch ein Deckenfresko von Paul Troger aufweist.

Das *Alte Kloster* unter dem Barockbau wurde seit 1983 unweit der Krypta systematisch freigelegt. Man sieht Reste des Kreuzgangs mit Kapitelsaal, Refektorium, Skriptorium und Küche. Entdeckt wurde auch ein Kachelofen von 1500.

- *Anfahrt* an der B 38, 3 km nordwestlich von Rosenburg, 7 km westlich von Horn.
- *Öffnungszeiten* Ausstellungen: Palmsonntag bis 1.11. tgl. 10–17 Uhr. Eintritt: 7 €, Schüler, Stud. 3,50 €, Familie 10,50 €.
- *Einkaufen* **Klosterladen**, Stiftsweine, Klosterprodukte (Kräuter, Tees u. Ä.), CDs der Sängerknaben etc. März bis Mitte Dez. tgl. 9–12, 13–17 Uhr, Mitte Juni bis Sept. tgl. 9–18 Uhr, Dez.–März eingeschränkte Öffnungszeiten.
- *Veranstaltungen* **Sommerspiele Altenburg**, 2. Juli-Hälfte, klassisches Theater in der Stiftsbibliothek (www.sommerspiele.stiftaltenburg.at). Die **Altenburger Sängerknaben** gestalten die Hochfeste und jeden 2. So die Konventmesse (10 Uhr).
- *Essen* **Klosterkuchl**, gemütlich-rustikales Lokal der Klosterküche mit Gastgarten im Kaiserhof, regionale Spezialitäten und Jausenkarte. Wer will, wählt mittags das Konventmenü, mit dem auch Mönche und Sängerknaben verköstigt werden. Hauptspeisen 5–11 €, tgl. 9–19 Uhr. ✆ 02982/345176.

Schloss Greillenstein

7 km westlich des Barockjuwels Altenburg befindet sich etwas abgeschieden (Wegweiser an der B 38) das Waldviertler „Renaissancejuwel“. Das mächtige vierflügelige Schloss mit dem markanten hohen Turm über dem Haupteingang, dem Wehrgraben und der vorgelagerten, obeliskengeschmückten Balustrade wurde von Hans Georg von Kuefstein, einem Vorfahren der heutigen Besitzer 1570–90 auf den Ruinen einer Mittelalterburg erbaut und 1770 barockisiert. Eigenwillig ist der Innenhof über zwei Ebenen, die durch eine Balustrade mit steinernen Monumentalvasen getrennt sind.

Vom 17. Jh. bis 1848 war das Schloss Mittelpunkt einer 14 Orte umfassenden Grundherrschaft, also Sitz ihrer Verwaltung und Gerichtsbarkeit. Beide Amtsräume, die *Registratur* und der *Gerichtssaal* mit Schranke, sind noch unverändert halten, was das Schloss historisch besonders wertvoll macht. Die Grafen besaßen sogar die sog. Blutgerichtsbarkeit, doch wurde nie ein Todesurteil gefällt. Auch die übrigen Räume sind noch original ausgestattet – das Schloss war bis 1960 bewohnt. Erwähnenswert ist die *Kapelle* mit einer Predigerkanzel, einem protestantischen (1604) und einem katholischen Altar. In der *Kleinen Bibliothek* gibt es eine bemalte Kassettendecke von 1590 zu bewundern, im *Rittersaal* eine bemerkenswerte Stuckdecke (17. Jh.). Die schönste Kassettendecke von Greillenstein wurde allerdings abmontiert, denn Kaiser Franz I. erbettelte sie für sein neues Schloss Laxenburg südlich von Wien. Der *Türkensaal* erinnert mit riesigen „Reiseskizzen“ an einen Grafen Kuefstein, der 1628 in diplomatischer Mission in Konstantinopel unterwegs war. Im Untergeschoss ist eine *Badestube* von 1570 erhalten und das *Zwergenkabinett* mit den aus dem riesigen Barockgarten (frei zugänglich) heimgeholten Zwergen. Mitunter sieht man auch die „Ahnfrau“ herumspuken, die den österreichischen Dichter Franz Grillparzer 1817 zu seinem gleichnamigen Drama inspiriert haben soll.

Öffnungszeiten 1.4. bis 31.10. tgl. 9.30–17 Uhr, Besichtigung nur mit Führung (40 Min.) ab 2 Pers., Eintritt: 5,50 €, Kinder 3,50 €. 1x monatlich nächtliche Geistertouren (11 €/Pers.), ✆ 02989/80800.

Im benachbarten Ort **Röhrenbach** steht die Gruftkapelle der Grafen Kuefstein mit prachtvollen Fresken von Paul Troger (1737).

Im Durchbruchstal des Kamp

Der urwaldähnliche Mittellauf des Kamp zählt zu den unberührtesten Naturlandschaften Österreichs. Das enge Tal ist geprägt von zahlreichen Flussschlingen, seine dichten Wälder sind besonders artenreich. Sie bilden den Lebensraum von Hirschen, Füchsen und Wildschweinen. Mit Glück sieht man einen Fischotter oder an sonnigen Plätzen die Smaragdeidechse. Vogelfreunde können mit Turmfalken, Schleiereulen, Uhus, Reihern und Schwarzstörchen rechnen.

Den Naturschönheiten auf der Spur ist man mit der im Folgenden beschriebenen Wanderung. Lohnenswerte Alternativen sind der Blick von Burg Schauenstein oder eine Kajakfahrt von Wegscheid bzw. Steinegg nach Rosenburg, wie sie vom Kanuclub Rosenburg an Wochenenden organisiert wird.

Information Kanuclub Rosenburg (✆ 02982/37352), Preis für Wanderfahrten am Kamp inkl. Einschulung, Ausrüstung und Transfer 35–50 €/Person.

Wanderung 4: Kampschlingen und Ödes Schloss (Karte S. 146/147)

Urwald, Ruine, Flussschlingen. Gehzeit 4½ Std., mittel.

Ausgangspunkt ist in **Steinegg** (von der B 38 in Fuglau 4 km westlich von Altenburg abzweigen) beim Gasthof Dunkler (Di Ruhetag, ✆ 02987/2270). Gegenüber dem Gasthof beginnt mit Treppen der rot-weiß markierte Pfad Richtung „Altenburg". Auf schmalem Steig geht es zunächst bergan und dann durch den Wald **In der Sulz** weiter bis zu einer Forststraße. Links (Wegweiser) auf dieser bis zu einer Wegkreuzung (1 Std.). Nun rechts weiter auf einer Forststraße Richtung „Rosenburg" (Wegweiser). Leicht bergab folgt nach 20 Min. rechter Hand (beschildert) der lohnenswerte Abstecher (ca. 15 Min.) zu den Ruinen des **Öden Schlosses** über einer Kampschlinge mit grandiosem Tiefblick. Zurück auf der Forstraße geht es bergab zum Kampufer und dann auf schmalem Steig 3 km um den **Umlaufberg** (352 m) bis zum alten **Kraftwerk Rosenburg** (1¼ Std.). Dort überquert man auf einem Steg den Kamp und gelangt auf grün markiertem Weg bergauf zu einer Gabelung. Hier folgt man dem Weg „Bründlleitenweg nach Steinegg", der rot-weiß markiert hoch über dem Kamp durch die **Bründlleiten** in 1½ Std. zum Ausgangspunkt zurückführt.

Burgruine Schauenstein: Am bequemsten erreicht man die eindrucksvoll über dem Kamptal thronende Ruine von dem Dorf Krug an der B 38, rund 8 km westlich von Altenberg (Wegweiser). Vom Parkplatz sind es auf einem ebenen Waldweg etwa 15 Gehminuten bis zur Burg, die im 12. Jh. als Grenzfeste errichtet wurde und ab dem 17. Jh. zur Ruine verkam. Heute ist sie wieder gefahrlos zugänglich. Ihr hoher, fünfeckiger Bergfried aus dem 13. Jh. wurde zur Aussichtswarte ausgebaut.

Öffnungszeiten (Bergfried) So meist offen, sonst Schlüssel für 1,50 € im Haus Krug Nr. 15.

Kamptalseen

Die fast 30 km lange, landschaftlich reizvolle Seenkette wird von dem Ottensteiner, dem Dobra und dem Thurnberger Stausee gebildet. Sie ist ein von dichten Wäldern, felsigen Ufern und trutzigen Burgen umrahmtes Freizeitparadies, das zum Wassersport, Wandern und Campen einlädt.

Vorrangiges Ziel ist der größte der Seen, der fjordähnliche, 14 km lange **Ottensteiner See**, den man von Horn aus am schnellsten auf der B 38 erreicht. Weniger touristisch sind die beiden östlich davon gelegenen Seen, der **Dobra**- und der **Thurnberger See**.

Wer von Krems aus zu den Kamptalseen anreist, fährt auf der B 37 bis Rastenfeld (35 km) oder zweigt 15 km früher in Gföhl auf die B 32 zum Thurnberger See ab. Die 1900-Einwohner-Stadt **Gföhl** an der B 37, auf deren Hauptplatz einige Bürgerhäuser die einstige Bedeutung des Ortes als Handelsplatz bezeugen, ist für seine *Winnetou-Festspiele* bekannt, die seit 1988 an den Wochenenden im Juli und August auf einer spektakulären Freilichtbühne mitten im Wald 7 km östlich des Orts stattfinden (✆ 02716/6401, www.karl-may-spiele.at). Einen kurzen Blick von außen lohnt auch das nicht zugängliche Schloss **Jaidhof** 2 km nördlich von Gföhl an der B 32. Es war einst Mittelpunkt einer großen, habsburgischen Grundherrschaft und ist noch von hübschen Gutsgebäuden im Heimatstil umgeben. Das dreiflügelige klassizistische Schloss wurde vor kurzem vorbildlich renoviert.

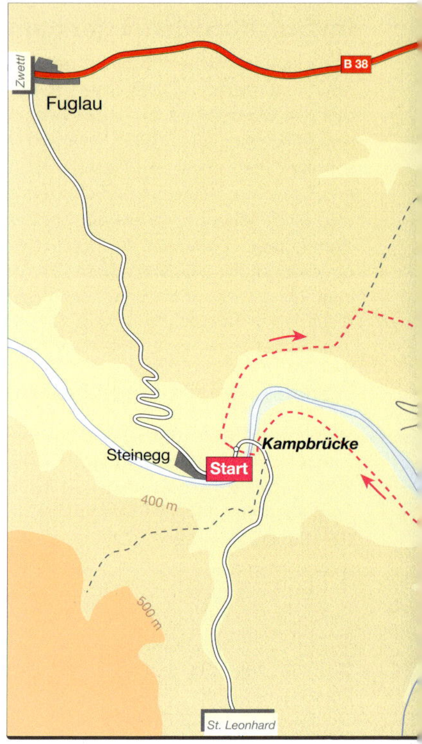

Dobra- und Thurnberger See

Der lang gezogene **Dobrasee** erstreckt sich über 10 km. An seinem Nordufer, das man über eine Stichstraße von Franzen an der B 38 aus erreicht, gibt es einen kleinen Campingplatz mit flachem Strand und Bootsverleih und unweit davon die malerische Ruine Dobra auf einer Landzunge über dem See. Von ihrem erst kürzlich restaurierten Bergfried genießt man einen schönen Blick (Schlüssel für Bergfried beim Campingplatz, Gebühr 1,50 €).

Die Straße, die dem Südufer des Dobrasees und dann dem Kamp flussabwärts folgt, führt zum östlichsten und kleinsten Kamptalsee. Der 3 km lange **Thurnberger See** ist rundum mit Wochenendhäusern verbaut. Der einzige nennenswerte Ort ist **Krumau** an einer Kampschleife am westlichen See-Ende. Hier gibt es eine Freizeitanlage mit Campingplatz und Bootsverleih. Den Ort beherrscht hoch auf einem Felsen die in den 70er Jahren wiederhergestellte frühere Kuenringerfeste Burg Krumau. In ihren Mauern verbrachte die letzte Babenbergerin Margarethe, wegen kinderloser Ehe von ihrem Gatten Böhmenkönig Ottokar 1261 hierher verbannt, ihren Lebensabend. Heute beherbergt die Burg den Märchenturm, in dem sich alles um Hexen, Baron Münchhausen, die Grimmschen Märchenfiguren und ihresgleichen dreht (Besichtigung nach Voranmeldung, ✆ 02731/8230).

• *Verbindungen* **Krumau**: Busverbindungen mit Krems 1–5x tgl.

• *Übernachten/Essen* ** **Gasthof am See**, 2 moderne Komfortzimmer und 3 Minisuiten

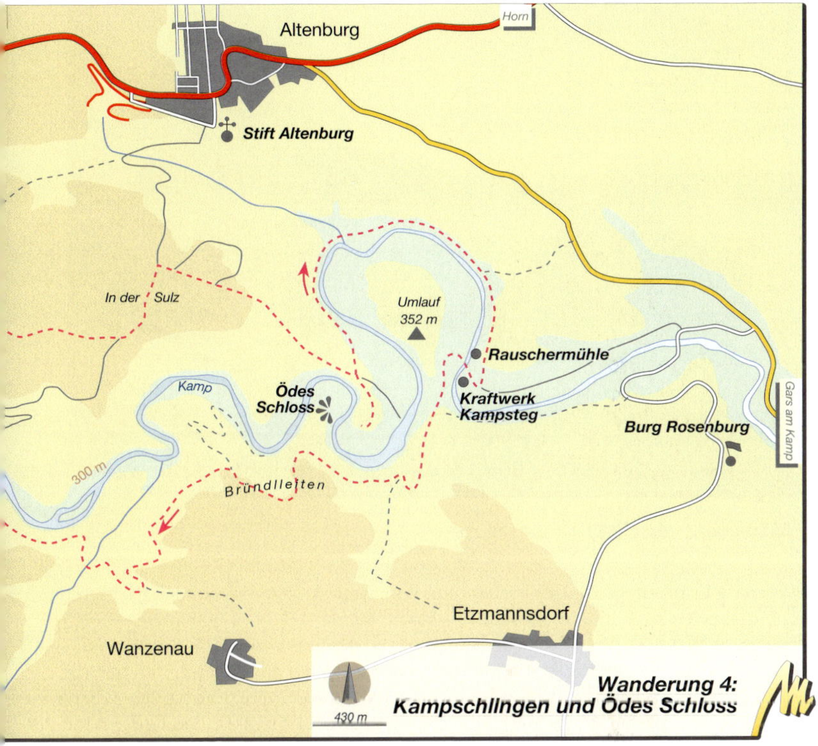

(bis 4 Pers.) in ruhiger Lage in Idolsberg am Thurnberger See, Mai bis Okt., DZ 48–50 €. Bodenständiger Gasthof, ganzjährig geöffnet und bekannt für fangfrische Forellen. Hauptspeisen 6–14 €. Idolsberg, Seestraße 7, ✆ 02731/216.

Camping Dobra, 80 Stellplätze, Jausenstation, 2 Pers., 1 Zelt, 1 Auto ca. 15 €, Mai bis Sept., ✆ 02988/20058.

Camping Krumau, 40 Stellplätze, gut ausgestattet, Minigolf, Tennisplatz, Buffet, Flussbad mit Liegewiese, 2 Pers., 1 Zelt, 1 Auto ca. 15 €, April bis Okt., ✆ 02731/8270.

• *Bootsverleih* **Freizeitanlage Krumau**: Elektro-, Tret- und Ruderboote, April bis Okt. **Camping Dobra**: Tret- und Ruderboote, Mai bis Sept.

Um den Ottensteiner Stausee

Größter Tummelplatz an dem stark verästelten Stausee mit den idyllischen Buchten und markanten Felsinseln ist der Bereich um das Seerestaurant und den Bootsverleih Ottenstein (riesiger Parkplatz): Hier hat man die Wahl zwischen Schwimmen im See, Rudern, Tret- oder Elektrobootfahren, Angeln, einem Sonnenbad auf den Uferfelsen oder einer Wanderung entlang dem Seeufer. Während eine Bootsmiete nur von Mai bis Ende September möglich ist, eignet sich für Wanderungen besonders der Herbst, wenn sich das bunt verfärbte Laub im tiefblauen See spiegelt. Zur Infrastruktur um den See gehören ein großes Hotel, zwei Campingplätze sowie eine Surf- und Segelschule.

Herbstsonne am Ottensteiner Stausee

Burgruine Lichtenfels: Die gegenüber dem Bootsbetrieb pittoresk auf einer felsigen Halbinsel gelegene Ruine ist ein lohnenswertes Wanderziel. Vom Bootsbetrieb folgt der schöne Waldweg Nr. 5 dem Ufer des Stausees. Man geht zwei tiefe Buchten entlang und erreicht dann die große Kampstraßenbrücke der B 38. Auf dieser gelangt man – weniger idyllisch, dafür mit herrlichem Blick auf den See – ans andere Ufer. Danach folgt man den Wegweisern zum Campingplatz Lichtenfels, durchquert diesen und gelangt auf einem schmalen Pfad zu der am letzten Zipfel der Insel gelegenen früheren Grenzburg am Kamp (12. Jh.). Bis 1804 bewohnt, ist sie mittlerweile verfallen. Noch erkennbar sind der Bergfried und der neu gedeckte Kapellenturm (Gehzeit: ¾ Std.).

Schloss Ottenstein: Seinen Namen erhielt der Stausee von diesem mächtigen Bilderbuchschloss, das sich auf einem bewaldeten Felsen oberhalb der Staumauer verbirgt. Es stammt aus dem 12. Jh., seine malerischen, schindelgedeckten Kegel- und Walmdächer sind Hinzufügungen des 19. Jh. Drei Brücken (die dritte von steinernen Hunden bewacht), zwei Vorbauten und den äußeren Burghof (Restaurant) muss man bis zur Hauptburg passieren. Vom innersten Hof aus streckt sich der romanische Bergfried in die Höhe, am Weg dorthin kann man linker Hand durch ein Gitter einen Blick in die alte Burgkapelle werfen und die Gewölbefresken von 1170 bewundern, die zu den ältesten Österreichs gehören und erst in den 1970er Jahren entdeckt wurden. Schräg gegenüber geht es in die zweigeschossige Barockkapelle und zu ihrer Empore, deren Wände 1688 mit 241 Papstbildnissen geschmückt wurden.

Anfahrt man erreicht das Schloss über die Kampbrücke unterhalb der Staumauer, gut beschildert.

Teichwanderweg Schloss Ottenstein – Schloss Waldreichs: Der kinderwagentaugliche, 6,5 km lange Weg beginnt beim Parkplatz von Schloss Ottenstein und führt nordwärts über die B 38 und dann beschildert durch die *Ottensteiner Teichplatte,* auf der sich knapp ein Dutzend, im 15./16. Jh. angelegte Karpfenteiche versammeln. Sie sind auch für ihren artenreichen Vogelbestand bekannt. Graureiher, Teichhuhn oder Eisvogel brüten hier und im Herbst rasten Zugvögel auf dem Weg in den Süden. Nach 1 Std. Gehzeit erreicht man das idyllisch an einem Teich gelegene, von Rundtürmen flankierte *Schloss Waldreichs* aus dem 14./16. Jh. Es war schon verfallen, wurde aber in den 1980er Jahren wieder hergestellt und beherbergt das Forstamt Ottenstein (Fischverkauf Mo–Fr, ✆ 02988/6530).

Essen **Schloss-Stüberl Waldreichs**, Jausenstation mit warmen und kalten Speisen und sonnigem Gastgarten, Mai bis Sept. tgl. außer Mi, ✆ 02988/6333.

Kirchen in Rastenfeld und Friedersbach: Liebhaber alter Gotteshäuser dürfen die wegen ihres gedrungenen steinernen Turms recht eigenwillige romanisch-gotische Pfarrkirche in Rastenfeld, 2 km südlich von Ottenstein, und das von einer Mauer umfriedete, harmonische Kirche-Karner-Ensemble auf einer Anhöhe im Ort Friedersbach, 6 km westlich Richtung Zwettl, nicht versäumen. Letzteres umfasst eine romanisch-gotische Kirche aus dem 12. Jh. mit besonders wertvollen Glasfenstern im Chor (1420–79), einen runden, gotischen Karner (1350), auf dem ein markantes, steinernes Kegeldach mit Dreieckszinnen sitzt, und einen mit Rundzinnen bewehrten Pfarrhof.

Künstlergarten Wietzen/Dorfmuseum Pallweis: Der Fritz Wotruba-Schüler Alfred Kurz (geb. 1929), Bildhauer und Landwirt aus Wietzen, 12 km südlich von Ottenstein, zeigt in seinem frei zugänglichen Garten rund 50 Steinskulpturen. Das nahe gelegene kleine Dorfmuseum in Pallweis mit Haushalts- und Handwerksgeräten früherer Tage ist von April bis Ende Okt. Sa/So 14–18 Uhr geöffnet (Eintritt: 4 €, Kinder 2 €).

Anfahrt an der B 37 6 km südlich von Ottenstein Richtung Golfplatz abzweigen, dann noch 5 km bis Wietzen bzw. 6 km bis Pallweis (jeweils beschildert).

• *Verbindungen* **Bus**: Krems–Ottenstein 1–2x tgl.

• *Einkaufen* **Waldland Leinenhaus**, Rastenfeld, einzige Flachsschwunganlage des Waldviertels, erzeugt werden Leinenbekleidung, Tischwäsche, Vorhänge und Flachssocken. Di–Fr 9–17, Sa 9–13 Uhr. Rastenfeld 169, ✆ 02826/7726.

Waldlandhof, 5 km südlich von Friedersbach, Waldviertler Bioprodukte: Geflügel, Kaninchen, Öle, Käse, Mohn, Kräuter, Mo–Fr 9–18, Sa 9–12 Uhr. Oberwaltenreith 10, ✆ 02826/74430.

• *Übernachten* ****** Hotel Schweighofer**, mitten in Friedersbach, empfehlenswertes Wellness- und Seminarhotel mit Hallenbad, Sauna, Solarium. 45 behagliche Komfortzimmer. DZ 86–94 € oder 4 Welcome-Tickets. Gutes Restaurant. Friedersbach 53, ✆ 02822/77511, www.hotel-schweighofer.at.

*** **Hotel-Restaurant Ottenstein**, 2 km abseits vom See, Hotel-Bungalow-Anlage aus den 70er Jahren mit über 70 geräumigen, modernisierten Komfortzimmern. Sauna, Freibad, Tennis, Leihräder. DZ 74 € oder 4 Welcome-Tickets. Ganzjährig geöffnet, Peygarten-Ottenstein 60, ✆ 2826/251, www.hotelottenstein.at.

*** **Landpension Gasthof Gamerith**, 5 km östlich von Rastenfeld, ruhige Lage, 10 moderne Komfortzimmer, teils im Dachgeschoss. DZ ca. 56 €. Bodenständige, preiswerte Waldviertler Küche, Di Ruhetag, Mottingeramt 41, ✆ 02826/440.

Campingplatz Lichtenfels, im Wald auf der Halbinsel bei der gleichnamigen Ruine, einfach ausgestattet (WC, Duschen), 30 Stellplätze. Mai bis Sept. geöffnet, 2 Pers., 1 Auto, 1 Zelt ca. 15 €. ✆ 02826/7492.

Seecamping Ottenstein, gut ausgestattete Anlage mit 80 Stellplätzen direkt am See unweit von Schloss Ottenstein, Terrassen für Wohnwagen, bewaldete Halbinsel für Zelte, Imbiss, Tischtennis, Segelschule (s. u.), 1.5. bis 30.9. geöffnet, 2 Pers., 1 Zelt, 1 Auto 15–20 €, ✆ 02826/416, www.ottenstein.at.

• *Essen* **Schlossrestaurant Ottenstein**, schön sitzt man in historischen Räumen oder im äußeren Burghof, bei deftiger Waldviertler Küche oder bei einer Kaffeejause mit Mohntorte. Im Sommer Grillabende. Ostern bis Ende Okt. tgl. außer Mo/Di. ✆ 02826/8254.

LA-TE, Golfplatzrestaurant, auch nicht golfende Gourmets erfreuen sich an der gehobenen Küche, die schon mehrfach ausgezeichnet wurde. Hauptgerichte 16–24 €, April bis Ende Okt. tgl. 9–21.30 Uhr. Niedergrünbach, ✆ 02826/7781, www.late.at.

Waldviertler Stuben, bekannter Gasthof im Hotel Schweighofer (s.o.), in dem man sich in gemütlichen, holzgetäfelten Stuben eine kreativ, verfeinerte Regionalküche vom Stiftskarpfen bis zum Weidelamm gut schmecken lässt. Hauptgerichte bis 17 €, tgl. mittags und abends geöffnet. ✆ 02822/77511.

Gasthof Fischelmayer, nettes Kulturwirtshaus mit gutbürgerlicher Küche, die man in einem großen Wintergarten genießen kann und die auch von Busgesellschaften geschätzt wird. Mi Ruhetag. Niedergrünbach 12, ✆ 02826/280.

• *Angeln* Tageskarten (ca. 30 €, 6 Fische, Juni bis Sept.) beim Bootsbetrieb, im Hotel Ottenstein oder beim Forstamt (✆ 02988/6530) erhältlich.

Truppenübungsplatz (TÜPL) Allentsteig

In dem Areal nördlich der Kamptalseen, auf Landkarten schraffiert oder farblich unterlegt, erstreckt sich Mitteleuropas größter Truppenübungsplatz. Mit rund 15.000 ha erreicht er beinahe die Fläche des Fürstentums Liechtenstein. 1938 ließ Adolf Hitler das Gebiet, aus dem übrigens seine Großmutter stammte, umwidmen. 7000 Bewohner mussten ihre 41 Heimatdörfer im so genannten Döllersheimer Ländchen für immer verlassen. Nach 1945 besetzten russische Truppen das Gebiet, seit 1957 dient es dem österreichischen Bundesheer. An den Rändern warnen permanent Hinweisschilder vor dem Betreten oder Filmen des militärischen Sperrgebiets. Bei Manövern sind auch die wenigen Durchfahrtsstraßen gesperrt. Das Land ist heute eine Wildnis und – einzig positiver Nebeneffekt – Rückzugsgebiet für seltene Tier- und Pflanzenarten. Die entsiedelten Dörfer sind längst verfallen, Anrainer um den TÜPL leiden unter Flug- und Gefechtslärm. In Döllersheim, am südlichen Rand des TÜPL, etwa 5 km nordwestlich von Ottenstein Richtung Allentsteig, kann man als eine Art Gedenkstätte die Ruinen der Dorfschule, des Bürgerspitals und des Pfarrhofs besuchen. Die große, spätgotische Pfarrkirche wurde in den 80er Jahren grob saniert und zur „Friedenskirche" geweiht, der angrenzende Friedhof wird wieder gepflegt. Ein Aussiedlermuseum in Allentsteig erinnert an die Volkskultur und Topographie des Areals vor 1938 und die Entsiedelungsvorgänge 1938–42 (Mitte Mai bis Ende Sept. Sa/So 10–12, 14–17 Uhr, Eintritt: 1,50 €, ✆ 02824/2310). 1999 wurde an der Uferpromenade des Stadtsees in Allentsteig ein Aussiedlerdenkmal der bekannten Medienkünstlerin Valie Export enthüllt, das als „Landschaftsmesser" den Einschnitt ins Leben der Vertriebenen symbolisiert.

Strenge Vorschriften am TÜPL

• *Baden* Schöne Badeplätze am Seeufer befinden sich beim Bootsbetrieb und auf der Westseite der Halbinsel Lichtenfels. Über den Ort Mitterreith (an der B 38 zwischen Rastenfeld und Zwettl rechts abzweigen) erreicht man weitere Badeplätze am Seeufer. Alle diese Plätze sind nicht unbedingt für Kleinkinder oder Nichtschwimmer geeignet.

• *Bootsverleih* **Bootsbetrieb Ottenstein**: Verleih von Ruder-, Tret- und Elektrobooten (5–12,50 €/Std.), 1.5. bis 30.9., ✆ 02826/267.

• *Fahrradverleih* im Hotel Ottenstein.

• *Golf* **Golfclub Ottenstein**, 18-Loch-Anlage 7 km südlich vom See in Niedergrünbach in wunderschöner Wald-, Wiesen- und Teichlandschaft, mit dem besten Golfplatzrestaurant Österreichs („LA-TE" s. o.). April bis Ende Okt., Green Fee 45–55 €, ✆ 02826/7476, www.golfclub-ottenstein.at.

• *Wanderreiten* die Region bietet ein weitläufiges Wegenetz und entsprechende Unterkünfte (s. www.wanderreiten-waldviertel.at).

• *Wassersport* **Segel-, Surf- und Kanuschule Ottenstein**, am Seeufer westlich unterhalb von Schloss Ottenstein. Mai bis Ende Sept. geöffnet. 2–5-tägige Grund- und Perfektionskurse, Segelboote, Surfbrett- und Kanuverleih (ca. 6–8 €/Std.). ✆ 02826/416, 0650/6351950.

Blick vom Propsteiberg auf Zwettl

Zwettl

Die Kuenringerstadt ist das wirtschaftliche Zentrum des oberen Kamptals. Hier wird Bier gebraut und waldviertlerisch aufgekocht. Hauptattraktion ist das außerhalb gelegene Zisterzienserstift mit dem ältesten Kreuzgang Österreichs.

Die an der Mündung der Zwettl in den Kamp gelegene Stadt ist schon seit jeher ein Knotenpunkt alter Fernwege. Heute kreuzen sich hier die wichtigsten Straßen des westlichen Waldviertels (B 38 und B 36). Wer sich auf der B 38 von Osten her annähert, trifft zunächst auf ein ausgedehntes Gewerbegebiet und die hohe, unter Eisenbahnfreunden bekannte Fachwerkbrücke über den Kamp. Dass dieser nicht immer so ruhig dahin fließt, bewies das gewaltige Hochwasser vom Sommer 2002. Wegen zahlreicher Übernachtungsmöglichkeiten eignet sich Zwettl als Standort für die Erkundung des Waldviertels.

Die lebendige Altstadt liegt auf einem von Zwettl und Kamp umflossenen Felsplateau und hat sich sechs Wehrtürme und große Teile ihrer mittelalterlichen Stadtmauer aus dem 13. Jh. bewahrt. Diese sollten den wichtigen Handelsplatz schützen. Trotzdem gelang den Hussiten und später den Schweden im Dreißigjährigen Krieg

die Eroberung der Stadt. Deren Zentrum ist ein langer dreieckiger Platz, der seit der Bebauung seiner Mitte im 19. Jh. in den *Hauptplatz* (s. u.) und *Dreifaltigkeitsplatz* unterteilt wird. Letzteren ziert eine prächtige, figurenreiche Pestsäule von 1727. Spaziert man von hier auf der Landstraße, der stark befahrenen Einkaufsstraße, leicht bergan, sieht man linker Hand vier schöne bunte Barockfassaden (Nr. 43–49) und ein Stück weiter den Pernerstorferhof (Nr. 65) aus der Renaissance.
Der Ursprung der Stadt lag südlich des Zusammenflusses von Kamp und Zwettl, wo Hadmar I. von Kuenring um 1120 auf einem Hügel eine Burg-Kirchen-Anlage gründete. Die Burg wurde 1231 von Friedrich dem Streitbaren beim Kuenringeraufstand zerstört, die Kirche blieb bestehen und wurde 1484 zur *Propsteikirche* ausgebaut. Auch für die Gründung von *Stift Zwettl* 3 km flussabwärts ist Hadmar I. verantwortlich. Er ließ dafür in den dichten Wald eine Lichtung (slaw. *svetlá)* schlagen, die Kloster und Ort ihren Namen gaben.

Information/Verbindungen/Einkaufen

- *Daten* 520 m, 11.600 Ew.
- *Information* **Tourist-Info**, im Alten Rathaus, Mo–Fr 9–12, 13–17, Sa 9–12 Uhr. Hauptplatz 4, ✆ 02822/503129, www.zwettl.at.
- *Verbindungen* **Bahn**: 6x tgl. via Schwarzenau Anschluss an die Franz-Josefs-Bahn (Wien-Gmünd). **Bus**: 2- bis 5x tgl. mit Krems.
- *Stadtverkehr* **Stadtbus**: Mo–Fr 7–19, Sa 7–13 Uhr, alle 30–60 Min., auch bis zum Stift.
- *Parken* Kurzparkzone im Zentrum Mo–Fr 8–12, 14–18, Sa 8–12, gebührenfreie Parkgarage bei der Zwettl-Brücke tgl. 6–22 Uhr.
- *Bauernmarkt* Kremserstraße 49, April bis Okt. Fr 9–17 Uhr.
- *Einkaufen* **Biershop Privatbrauerei Zwettl**, moderner Shop der seit 1890 bestehenden Brauerei mit Bier und Souvenirs, u. a. nostalgischen Blechwerbeschildern. Anmeldung zu Brauereiführungen. Mo–Fr 8–17 Uhr, Sa 9–14 Uhr. Syrnauer Str. 22–25, ✆ 02822/50051.

Unter'm Hollerbusch, Waldviertler Biomarkt-Shop im Zentrum, Mo–Fr 8–18, Sa 8–12 Uhr. Landstraße 5.

Christian Franzus, der Designer entwirft coole Taschen aus altem Holz (ca. 200 €), Schauraum Landstraße 61, ✆ 02822/52453.

Übernachten/Essen und Trinken

****** Hotel Schwarzalm (11)**, gediegen-rustikales Hotel der Brauereifamilie 7 km südlich oberhalb von Zwettl (B 36), ruhige Lage im Grünen, 30 erstklassig ausgestattete Zimmer, Sauna, Bierseminare. Restaurant mit kreativer Regionalküche, Hauptgerichte 8–20 €, tgl. mittags und abends geöffnet. DZ 110–120 €. Gschwendt 43, ✆ 02822/53173, www.schwarzalm.at.

***** Landhotel Bergwirt (4)**, traditioneller Familienbetrieb am Stadtrand Richtung Groß Gerungs mit 24 netten, rustikalen Komfortzimmern. Sauna, DZ 66–96 € oder 4 Welcome-Tickets. Bodenständiges Gasthaus, regionale Spezialitäten, Lamm aus eigener Zucht, Sonnenterrasse, Hauptgerichte 6–19 €, Mi Ruhetag. Moidrams 1, ✆ 02822/52803, www.hotel-bergwirt.at.

***** Restaurant-Pension Schön (3)**, 70er-Jahre-Bau im Zentrum, eher düsteres Restaurant mit preiswerter gutbürgerlicher Küche. 11 schlicht möblierte Komfortzimmer. DZ 52–54 €. Landstraße 54, ✆ 02822/52547.

**** Zum Dichter Hamerling (10)**, traditionelles Gasthaus nah am Kampufer, bodenständige Waldviertler Küche, die für ihre Rindfleischgerichte bekannt ist, Wirtshauskulturwirt, tgl. außer Mi, So nur mittags, 23 nette Zimmer. DZ ca. 56 €, mit Etagen-WC 40 €, Leihräder. Galgenbergstraße 3, ✆ 02822/52344.

Frühstückspension Todt (8), 5 Zimmer mit Bad/WC in einem Hinterhof im Stadtzentrum, teils mit Balkon, DZ ca. 50 € oder 2 Welcome-Tickets, Landstraße 15, ✆ 02822/52410.

Zum goldenen Hirschen (5), Bilderbuchgasthof im Barockhaus mitten in der Stadt, ambitionierte Küche mit Klassikern und Ausgefallenem. Wirtshauskultur, Sonnenterrasse auf der Stadtmauer. Menü 9–11 €, à la carte 11–23 €, tgl. außer Mo, Sa/So nur mittags. 7 Komfortzimmer, teils mit Balkon. DZ 53–60 €. Landstraße 49, ✆ 02822/52373.

Zur goldenen Rose (6), in den heimeligen Wirtsstuben des uralten Einkehrgasthauses mit sehenswerten Bürgerhausfassade oder davor im Gastgarten am Platz werden

Ü bernachten
- 3 Schön
- 4 Bergwirt
- 5 Zum goldenen Hirschen
- 8 Frühstückspension Todt
- 10 Zum Dichter Hamerling
- 11 Schwarzalm

E ssen & Trinken
- 1 Taverne Stift Zwettl
- 2 Wirtshaus im Demutsgraben
- 3 Schön
- 4 Bergwirt
- 5 Zum goldenen Hirschen
- 6 Zur goldenen Rose
- 10 Zum Dichter Hamerling
- 11 Schwarzalm

C afés
- 7 Café Schön
- 9 Mayerhofer

leckere Waldviertler Schmankerl serviert. So nur mittags. Dreifaltigkeitsplatz 3, ✆ 02822/52375.

Taverne Stift Zwettl (1), 3 km vom Zentrum beim Stift, gemütlich-rustikales Restaurant mit bodenständiger Küche aus Waldviertler Produkten, etwa Karpfen aus Zwettler Stiftsteichen, dazu Weine vom stiftseigenen Schloss Gobelsburg. Spezialität ist das Zwettler Stifts-Laibal (gefüllte Brottasche). Hauptgerichte 6–11 €, tgl. geöffnet, Nov. bis Ostern Di geschlossen. Stift Zwettl, Haus 16, ✆ 02822/55036.

Wirtshaus im Demutsgraben (2), 3 km Richtung Weitra, einsam gelegene, urige Variante des Goldenen Hirschen (s. o.) mit alter, gemütlicher Wirtsstube und schmackhafter Waldviertler Küche, à la carte 10–23 €, tgl. außer Mo/Di 16–21 Uhr, Sa/So 10–21 Uhr. Niederstrahlbach 36, ✆ 02822/52364.

Café Mayrhofer (9), echte Wiener Kaffeehausatmosphäre mit Marmortischen, Holzboden, Zeitungen und Billardtisch, tgl. 8–2 Uhr, Landstraße 1, nahe der Kampbrücke, ✆ 02822/52420.

Café-Konditorei Schön (7), modernes Kaffeehaus mit Waldviertler Mohnspezialitäten, große Mehlspeisenauswahl, selbst gemachtes Eis, Snacks und Mittagsmenüs. Mo–Sa 7.30–20, So 8.30–20 Uhr. Dreifaltigkeitsplatz 1, ✆ 02822/52548.

Freizeit/Veranstaltungen

• *Baden* Freibad im Zwettltal: Juni bis Sept. 8–20.30 Uhr. Hallenbad nebenan: Sept. bis Ende Mai, tgl. außer Mo (selbe Öffnungszeiten). ✆ 02822/52175. Altes Sonnenbad am Kamp, Kamptalstraße, frei zugänglich.

> **Tipp für Wanderer und Mountainbiker**: Sie teilen den Weg auf der landschaftlich reizvollen *Zwei-Flüsse-Tour* entlang von Kamp und Zwettl, die ab dem Busbahnhof beschildert ist (11 km, 3½ Std. für Wanderer, anspruchsvoll für Biker).

• *Veranstaltungen* **Internat. Orgelfest**, klassische Orgelmusik und Jazz in der Stiftskirche, Juni bis Sept. **Zwettler Sommerferienspiel**, Juli/Aug. **Trabrennen** am nahen Edelhof (landwirtsch. Schule), mehrere So im Juli/Aug., ✆ 02822/5363330. **Abfischfest**, Rudmannser Teich, Okt.

• *Kinder* **Minidampfbahn**: Kinderparadies mit 300 m langer Minidampfbahn, Ponyreiten, Hüpfburg, Streichelzoo in Teichhäuser 8 km nördl. von Zwettl, die Minidampfbahn verkehrt von Ostern bis 26. Okt. Sa/So ab 11 Uhr. Wirtshaus (tgl. außer Mo, Nov. bis Febr. nur Do–So) nebenan. Teichhäuser 47, ✆ 02822/223.

Sehenswertes

Hauptplatz: Auffälligstes Gebäude an dem verkehrsberuhigten Platz ist das mit Sgraffiti geschmückte *Alte Rathaus*, das man wegen seines barocken Uhrturms für eine Kirche halten könnte. Der Kern dieses „gemalten Hauses" reicht in die Kuenringerzeit (um 1300) zurück. Es beherbergt die Touristeninformation und im Obergeschoss das Stadtmuseum, in dem recht ansprechend die Geschichte der Stadt sowie Kuenringerwaffen, Spazierstöcke, Walther von der Vogelweide (s. S. 156, Hörmanns) und Georg Ritter von Schönerer (s. S. 157, Rosenau) präsentiert werden. Für die Mitte des Hauptplatzes schuf Friedensreich Hundertwasser 1994 in seiner typischen Formensprache eine *Brunnenanlage* mit zwei bunten Becken und einem baumbestandenen Pavillon. Die Ostseite des Platzes begrenzen schmucke Renaissancehäuser von 1500. Rechts unterhalb erhebt sich die nicht weiter interessante Pfarrkirche. Reizvolle gotische Steinmetzarbeiten finden sich in der kleinen Bürgerspitalkirche (15. Jh.), die man vom Hauptplatz über die Schulgasse erreicht.

Öffnungszeiten (Stadtmuseum) Mai bis Okt. Fr 14–17, Sa 10–12, 14–17 Uhr, Juli/Aug. auch Di/Mi/Do 14–17 Uhr. Eintritt: 2,50 €.

Propsteikirche: Der schönste Anstieg auf den stimmungsvoll im Grünen gelegenen Propsteiberg erfolgt zu Fuß über einen Kreuzweg, der in der Kamptalstraße beginnt.

Autofahrer folgen den Wegweisern zum Krankenhaus. Die mächtige, einschiffige Propsteikirche hat noch viele romanische Bauteile, darunter die architektonisch interessante westliche Herrschaftsempore, von der die Kuenringer einst dem Gottesdienst beiwohnten. Hierhin gelangten sie direkt aus ihrer Burg über einen Wehrgang, dessen vermauerte Tür man außen an der Kirchenfassade noch erkennen kann. Die 1231 zerstörte Burg lag direkt nebenan, wo sich heute das als Wohnheim und Galerie genutzte Gebäude der 1751 aufgehobenen Propstei befindet. Einen Blick sollte man in die dem Hl. Michael geweihte Friedhofskapelle werfen. Sie wurde 1363 rechts an die Kirche angebaut und enthält Fresken aus dem 16. Jh. Auf dem Friedhof, dessen Eingang durch kunstvolle, spätgotische Totenleuchten bewacht wird, steht ein spätromanischer Rundkarner, dessen Gewölbe modern ausgemalt ist.

Stift Zwettl

3 km östlich der Stadt in einer Talsenke, die erwiesenermaßen einer der kältesten Plätze Österreichs ist (-30°C sind in Winternächten keine Seltenheit), breitet sich an einer Kampschlinge das bedeutende Kloster aus. Von der Ferne ragt nur der granitgraue Kirchturm aus den Wäldern.

Den Bauplatz des 1138 gestifteten Klosters soll eine Eiche bestimmt haben, die im Winter grünte. Bis ins 13. Jh. waren die von Zisterziensermönchen besiedelten romanisch-frühgotischen Klosterbauten fertig gestellt. In der Schreibstube entstanden bedeutende Handschriften, darunter 1311 die *Bärenhaut*, das Zwettler Stiftungsbuch mit der bekannten Kuenringer-Stammtafel. Ab Mitte des 14. Jh. wurde die Klosterkirche im spätgotischen Stil neu errichtet. Der Barockisierungswelle im 17./18. Jh. konnte sich auch Stift Zwettl nicht entziehen: Es entstand der vierflügelige Abteihof, die einzigartige Einturmfassade der Kirche, und ihre kunstvolle, barocke Innenausstattung.

Rundgang: Von der Straße führt ein Durchlass in den Park des Lindenhofs. Geradeaus senkt sich der Weg zum barocken, schlossähnlichen *Abteihof* (Klosterpforte) hinab. Dessen Turmgiebel rechts dient einem Storchenpaar als Sommerfrische. Links am Abteihof vorbei gelangt man direkt zur *Stiftskirche,* deren Inneres man durch ein Gitter hindurch bewundern kann. Ansonsten kann man die Schätze des Klosters nur im Rahmen einer Führung erleben. Im Abteihof befindet sich die Klosterpforte (Ticketverkauf, mit günstiger Kombikarte kann man zugleich die Sonder- und Dauerausstellungen besuchen).

Gleich hinter der Pforte liegt der eindrucksvolle *Kreuzgang*. Er wurde 1204 begonnen und 1240 vollendet und ist damit einer der ältesten erhaltenen Kreuzgänge der Zisterzienserarchitektur. Aufgrund der langen Bauzeit – 330 Säulen mussten aus verschiedenfarbigen Gesteinen gemeißelt werden – weist er einen Übergangsstil von der Spätromanik zur Frühgotik auf: Hier Rundbögen und Würfelkapitelle, da Maßwerk und Spitzbögen, in Summe ein überaus harmonisches Ganzes. Rein gotisch sind das sechseckige Brunnenhaus und das Gewölbe. Gemäß Zisterzienserbauplan schließt im Osten an den Kreuzgang der *Kapitelsaal* an, der älteste Raum des Klosters (1180). Sein Kreuzrippengewölbe wird von einer einzigen Granitsäule getragen. Fast genauso alt ist der frühere Schlafsaal der Mönche (*Dormitorium*), der nebenan sogar über eine Toilette mit Spülung verfügt: das *Necessarium*. Es ist offen über einen Nebenarm des Kamp erbaut und gilt als älteste erhaltene Latrinenanlage Mitteleuropas. Die *Schatzkammer* des Stiftes birgt zahlreiche Kunstwerke, u. a. ein romanisches Reliquienkreuz (1180). Nur selten zugänglich ist die von Paul Troger ausgemalte *Stiftsbibliothek.* Sie kam 2003 in die Schlagzeilen, als in ihr über 800

Jahre alte Schriftfragmente entdeckt wurden, die möglicherweise Teil des Nibelungenlieds (s. S. 57) sind.

Die gotische *Stiftskirche* erinnert mit ihrem hohen, weiten Innenraum und den zahlreichen Bündelpfeilern an eine Kathedrale. Bemerkenswert ist der spätgotische Hochchor mit Chorumgang und 14 Kapellen, der 1343–83 nach französischen und deutschen Vorbildern erbaut wurde. Ein Teil des Langhauses wurde 1490 gotisch erneuert, der Rest erst ab 1722 – zur Blütezeit des Barock, aber nach gotischen Bauplänen! Fast zeitgleich entstand die barocke Innenausstattung. Höhepunkt ist der von Joseph Munggenast in den Chor eingepasste prächtige Hochaltar. In einer figurenreichen Szene versammeln sich die Apostel ergriffen um einen leeren Sarg, darüber entschwebt Maria in den Himmel. Dazwischen sieht man eine grüne Eiche aus der Gründungslegende des Stifts. Die Altarbilder im Chor stammen ebenfalls aus der Barockzeit (Paul Troger, Kremser Schmidt). Besonders wertvoll ist der spätgotische Bernhardialtar, dessen Flügel Jörg Breu d. Ä. um 1500 im Stil der Donauschule mit Szenen aus dem Leben des Heiligen bemalte. Ein Juwel ist die klangvolle Orgel auf der Westempore, die der Passauer Meister Egedacher 1728–31 errichtete und die seit 1984 Mittelpunkt des jährlichen Orgelfests ist.

Die berühmte Westfassade der Kirche mit dem 90 m hohen Turm entwarfen Matthias Steinl und Joseph Munggenast 1727. Das barocke Meisterwerk, eines der Wahrzeichen des Waldviertels, besteht aus unverputzten, grauen Granitquadern und ist mit überlebensgroßen Sandsteinfiguren und monumentalen Vasen geschmückt: Auf den Gesimsen über dem Hauptportal stehen die Kuenringer Stifter Hadmar I. und sein Bruder Heinrich IV., dessen gotischer Sarkophag von 1280 interessanterweise als Brüstung für das Schallfenster der Glocke oben unter der Turmuhr verwendet wurde. In der Mittelnische sieht man den Ordensgründer Hl. Bernhard, am Giebel links den Hl. Michael, rechts den Hl. Raphael.

Verlässt man Stift Zwettl Richtung Rudmanns, so fährt man auf einer *romanischen Brücke* (12. Jh.) über den Kamp. Sie ist ein schönes Fotomotiv und eine der ältesten noch in Gebrauch befindlichen Brücken Österreichs.

• *Öffnungszeiten* Führungen (ab 2 Pers.): 1.5. bis 31.10. Mo–Sa 10, 11, 14, 15; So 11, 14, 15 Uhr, Juli/Aug. zusätzlich tgl. 16 Uhr. Eintritt: 6 €, Kinder 3 €. Dauer/Sonderausstellungen: 1.5. bis 31. 10. tgl. 9–16.30 Uhr, 8,50/4 €, Kinder 4/2 €. Kombikarten: 10,50 €, Kinder 5,50 €.

• *Einkaufen* **Klosterladen**, Mohn, Kräutertees, Räucherfische, Wein aus dem stiftseigenen Schloss Gobelsburg bei Langenlois, 1.5. bis 31.10. tgl. 9–18 Uhr.

Fischverkauf, Karpfen, Forellen, geräucherte Fische, Di/Do/Sa 10–12 Uhr, Richtung Rudmanns (beschildert). ✆ 02822/55035.

Umgebung von Zwettl

Museum Dürnhof: 3 km nördlich von Zwettl an der B 36 liegt ein von 1200 stammender Bau, in den im 16. Jh. eine dreibogige Renaissance-Loggia eingefügt wurde. Er war bis in die 1930er Jahre ein Wirtschaftshof des Stifts Zwettl. Seit 1984 beherbergt er das vielfach ausgezeichnete Museum für Medizin-Meteorologie, das den Einfluss von Wetter und Klima auf den menschlichen Organismus zum Thema hat. Wegen finanzieller Schwierigkeiten ist der Fortbestand des Museums zurzeit allerdings ungewiss.

Öffnungszeiten 1.5. bis 31.10. tgl. außer Mo 10–18 Uhr. Eintritt: 4 €, Schüler/Stud. 2 €. ✆ 02822/53180.

Vogelweidegedenkstein bei Hörmanns: In Walthers, 10 km nordöstlich von Zwettl, soll nach Meinung einiger Historiker 1170 der Minnesänger Walther von der Vogelweide geboren worden sein. Das Dorf verödete im 14. Jh. Zu sehen gibt es nichts, bis auf einen rekonstruierten Dorfbrunnen, einen Gedenkstein und Informationstafeln.

Anfahrt auf der Strecke von Zwettl nach Schwarzenau, beschilderter Abzweig bald nach Hörmanns, dann noch 2 km langer Zufahrtsweg.

Aubergwarte: Der 1992 auf dem 811 m hohen Auberg südlich von Zwettl errichtete Aussichtsturm, eine knapp 30 m hohe Holzkonstruktion mit außen umlaufender Treppe, bietet einen herrlichen Ausblick von den Wäldern der Umgebung bis zu den Voralpengipfeln.

Anfahrt von der B 36 in Großweißenbach, 6 km südlich von Zwettl, links ab Richtung Großgöttfritz, Parkplatz nach dem Ort (beschildert), dann noch 10 Min. Fußweg.

Schloss Rosenau

Der idyllisch im Grünen gelegene Barockbau, Mittelpunkt einer reizenden Gutshofsiedlung, beherbergt ein einzigartiges Freimaurermuseum und ein Romantikhotel.

Nur 8 km westlich von Zwettl trifft man in einer hügeligen Wald- und Wiesenlandschaft am Rande eines Karpfenteichs auf dieses entzückende Ensemble aus Schloss und Nebengebäuden, das in den letzten Jahrzehnten vorbildlich restauriert wurde. Sein heutiges Aussehen erhielt das frühere Renaissanceschloss unter Leopold Graf Schallenberg, der es 1730–40 vermutlich nach Plänen von Joseph Munggenast barock umgestalten und eine Freimaurerloge einrichten ließ. Daniel Gran schuf die Deckenfresken, der Italiener Johann Rincolin eine interessante Scheinarchitektur in der Vorhalle und im Stiegenhaus. Die Loge wurde um 1800 aufgehoben und geriet in Vergessenheit. Ende des 19. Jh. kam Rosenau in den Besitz des unrühmlichen Georg Ritter von Schönerer, der als führender Deutschnationaler in die Geschichte einging. Nach schweren Schäden in der Kriegs- und Besatzungszeit wurde das Schloss 1974 restauriert. Dabei entdeckte man anhand der Symbole in den Wandmalereien, dass hier eine Freimaurerloge beheimatet war und richtete in deren Tempel- und Ritualräumen ein entsprechendes *Museum* ein. Es bietet einen guten Einblick in die Geschichte der Freimaurerei, präsentiert ihre Symbole und berühmte Mitglieder, wie Mozart und Haydn. Jährliche Sonderschauen ergänzen die Ausstellung.

Die Freimaurer – der Welt größte geschlossene Gesellschaft

Gelebte Humanität und Toleranz sowie die Überwindung nationaler und konfessioneller Gegensätze sind die Ideale und Aufgaben dieses exklusiven Männerbundes, dessen auserwählte sechs Mio. Mitglieder weltweit in Freimaurerlogen organisiert sind. Die Geheimtreffen der Logenbrüder sind von kultischen Ritualen und einer symbolbeladenen Sprache gekennzeichnet. Hammer, Kelle, Winkelmaß, eine abgebrochene Säule, die Rose des Schweigens und andere Freimaurerzeichen erinnern an die mittelalterlichen Wurzeln des Freimaurerbundes in den Bauhütten, als das geheime Wissen um die Regeln der Handwerkskunst unter strengster Verschwiegenheit an die Zunftgesellen weitergegeben wurde.

Lohnenswert ist ein Spaziergang um den Teich unterhalb des Schlosses. Man kommt an den alten, weiß-gelben Gutshofbauten vorbei: Im Meierhof von 1590 (Nr. 7) lädt ein Heuriger zur Rast, das frühere Altenheim ist ein Märchenmuseum (Nr. 11, s. u.) – nebenan ist eine große Pferdekoppel. Am Weiterweg etwas abseits liegt das hübsche Jägerhaus von 1747 (Nr. 8). An der Rückseite des Schlosses liegt der Pfarrhof (Nr. 10), direkt angebaut an das Schloss ist die Kapelle, die als Hochzeitskirche beliebt ist.

• *Anfahrt* von Zwettl Richtung Weitra, nach 3 km Abzweigung nach links (beschildert).

• *Öffnungszeiten* **Freimaurermuseum**: 1.4. bis 1.11. tgl. 9–17 Uhr. Eintritt: 4 €.

• *Übernachten/Essen* **** **Schlosshotel und -restaurant**, für Familienfeste, Kuschelweekends oder Seminare bietet sich das Hotel mit seinen 17 romantisch dekorierten Komfortzimmern an. Whirlpool, Sauna, Fitnessraum. Restaurant im Schlossgewölbe mit malerischer Terrasse (à la carte 11–18 €, Rosendinner 35 €), ganzjährig offen. DZ 108–160 €. ✆ 02822/58221, www.schlosshotel.rosenau.at.

Meierhof-Heuriger, im sonnigen Garten oder in den früheren Stallungen zwischen Granitsäulen genießt man eine Waldviertler Jause aus Bio-Produkten. Ostern bis Pfingsten/ Aug./Okt. jeweils Sa/So ab 14 Uhr. Rosenau 7, ✆ 02822/58494.

• *Reiten* **Reitverein Schloss Rosenau**, organisiert Reitkurse, Tages- und Wanderritte, ✆ 02822/58200 od. 0664/5122405.

• *Kinder* **Märchenmuseum**, umfangreiche Sammlung mit Grimms Märchenfiguren, asiatischen Kostümpuppen, Teddybären, 200 m vom Schloss entfernt, April bis Sept. tgl. außer Mo 9–17 Uhr, sonst Sa/So 11/12–16 Uhr. Eintritt: 3,60 €, Kinder 1,80 €. ✆ 0644/1057369.

Im Hochland des oberen Kamp

Betrachtet man Zwettl als Zentrum eines Uhrenblatts, so liegen im Bereich zwischen halb und dreiviertel der Oberlauf und das Quellgebiet des Kamp. Es ist einer der romantischsten Flecken des Waldviertels. Die Landschaft ist ein stimmungsvolles, nicht enden wollendes Granit-Hochland, das Richtung Südwesten hin zum Weinsberger Wald, einem riesigen und bis 1000 m hoch gelegenen Waldgebiet, ansteigt. Übersät ist die Gegend von bizarren Steinformationen und haushohen Granitblöcken. Dazwischen plätschern die mäandrierenden Quellflüsse des Kamp durch idyllische Wiesenmulden oder überwinden wildromantische, mit Felsen verblockte Schluchten.

Naturliebhaber und Bewegungshungrige finden hier ein großes Betätigungsfeld. Mountainbikern steht ein besonders dichtes Netz an markierten Routen zur Verfügung (nähere Infos unter www.mbike.at/mbike/wv), und im Winter kommen Langläufer auf ihre Kosten. Das Aufsuchen und Entdecken der vielen Wackelsteine macht abenteuerlustigen Kindern viel Spaß. Kleine, detailverliebte Dorfmuseen erinnern daran, wie beschwerlich das Handwerk früherer Tage war. Absolutes Highlight der Region ist die **Burg Rappottenstein**, die jüngst Mittelpunkt einer Reality-Show war.

Wanderung 5: Auf Hundertwasser-Spuren den Kamp entlang

Mühle, Flusslauf, Museum. Gehzeit 3 ¼ Std., leicht.

Der Ausgangspunkt der reizvollen Tour liegt nach einer Rechtskurve bei der **Utissenbachmühle** zwischen Gschwendt und Utissenbach, 7 km südwestlich von Zwettl. Auf einer Forststraße erreicht man nach 500 m eine Holzbrücke über den Kamp, die man überquert. Hier beginnt das geschützte **Obere Kamptal**. Bei der nächsten Verzweigung nimmt man den Weg links Richtung „**Weißenbachklamm**". Bald zweigt rechts ein Pfad ab bergauf zum **Hohen Stein** (695 m). Seinen Felsengipfel (kurzer Klettersteig) erreicht man auf einem kurzen Abstecher. (Gehzeit ab Utissenbachmühle ½ Std.). Wieder zurück geht es südlich auf bezeichnetem Weg hinab zum Uferweg, der stets dem Kamp mit seinen riesigen Felsblöcken flussaufwärts folgt. Vorbei an der **Hahnsäge**, einem grasbewachsenen Refugium Hundertwassers, erreicht man nach weiteren 1 ¼ Std. die ersten Häuser von **Roiten** und 500 m an der Straße entlang das **Hundertwasser-Dorfmuseum** (s. u.). Auf gleichem Weg geht es 400 m zurück bis zur Kampbrücke, die man überquert und dann auf der Asphaltstraße bis zum **Kreuzhof** (640 m) hinauf steigt. Diesen lässt man rechts liegen und geht auf bezeichnetem Weg durch Wiesen und Wälder hinab zum Kampufer, dem man auf bequemem Uferweg bis zum Ausgangspunkt folgt (Rückweg ab Roiten: 1 ½ Std.).

Hundertwasser-Dorfmuseum in Roiten: 13 km südlich von Zwettl gestaltete Friedensreich Hundertwasser ein altes Milchhaus in bewährter Manier in ein Heimatmuseum um: Grasdach, Keramiksäulen, goldene Kugeln. Im Obergeschoss sieht man Handwerkszeug vom Schuster, Sattler, Binder und Müller und alten Hausrat, im Erdgeschoss stellen regionale Künstler ihre Werke aus.
Öffnungszeiten/Anfahrt Mai bis Sept. Sa/So 13.30–17 Uhr. Eintritt: 2 €. An der B 36 von Zwettl Richtung Ottenschlag rechts ab (Wegweiser), dann noch 3 km.

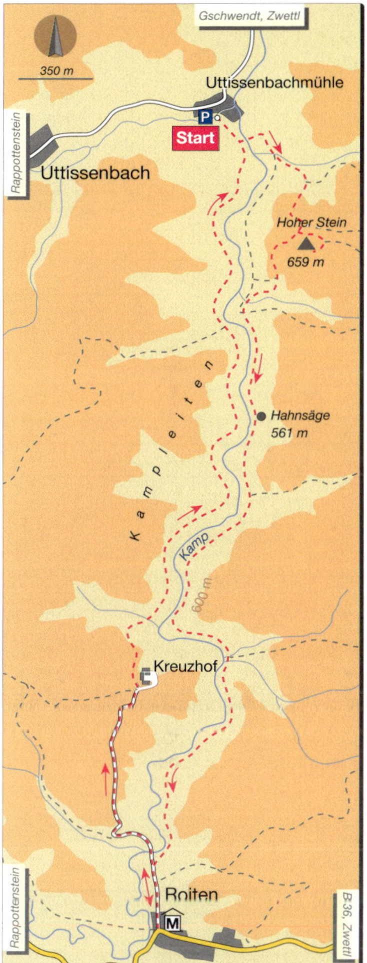

Wanderung 5: Auf Hundertwasserspuren den Kamp entlang

Burg Rappottenstein

Die alte Kuenringerburg thront auf einem gewaltigen Felsblock inmitten einer Waldlichtung am Oberlauf des Kamp. Sie ist eine der besterhaltenen Mittelalterburgen Österreichs.

Die wehrhafte Anlage 16 km südwestlich von Zwettl, die mehrmals belagert, aber niemals eingenommen wurde, gilt wegen ihrer Architektur als Lehrbeispiel einer Hochburg aus dem 12. bis 16. Jh. Ihren Namen hat sie von Rapoto von Kuenring, der sie 1157–67 als Grenzfestung gegen die Böhmen erbaute. Von späteren Besitzern wurde sie erweitert, zunächst gotisch, im 16. Jh. im Stil der Renaissance. Seit 1664 sind die Burg und die sie umgebenden 7000 ha Wald im Besitz der Grafen Abensperg-Traun.

Nachdem man vor dem von Rundtürmen flankierten äußeren Burgtor auf die Führung gewartet hat, gelangt man in den ersten Hof, wo mächtige Felsen aufragen

Burg Rappottenstein – Mittelalter hautnah

(Klettergarten!), auf denen die Hochburg steht. An einem Brauhaus aus dem 16. Jh. vorbei erreicht man durch Tore den schmalen zweiten und den geräumigen dritten Hof, beide von mächtigen, bis 3 m dicken Mauern und riesigen Granitblöcken bewehrt. Im dritten Hof befindet sich der Eingang zu den Burgverliesen, die zum Teil aus dem Fels geschlagen wurden. Noch zwei Höfe sind zu durchschreiten, bis man im Zentrum der Hochburg, einem überaus engen, düsteren Innenhof, steht. Hier erhebt sich der fünfeckige, romanische Bergfried aus Rapotos Zeiten. Die dreigeschossigen Arkaden an zwei Seiten und die Sgraffiti sind Ergänzungen aus der Renaissance. Unter den recht archaischen Innenräumen sind die gotische Burgkapelle von 1380 (mit Flügelaltar aus dem 15. Jh.) und die mit wertvollen Fresken (16. Jh.) versehenen Zimmer, wie Archivraum und Speisesaal, beachtenswert. Schließlich betritt man den zinnenbewehrten und von Bäumen bestandenen Richt- oder Turnierplatz direkt über den Verliesen. An seiner Nordostecke erhebt sich ein Uhrturm mit Uhrwerk aus dem 16. Jh. Ein Blick aufs Ziffernblatt zeigt, dass man damals mit einem Stundenzeiger auskam.

- *Anfahrt* Rappottenstein (680 m ü.d.M.) liegt an der B 124 zwischen Zwettl und Arbesbach, die Burg 1,5 km südlich des Orts. Vom Parkplatz noch 200 m zu Fuß.
- *Verbindungen* **Bus**: Mo–Fr 3–5x tgl. ab Ortsmitte mit Zwettl.
- *Öffnungszeiten* Besichtigung nur mit Führung (Dauer: 3/4 Std.), Treffpunkt vor der Burg. Mai bis Ende Sept. tgl. außer Mo 11, 12, 14, 15, 16 Uhr, Juli/Aug. zusätzlich 10 und 17 Uhr. Ostern, Mitte bis Ende April und im Okt. nur Sa/So, Erw. 6 €, Kinder 3 €. ✆ 02828/8250, www.burg-rappottenstein.at.
- *Übernachten/Essen* **Gasthof Hackl**, im Ortszentrum an der Hauptstraße, modern-rustikale Gaststube, Hausmannskost, Wirtshauskultur. Do Ruhetag. Rappottenstein 33, ✆ 02828/8203. Betreibt auch eine einfache Jausenstation bei der Burg (tgl. außer Mo).

Gasthof Rotheneder, benachbart zum Gasthof Hackl, traditionelles Wirtshaus mit Kachelofenstube, deftiger Hausmannskost und Mehlspeisen aus eigener Konditorei. Mo Ruhetag. 8 neu möblierte Komfortzimmer. DZ 44–46 €. Rappottenstein 35, ✆ 02828/8204.

- *Baden* **Waldbad**, romantischer Badesee, im Ort Rappottenstein. Juni bis Aug. tgl. 12–18 Uhr. ✆ 02828/8487.
- *Veranstaltungen* **Klangburg**, Ende Juni/Anfang Juli, Festival für klassische Musik mit Konzerten und Workshops. www.klangburg-festival.at.

Umgebung von Rappottenstein

Freilichtmuseum Brettersäge in Kirchbach: 3 km nordwestlich von Rappottenstein befindet sich am Rande des Weilers Kirchbach die letzte wasserbetriebene

Brettersäge Ostösterreichs. Wer sie im Einsatz sehen möchte, ruft mit einer Klingel den Sägemeister.

Öffnungszeiten/Anfahrt Ostern bis 1.11. tgl. 9–11.30, 13–17 Uhr. An der B 124 Richtung Arbesbach kurz nach Rappottenstein rechts ab (brauner Wegweiser), dann noch 3 km.

Naturdenkmal Lohnbachfall: 8 km südlich von Rappottenstein stürzt der Lohnbach, kurz bevor er in den Kleinen Kamp mündet, in einer gut 200 m langen Steilstufe über grün bemooste, mächtige Granitblöcke oder verschwindet völlig unter ihnen. Dieses kleine, wildromantische Naturjuwel wurde mit Holzstufen (Vorsicht bei Nässe!) begehbar gemacht.

Anfahrt auf der Strecke Rappottenstein-Schönbach befindet sich 1 km südlich von Pehendorf unweit der Straße (grüner Wegweiser) ein Parkplatz, von dort noch 20 Min. zu Fuß.

Wallfahrtskirche Schönbach

Der beschauliche Ort, 10 km südlich von Rappottenstein und rund 750 m hoch gelegen, überrascht mit einer prachtvoll ausgestatteten spätgotischen Kirche. Im hellen, geräumigen Inneren gibt es drei gotische geschnitzte Flügel- und drei Barockaltäre. Bis zum 18. Jh. war die Kirche dank der wundertätigen Gnadenstatue Maria Rast gegenüber der Kanzel ein bekanntes Wallfahrtsziel. Sogar Mitglieder des Kaiserhauses pilgerten hierher. Wertvollstes Stück ist der Hochaltar von 1490 mit fünf lebensgroßen Heiligenfiguren in der Mitte und acht bunt bemalten Reliefs in den Flügeln. Eigenwillig ist der mittlere Barockaltar mit der Skulptur des Gekreuzigten, der echtes Haar auf dem Kopf trägt.

• *Anfahrt* Abzweigung von der B 124 zw. Rappottenstein und Arbesbach, dann noch 7 km. Parkplatz unterhalb der Kirche!

• *Übernachten/Essen* *** **Gasthof zur Post**, Wirtshauskulturwirt im Zentrum von Schönbach, Waldviertler Hausmannskost mit Zutaten aus der eigenen Fleischerei, schöner Gastgarten. Mo Ruhetag. 4 neue Komfortzimmer, Leih-Mountainbikes. DZ 44–46 €. Schönbach 22, ✆ 02827/230.

Traunstein

Der kleine Markt liegt hingewürfelt auf einer weiten Anhöhe auf 923 m, 9 km östlich von Schönbach, und ist von imposanten Felsgruppen umgeben. Sein Ortsbild wurde geprägt vom örtlichen Bildhauerpfarrer Prof. Josef Elter (1926–1997). Er ließ 1960 die moderne *Ortskirche St. Georg* errichten. Der außen dunkelgraue, unauffällige Granitbau beeindruckt mit dem weiten, hellen Innenraum und der spektakulären Holzdecke. Geschickt mit einbezogen sind die Reste der gotischen Vorgängerkirche. Unweit des Gotteshauses stehen Marmorskulpturen des Künstlerpfarrers, die den Weg zum modernen Bau des *Ausstellungszentrums* weisen, wo weitere Werke nach Voranmeldung (✆ 02878/6001) besichtigt werden können.

Alle anderen sehenswerten Steinskulpturen rund um Traunstein haben Wind und Wetter geschaffen: Gleich oberhalb der Kirche liegt der *Wachtstein*. Seine aufgetürmten Granitblöcke dienen seit dem Mittelalter als Aussichtsturm. Heute führt ein kurzer gesicherter Felssteig hinauf. In dem „blockreichen" Waldgelände unterhalb finden jährlich im Juli und August beliebte Feste und nächtliche Events statt. Am unteren Eingang zum Festgelände liegt auf der anderen Seite der Straße der *Franzosenstein*. Der tonnenschwere ovale Fels sieht aus wie ein Wackelstein, ist aber keiner. Viele Schulklassen und Napoleons Truppen – denen der Stein seinen Namen verdankt – haben sich vergeblich bemüht, ihn zu bewegen. Ein weiterer Nichtwackelstein versteckt sich im Wald: Den *Wiegenstein* erreicht man auf einem rot markierten Wanderweg (ca. 30 Min. Gehzeit), der unweit vom Sportplatz beginnt.

9 km östlich von Traunstein liegt **Ottenschlag** im oberen Kremstal. Näheres dazu s. S. 166.

„Steinjuwele" um Pretrobruck

Rund um Pretrobruck, einem kleinen Weiler an der B 124 zwischen Rappottenstein und Arbesbach, lohnt der Besuch ausgewählter Steinformationen, an denen die Gegend hier so reich ist.

Direkt im Ort zweigt eine Straße zum *Naturdenkmal Höllfall* ab (Wegweiser, 2 km). Hier überwindet der rostbraune Große Kamp eine gut 1 km lange Treppe aus riesigen, kreuz und quer liegenden Granitquadern. Wieder zurück im Ort, führt ein Weg südöstlich zum mächtigen *Froschstein* und zum *Dachstein* (Gehzeit ca. 10 Min., Wegweiser). Unter dem schützenden Dach des haushohen Felsens lädt eine Sitzbank zur Rast. Wer auf dem Weg weiter wandert, kommt nach rund 25 Min. zum oberen Ende des Lohnbachfalls (s. S. 161).

Der von Prospekten vertraute, riesige *Vogel- oder Adlerstein* liegt 500 m westlich von Pretrobruck an der B 124 Richtung Arbesbach (blauer Wegweiser). Er befindet sich links der Straße, bald nach dem für Besucher vorgesehenen Parkplatz, und ist in wenigen Minuten erreichbar. 1 km weiter folgen auf der rechten Seite der *Türken-* und der imposante *Burgstein*. Sein Fahrzeug kann man zwischen den beiden parken.

Übernachten/Essen *** **Gasthof-Pension Seidl**, große Pension in Pretrobruck, grüne, ruhige Lage, gemütliche Gaststube, 13 Komfortzimmer, teils mit Balkon, Sauna, Dampfbad, DZ rund 46 €. Pretrobruck 17, ✆ 02813/410, www.tiscover.com/seidl.

Arbesbach

Der kleine Markt (849 m) ist bekannt für den *Stockzahn des Waldviertels.* Es ist der kühn emporragende Bergfried einer alten Wehrburg, die Hadmar II. von Kuenring um 1190 auf einem gewaltigen Granitblock errichten ließ und die 1884 zur Alexanderwarte umgestaltet wurde. Die Rückseite des Stockzahns ist seither optisch wenig ansprechend, von der Plattform ganz oben genießt man aber einen grandiosen Ausblick über die Vor- zu den Ennstaler Alpen und zum Toten Gebirge, bei guter Sicht angeblich bis zum Dachstein. Von der Burg am Fuße des Stockzahns, die ab dem 16. Jh. verfiel, sind noch einige, malerisch von Föhren bestandene Mauern erhalten. In der Nähe führt ein rund 500 m langer Abstecher (blauer Wegweiser) zur *Kuenringerkanzel*, einer Granitformation.

Knapp südlich des Orts an der B 124 Richtung Königswiesen/Linz stehen im Wald drei Säulen. Sie sind die Reste eines *Galgens*, auf dem 1728 die letzte Hinrichtung stattfand (Wegweiser).

- *Verbindungen* **Bus**: Mo–Sa 2–5x tgl. mit Zwettl.
- *Öffnungszeiten (Ruine)* Schlüssel für Warte (2 €) in der Bäckerei Huber, vormals Zwettler, 50 m unterhalb des Ruinenparkplatzes, ✆ 02813/237.
- *Übernachten/Essen* **Gästehaus Huber**, freundliches Gästehaus am Ortsrand von Arbesbach mit 3 gemütlichen Komfortzimmern. Garten, Leihräder für Gäste, DZ ca. 40 €. Kamp 25, ✆ 02813/7290, www.gaestehaus-huber.at.

*** **Gasthaus-Café Kerschbaummayr**, Wirtshauskulturbetrieb am Hauptplatz, einfache, bodenständige Gaststube, Mi nur bis 14 Uhr. Café mit reicher Mehlspeisenauswahl (tgl. außer Mo ab 13.30 Uhr). 8 schlichte Komfortzimmer mit Balkon. Garten, Freibad. DZ 36–40 €. Linzer Straße 6, ✆ 02813/7230.

- *Wintersport* bei ausreichender Schneelage werden rund 15 km Loipen gespurt. ✆ 02813/302.

Umgebung von Arbesbach

Bärenwald Arbesbach: Das 1990 eröffnete, über 11.000 ha große Bärenschutzzentrum 3 km südwestlich von Arbesbach (an der B 124 Richtung Linz) bietet Bären, die zuvor nicht artgerecht gehalten wurden, ein neues naturnahes Zuhause.

Öffnungszeiten Führungen von April bis Okt. Mo–Fr 15 und 16, Sa/So 10 sowie stdl. 13–18 Uhr. Eintritt: freiwillige Spende.

Bauernmuseum Altmelon: 5 km südlich von Arbesbach (an der B 119 Richtung Grein, Hinweisschilder) kann man sich in dem kleinen Museum einen Einblick ins bäuerliche Leben zwischen 1800 und 1950 verschaffen.

Öffnungszeiten Sa/So 9–17 Uhr. Eintritt: freiwillige Spende.

Hammerschmiede: 2 km nördlich von Arbesbach (B 119 Richtung Groß Gerungs, Hinweisschilder) kann man in der revitalisierten Schmiede *Ludwig Haslinger's Hammerwerk* erleben, wie drei große, hölzerne Wasserräder einen Hammer, eine Säge, eine Bohrmaschine oder einen Schleifstein antreiben.

Öffnungszeiten Ostern bis 1.11. tgl. 10–18 Uhr. Den Museumsführer ruft man mit einer Klingel herbei, Eintritt: 2 €.

Von Arbesbach sind es noch 11 km Richtung Norden auf der B 119 bis **Groß Gerungs** (s. S. 182).

Kremstal

Die Reise entlang der Krems beginnt in **Krems an der Donau** (s. S. 108), wo der Fluss in die Donau mündet. Sie führt flussaufwärts, zunächst durch eine von Weinterrassen geprägte Landschaft, und endet rund 50 km weiter nordwestlich in der auf fast 900 m gelegenen, von tiefgrünen Wäldern, Raps- und Mohnfeldern geprägten Hochebene rund um **Ottenschlag**, die auch Quellgebiet des Kamp ist. Hauptort des Kremstals ist die Weinbaugemeinde **Senftenberg**

Rehberg: Der kleine Winzerort liegt 3 km nördlich von Krems. Links vom Krems-Fluss erheben sich auf einem hohen Felsen die Reste einer Burg aus dem 12. Jh., rechts oben am Hang liegt inmitten der Weinreben eine kleine Kellergasse (Heurigenbetriebe). An beiden vorbei führt der örtliche Rundwanderweg (blau markiert, Ausgangspunkt: Ortsbrücke, 7 km Länge).

Übernachten/Heuriger **Weinberghof Ilkerl**, neues Gästehaus mit 3 gemütlichen Komfortzimmern, großer Garten, DZ 52–60 €. Der stimmungsvolle Heurigen mit großem Garten hat im Sommer und im Weinherbst mehrmals ausg'steckt. Hauptstraße 57, ✆ 02732/85758.

Wallfahrtskirche Imbach: Kunstliebhaber legen 1 km hinter Rehberg einen Stopp ein. Dort steht die älteste zweischiffige Kirche Österreichs. Sie ist Rest eines 1269 gegründeten Dominikanerinnenklosters, das 1782 von Joseph II. aufgehoben und abgetragen wurde. Die 1284 erbaute Kirche mit dem eigenwilligen, kleinen Steinturm blieb erhalten. Im Inneren, einem hoch aufragenden, hellen Raum, ist die kunstvolle, gotische Katharinenkapelle beachtenswert, die linker Hand im 14. Jh. angebaut wurde. Sie hat interessante, teils bemalte Konsolenfiguren, mächtige Maßwerkfenster und ein schönes Kreuzrippengewölbe. Die kleine Orgel der Kirche stammt noch aus der Renaissance. Am anderen Ufer der Krems beginnt bei der Brücke ein *Kreuzweg*, dessen Stationen 2002 von der deutschen Künstlerin Maria Bußmann mit sensiblen Zeichnungen gestaltet wurden. Von oben bietet sich ein schöner Blick auf die Wallfahrtskirche und ins Kremstal.

Bauernmarkt im alten Presshaus neben der Kirche, Sa von 9–12 Uhr.

Kamptal und südliches Waldviertel

Senftenberg

Der idyllische Wein- und Erholungsort liegt 7 km oberhalb von Krems am Fuße von Wäldern und Weingärten, in denen die ausgezeichneten Tropfen der örtlichen Winzer heranwachsen. Am Beginn des lang gestreckten Orts erhebt sich malerisch am Hang oberhalb von Rebterrassen das Wahrzeichen, eine mächtige *Burgruine*. Sie stammt aus dem 12. Jh., wurde 1645 im Dreißigjährigen Krieg von den Schweden zerstört und 2001 wieder begehbar gemacht. Der Aufstieg (rund 15 Gehminuten) lohnt sich allein wegen des schönen Blicks in die Weinlandschaft des Kremstals. Auf dem Weg zur Ruine passiert man die auf einem Felsen unterhalb gelegene *Pfarrkirche St. Andreas*, die einst zum Burgareal gehörte – erkennbar am gedeckten Übergang – und noch von mittelalterlichen Wehrmauern umschlossen ist. Im 18. Jh. wurde sie barockisiert und ihr Innenraum mit einer umlaufenden Empore versehen.

Die Ruine Senftenberg thront aussichtsreich über den Weingärten

Auf der anderen Seite des Kirchenfelsens liegt das Ortszentrum mit alten Winzerhäusern, einem Sgraffitohaus (Unterer Markt 33) und den Einrichtungen des weithin bekannten Ambulatoriums Dr. Nuhr (s. u.).

Einen schönen Blick auf Ort und Ruine hat man von der *Hiesbergwarte* (427 m), einem mit Geländer gesicherten und mit einer rot-weißen Wetterfahne geschmückten Granitfelsen, den man in rund 30 Min. vom Ortsteil Hiesberg (Campingplatznähe) erreicht (grün markiert).

- *Daten* 254 m, 1970 Ew.
- *Verbindungen* **Bus**: 5–10x tgl. mit Krems.
- *Übernachten/Essen* **Weinhaus Nigl**, unterhalb der Ruine, 2004 stimmungsvoll in einen Lesehof aus dem 12. Jh. integriertes Hotel-Restaurant. Gekocht wird gehoben-kreativ aus regionalen Produkten, dazu trinkt man die berühmten Weine des Weinguts Martin Nigl. Hauptgerichte bis 18 €. 12 Zimmer und 2 Suiten im Vier-Sterne-Komfort, DZ 100–140 €. Mi–Do 18–22, Fr–Sa 12–14, 18–22, So 11–15 Uhr. Kirchenberg 1a, ✆ 02719/2609, www.weingutnigl.at.

*** **Wein-Hotel Zierlinger**, renovierter Familienbetrieb im Ortszentrum, 30 Komfortzimmer. Garten, Freibad am Kremsfluss. DZ 84–86 € oder 4 Welcome-Tickets. Oberer Markt 17, ✆ 02719/2243, www.hotel-zierlinger.at.

*** **Gasthof Hintenberger**, Wirtshauskulturbetrieb im Ort, der neben bodenständiger Küche auch 7 Komfort- und im Nebenhaus 7 einfache Zimmer bietet. Liegewiese am Kremsfluss. DZ 44–57 €. Tgl. außer Di, Mi nur bis 13 Uhr. Neuer Markt 67, ✆ 02719/2202, www.hintenberger.at.

• *Baden/Kur* **Nuhrzentrum**, Ambulatorium für physikalische Medizin und Hydrotherapie mitten im Ort, Familienbetrieb seit 1954. Hallenbad (32°C) und Sauna öffentlich zugänglich Mo/Sa 12–21, Di–Fr 9–21, So 10–19 Uhr. Eintritt: 4 €. ✆ 02719/2221-0, Schwimmbad: Durchwahl 246, www.nuhr.at.

Droß: Von Senftenberg zweigt rechts eine kurvenreiche Straße ab, die über den Heurigenort Priel in das gemütliche Winzerdorf Droß (5 km) oberhalb des Kremstals hinauf führt. Das renovierungsbedürftige örtliche Renaissanceschloss (16. Jh.) befindet sich in Privatbesitz. Sehenswert ist die daran angebaute kleine *Schlosskapelle St. Georg* aus dem 12. Jh. In dem romanisch-gotischen Bau mit dem sechseckigen Dachreiter sind Fresken von 1300 erhalten (Schlüssel im Gemeindeamt, Schloss-Str. 250, Mo–Fr 7–12 Uhr).

• *Essen* **Vorspannhof Anton Mayr**, bekanntes Weingut und Landgasthaus mitten in Droß, dort, wo früher den Fuhrwerken auf dem Weg ins Waldviertel frische Pferde vorgespannt wurden. In gemütlich-rustikalem Ambiente genießt man kreative Hausmannskost und vorzügliche Eigenbauweine. Hauptgerichte 9–20 €. Do–Fr 17–21, Sa/So 10–15, 17–21 Uhr. Betriebsferien: Ostern, Aug., Weinlesezeit, Weihnachten. Herrengasse 48, ✆ 02719/2342, www.vorspannhof-mayr.at.

Albrechtsberg an der Großen Krems

Das Kremstal ändert hinter Senftenberg seinen Charakter. Statt Weingärten säumen dichte, tiefgrüne Wälder das sich schluchtartig verengende Tal. Am längsten folgt man dem Flusslauf, wenn man 8 km hinter Senftenberg bei Obermeisling links abbiegt und über Felling und Scheutz nach *Albrechtsberg* fährt (alternativ gelangt man auch über Lichtenau dorthin):

Der 1000-Einwohner-Ort, dessen Abgeschiedenheit Stadtflüchtige als Zweitwohnsitz schätzen, liegt auf einer hügeligen, waldreichen Hochebene (705 m) weit über dem Tal der Großen Krems. Den Ort beherrscht ein dreigeschossiges, mittelalterliches Schloss aus dem 13.–16. Jh., das in Privatbesitz und nicht zugänglich ist. Angeschlossen ist die kleine *Pfarr- und Wallfahrtskirche Maria Stiegen*, die 1770 an Stelle der gotischen Burgkapelle (Reste als Seitenkapelle erhalten) errichtet und innen prachtvoll und bunt in Scheinarchitektur ausgemalt wurde. Die spätgotische Gnadenstatue aus dem 15. Jh. steht am Hochaltar. Hier wirkt übrigens ein in Österreichs Medien oft präsenter Gottesmann namens Hans Denk, der ob seiner profunden Kenntnisse Weinpfarrer genannt wird.

Burg Hartenstein und Kremstalhöhlen

Ein wahres Paradies für Geologen, Archäologen, Wanderer und Abenteuerlustige ist das Gebiet um den sog. *Zwickl*, wo Kleine und Große Krems ineinander fließen. Der Zusammenfluss liegt landschaftlich überaus reizvoll im dunklen Nadelwald etwa 5 km südöstlich von Albrechtsberg und ist nur zu Fuß (30 Min.) erreichbar.

Vom Parkplatz geht es auf einer Forststraße entlang der Kleinen Krems, vorbei an Sicherheitsschranken wie aus einem James-Bond-Film. Nach wenigen Minuten erhebt sich völlig überraschend auf einem imposanten Felsen über dem Fluss *Burg Hartenstein*. Sie wurde im 12. Jh. von Heinrich von Kuenring errichtet und verfiel ab dem 17. Jh. Bergfried und Mauerreste blieben erhalten, die Vorburg wurde 1892 neugotisch wieder errichtet. Frisch renoviert, ist sie heute im Besitz der IT-Firma Beko, die hier ein Institut für Humaninformatik betreibt. Die kryptischen Informationen am Portal und Überwachungskameras erinnern wieder an einen Spionagefilm.

Um zu den *Kremstalhöhlen* zu gelangen, wechselt man 150 m vor der Burg ans andere Fluss-Ufer. Direkt im Burgfelsen befindet sich die 22 m lange *Gudenushöhle* (Wegweiser), in der man um 1884 über 10.000 Fundstücke (Faustkeile, Knochenpfeife etc., heute im Naturhistorischen Museum in Wien) aus der Steinzeit (100.000–10.000 v. Chr.) entdeckte und die einer der ältesten Siedlungsplätze Mitteleuropas ist. Weiter an der Krems entlang führt kurz darauf links ein blau markierter Weg steil bergauf zur imposanten *Eichmayerhöhle* und zum Felsbogen *Steinerner Saal* (10 Min.). Nur Klettersteig-Erfahrene sollten hier an der blauen Markierung weiter zur *Schusterlucke* und steil bergab zum Zwickl gehen. Alle anderen kehren beim Steinernen Saal wieder um, steigen hinab und gelangen ebenerdig entlang der Kleinen Krems dorthin.

Anfahrt Von Albrechtsberg 3 km südlich nach Els, im Ort links Richtung Purkersdorf/Weinzierl abzweigen, Parkplatz nach 1 km unten im Tal bei der Kremsbrücke.

Mohnlandschaften

Das raue Waldviertler Klima mit dem morgendlichen Taubefall eignet sich besonders für den Mohnanbau. Seit dem 13. Jh. gedeiht hier die Sorte Graumohn, die von der EU als Marke geschützt ist. Der Mohnanbau wurde von den Klöstern gefördert, die das Mohnöl als Arznei und zur Erhaltung des Ewigen Lichts in den Kirchen nutzten. In den 1930er Jahren notierte der Mohn gar an der Londoner Börse. 30 Jahre später war er fast verschwunden. In den 1980er Jahren begann man, den Anbau wieder zu intensivieren. Ein gewiefter Wirt und engagierte Mohnbauern nutzten die Gunst der Stunde und gestalteten ihr 100-Einwohner-Dorf Armschlag zum Mohndorf um. Von den Gärten bis zum Gasthaus dreht sich seither alles um den Mohn. Alljährlicher Publikumsmagnet sind der Mohnkirtag im September und zuvor die Mohnblüte Ende Juni. Die weiß-, rot- und violettfarbenen Blütenmeere locken Fotografen, Künstler und Touristen aus nah und fern an. Nur zwei Wochen dauert dieses Naturschauspiel, denn jede Blüte öffnet sich nur einen einzigen Tag (das Mohntelefon 02872/7421 gibt Auskunft). Erntezeit ist im August. Dann wird aus den Graumohnkapseln, die im Gegensatz zu Schlafmohn nur Spuren von Opium enthalten und daher gesetzlich zugelassen sind, der Samen gewonnen. Er ist in der Küche begehrt, ganz oder gemahlen (s. S. 41) oder kalt gepresst als gesundes Öl. Getrocknete Mohnkapseln dienen als Dekorationsmaterial und mit kaum zu überbietender Kreativität werden vielfältigste Mohnprodukte geschaffen. Die Mohnseife gilt dabei fast schon als banal.

Ottenschlag und Armschlag

Die 700–850 m hoch gelegenen Orte im Quellgebiet der Kleinen und Großen Krems haben sich in den letzten Jahren als Mohnland einen Namen gemacht. Über 200 ha in der hügeligen, an Nadelwäldern reichen Umgebung sind mit Mohn bepflanzt. Aus dem Kremstal über Kottes (dem Ort mit dem 1. Bierbad Niederösterreichs, s. Übernachten) kommend, stößt man zunächst auf Ottenschlag. Der Marktflecken an der Nord-Süd-Verbindung B 36 besitzt einen netten, rechteckigen Hauptplatz und ein wehrhaftes Schloss von 1523. Die U-förmige Anlage mit drei von Kegeldächern besetzten Ecktürmen wird von einer Tourismusfachschule genutzt. 2 km südlich des Ortszentrums eröffnete 2003 im Waldviertler Mohnhof Gessl Österreichs erstes *Mohnmuseum*, eine kleine, liebevoll gestaltete Schau mit allerlei Wissenswertem zur Pflanze und einer Mohnmühlensammlung (Mo–Sa 8–18 Uhr, Eintritt frei). Zentrum der Mohnregion ist **Armschlag** 4 km nördlich (über die B 36). Es nennt sich Mohndorf, bietet einen Mohnwirt, einen Mohnlehrpfad, einen Mohngarten, einen Bauernladen mit Mohnprodukten, einen Mohnstrudelweg und einen Mohnkirtag.

• *Verbindungen* **Bus**: Mo–Sa 3–5x tgl. mit Krems, Melk, Zwettl. So max. 1x tgl.

• *Einkaufen* **Waldviertler Mohnhof**, in Haiden 2 km südlich von Ottenschlag, erzeugt und verkauft weithin bekannte Grau-, Blau- und Weißmohnöle. Mo–Sa 8–18 Uhr. ✆ 02872/7449.

Bauernladen, Armschlag, beim Mohnwirt, diverse Mohnartikel, Juli/Aug. tgl. 11–16 Uhr, Juni/Sept. nur Sa/So.

Roggenhof mit Whisky-Brennerei, in Roggenreith 10 km südlich von Ottenschlag (über die B 36), Mo–Sa 8–18 Uhr, eine Whiskyerlebniswelt ist im Entstehen. Roggenreith 3, ✆ 02874/7496.

• *Übernachten/Essen/Bierbad* **Mohnwirt Neuwiesinger**, Armschlag, beste Mohnküche Österreichs, von der Mohnschöberlsuppe bis zur Mohntorte, die es auch zum Mitnehmen gibt. Daneben auch mohnloses Essen. Warme Küche mittags und abends, Hauptgerichte 8–16 €. Mi–So geöffnet. ✆ 02872/7421, www.mohnwirt.at.

Gasthaus Renner, Wirtshauskulturwirt am Marktplatz von Ottenschlag, Waldviertler Küche in schlichtem, bodenständigem Ambiente. Gastgarten. Mi Ruhetag. Unterer Markt 21, ✆ 02872/7235.

*** **Gasthof zur Kirche – 1. Bierbad Niederösterreichs**, Marktplatz in Kottes (6 km östlich von Ottenschlag). Deftige Waldviertler Hausmannskost. Di–So 11–21 Uhr. 9 Komfortzimmer, Sauna, Solarium. DZ 44–60 €. **Bierbad**: Sept. bis Mai Di–Sa 16–22 Uhr; 20 Min. lang sitzt man im Holzbottich im temperierten Wasser, dem u. a. Hopfen und Zwicklbier beigegeben wird, was gegen unreine Haut und Akne helfen soll; anschließend entspannt man sich im Heubett, Kosten: 50 €; günstig sind Bierbad-Wochenendpauschalen. Kottes 21, ✆ 02873/7254, www.waldviertler-bierbad.at.

• *Baden* Oberer Ortsteich in Ottenschlag mit Kinderrutsche, Sandstrand, Insel, Ruderbootverleih.

Tipp für Mountainbiker: Ab dem Gemeindeamt Ottenschlag beschildert ist die 15 km lange, landschaftlich reizvolle, einfache *Teich-Strecke*, die an mehreren Teichen vorbei führt.

• *Wandern* **Mohnstrudelweg**: rot-grün markierter Wanderweg ab Armschlag. Es geht über Bernreith und den idyllischen Weyrerteich nach Ottenschlag (ca. 2 Std.), am Fuß des Osterbrunnbergs weiter nach Sallingberg und von dort nach Armschlag zurück (Gehzeit: 5 Std.). Abkürzung von Ottenschlag direkt nach Armschlag möglich.

• *Veranstaltungen* **Mohnkirtag**, in Armschlag, 3. So im Sept., mit Volksmusik und -tanz sowie Mohnspezialitäten.

An der B 36 sind es von **Ottenschlag** bis **Zwettl** 23 km nach Norden (s. S. 151) und 15 km nach Süden bis **Pöggstall** (s. S. 169). Über die B 217 geht es 21 km kurvenreich bergab bis nach **Spitz an der Donau** (s. S. 78).

Ysper- und Weitental

In der südwestlichen Ecke des Waldviertels erstreckt sich von Persenbeug an der Donau Richtung Norden der rund 15 km lange, mächtige Bergrücken des **Ostrong**. Seine höchste Erhebung, der Große Peilstein (1061 m), ist zweithöchster Gipfel des ganzen Waldviertels. Hufeisenförmig umschlossen wird der Ostrong vom Ysper- und Weitental, im Norden folgt der große Weinsberger Wald.

Das westlich gelegene **Yspertal** ist wildromantisch. Es ist geprägt von weiten Wiesen, moosgrünen Wäldern und Granitblöcken, deren bizarre Formationen Ziel markierter Wanderwege sind. Bekanntestes Naturdenkmal ist die Ysperklamm, Hauptorte des Tals sind **Altenmarkt** und **Ysper**. Kunsthistorische Kleinode findet man im **Weitental**. Bedeutendster Ort ist hier **Pöggstall**, das in einer idyllischen, hügeligen Bilderbuchlandschaft liegt und für sein mildes, nebelfreies Klima bekannt ist.

Wildromantische Ysperklamm

Wer abseits der Touristenströme Erholung sucht, wird sich im Ysper- und Weitental wohl fühlen. Die Täler werden auch als „Wanderregion Südliches Waldviertel" beworben. Alle Wanderwege sind vorbildlich markiert.

Wandern Wanderkarte „Das Südliche Waldviertel", Maßstab 1:40.000, mit 45 detailliert beschriebenen Wanderrouten ist bei Tourismusverbänden (✆ 02822/54109) für ca. 4 € (zzgl. Versandkosten) erhältlich.

Altenmarkt, Ysper und Umgebung

Das Yspertal erreicht man von Persenbeug im Donautal über die B 36 (12 km) oder von Norden her ab Zwettl bzw. Pöggstall (10 km). Die *Pfarrkirche Ma. Magdalena* von Altenmarkt besitzt ein Altarbild von Paul Troger und einen Kreuzweg vom Kremser Schmidt. Im gegenüber gelegenen Ysper sollte man einen kurzen Blick in die *Pfarrkirche St. Lorenz* werfen, die eine prachtvolle, neugotische Ausstattung aufweist. Ansonsten ist Wandern angesagt.

- *Daten* 498 m, 1906 Ew.
- *Verbindungen* **Bus**: nur zu Schulzeiten Mo–Fr 3–5x tgl. mit Melk bzw. Ybbs.
- *Übernachten/Essen* Zahlreiche, bei Bus- und Seniorengruppen beliebte Hotel-Gasthöfe:

*** **Landhotel Grüner Baum**, Ysper, Vierkanthof aus dem 17. Jh., kinderfreundlicher Familienbetrieb mit 35 Komfortzimmern, teils mit Balkon. Sauna. DZ ca. 64 €. Ysper 1, ✆ 07415/7218 od. 6510, www.gruenerbaum.net.

*** **Gasthof-Pension Drei Hacken**, Ysper, Traditionsgasthaus mit 30 Komfortzimmern, Leihräder für Gäste, Sauna, spezialisiert auf Gruppen. DZ 50–60 €. Ysper 3, ✆ 07415/7216, www.dreihacken.at.

*** **Gasthof Peilsteinblick**, in Stangles, 4 km Richtung Ysperklamm. Wirt Hans Krenn ist ein renommierter Schnapsbrenner, seine Frau zaubert regionaltypische, kreativ verfeinerte Schmankerl auf den Teller. Wirtshauskultur, Hauptspeisen 5–15 €, Mi–So geöffnet. 14 neue Komfortzimmer, DZ 54–56 €. Stangles 41, ✆ 07415/7258, www.wirtshausbrennerei.at.

Gasthof zum Grünen Ast, Altenmarkt, Wirtshauskulturwirt mit Waldviertler Küche und rustikalen Wirtsstuben, schöner Gastgarten. Di Ruhetag. Altenmarkt 24, ✆ 07415/7269.

Biobauernhof Dangl, nördlich von Yspertal, 5 neue, schöne Komfortzimmer, eigene Biererzeugung, Schwimmteich, Pferdeunterkünfte, Leihräder. DZ 40–46 € oder 2 Welcome-Tickets. Höf 61, ✆ 07415/7371.

• *Baden/Angeln* Erlebnishallenbad in Ysper, tgl. außer Mo. Badesee Puschacherteich, 2 km nördlich von Ysper.

Wandern

Herzsteinweg-Yspertal: Auf Wald- und Wiesenwegen zu imposanten Granitgebilden führt dieser gut als Nr. 34 markierte Rundweg, der am Marktplatz in Ysper beginnt (Gesamtgehzeit: ca. 3½ Std.). Ein Abstecher (200 m, beschildert) nach rund 1 Std. Gehzeit bringt Wanderer zur Felsformation des 10 m hohen *Totenkopfsteins*, dessen düstere Augenhöhlen manchen Waldviertelprospekt zieren. 30 Min. weiter passiert der Rundweg einen 5 m großen Stein in Form eines auf dem Kopf stehenden Herzens. Wer unter dem Stein durchkriechen kann, soll der Legende nach von Sünden und Leiden befreit werden.

Ysperklamm: Die romantische Schlucht, in der die Ysper auf ihrem Weg vom Weinsberger Wald zur Donau 1,5 km lang über Felsbrocken und bemooste Steine stürzt und dabei rund 300 Höhenmeter überwindet, ist durch einen gut gesicherten Steig (Nr. 32) mit Brücken und Leitern erschlossen. Er beginnt unweit des Gasthofs Forellenhof, der 7 km nördlich von Altenmarkt nach Pisching (Wegweiser) liegt. Nach rund 1 Std. erreicht man den Ödteich am oberen Ende der Klamm (Tafel), der heute von Fichten bewachsen ist. Er diente vom 16. Jh. bis 1929 der Holzschwemme. Das Wasser der Ysper wurde hier gestaut und dann mitsamt den Holzstämmen in einem Schwall und mit lautem Gedonner die Klamm hinunter gelassen und bis zur Donau geschwemmt. Über den Anstiegsweg oder über eine Forststraße kann man vom Ödteich wieder zum Ausgangspunkt zurückkehren (Gehzeit 1¾ Std. hin und zurück). Wer Ausdauer hat, kann den Rückweg um 2½ Std. ausdehnen und vom Ödteich über den *Druidenweg* (Nr. 31) entlang des Kaltenbergs und vorbei an eigenartigen Felsformationen und Schalensteinen zum Ausgangspunkt zurück gelangen.

Essen **Forellenhof**, Gasthof mit bodenständiger Küche, schöne Terrasse, Forellengerichte, Mi Ruhetag, Yspertal, Klaus 74, ✆ 07415/7349.

Pöggstall

Der im sanftwelligen grünen Weitental reizvoll gelegene Ort wartet mit einem Schloss samt Folterkammer auf.

Das im Zentrum an der Hauptstraße gelegene *Schloss Pöggstall* mit dem einzigartigen Rondell, einer runden, trutzigen Vorburg aus der Renaissance, ist die Hauptattraktion. Es wurde 1535 unter Kaspar von Rogendorf errichtet (daher auch der alternative Name Schloss Rogendorf) und ist mit Schießscharten und im runden Innenhof mit Sgraffitobändern versehen. Bauhistorisch bedeutsam ist, dass die Pläne für das Rondell aus einem von Albrecht Dürer verfassten Lehrbuch für Befestigungsbauten stammen. Das durch diese Bastion geschützte Schloss stammt ursprünglich aus dem 13. Jh. und erhielt im 16. Jh. einen zweistöckigen, bemalten Renaissance-Arkadenhof. Vom früheren Bau erhalten ist eine spätgotische Steinwendeltreppe (im Hof gleich links). Ältester Teil ist der Bergfried (13. Jh.), in dem sich die einzige, original erhaltene Folterkammer Österreichs befindet. Sie wurde erst im 19. Jh. entdeckt und ist mit Daumenschrauben, Streckleitern und anderen grausamen Marterinstrumenten ausgestattet. Das thematisch entsprechende *Rechtsgeschichtemuseum* ist im Rondell untergebracht. Es informiert umfassend über die verschiedenen Verhör- und Strafmethoden des Mittelalters bis zur Abschaffung der Folter

1776. Außerdem im Schloss zu sehen sind eine *Dokumentation* und wechselnde Sonderausstellungen über den Pöggstaller Grafiker Franz Traunfellner (1913–86), der für seine Waldviertler Holzschnitte bekannt ist, sowie ein *Imkerei-* und ein umfangreiches *Märchen- und Puppenmuseum.*

Die ehemalige Schloss- und heutige *Pfarrkirche St. Anna* außerhalb der Burg besitzt in ihrem zweischiffigen Inneren eine bemerkenswerte, bemalte Emporenbrüstung und einen kleinen, spätgotischen Doppelflügelaltar (1480).

Die frühere Pfarrkirche *St. Anna im Felde* (14. Jh.) außerhalb des Ortszentrums (Wegweiser) beeindruckt mit ihrer malerischen Lage auf einem Hügel und ihrem fast südländischen Anblick: ein überbreiter Bau mit einem mächtigen Walmdach, ein gedrungener Viereckturm, ein gotischer Chor, umschlossen von einer Mauer. Im Inneren (Besichtigung ✆ 02758/2245) bewahrt sie Grabsteine der Rogendorfer Schlossherren.

• Daten 462 m, 2740 Ew.

• Verbindungen **Bus**: Mo–Sa 2–6x tgl. mit Melk.

• Öffnungszeiten **Schloss Pöggstall**, 1.4. bis 31.10. Di–So 9–12, 13–17 Uhr, Juli/Aug. Do auch bis 19 Uhr. Die Folterkammer ist nur mit Führung zugänglich (mind. 3 Pers., stündlich; Dauer: 50 Min., zuerst werden die Schlossräume und das Heimatmuseum gezeigt). Eintritt: Folterkammer 4 € (Kinder 2,50 €), Rechtsgeschichtemuseum u. Folterkammer 7 € (Kinder 4 €), alle Museen 13 € (Kinder 8,50 €), Traunfellner, Imker, Märchen jeweils 3 € (Kinder 1,50 €).

• Einkaufen **Kunstglasbläserei** Walter Faffelberger, Mo–Fr 10–12, 15–18 Uhr, Sa 9–12 Uhr. Hauptplatz 11, www.hotglass.at.

• Übernachten/Essen **Gasthof Gerstbauer**, gemütlich-rustikale Gaststube, regionale Spezialitäten, ganztägig warme Küche, Hauptgerichte 6–11 €, 8 Komfortzimmer, teils mit Balkon. DZ 44–50 €. Di/Mi Ruhetag, Badgasse 22, ✆ 02758/2800, www.gerstbauer.tk.

Schloss-Stüberl, im Rondell mit Gastgarten im Innenhof, 1.4. bis 31.10. geöffnet, warme Küche und kleine Imbisse, ✆ 02758/2205.

Camping Mandlgupf, 25 Stellplätze in ruhiger Waldlage, einfach ausgestattet, Imbiss, Restaurant, Sportzentrum und Freibad nebenan, 2 Pers., 1 Auto, 1 Zelt ca. 17 €, 1.6. bis 30.9., ✆ 02758/2383.

• Baden **Mandlgupfbad**, Freibad mit Erlebnisrutsche. Beim Campingplatz.

Umgebung von Pöggstall

Burgruine Streitwiesen: Die 3 km südöstlich an der B 216 gelegenen weiträumigen Überreste einer Burg des 13. Jh. mit Ringmauer, Wehrtürmen, Bergfried und Wohnturm sind frei zugänglich. Die Einrichtungen im restaurierten, abgesperrten Teil können von Jugendgruppen genutzt werden (www.streitwiesen.org).

Wallfahrtskirche Heiligenblut: Wegen ihres 8 m hohen, kunstvollen spätgotischen Sakramentshäuschens verlassen Kunstfreunde die B 216 südlich von Streitwiesen und steuern diese 3 km abseits stehende Kirche (15. Jh.) an. Zu sehen gibt es außerdem originale Glasfenster von 1498.

Weiten: In dem Ort 3 km südlich von Streitwiesen gibt es Sonnenuhren, Planetenmodelle und die spätgotische *Wehrkirche St. Stephan* mit einem frei stehenden Turm zu sehen. Beachtenswert ist ihr Chor, der wie eine Brücke über (!) einen Fahrweg erbaut ist und im Inneren wertvolle Fresken und an die 80 farbige Glasfenster aus dem 14./15. Jh. aufweist. Erwähnt seien auch die Grabdenkmäler aus dem 16./17. Jh., von denen eines eine seltene Ritztechnik aufweist. Die örtliche *Schlosserei Jindra* hat sich auf Sonnenuhren spezialisiert und informiert in einer Ausstellung über deren Funktion und Herstellung. Weil im ganzen Weitental allerlei Sonnenuhrmodelle (z. B. moderne Millenniumsuhr am Prangerplatz in Weiten) zu sehen sind, erhielt es den Beinamen „Tal der Sonnenuhren“. Nicht nur der Sonne, sondern dem ganzen Sonnensystem – maßstabsgetreu verkleinert – ist man am *Planetenwanderweg* (Nr. 81) auf der Spur: Auf 3,6 km bzw. in einer Stunde passiert man beginnend bei der Informationstafel an der Weiten-Brücke die Sonne, Planetenmodelle, Schautafeln und die Burgruine Mollenburg (früher in Besitz des Wiener Journalisten und Politikers Dr. Jörg Mauthe, 1924–86).

Öffnungszeiten Sonnenuhren-Ausstellung: April bis Okt. Mo–Fr 8–12, 14–18, Sa 8–12 Uhr. Eintritt: 3 €.

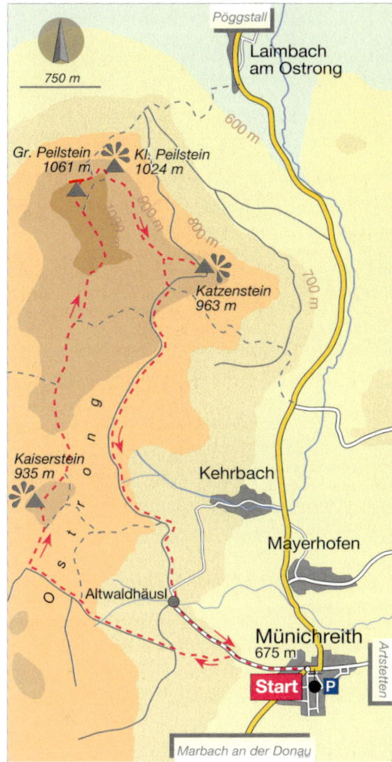

Wanderung 6: Aussichtsgipfel am Ostrong

Am Ostrong

Idyllisch in einer saftig grünen, waldreichen Erholungslandschaft liegen die Orte mit dem Zusatz „am Ostrong". Sie sind ideale Ausgangspunkte für Wanderungen, für Kost und Logis ist gesorgt. **Laimbach** (528 m) am Nordende und direkt unter den höchsten Gipfelfelsen des Ostrong (1061 m) gelegen, bietet den kürzesten und steilsten Anstieg nach oben. 6 km südlich in **Münichreith** (675 m) startet die schönste Rundwanderung über den Bergrücken (s. u.). Der Ort besitzt auch eine alte, romanische Dorfkirche (14. Jh.) mit einem Altarbild des Kremser Schmidt. An der Strecke von Laimbach nach Münichreith lohnt ein Abstecher hinauf nach **Neukirchen** (721 m) zur romanisch-gotischen Wallfahrtskirche (12. Jh.). Im stimmungsvollen, vierschiffigen Inneren bemerkenswert sind Gewölberippen aus Terrakotta und die Fresken im Chor (1410), die Christus und die 12 Apostel sowie die Hl. Drei Könige zeigen. Die Gnadenstatue am barocken Hochaltar stammt von 1375.

• *Einkaufen* **Waldviertler Heuunterbetten** gibt es in Kollnitz südlich von Münichreith. Ihnen wird eine gesundheitsfördernde Wirkung durch Strahlungswärme nachgesagt. Rund 150 € kostet eine Unterlage, teurer ist sie mit Lavendel-, Melisse- oder Kamillenfüllung. Kollnitz 12, ✆ 07413/6396, www.heuunterbetten.at.

• *Übernachten/Essen* *** **Schreiner's Landgasthof**, traditionelles Einkehrgasthaus, das zum gediegen-rustikalen Landhotel ausgebaut wurde. 29 schöne Komfortzimmer im Landhausstil, Sauna, Kneippanlage, Laufstrecke vor dem Haus. DZ 70–80 € oder 4 Welcome-Tickets. In den gemütlichen Gaststuben wird Waldviertler und klassisch österreichische Kost aus regionalen Produkten serviert. Mi Ruhetag. Laimbach 5, ✆ 02758/5301532, www.schreiners.at.

** **Wirtshausbrauerei Haselböck**, mitten in Münichreith gelegener Wirtshauskulturbetrieb mit solider Küche, der hausgebrautes „Haselbräu" ausschenkt. Mi Ruhetag, Di nur bis 13 Uhr geöffnet, Hauptspeisen 6–9 €. 8 Zimmer mit Du/WC, DZ 40–44 €. Münichreith 3, ✆ 07413/6119, www.wirtshausbrauerei.at.

Kaiserstein am Ostrong – ein majestätischer Rastplatz

Wirtshaus Zum Grünen Baum – Jagsch, gegenüber der Wirtshausbrauerei, bodenständiges Wirtshaus mit deftiger Hausmannskost, 5 schlichte Komfortzimmer, DZ ca. 40 €. Münichreith 24, ✆ 07413/6108.

Gasthof Alpenblick, Ausflugsgasthof in Pargatstetten südlich von Münichreith, der bei klarer Sicht seinem Namen alle Ehre macht. Gutbürgerliche Küche, Vegetarisches, aber auch Heurigen- und Jausenkarte. Tgl. geöffnet. Pargatstetten 10, ✆ 07413/6362.

• *Wandern* Der Aufstieg von **Laimbach** (528 m) auf den Kleinen Peilstein (Weg Nr. 55) beginnt bei der Pfarrkirche, führt kurz an der Straße Richtung Münichreith entlang und dann durch den Wald über die *Schneidermauer* steil bergauf zum Gipfelkreuz (2 Std., 1060 m), Rückweg über den Anstiegsweg.

Von **Münichreith** führt ein schöner, markierter Wanderweg über Pargatstetten nach Maria Taferl (8 km, 1½ Std.).

Wanderung 6: Zwei Aussichtsgipfel am Ostrong (Karte S. 171)

Schöne Ausblicke, 4 Gipfel. Gehzeit 4 Std., leicht.

Der als Nr. 51 markierte „**Kaiserstein-Peilstein-Rundwanderweg**“ beginnt bei der Johanneskapelle in **Münichreith**. Auf der Straße geht man Richtung **Altwaldhäusl** und zweigt vor den Häusern links in einen Güterweg ab. Durch den Wald geht es bergauf bis zu einer Forststraße, die rund 3 km bis zu einer Wegkreuzung leicht bergan führt. Dort zweigt man rechts in den Wald ab und erreicht wenig steil bergauf den **Kaiserstein** (935 m, 1 Std., Rastbank, Aussicht). Weiter gemütlich den Kamm des Ostrong entlang, kommt man nach einer weiteren Stunde zum **Großen Peilstein** (1061 m). Ein Stück abwärts folgt der mit einem Kreuz markierte aussichtsreiche Felsengipfel des **Kleinen Peilsteins** (1042 m). Danach geht es bergab und links rund 1,5 km weiter bis zum **Katzenstein** (963 m), zu dem sich ein Abstecher lohnt (Aussicht). Wieder zurück erreicht man wenig später bei einem Bildstock eine Forststraße, die immer bergab zum Ausgangspunkt zurückführt.

Bärnkopf-Gutenbrunn

Von Pöggstall gelangt man auf der B 36 durch das Hölltall stetig bergan bis Martinsberg, wo man nach links in den Weinsberger Wald abzweigt. Nach insgesamt 13 km trifft man auf das idyllische **Gutenbrunn** (858 m), in dessen Ortsmitte ein klassizistisches *Landschloss* von 1771 steht (Privatbesitz der Familie Habsburg). Bauherr der hufeisenförmigen Anlage war der frühindustrielle Holzunternehmer Joseph von Fürnberg, der von hier seine Hölzer durch den Weitenbach nach Luberegg an die Donau schwemmte, wo er ebenfalls ein Schloss besaß (s. S. 66). Zusätzliches Wasser für die Holztrift kam von extra dafür angelegten Teichen, die noch heute um Gutenbrunn zu finden sind. 10 km weiter westlich, knapp an der Grenze zum oberösterreichischen Mühlviertel, liegt **Bärnkopf**.

Die beiden Dörfer, die auf fast 1000 m inmitten des riesigen, nordisch anmutenden Weinsberger Waldes liegen, sind untrennbar mit Schilanglauf und Mountainbikefahren verbunden. Über 140 km Loipen in schneesicherer Höhenlage locken im Winter unzählige Langläufer in diese idyllische Ecke. Liegt kein Schnee mehr, nehmen sich die Mountainbiker das 700 km weite Wegenetz unter die Stollenreifen. Alljährlicher Höhepunkt der Radsaison ist der Granitbeißer-Marathon, Österreichs teilnahmestärkstes Mountainbikerennen. Loipen, Rad- und neuerdings Nordic-Walking-Routen folgen zum Teil der in den 1950ern stillgelegten Trasse einer zum Holztransport genutzten Schmalspurbahn – Anstiege und Abfahrten sind meist harmlos.

• *Information* **Tourismusbüro**, Bärnkopf 114, ✆ 02874/8401, www.baernkopf.com, www.gutenbrunn.at.

• *Übernachten/Essen* *** **Gasthof Marschall Stuben**, Traditionsgasthof in der Ortsmitte von Gutenbrunn, dessen Seniorwirt Gustl Marschall „Pionier des Schilanglaufs" in Österreich war. Solide Waldviertler Küche (Wirtshauskultur), 6 Komfortzimmer. Sauna, geführte Wanderungen, Langlaufkurse, Verleih von Sportgeräten. DZ ca. 52 €. Gutenbrunn 20, ✆ 02874/6294, www.marschallstuben.at.

Bühnenwirtshaus Juster, mitten in Gutenbrunn, Wirtshaus eines Heimkehrers aus der Nobelgastronomie. Mix aus Waldviertler Hausmannskost und Gourmetküche, Hauptspeisen 5–14 €. Do–Mo 9–23, So 9–21 Uhr, warme Küche mittags und abends. Mehrmals monatlich Auftritte namhafter Musiker und Kabarettisten. Die Gästezimmer aus den 70ern werden bunt renoviert, manche sind schon fertig, daher: DZ 44–70 € je nach Ausstattung. Gutenbrunn 3, ✆ 02874/62530, www.buehnenwirtshaus.at.

*** **Gasthof Schiefer**, kinder- und sportlerfreundlicher Betrieb im Zentrum von Bärnkopf, 6 Komfortzimmer, Schiverleih. DZ ca. 42 €. Gutbürgerliche Küche. Bärnkopf 112, ✆ 02874/8203.

• *Wintersport* 140 km Loipen (Skating, klassisch), Einstiegsstellen in Bärnkopf und Gutenbrunn. Tageskarte: 2 €. 3,5 km lange Flutlichtloipe. Verleih von Langlaufschiern und Schneeschuhen (4 €/Tag).

• *Wandern* 6 markierte Rundwanderwege ab dem Kirchenplatz in Gutenbrunn. Empfehlenswert ist Weg Nr. 45, der in rund 1½ Std. via Ödhof auf den Felsgipfel Hirschenstein mit schönem Blick ins Yspertal führt.

Tipps für Radfahrer: Eine einfache MTB-Route – auch mit Trekkingrädern befahrbar – ist die beschilderte *Höllberg-Strecke*. Sie beginnt am Edlesberger Teich nördlich von Gutenbrunn und führt fast ohne Steigung rund um den Höllberg (14,7 km).

• *Veranstaltungen* **Granitbeißer-Marathon**, Anfang Sept., ca. 1000 Teilnehmer in den Kategorien light (29 km), medium (50 km) und extreme (111 km).

Haushohe Granitblöcke sind ein Markenzeichen des Waldviertels

Oberes Waldviertel

Hochwälder, Seen und Karpfenteiche, geheimnisvolle Moore und bizarre Steinblöcke prägen diese ursprüngliche Gegend, deren Reiz man sich kaum entziehen kann. Vieles gibt es zu entdecken: magische Kraftplätze, uralte Wehrkirchen, authentische Wirtsstuben und einsame Burgen.

Zum Bierbrauen braucht man kühle Nächte für den Hopfen und klares Wasser. Schon seit 1321 gelingt daher das Bier in der mittelalterlichen Braustadt **Weitra** besonders gut. Heilsames Moor und frische Luft lassen den Gesundheitstourismus um **Moorbad Harbach** und **Groß Gerungs** florieren. In den Naturparks bei **Heidenreichstein** und **Schrems** kann man lohnenswerte Wanderungen zu den Hochmooren unternehmen. Haushohe Granitblöcke in einzigartiger Dichte und wie von Riesenhand hingestreut liegen im **Naturpark Blockheide** bei Gmünd. Traditionelles Waldviertler Handwerk lebt in den Glasbläserwerkstätten um **Gmünd** und in den Textilmuseen im früheren „Bandlkramerlandl" um **Waidhofen an der Thaya** auf. Die sanftwellige Landschaft mit den vielen Teichen ließ in jüngster Zeit zahlreiche Golfplätze entstehen – Platz gibt es genug. Im nordöstlichsten Eck des Waldviertels, wo der grenzüberschreitende **Nationalpark Thayatal** eingerichtet wurde, bildet die Thaya ein wildromantisches Durchbruchstal, dessen Lauf eine Kette an mittelalterlichen Burgen begleitet. Auch barocke Pracht drang in den Norden vor: Sie kann am **Schloss Riegersburg** und im **Stift Geras** bewundert werden.

Weitra

Kuenringerstadt, „Perle des Oberen Waldviertels“ und älteste Braustadt Österreichs sind die Attribute dieses bezaubernden Städtchens, das von einer Wehrmauer umschlossen und einem Renaissanceschloss überragt wird.

Im Westen des Waldviertels, 12 km vor der böhmischen Grenze, besetzt die 800-jährige Burgstadt einen abfallenden Granitfelsen oberhalb der Lainsitz, die als einziger Waldviertler Fluss nicht zur Donau, sondern über die Moldau in die Elbe entwässert. Durch das zinnenbekrönte Obere Tor (1526) erreicht man den *Rathausplatz*, Mittelpunkt der historischen Altstadt, der von herausgeputzten Bürgerhäusern (16–19. Jh.) umstanden ist. Einige tragen kleine Tafeln, mit denen auf ihre Vergangenheit als bürgerliche Brauhäuser hingewiesen wird. Auf einer Terrasse oberhalb des Rathausplatzes thront *Schloss Weitra*. Am unteren Ende der Altstadt liegt der Kirchenplatz, den die *Pfarrkirche* beherrscht. Von hier lohnt sich ein Spaziergang zur außerhalb der Stadtmauern gelegenen *Bürgerspitalkirche* (14. Jh.) und zum Museum *Alte Textilfabrik* (ca. 10 Min.).

Gründer der Stadt war Hadmar II. von Kuenring, der Weitra 1201–08 als Zoll- und Grenzstadt erbauen ließ. 1296 übernahmen die Habsburger die Herrschaft, überließen sie jedoch 1581 einem Freiherrn von Wiehlroß, der die alte Kuenringerburg 1590–1606 zu einem Renaissanceschloss ausbaute. Seine Witwe heiratete den schwäbischen Grafen Friedrich von Fürstenberg, dessen Nachkommen das Schloss bis heute gehört.

Weitra – älteste Braustadt Österreichs

Die erste schriftliche Stadtverfassung von Weitra beweist es: Bereits 1321 erhielten die Bürger der Stadt das Privileg, Bier zu brauen und auszuschenken. Es war die wirtschaftliche Lebensader für die Bewohner dieser Region, deren Klima für Obst- und Weinanbau zu rau war, die aber über weiches Wasser und böhmischen Hopfen verfügte. Die größte Blütezeit der Braukultur erlebte Weitra im 17. Jh., als neben dem Städtischen und dem Hofbräuhaus (jetziges Brauhotel) 33 bürgerliche Brauhäuser bestanden. Das Braurecht war jeweils mit dem Haus („Bürgerhaus mit Braugerechtigkeit“) und nicht mit dem Bewohner verbunden. Bis heute ist die Biertradition in Weitra lebendig: Rund 8000 hl pro Jahr braut vor dem Stadttor die Bierwerkstatt Weitra, die seit 2003 zur Brauerei Zwettl gehört. Das Brauhotel Weitra am Rathausplatz besitzt eine der kleinsten Gasthausbrauereien Österreichs und das Hotel Waschka nebenan bietet exklusives Hausbier an. Die Theorie rund um den Gerstensaft vermittelt die Bierausstellung im Schloss.

- *Daten* 562 m, 3000 Ew.
- *Information* **Gästeinformation** im Rathaus, Mo–Fr 8–12, 13.30–17.30 Uhr. Rathausplatz 1, ✆ 02856/2998, www.weitra.at.
- *Führungen* Tgl. Walkman-Führungen, Sa/So gegen Reservierung bei der Gästeinformation, 4,50 € pro Walkman. **Nachtwächter-Rundgang**, Juni bis Anfang Sept., Fr/Sa 20 Uhr, 1½ Std., Anmeldung (1,50 €) bei der Gästeinformation.
- *Verbindungen* **Bus**: 5–7x tgl. mit Gmünd, 3x tgl. mit Groß Gerungs, Mo–Fr 2x tgl. mit Zwettl.
- *Waldviertler Schmalspurbahn* Weitra liegt an der Route Gmünd – Groß Gerungs. Fahrzeiten und Preise s. S. 184, Gmünd.
- *Parken* in der Altstadt Kurzparkzone Mo–Fr 8–18, Sa 8–12 Uhr.

• *Einkaufen* **Zwirnknopfindustrie Fiedler (3)**, Österreichs letzte Werkstatt, in der wie anno dazumal Zwirnknöpfe für exquisite Wäsche und hochwertige Trachten hergestellt werden. Souvenir für Handarbeitsfreunde. Mo–Fr 9–12, 13–17, Sa 9–12 Uhr. Lange Gasse 133, ✆ 02856/2235.

Kunsthandwerk aus Stroh Helene Jäger (1), schönes Geschäft am Kirchenplatz mit traditionellem Weihnachtsschmuck aus Stroh, Strohpuppen etc. Mo–Fr 9–12, 14–18, Sa 9–12, 14–17, 7.1. bis 21.3. nur Sa. ✆ 02856/2943.

Bierwerkstatt Weitra (6), Shop beim Oberen Stadttor, Mo–Fr 8–12, 13–16.30, Sa 8–11, Krüge, Gläser, Bier. ✆ 02856/2387.

Bleikristallschleiferei Ruß (2), Werkstatt mit Schauschleifen und Verkauf, Mo–Fr 8–18, Sa 8–15, So 10–15 Uhr, Böhmstraße 77/78, unweit des Bürgerspitals, ✆ 02856/3181.

• *Übernachten/Essen* ****** Brauhotel Weitra (4)**, früheres Hofbräuhaus mit empfehlenswertem, gediegenem Restaurant, Gasthausbrauerei („Weitraer Brauhausbier") und 34 modern-rustikalen Komfortzimmern. Sauna, Solarium, Mitglied der Xundheitswelt (siehe Kasten). DZ 72–88 € oder 4 Welcome-Tickets. Man genießt schmackhafte Waldviertler Küche, Biergerichte und Biermenüs aus biologischen Zutaten und zu günstigen Preisen. Gastgarten am Platz. Hauptgerichte 7–15 €. Nov. bis März Mo Ruhetag. Café-Konditorei im Haus (tgl. 7–22 Uhr). Rathausplatz 6, ✆ 02856/29360, www.brauhotel.at.

****** Gasthof-Hotel Zum Waschka (5)**, gegenüber dem Brauhotel, 12 gemütliche Komfortzimmer, Sauna, Dampfbad. DZ ca. 70 €. Restaurant mit Gastgarten am Platz. Es gibt Waldviertler und böhmische Spezialitäten und dazu das hausgebraute „Libellenbräu". Mi Ruhetag. Hauptspeisen 7–12 €. Rathausplatz 8, ✆ 02856/22960, www.waschka.at.

Café-Restaurant Schlossgarten (7), man sitzt im alten Gewölbe beim Kachelofen, im Gastgarten direkt unterm Schloss oder in den Kellerstuben bei Waldviertler Küche. Hauptspeisen 5–11 €, Mo Ruhetag, Rathausplatz 24, ✆ 2856/2402.

• *Baden* **Badeteich Hausschachen**, beim Golfplatz, Duschen, Restaurant, Tretboote, ✆ 2856/5006.

• *Golf* **Golfclub Weitra**, 18-Loch-Anlage in abwechslungsreichem Gelände mit Blick zum Schloss. Mai bis Okt., Green Fee 50–60 €. Flutlichtgolfen mit Leuchtbällen, ✆ 02856/20 58, www.golf.weitra.sws.at.

• *Veranstaltungen* **Weitraer Adventtage**, 1. Adventwochenende, romantischer Weihnachtsmarkt in der Altstadt, lebende Werkstätten, Sonderzüge der Schmalspurbahn, Konzerte. **Weitraer Bierkirtag**, Juli, Bierritterspiele, Volksmusik, Kirtagbier. **Theatersommer**, Juli/Aug., klassisches Theater im Hof des Schlosses.

Sehenswertes

Rathausplatz: Der dreieckige Platz liegt auf zwei Ebenen. In seiner Nordostecke steht eine barocke *Dreifaltigkeitssäule* (1747), seine Mitte ist bebaut, u. a. mit dem *Rathaus*, das 1892 entstanden und so eines der jüngsten Bauwerke in dem historischen Ensemble ist. An der unteren Häuserfront sticht das *Sgraffitohaus* (Nr. 4) aus der Renaissance hervor. Es zeigt Motive aus der römischen Frühgeschichte, die untere Reihe vergleicht den Mann in seinen Lebensjahrzehnten mit Tieren. Sgraffiti sieht man auch in der oberen Häuserzeile (Nr. 13). Hinter dem Rathaus kann man eine frühgotische *Zisterne* besichtigen (Schlüssel in der Gästeinformation). Geht man über das westliche, schmale Ende des Rathausplatzes hinaus, führt die Landstraße steil bergab zur Stelle des einstigen Unteren Tors (Tafel, schöner Blick ins Lainsitztal). Hier beginnen Promenadenwege entlang der Stadtmauern oder hinunter zur frühgotischen, freskenverzierten *Bürgerspitalkirche* (Schlüssel in der Bleikristallschleiferei Ruß).

Schloss: Zwei Wege, am vorderen bzw. hinteren Ende der oberen Häuserzeile am Rathausplatz, führen hinauf zur mächtigen Zinnenmauer und weiter zum vierflügeligen, dreigeschossigen Renaissanceschloss, dessen Wahrzeichen der viereckige Uhrturm ist. 1994 wurde es renoviert und ist seither für Besucher vom Keller bis zum Turm zugänglich. Man flaniert durch den wunderschönen Innenhof mit Arkaden

Übernachten
4 Brauhotel Weitra
5 Zum Waschka
Essen & Trinken
4 Brauhotel Weitra
5 Zum Waschka
7 Schlossgarten
Einkaufen
1 Stroh Helene Jäger
2 Bleikristallschleiferei Ruß
3 Zwirnknopf Fiedler
6 Bierwerkstatt Weitra
Alte Textilfabrik
Brühlzeile
Tiefenbach
Färberberg
Moorbad Harbach
Böhmstraße
Promenade
Gmünd, Altweitra
Karl - Egon - Str.
Stadtpfarr-kirche
Pfarrhofg.
Kirchenplatz
Schubertstraße
Gmünder Straße
Bürger-spital-kirche
Mühlg.
Lainsitz
Auhofg.
Kirchengasse
Oberes Tor
Sgraffito-haus
Lange Gasse
Landstr.
Untere
Dr.-Kordik-Platz
Rathausplatz
Säule
Ob. Landstr.
Brauerei
Bahnhof
Spar-kasse-platz
Rathaus
D 119
Zwettl
Bergzeile
Schlossg.
Breite G.
Hofgraben
Stadelgasse
Schloss Weitra
Am Berg
Wasserzeile
B 41
Bad Großpertholz
Schützenbergerstr.
Veitsgraben
Gansberg
Wolfgangstraße
St. Wolfgang
60 m
Weitra

Reizvolles Mittelalterstädtchen Weitra

und Barockgiebeln, der bald für den jedes Jahr hier stattfindenden Theatersommer überdacht werden soll, und sieht im Keller die Reste der früheren Kuenringerburg. Dort kann man auch eine *Bierausstellung* mit allerlei Brauwerkzeugen bewundern. Das *Schlossmuseum* informiert über die Geschichte von Stadt und Schloss. Eine Besonderheit ist das entzückende *Schlosstheater*, das 1885 im üppigen Rokokostil eingerichtet wurde und dessen goldener Schmuck aus Pappmaché besteht. Den *Schlossturm* sollte man unbedingt besteigen. Von der Plattform bietet sich ein grandioser Rundblick. Im 2. Kellergewölbe wurde 2003 die Dokumentation „Schauplatz Eiserner Vorhang" eingerichtet, die multimedial, mit vielen Fotos und interessanten Objekten, u. a. einem Stück Berliner Mauer, die Ursachen und Auswirkungen des einst an der Linie Lübeck-Triest geteilten Europas vor Augen führt.
Öffnungszeiten Mai bis Okt. tgl. außer Di 10–12.30, 14–17.30 Uhr. Eintritt: 7,20 €, Stud. 6,60 €, Familie 17,20 €.

Pfarrkirche Hl. Petrus und Paulus: Das ursprünglich romanische Gotteshaus wurde in der Gotik erweitert. Im Inneren sieht man im rechten Seitenschiff ein Passionsfresko in Fastentuch-Form (1450), die übrige Innenausstattung entstammt der Barockzeit, etwa der schöne Hochaltar und die durch ein Gitter abgetrennte Kreuzkapelle, deren Baldachin-Altar sich auf vier echte Eichenstämme stützt.

Alte Textilfabrik: Das sehenswerte Museum wurde 1990 in zwei frühindustriellen, original ausgestatteten Gebäuden einer 1843 gegründeten Modewarenfabrik eröffnet. Der Ablauf von der Produktion bis zum Verkauf wird mit einem originalen Websaal, den Nachbildungen von Wohnungen der Heimarbeiter und einer fertigen Warenkollektion veranschaulicht. Dazu lernt man alte Verarbeitungstechniken und die Welt der Fabrikarbeiter kennen. Jährliche Sonderausstellungen.
Öffnungszeiten 1. Mai bis Mitte Okt. tgl. außer Mo 10–12, 14–17 Uhr, Eintritt: 3,20 €, Schüler, Stud. 2,20 €, Familie 7,50 €.

Umgebung von Weitra

Rund um Weitra finden Kulturinteressierte sehenswerte Dorfkirchen, Naturliebhaber und Erholungssuchende unberührte Landschaften, Hobbyläufer und Gesundheitshungrige die „Xundheitswelt".

Wehrkirche Alt-Weitra: 3 km nördlich von Weitra (B 41) lag die erste Siedlung der Kuenringer vor der Gründung der heutigen Stadt. Erhalten blieb die von Hadmar II. um 1190 gestiftete Kirche, ein eindrucksvoller, romanischer Granitquaderbau mit Chorquadrat, halbkreisförmiger Apsis und einem allerdings neugotischen Dachreiter. Das Innere ist recht düster (Schlüssel im Bauernhaus Nr. 4).
Bemerkenswert ist die hinter der Kirche errichtete, wandartige Familiengruft der Fürstenberger. Sie ist ein Werk der Romantik (1843).

Wallfahrtskirche Unserfrau: 3 km nördlich von Weitra (B 41), am linken Lainsitzufer, steht etwas erhöht eine einstmals bedeutende gotische und später barockisierte Wallfahrtskirche. Im Inneren besitzt sie ein spätgotisches Sakramentshäuschen (Kirche bis zum Gitter betretbar).

Moorbad Harbach: Der kleine Ort 8 km westlich von Weitra (spärliche Busverbindungen) und kurz vor der tschechischen Grenze verdankt seine Bekanntheit dem großen Moorheilbad, das 1980 1 km südlich des Ortszentrums in Betrieb ging und Harbach eine Namenserweiterung bescherte. Es ist Kur-, Rehabilitations-, Stoffwechsel- und Lebensstilzentrum sowie Vier-Sterne-Kurhotel mit 540 Betten. Bei Therapien und Kuren wird heilendes Hochmoor eingesetzt.

Xundheitswelt und Xundwärts

Gesundheitstourismus spielt im Waldviertel eine wichtige Rolle. Diesem Trend folgt auch die „Xundheitswelt", zu der sich die Kurzentren in Moor bad Harbach und Groß Gerungs sowie vier Hotels bzw. Pensionen in Weitra und Harbach zusammengeschlossen haben. Sie bieten eine entsprechende Infrastruktur und Programme für gesundheits-, ernährungs- und sportbewusste sowie rehabilitationsbedürftige Urlauber. 2004 kam als Teil der Xundheitswelt das Lauf- und Bewegungszentrum „Xundwärts" dazu: Um die Mitgliedsbetriebe wurden 29 Lauf- und Nordic-Walking-Strecken von 180 km Länge markiert. Ergänzend dazu bietet eines der modernsten Lauftechnikzentren Europas beim Moorbad Harbach sportmedizinische und -wissenschaftliche Betreuung.

Information: ✆ 02858/5255-1650, www.xundheitswelt.at, www.xundwaerts.at.

• *Moorheilbad* ✆ 02858/52550, www.moorheilbad-harbach.at.

• *Übernachten* *** **Gasthof-Pension Nordwald**, Xundheitswelt-Mitglied, ruhige Lage, 25 gepflegte Komfortzimmer, Allergikerzimmer. DZ ca. 58 €. Eigene Forellenzucht. Nov. geschl. Hirschenwies 32, ✆ 02858/5237, www.pension-nordwald.at.

*** **Gasthof-Pension Kristall**, Xundheitswelt-Mitglied, ruhige Lage unweit der Gh.-Pension Nordwald, 10 Komfortzimmer. DZ ca. 50 €. Bleikristallschleiferei im Haus. April bis Nov. Hirschenwies 53, ✆ 02858/5236.

*** **Waldpension Märchenhotel Nebelstein**, Xundheitswelt-Mitglied, Waldrandlage, 20 märchenhaft-romantische Komfortzimmer, Hallenbad, Märchenausstellung. DZ rund 78 €. Maissen 28, ✆ 02858/5231.

Hallenkirche St. Wolfgang: Der 1407 errichtete gotische Bau in St. Wolfgang, 4 km südlich von Weitra, ist eine überbreite Hallenkirche mit einem einschiffigen Chor, der im Inneren mit Fresken (1430) geschmückt ist. Sie zeigen Szenen aus dem Leben des Kirchenpatrons. Das Augenmerk zieht der feine, holzfarbene Barockhochaltar auf sich, der 1694 von einem Tischler aus Weitra gefertigt wurde und in drei blau-goldenen Nischen spätgotische Statuen birgt. Die Seitenaltarbilder der Kirche stammen vom Kremser Schmidt.

Malteserkirche in Spital: Das Dorf, eine Kuenringergründung 4 km südöstlich (Richtung Zwettl, dann Wegweiser nach rechts), war seit dem 13. Jh. im Besitz des Malteserordens, der hier ein Pilgerspital betrieb. Zeitgleich entstand eine romanische Ostturmkirche (um 1310), die 1400 einen gotischen Chor erhielt und nach den Hussitenkriegen im 15. Jh. gotisch eingewölbt wurde. Im archaischen Inneren wurden Teile von Wandmalereien aus dem Jahr 1360 freigelegt.

Wandern Von Weitra (Sparkasseplatz) sind die Kirchen in St. Wolfgang und Spital auf dem Rundwanderweg Nr. 5 zu erwandern, der mit wenigen Steigungen durch Wald und Wiesen führt (Gehzeit: 3 Std.).

Wünschelrutenweg in Großschönau: Das Dorf 8 km südöstlich von Weitra (B 119) ist voll Energie- und Erdstrahlen. Austesten bzw. „muten" kann man das mit einer Wünschelrute (Verleih s. u.) auf einem 10 km langen Wanderweg an 60 gekennzeichneten geologischen Störzonen und Wasseradern. Der beschilderte Weg (Nr. 21) führt an sehenswerten Felsformationen vorbei und ist daher auch dann empfehlenswert, wenn man sich nicht für Radiästhesie interessiert. Ausgangspunkt ist beim BETZ (s. Info) in Großschönau (681 m). Nach ca. 1½ Std. gelangt man nach kurzem, steilem Anstieg zur gotischen *Johannesbergkirche* aus dem 14. Jh. (839 m), die früher Kapelle einer Kuenringerburg war und neben einem mächtigen Granitblock ein romantisches Bild abgibt (Kirchenschlüssel beim letzten Bauernhof vor der Kirche). Von hier geht es ein Stück zurück und dann hinauf zu den beiden *Steinernen Stuben* mitten im Wald (786 m, 1¼ Std.), die von riesigen Granitbrocken umgeben sind. Letzter Punkt der Runde nach rund 4 Std. Gehzeit ist die romanisch-gotische *Pfarrkirche Großschönau* mit Hochaltarbildern des Kremser Schmidt.

• *Wünschelrutenverleih/Information* **BETZ**, bioenergetisches Trainingszentrum, Mo 8–12, Di–Fr 8–12, 14–18, Sa 8.30–12.30 Uhr bzw. nebenan im Waldviertler Stüberl, tgl. außer Mo 14–22, Sa 8.30–22, So 8.30–16 Uhr. Wünschelrutenverleih 7,50 €, Buch mit Wegbeschreibung 10 €, einfache Wanderkarte gratis. Das BETZ veranstaltet auch Kurse und Seminare. ✆ 02815/7003. www.betz.at, www.wuenschelrute.at.

Nebelstein (1017 m)

Der Tausender-Gipfel ist zwar nicht die höchste Erhebung des Waldviertels (diese Ehre wird dem Tischberg 10 km südlich zuteil), aber die bekannteste: Er ist Kreuzungspunkt europäischer Weitwanderwege (E 8 Nordsee-Karpaten, E 6 Ostsee-Wachau-Ägäis), auf ihm befindet sich eine alpin anmutende Schutzhütte des ÖAV, und der aus Granitblöcken bestehende Gipfelfelsen, den man über eine Stiege erklimmt, bietet eine herrliche Aussicht.

Der kürzeste Anstieg auf den Berg dauert kaum 15 Min., Ausgangspunkt ist der südlich vom Gipfel gelegene Großparkplatz (957 m) an der Nebelsteinstraße zwischen Lauterbach (703 m) und Harmanschlag (740 m). Wer will, kann von diesen Talorten aus auf markierten Wanderwegen in 1–1½ Std. zum Gipfel aufsteigen.

• *Essen* **Nebelsteinhütte**, Ostern bis 2.11., 26.12.–6.1., Heurigenjause, warme Gerichte, 10 Betten, 28 Schlaflager, ✆ 02858/5293.

Gipfelfelsen des Nebelstein

• *Wintersport* In **Harmanschlag** am Fuß des Nebelsteins gibt es ein Familienschigebiet mit drei Schleppliften, Flutlicht und sechs Abfahrten, das bereits 1972 mit Kunstschnee versorgt wurde. ✆ 02857/25000, www.arralifte.at.

Bad Großpertholz und Naturpark Nordwald

Der kleine Ort **Bad Großpertholz** 13 km südlich von Weitra (B 41) gilt als Pionier des Waldviertler Gesundheits-Tourismus. Bereits 1966 wurde das mittlerweile ausgebaute Kurhotel eröffnet. Es behandelt erfolgreich mit von Hand gestochenem, 12.000 Jahre altem Großpertholzer Heilmoor Rheuma und Wirbelsäulenleiden. Attraktionen in der Umgebung sind die letzte *Papiermühle* Österreichs (s. u.), wo handgeschöpftes und unter Aquarellisten begehrtes Büttenpapier aus Alttextilien (Haderlumpen) erzeugt wird, und das Fassldorf an der Schmalspurbahn in **Abschlag**, 1 km östlich von Großpertholz. In das beliebte Ausflugsziel an einem Seerosenteich kommen Freunde jodelnder Wirte zu Speis und Trank in zwölf riesigen Weinfässern. Zwischen Großpertholz und dem 8 km südwestlich gelegenen **Karlstift**, Österreichs nördlichstem Wintersportort, erstreckt sich der **Naturpark Nordwald**. Er liegt auf rund 800 m Höhe und ist ein beliebtes Wanderareal für Familien. Beim Eingang in *Scheiben*, 1 km außerhalb von Großpertholz (Wegweiser), befinden sich ein Infoblockhaus mit Buffet (Sommerbetrieb) und ein origineller Abenteuerspielplatz. Von hier aus wandert man rechts von der Straße zu Steinriesen und in 15 Minuten zum Aussichtssturm am 957 m hohen Schwarzenberg (Münzeinwurf 1 €) bzw. links von der Straße zu weiteren Felsgebilden und einem Tiergehege mit Ziegen und Damwild. Den südlichen Teil des Naturparks, das *Hochmoor Große Heide*, erreicht man vom Stierhübelteich bei Karlstift (B 38), an dem im Sommer Badebetrieb herrscht. Dort gibt es auch ein kleines *Holzhacker- und Holztriftmuseum*. In der Nähe befindet sich ein Aussichtsturm (Gehzeit 30 Min, beschildert), von dem man das Hochmoor überblicken kann.

• *Öffnungszeiten/Anfahrt* **Papiermühle Mörzinger**, von der B 41 in Steinbach, 1 km nördlich von Großpertholz, abbiegen (Wegweiser), dann noch 1 km bis zum baufälligen Ziegelbau. Führungen, Schau- und Selbstschöpfen März bis Okt. gegen Voranmeldung, Verkauf Di/Mi 10–17, Do–So 10–24 bzw. Nov. bis Febr. Do–So 14–24 Uhr. ✆ 02857/2240, www.papiermuehle.at.

• *Übernachten/Essen* **** **Kurhotel Moorbad Großpertholz**, ✆ 02857/2273, www.moorbad-großpertholz.com.

*** **Nordwaldhof**, großer Gasthof in der Ortsmitte, bekannt für seine schmackhafte Waldviertler Küche, eigene Fleischerei. Wirtshauskultur. Mo Ruhetag. 18 moderne Komfortzimmer, DZ 50–64 €. Bad Großpertholz 34, ✆ 02857/2236, www.nordwaldhof.at.

Junges Hotel, Jugendherberge in grüner Lage, beliebt als Quartier für Schullandwochen, auch für Familien geeignet. 2 DZ und 11 4-Bettzimmer mit Du/WC. 12–15 € p. P. inkl. Frühstück, 15.4.–31.10. Bad Großpertholz 177, ✆ 02857/2965.

• *Wintersport* **Karlstift**: drei Schlepplifte, Beschneiungsanlage, 15 km Loipen (klassisch, Skating), Flutlichtloipe, Verbindung zum 30-km-Loipennetz von Liebenau (Oberösterreich).

Langschlag

Das Dorf an der B 38 südlich von Bad Großpertholz und seine hügelige, waldreiche Umgebung haben Landschaftsgenießern einiges zu bieten: Langschlag ist Station an der *Waldviertler Schmalspurbahn* und liegt am Waldviertlerbahnradweg. Ein 11 km langer, beschilderter *Steinwanderweg* (Ausgangs- und Endpunkt im Ortszentrum) führt in rund vier Stunden vorbei am Kamelstein, an einem beweglichen Wackelstein, an vier Schalensteinen und anderen Energieplätzen und Felsformationen. Seit 2002 gibt es das einzigartige *Schmetterlingsparadies* im Langschläger Wald, 3 km südlich Richtung Kainrathschlag. Es ist ein mit faltergerechten Blumenwiesen, Obstbäumen, Alpen- und Wassergärten bepflanztes Areal, in dem man auf einem Rundgang tausende Schmetterlinge in freier Natur und großer Artenvielfalt beobachten kann – vor allem an warmen Sonnentagen. Bei jeder Witterung sieht man im Dschungelhaus, im Schmetterlingspalast und in der Leuchtstation neben Orchideen auch farbenprächtige, tropische Schmetterlinge und heimische Nachtfalter (1.5. bis 26.10. tgl. 10–18 Uhr, 4 €, Kinder von 6-12 J. 2 €).

Tipp für Radfahrer: Am Bhf. Langschlag beginnt der *Waldviertlerbahnradweg* bis Weitra (24 km) und Gmünd (41 km). Von Mai bis Okt. kann man Sa frühnachmittags vom jeweiligen Endpunkt mit der Schmalspurbahn wieder nach Langschlag gelangen (Radtransport gratis).

• *Daten* 760 m, 1850 Ew.

• *Verbindungen* **Bus**: 3x tgl. mit Weitra, Gmünd und Groß Gerungs.

• *Waldviertler Schmalspurbahn* s. Gmünd.

• *Übernachten/Essen* *** **Waldviertler Hof**, im Ort gelegener Hotel-Gasthof mit 65 Komfortzimmern, meist mit Balkon, beliebt bei Bus- und Seniorengruppen. Dampfbad, Radgarage. Laufstrecken vor dem Haus. DZ 70–80 € oder 4 Welcome-Tickets. Bodenständige Küche. Franz-Diebl-Straße 41, ✆ 02814/8286, www.waldviertler-hof.at.

Gast- und Seminarhaus Wurzelhof, traditionsreicher Gasthof im alten Vierkanthof am Marktplatz mit ausgezeichneter vegetarischer und Vollwertküche und einigen Fleischgerichten, die alle im Holzofen zubereitet werden. Fr–So 11.30–14.30, 17–22 Uhr. 15 individuell-alternativ eingerichtete Zimmer mit Du/WC. DZ 45–50 €. Marktplatz 36, ✆ 02814/8378, www.wurzelhof.at.

• *Baden* **Frauenwieserteich**, 4 km westlich, Badestrand, Liegewiese, Buffet.

Groß Gerungs

Der beschauliche Kurort 6 km östlich von Langschlag punktet mit seiner abgeschiedenen, nebelfreien Höhenlage, Wanderwegen und einem gesunden Reizklima. Bekannt ist er für sein renommiertes Herz-Kreislaufzentrum, das Teil der Xundheitswelt ist, als südlicher Ausgangspunkt der Waldviertler Schmalspurbahn und Zentrum der so genannten *Kraftarena*. Unter diesen Begriff wurden fünf bizarre, energiegeladene Steinformationen im Umkreis von 11 km zusammengefasst. Sie sind gut beschildert, mit Auto oder Fahrrad erreichbar und bieten zusätzliche Attraktionen wie Naturlehrpfade, Holztelefon, Summstein etc. Wer daran glaubt, kann an den jeweiligen Orten die Kraft der Natur entspannend oder belebend auf sich wirken lassen:

Zum imposanten *Wackelstein* gelangt man von Groß Gerungs auf der B 38 Richtung Linz, kurz nach Harruck (grüner Wegweiser, vom Parkplatz noch 280 m zu Fuß). Der 24 t schwere Stein mitten im Fichtenwald lässt sich tatsächlich bewegen. Der *Opferstein* mit einer Schale und einer Blutrinne liegt bei Thail, 1 km nordwestlich von Groß Gerungs. Vom Parkplatz (grüner Wegweiser) sind es noch 500 m zu Fuß auf einem Feldweg. Zwischen Böhmsdorf und Wurmbrand nördlich von Weitra (B 119) befindet sich im Wald der *Kierlingstein*, ein Schalenstein, der auf vier Steinen ruht (900 m ab Parkplatz). Die 7 m hohe, globusförmige *Weltkugel* findet man 6 km östlich von Groß Gerungs Richtung Schloss Rosenau im Wald (Wegweiser, vom Parkplatz noch 1,4 km). Besondere Attraktion und als einzige nicht natürlichen Ursprungs ist die 16,5 m breite und 7 m hohe *Steinpyramide*. Archäologen gibt diese vermutlich 2000 Jahre alte, einzige Pyramide Mitteleuropas Rätsel über ihre Entstehung auf. Wer sie sehen möchte, fährt von Groß Gerungs auf der B 38 Richtung Zwettl und zweigt hinter Etzen links Richtung Oberneustift ab (Wegweiser, vom Parkplatz noch 1,3 km auf Forststraße).

Tipp für Radfahrer: Der Bhf. Groß Gerungs ist der zweite Ausgangspunkt des *Waldviertlerbahnradwegs* nach Weitra (26 km) und Gmünd (43 km). Von Mai bis Okt. kann man Sa frühnachmittags vom jeweiligen Endpunkt mit der Schmalspurbahn wieder nach Groß Gerungs zurück gelangen (Radtransport gratis).

- *Daten* 675 m, 4800 Ew.
- *Information* **Stadtgemeinde**, Mo–Do 7.30–12, 13–17, Fr 7.30–14 Uhr. Hauptplatz 18, ✆ 02812/8611.
- *Verbindungen* **Bus**: 2- bis 8x tgl. mit Zwettl.
- *Waldviertler Schmalspurbahn* s. Gmünd.
- *Kurzentrum* **** **Herz-Kreislauf-Zentrum**, Komfortkurhotel und Privatklinik oberhalb des Ortszentrums in Grünruhelage. Mitglied der Xundheitswelt. Am Kreuzberg 310, ✆ 02812/86810, www.herz-kreislauf.at.
- *Übernachten/Essen* *** **Gasthof Hirsch**, am Hauptplatz, Traditionsgasthof mit 30 modernen Komfortzimmern. DZ 42–60 € je nach Lage und Aufenthaltsdauer. Gute Küche mit solider Waldviertler Hausmannskost, eigene Fleischerei. Hauptplatz 20, ✆ 02812/8341.

*** **Gasthof Einfalt**, 5 km südlich von Groß Gerungs (Wegweiser an der B 119) in ruhiger Lage direkt am Loipennetz. Liebevoll, in Vollholz eingerichtete Komfortzimmer, neue Wellnesslandschaft mit Sauna, Solarium. Pferdeunterkünfte. DZ inkl. Frühstücksbuffet 44–50 €. Kinzenschlag 11, ✆ 02812/8320.

- *Wintersport* 22 km langes Loipennetz südlich von Groß Gerungs.

Gmünd

Die direkt an der tschechischen Grenze gelegene Hauptstadt des gleichnamigen Bezirks hat einen gemütlichen Stadtplatz und ist Tor zur einzigartigen Blockheide, dem wohl bekanntesten Naturpark des Waldviertels.

Einen Rundgang startet man am besten beim *Alten Rathaus*, einem Renaissancebau aus dem 16. Jh., der frei in der Mitte des lang gezogenen Stadtplatzes steht und wegen seines Uhrturms oft für eine Kapelle gehalten wird. Augenfällig sind die beiden *Sgraffitohäuser* unweit des Rathauses. Sie sind im Kern spätgotisch und erhielten um 1560 mit Zinnen bekrönte Renaissancefassaden, die zur Gänze mit Sgraffitomalerei überzogen sind. Einzigartig ist der kleinteilige Ornamentschmuck des linken Hauses, in dessen obersten Bändern Kampfszenen zu sehen sind. Das rechte Haus ist mit Szenen aus der antiken Sagenwelt verziert. Schräg gegenüber auf der südlichen Stadtplatzseite (Nr. 34) befindet sich das *Glas- und Steinmuseum*. An der nordöstlichsten Ecke erhebt sich die gotische *Pfarrkirche St. Stephan* mit Wandmalereien aus dem 14./15. Jh. Ihr Chor wurde 1982 seitlich nach Plänen von Clemens Holzmeister erweitert, von dem auch der Volksaltar stammt. Geht man vom Alten Rathaus am Stadtplatz Richtung Osten, kann man in einem der ältesten Häuser (Nr. 11) einen Blick in eine alte *Huf- und Wagenschmiede* werfen (Lichtschalter), in der mehrmals jährlich auch ein Schauschmieden stattfindet. Letzter Punkt des Rundgangs sind das dreigeschossige *Schloss* (16. Jh.), das sich auf den Grundmauern der alten Kuenringerburg erhebt (in Privatbesitz), und der es umgebende, frei zugängliche romantische Park mit Teich, seltenen Baumarten und einem ehemaligen Palmenhaus.

Am Nordostrand der Stadt, kaum 500 m vom Zentrum entfernt, befindet sich der Südeingang zum *Naturpark Blockheide*.

Geschichte

Auch Gmünd wurde wie Weitra zu Beginn des 13. Jh. vom Kuenringer Hadmar II. gegründet. Die Lage an der Grenze zu Böhmen bescherte der Stadt 700 Jahre lang Eroberung und Verwüstung. Es kamen Hussiten, Ungarn, Schweden und Napoleons Truppen. Aufschwung brachten 1871 der Bau der Franz-Josefs-Bahn von Wien über Gmünd nach Prag und die Einrichtung der Schmalspurbahnen 1902. Im 1. Weltkrieg fanden 60.000 Flüchtlinge aus Galizien und der Bukowina in einem Barackenlager südwestlich des Bahnhofs Unterkunft, aus dem sich später der Stadtteil Gmünd-Neustadt entwickelte. Das alte Haupttor des Lagers ist an der Weitraer Straße erhalten. Der Friedensvertrag von St. Germain 1919 teilte Gmünd. Die westlichen Bezirke und der Hauptbahnhof gingen als **České Velenice** an die neue Tschechoslowakei. 1945–89 lag die Stadt direkt am Eisernen Vorhang in einer wirtschaftlich toten Zone. Die Ostöffnung und die EU-Osterweiterung brachten eine Belebung und ein enormes Verkehrsaufkommen.

Tipp für Radfahrer: Beim Bhf. Gmünd endet der *Waldviertlerbahnradweg* von Groß Gerungs (43 km) bzw. Langschlag (41 km). Seine Ausgangspunkte erreicht man mit der Schmalspurbahn von Mai bis Okt. So/Feiertage vormittags und von Mai bis Anfang Sept. auch Mi vormittags (Radtransport gratis).

Tipp für Mountainbiker: In Gmünd beginnt der beschilderte 140 km lange *Granittrail*, der südwärts über Groß Gerungs und Arbesbach nach Persenbeug an die Donau führt.

- *Daten* 485 m, 6640 Ew.
- *Information* **Tourismusbüro** im neuen Rathaus, Mo–Do 8–11.30, 13.30–15.30, Fr 8–11.30, Schremser Straße 6, ✆ 02852/52506100. **Tourismusinfo** im Steinmuseum nur Mai bis Sept. Mo–Fr 10–12, 14–16.30, Sa/So 9–12 Uhr, ✆ 02852/52506245, www.gmuend.at.
- *Verbindungen* **Bahn**: alle 2 Std. mit Wien Franz-Josefs-Bhf. (Fahrzeit: 2¼ Std.).
- *Parken* Kurzparkzone im Zentrum.
- *Waldviertler Schmalspurbahn* Gmünd – Langschlag – Groß Gerungs und retour: 1.5. bis 26.10. Sa/So/Feiertage 1x tgl., jede 2. Woche Dampflok. Mai bis Anfang Sept. auch Mi 1x tgl. Gmünd – Litschau – Gmünd: Mai bis Anfang Sept. Mi 2x tgl., Mai bis Aug. zusätzlich an bestimmten Sa/So 1x tgl. Tickets: Gmünd-Groß Gerungs ca. 16 €, hin und zurück

Nachmittagskaffee am Stadtplatz Gmünd

ca. 20 €. Gmünd-Litschau 9 €, hin und zurück ca. 13 €. Kinder zahlen die Hälfte.

• *Fahrradverleih* Rad Fuchs, Bahnhofstr. 42, ✆ 02852/52986.

• *Bauernmarkt* Marktplatzl, Halle in der Weitraer Straße 48, Sa 8–13 Uhr.

• *Übernachten/Essen* **** **Hotel-Restaurant Goldener Stern**, erstes Haus am Platz, 22 Komfortzimmer, Sauna, DZ 100–110 €. Schönes, gemütliches Restaurant mit Waldviertler Spezialitäten. Gastgarten, Di Ruhetag. Stadtplatz 15, ✆ 02852/54545, www.goldenerstern.co.at.

** **Gasthof zum Meridianstein-Schurnig**, zwischen Blockheide und Altstadt, 15 Zimmer mit Du/TV/WC bzw. Etagen-WC. DZ bis 47 €. Radgarage. Schremser Straße 9, ✆ 02852/52343.

Gasthof Pauser, Wirtshauskulturwirt zwischen Bahnhof und Altstadt, einfaches Gasthaus mit preiswerter Hausmannskost, 2-gängige Mittagsmenüs 5 €, 3-gängiges Menü samstags 8–9 €. Mi/Do Ruhetag. Bahnhofstraße 44, ✆ 02852/53860.

Gasthaus Hopferl, unweit vom Stadtplatz in der Meridian-Passage, gemütliche, nett dekorierte Gaststube, bodenständige Küche, preiswerte Mittagsteller, tgl. außer So, Küche 8–22 Uhr. Wirtshauskultur. Bahnhofstraße 5, ✆ 02852/51980.

Cafe-Konditorei Pilz, moderner Konditorei-Bäckerei-Shop im Zentrum mit Mohn- und Brotspezialitäten, Mo–Fr 8–18, Sa 8–12 Uhr, Stadtplatz 16, ✆ 02852/52385.

Franzi's Sommereck, Eisdiele und Schirmbar am Alten Rathaus, selbst gemachtes Eis, bei schönem Wetter geöffnet.

Camping Assangteich, am südlichen Stadtrand neben Freizeitzentrum und Badeteich, erreichbar über Kreisverkehr Gmünd-Mitte. 40 Stellplätze, gut ausgestattet, Imbiss-Stube, Shop. 2 Pers., 1 Zelt, 1 Auto 20–25 €, April bis Sept. Albrechtser Str. 10, ✆ 02852/51552.

• *Baden* **Assangteich**, Badeteich, Kinderbecken, Erholungsgebiet, ein Hallenerlebnisbad soll hinzukommen.

Sehenswertes

Glas- und Steinmuseum: Anhand von Handwerksgeräten und kunstvollen Gläsern wird ein Überblick über die jahrhundertelange Geschichte und Bedeutung der Glashütten im Waldviertler Grenzland zu Böhmen und über die Kunst der Steinbearbeitung vom Altertum bis heute geboten.

Öffnungszeiten Mai bis Sept. Mo–Fr 10–12, 14–16.30, Sa/So 9–12 Uhr, Eintritt: 2 €.

Naturpark Blockheide: Das Landschaftsbild des 106 ha großen Areals prägen buntes Heidekraut, romantische Birkenhaine, Rotföhren und insbesondere mächtige, bizarr geformte Granitblöcke. Sie sind mit Namen versehen, die sich auf ihr Aussehen beziehen (Pilzstein, Koboldstein, Wackelstein) oder auf eine Sage verweisen, in der meist der Teufel die Hand im Spiel hatte. Die Eingänge zum ganzjährig frei zugänglichen Park sind im Gmündner Ortsteil Grillenstein und in Großeibenstein, 1 km nördlich.

Im Zentrum des Naturparks und von beiden Eingängen in ca. 15 Min. zu erreichen, befinden sich ein hölzerner *Aussichtsturm* (Mai bis Okt., 2 €), ein spannender Kinderspielplatz und ein Informationszentrum über die Entstehung der Wackelsteine. Hier erhält man auch eine Broschüre über den Naturpark mit einem Orientierungsplan (2 €). Dieser zeigt die beiden Wanderwege, die jeweils in einer Runde (rot 4 km, gelb 5,7 km) durch das Gelände führen. Die spektakulärsten Steine liegen am gelb bezeichneten Weg. Dazu zählen die *Teufelssteine* (Teufelsbett, Teufelsbrotlaib u. a.), die sich unweit vom Eingang Grillenstein befinden, und der etwa 10 Min. davon entfernte, imposante *Christophstein*, auf dessen Oberfläche der gleichnamige Heilige Schuhabdrücke hinterlassen haben soll. Beeindruckend ist auch der riesige *Pilzstein*. Unweit der Teufelssteine werden außerdem 34 Waldviertler Gesteinsarten in einem geologischen Freilichtmuseum präsentiert.

Naturparkführungen Mai bis Sept. Sa 14 Uhr, ab 5 Pers., Treffpunkt beim Aussichtsturm, Dauer 2½ Std., Ticket: 4 €. ✆ 02852/52932, www.blockheide.at.

Von Gmünd bis Litschau

Hoheneich

Der Ort 3 km östlich von Gmünd (B 41) wird von der spätbarocken, eintürmigen *Marienwallfahrtskirche* aus dem Jahr 1780 überragt. Von einer Vorgängerkirche sind noch die Gnadenstatue und die „Mirakeltür" erhalten: Letztere war einst Hauptportal und wurde in der Reformationszeit zugemauert. 1621, beim Herannahen einer katholischen Prozession, soll sie wieder aufgesprungen sein. Am westlichen Ortsrand hat die weltbekannte Möbel- und Dekorstoffweberei Backhausen ihre Produktionsstätte. Der weithin sichtbare schlossähnliche Bau im südlichen Nondorf ist ein neues Kurhotel (www.kurhotel-leonardo.at).

Einkaufen **Backhausen-Outlet**, Teppiche, Möbelstoffe, Vorhänge u. Ä. Mo–Fr 9–18, Sa 9–17 Uhr, ✆ 02852/502145.

Schrems und Naturpark Schremser Hochmoor

Die kleine Industriestadt 6 km östlich von Gmünd bietet einen interessanten Mix aus Kunst, Granit und Moor.

In den Steinbrüchen um **Schrems** wird der vor allem als Pflasterstein geschätzte Granit abgebaut, wie man ihn auch am lang gestreckten Hauptplatz der Stadt findet. Das örtliche Schloss aus dem 17. Jh. beherbergt die entsprechende Ausbildungsstätte, Österreichs einzige Berufsschule für Steinmetze.

Kunst findet man im *I.DE.A-Haus* mitten in Schrems (Mühlgasse 7), das vom bekannten Designerpaar *Makis* und *Heide Warlamis* 1992 gegründet wurde. Es beherbergt ein Veranstaltungszentrum mit jährlich wechselnden Themenausstellungen und Workshops sowie Verkaufsräume für Designerware.

Die Kunst des Bierbrauens wird in Schrems bereits seit 1380 ausgeübt, seit 1838 liegt sie in Händen der Familie Trojan, die nur Waldviertler Braugerste zur Herstellung ihrer beliebten Biere verwendet. Schließlich wird auch ganzjährig für Bühnenkunst gesorgt, im *Wald4tler Hoftheater*, das 1986 in einer Bauernhofscheune eingerichtet wurde.

Einen Besuch verdient der frei zugängliche **Naturpark Schremser Hochmoor** im Nordosten der Stadt (Anfahrt beschildert ab Hauptplatz Schrems). Das faszinierende Torfmoor ist mit seinen 300 ha eines der größten des Landes. Am besten überblickt man es von der Aussichtsplattform der *Himmelsleiter*, einer preisgekrönten Holzkonstruktion aus 58 parallel angeordneten 20 m hohen Fichtenstämmen, die man über 108 Stufen erklimmt (April bis Ende Okt., 2 €, 10 Min. ab Naturparkeingang). Hautnah am Moor ist man auf dem 4,5 km langen, mit Schautafeln versehenen Rundwanderweg, der beim Naturparkeingang beginnt und erleben lässt, wie die Natur sich allmählich die Wasserflächen der früheren Torfstiche zurück erobert. Naturparkführungen werden von Mai bis Sept. ab fünf Personen angeboten (So 14.30 Uhr, Treffpunkt Himmelsleiter, Ticket: 4 €, Kinder 2 €).

„Leiter in den Himmel" im Schremser Hochmoor

• *Einkaufen* **I.DE.A-Designcenter**, hier gibt es das von Heide Warlamis entworfene Porzellan Vienna Collection, Designerteppiche von Makis Warlamis, Steinhocker und seine Kindermöbelserie Makis zu kaufen. Mo–Sa 9.30–12.30, 13.30–18 Uhr, So (Mai bis Okt.) 10–17 Uhr, ✆ 02853/77104, www.idea-design.at.

• *Essen* **Gasthof Schönauer**, stattliches Landgasthaus mit hochgelobter Waldviertler Küche vom Karpfen bis zum Mohnparfait, gute Weinauswahl und Schremser Bier. Wirtshauskultur. Hauptgerichte 7–15 €. So/Feiertage ab 14 Uhr und Do geschl. Schulgasse 12, ✆ 02853/77291.

Wirtshaus zum Waldviertler Sepp, unweit vom Gasthof Schönauer gelegenes, bodenständiges Einheimischengasthaus und Wirtshauskulturbetrieb, wo deftige Waldviertler Kost zum Schremser Bier geboten wird. Mo Ruhetag, Mi ab 14 Uhr geschlossen. Schulgasse 5, ✆ 02853/77254.

• *Theater* **Wald4tler Hoftheater**, Pürbach, 3 km südlich von Schrems (Bahnhalt) Theater mit 178 Sitzplätzen, gemütliches Ambiente, eigene Produktionen, Gastspiele (Theater, Kabarett, Literatur, Jazz, Operette), ✆ 02853/78469, www.w4hoftheater.co.at.

• *Baden* **Moorbad**, Moorbadeteich mit Rutsche, Sandstrand und Café unweit vom Naturparkeingang, im Sommer geöffnet.

Oberes Waldviertel

Alt- und Neu-Nagelberg

9 km nordwestlich von Schrems (B 2) wird in den beiden benachbarten Orten nahe der tschechischen Grenze ein Handwerk aufrechterhalten, das eine jahrhundertealte Tradition hat: die Glasbläserkunst. Schon im 14. Jh. siedelten sich um Nagelberg Glashütten an, die hier die benötigten Rohstoffe, Holz und Quarz, in großen Mengen vorfanden. In Neu-Nagelberg befindet sich heute die *Schauglashütte* der

Eindrucksvolle Wasserburg Heidenreichstein

Familie Zalto, die seit Generationen im Waldviertel als Glasmacher tätig ist. In Alt-Nagelberg 3 km nördlich eröffnete 2003 *Apfelthaler's Glashütte.* In beiden Betrieben kann man zusehen, wie Glas erzeugt und anschließend durch Schleifen, Gravieren oder Bemalen veredelt wird.

• *Öffnungszeiten* **Waldglashütte Kurt & Roland Zalto**, Glashütte, Verkauf, Ausstellung Mo–Fr 8–12, 13–17 (Glashütte nur bis 16) Uhr. Sa 8–12 Uhr. Neu-Nagelberg 58, ✆ 02859/7237.

Apfelthaler's Glaskunst, Glashütte Mo–Fr 8–12, 13–16 Uhr, Alt-Nagelberg 4, ✆ 02859/6434. Glasmuseum und Glasverkauf, Mo–Fr 8–17, Sa/So 9–12, 13–16 Uhr. Alt-Nagelberg 97, ✆ 02859/7354.

• *Übernachten/Essen* **Gasthof-Pension Krupik**, großes Gasthaus 3 km südlich von Alt-Nagelberg mit 8 schönen, modernen Komfortzimmern, Liegewiese. DZ 54 €. Gute Küche mit preiswerten Mittagsmenüs. Steinbach 48, ✆ 02859/7292, www.krupik.at.

Jugendherberge, kleine Herberge mit 7 Vierbettzimmern und Etagenbad, idyllisch an einem Teich gelegen, ca. 12 €/Person mit Frühstück. Neu-Nagelberg 114, ✆ 02859/7476, www.oejhv.or.at.

Wackel- und Käs-im-Laib-Stein in Amaliendorf

Diese bekannten Steinformationen befinden sich im Wald in der Mitte zwischen Schrems und Heidenreichstein unweit von Amaliendorf (Abzweigung von der B 30). Vom Ortszentrum aus ist der Weg zum „Naturdenkmal Wackelstein" gut beschildert. Nach wenigen Minuten erreicht man den 105 t schweren Wackelstein, der bewegt werden kann. Etwas weiter weg liegt der Käs-im-Laib-Stein, ein felsiger „Cheeseburger" (Gehzeit inkl. Rückweg rund 1 Std.).

Heidenreichstein

Das Städtchen liegt im Schatten einer der schönsten Wasserburgen Österreichs und am Rande eines uralten Hochmoors.

Heidenreichstein befindet sich rund 19 km nördlich von Gmünd. Während die Burg im Zentrum der Stadt schon fast 900 Jahre besteht, wurde der erst 2002 errichtete Abenteuerpark „Anderswelt“ am nördlichen Stadtrand mangels Besucherinteresses 2005 wieder geschlossen.

- *Verbindungen* **Bus**: alle 1–2 Std. mit Gmünd und Waidhofen/Thaya.
- *Waldviertler Schmalspurbahn* Mai Mi 2x tgl., Juni bis Anfang Sept. zusätzlich Sa 3x tgl., So 1–3x tgl., restl. Sept. nur Sa 3x tgl., So 1–3x tgl. Heidenreichstein – Alt Nagelberg – Heidenreichstein, Ticket (einfach): 9 €.
- *Übernachten/Essen* *** **Gasthof Nöbauer**, Hotel-Restaurant mit österreichischer und Waldviertler Küche, Mohn- und Fischspezialitäten, Hauptgerichte bis 11 €. 12 Komfortzimmer, DZ 52–56 €. Mi, So abends geschl. Schremser Straße 28, ✆ 02862/52237, www.gasthof-noebauer.at.

*** **Gasthof Großmann**, Wirtshauskulturbetrieb im Ortszentrum mit bodenständiger Hausmannskost aus Zutaten der eigenen Landwirtschaft. 15 Komfortzimmer, DZ 52–60 €. Tgl. außer Sa, So nur Mittag. Stadtplatz 9, ✆ 02862/52279.

Flugzeugrestaurant Magic Jet, ein flugzeugfanatischer Unternehmer erfüllte sich einen Bubentraum und erwarb eine ehemalige tschechoslowakische Präsidentenmaschine und richtete in ihr und im Towergebäude nebenan ein allerdings recht gewöhnliches Restaurant ein. Juni bis Sept. Di–So ab 11 Uhr, Okt. bis Ende Mai Do/Fr ab 18, Sa/So ab 11 Uhr. Industriestraße 8, Richtung Schrems, ✆ 02862/53583.

Konditorei Kainz, süße Waldviertler Köstlichkeiten wie Burg-, Trüffel- und Hanfkugeln, Mohnzelten und -torten. Tgl. außer Di 8–18.30 Uhr, Sa/So Mittagspause. Schremser Straße 14, ✆ 02862/52155.

- *Baden* Großer Badeteich mit Liegewiese an der B 5 Richtung Litschau.
- *Veranstaltungen* **Abfischfest**, 26. Okt., der Bruneiteich 5 km westlich von Heidenreichstein wird abgelassen und alle Fische eingefangen.

Sehenswertes

Burg: Sieht man die unweit des Ortszentrums aufragende Anlage, versteht man, warum sie niemals erobert werden konnte: ein spätmittelalterlicher Kolossalbau, zwei Zugbrücken, wehrhafte, runde Ecktürme mit Kegeldächern und Rundzinnenmauern. Um 1160 wurde die Burg von einem Burggraf Heidenreich, einem Verwandten der Kuenringer, gegründet. Sie bestand lediglich aus einem quadratischen, 40 m hohen Turm, dessen Mauern bis zu 5 m dick waren und der erst in 14 m Höhe betreten werden konnte. Innen gab es schmale, steile Treppen, auf denen man nur kriechend vorwärts kam. Um diesen Turm, den heutigen Bergfried, errichteten die Herren von Puchheim zwischen 1348–1636 jene gotischen Wohnbauten, Rund- und Treppentürme sowie die befestigte Vorburg, die das heutige Bild der Anlage bestimmen. Seit 1961 befindet sich die Burg im Eigentum der Grafen Kinsky und ist Sitz ihrer Guts- und Forstverwaltung. Eine Besichtigung der Burg mit Führung ist möglich. Dabei gelangt man in den schluchtartigen inneren Burghof und die mit wertvollen Möbeln aus Gotik und Renaissance ausgestatteten Räume der Wohnburg. Prunkstück ist der Rittersaal mit einer spätgotischen Holzdecke.

Öffnungszeiten 50-min. Führungen (ab 5 Pers.) Mitte April bis Mitte Okt. tgl. außer Mo um 9, 10, 11, 14, 15, 16 Uhr. Eintritt: 5 €, Kinder 2,50 €.

Naturpark Heidenreichsteiner Moor: Rund 30 ha Moorflächen umgeben die Stadt Heidenreichstein, manche sind von Birken, Erlen und Föhren bestanden, andere offen. Eine Möglichkeit, diese Landschaftsform kennen zu lernen, ohne darin zu versinken oder sie niederzutrampeln, sind die beiden kinderwagentauglichen Erlebnispfade des ganzjährig frei zugänglichen Naturparks rund 1,5 km südöstlich von Heidenreichstein (an der B 5). Sie sind 3 bzw. 4 km lang. Höhepunkte sind der Prügelsteg über dem offenen Moor, eine Aussichtsplattform und der Hängende Stein, ein mächtiger Granitblock. Mit Glück entdeckt man den rotstacheligen Sonnentau, eine Insekten fressende Pflanze, erspäht einen Moorfrosch oder einen Birkhahn.

Besonders mystisch ist die Wanderung, wenn Nebelschwaden über die Moorflächen ziehen, etwa an einem Frühsommermorgen oder im Herbst.

Führungen ab 5 Pers., Mai bis Sept. Sa/So 14 Uhr, Di–Fr 20 Uhr. Ticket: 4 €. Treffpunkt am Parkplatz.

Haus des Moores: Das international ausgezeichnete Moor- und Torfmuseum liegt 3 km entfernt in Kleinpertholz. Es informiert umfassend und anschaulich über die Entstehung der Moore, ihre Pflanzen und Tiere (zahlreiche Präparate) und die Tradition des Torfstechens zur Gewinnung von Heizmaterial. Moorleichen, Irrlichter und Moorhexen fehlen auch nicht.

Öffnungszeiten Mai bis Sept. Sa/So/Feiertage 14–16 Uhr, Eintritt: 5 €, Kinder (6–15 J.) 2 €.

Stift Eisgarn und der Kolomanistein

6 km nördlich von Heidenreichstein an der B 5 befindet sich das kleinste Stift Österreichs. Es wurde 1330 von den Herren von Litschau als Kollegiatsstift für Weltpriester, die keine Ordensgelübde leisten, gegründet und entkam wegen seiner geringen Bedeutung dem Josephinischen Klostersturm. Die vorbildlich renovierte, frühgotische *Stiftskirche Maria Himmelfahrt* dient dem Ort als Pfarrkirche, das imposante Klostergebäude, der sog. *Propsteihof*, beherbergt einen großen Festsaal, der mit der Kirche für renommierte Konzerte zeitgenössischer Musik genutzt wird.
Der Propst, selbst ein anerkannter Kirchenmusiker, und sein Chorherrenkollegium aus drei Priestern gerieten 2004 in die Schlagzeilen rund um den Kinderpornoskandal an einem niederösterreichischen Priesterseminar. Seit damals ist die Propstei Eisgarn ruhend gestellt.

Information Führungen, Kulturprogramm, ✆ 02863/3026, www.kollegiatstifte.info.

Der *Kolomanistein* ist ein sagenumwobener Schalenstein mit Blutrinne, an dem der Hl. Koloman im 11. Jh. auf seiner Pilgerreise gerastet haben soll. Das Wasser in der Schale wurde bis ins 19. Jh. als heilend bei Fuß- und Augenleiden angesehen. 1713 wurde eine kleine Kapelle auf den Felsen gesetzt.

Anfahrt auf der B 5 Richtung Tschechien, 400 m nördlich von Eisgarn, beschildert.

Litschau und Umgebung

Die nördlichste Stadt Österreichs an dem idyllisch von Nadelwäldern umsäumten Herrensee bietet ein gemütliches Hoteldorf und ein vielfältiges Freizeitangebot vom Strandbad über Golfen und Wandern bis zu Fahrten mit der Schmalspurbahn.

Im Westen und Norden ist Litschau 5 km von der böhmischen Grenze entfernt – diese Lage brachte dem Ort, der als Burg erstmals um 1200 erwähnt wurde, Aufstände und Kriegswirren und schließlich starke Befestigungsmauern, die den Hussiten, den Schweden im Dreißigjährigen Krieg sowie französischen und preußischen Truppen im 19. Jh. standhalten mussten.
Teile der Stadtmauern aus dem 15. Jh. und eines der drei Stadttore, das *Fischertor*, sind erhalten. Beherrscht wird Litschau von dem malerischen, mittelalterlichen *Schloss* mit seinem mächtigen, runden, von einem Kegeldach bekrönten Bergfried aus dem 13. Jh. Er kann nur über eine Außenleiter in 11 m Höhe betreten werden und ist vielleicht deshalb Schauplatz zahlreicher Schauergeschichten. Seit 1763 werden die Burg und das *Neue Schloss* rechts davon (1793) von den Grafen Seilern-Aspang bewohnt bzw. als Sitz ihrer Gutsverwaltung genutzt und können nicht besichtigt werden.

Die Mitte des lang gestreckten, baumbestandenen Stadtplatzes unterhalb der Burganlage dominiert die schöne gotische *Hallenkirche St. Michael.* Sie stammt aus dem 15. Jh. und besitzt im Inneren bedeutende Wandmalereien (14./15. Jh.) sowie bemerkenswerte gotische Skulpturen. Nicht versäumen sollte man die stimmungsvolle Unterkirche (von außen zu betreten), die 1988 mit modernen Terrakottareliefs zum Thema Glaubensbekenntnis ausgestattet wurde.
Eine Büste und ein Brunnen am Unteren Stadtplatz erinnern an Kaspar Schrammel, der 1811 in Litschau zur Welt kam und mit seinen Söhnen die berühmte, volkstümliche *Wiener Schrammelmusik* begründete. Schon 600 Jahre zuvor fand ein örtlicher Musiker Eingang in die Geschichte: „Der Litschower" ist als Minnesänger in der Manessischen Handschrift verewigt.

• *Daten* 534 m, 2560 Ew.

• *Information* **Gästeservice**, Mo–Fr 8–12, 13–17, Juli/Aug. Mo–Fr 9–12, 16–18, Sa 10–12, 16–18 Uhr. Stadtplatz 17, ✆ 02865/5385, www.litschau.at.

• *Verbindungen* **Bus**: Mo–Sa 5–8x tgl. mit Gmünd, 2x tgl. mit Wien.

• *Waldviertler Schmalspurbahn* Gmünd-Litschau-Gmünd: Mitte Mai bis Mitte Sept. Mi 2x tgl., Juni bis Aug. an bestimmten Sa/So 1x tgl. Ticket: 12,50 €.

• *Bauernmarkt* Holzhalle beim Stadtplatz, Ostern bis Weihnachten Sa 9–12 Uhr.

• *Übernachten/Essen* *** **Hoteldorf Königsleitn**, kinder- und familienfreundliches, autofreies Ferien- und Seminardorf mit 121 Apartments (1–6 Pers.) in 15 neuen gemütlichen Dreiseithöfen am Ufer des Herrensees, Kinderbetreuung, Animation, Tennis, Squash, Golf, gutes Restaurant. Mitte März bis Mitte Okt., Apartment für 4 Pers. 400–800 €/Woche je nach Saison und Größe. Für 2006 ist der Bau eines Hotels auf dem Areal geplant. Buchenstraße 1, ✆ 02865/5393, www.koenigsleitn.at.

Landgasthof Oppolzer, in Schandachen 4 km nordöstlich, 5 nette Komfortzimmer, gemütliches Gasthaus, tgl. April bis Mitte Sept. ✆ 02865/252, www.gasthaus-oppolzer.at.

Gasthaus Tröpferl, Wirtshauskulturwirt mit bodenständigen Spezialitäten, Fisch- und Nudelgerichten, Jausenkarte. Gastgarten, 300 m vom Stadtplatz. Mo–Fr 16–1, Sa 18–1 Uhr, So Ruhetag. Wiener Straße 6, ✆ 02865/5665, www.troepferl.at.

Café-Konditorei Eigl, modernes Kaffeehaus im violetten Bau unweit der Kirche, mit guter Mehlspeisenauswahl, Mo–Sa 7–18.30, So 8–18.30 Uhr. Stadtplatz 66, ✆ 02865/363.

Gasthaus Perzy, das noch authentisch erhaltene Wirtshaus in abgeschiedener Lage in Rottal 7 km nördlich von Litschau, unweit des Golfresorts bietet köstlich Traditionelles aus der Waldviertler Küche. Mai bis Sept. Mi–Fr 17–22, Sa/So 11–22 Uhr, sonst nur Fr–So, Nov. bis Ende März geschl. Rottal 22, ✆ 02865/8433.

• *Fahrradverleih* Avia Tankstelle, tgl. 8–19 Uhr. Bahnhofstraße 4, ✆ 02865/50034.

• *Baden* **Strandbad Herrensee**, See- und geheiztes Freibecken, Tret-, Ruder- und Elektrobootverleih. Im Sommer tgl. geöffnet. Hallenbad, kleines, modernes Bad mit Whirlpool, Sauna, Solarium, tgl. außer Mo 16–20/21 Uhr. Schulstraße 9, ✆ 02865/5313.

• *Angeln* **Herrensee** (20 ha), Ostern bis 31.10., Fischereikarten (25 €/Tag) u. a. beim Gästeservice und im Hoteldorf.

• *Wandern* Rund um Litschau wurde ein Wanderwegenetz von 180 km Länge markiert. Empfehlenswert ist die Umrundung des Herrensees auf breiten Promenadenwegen (1,5 km, ca. 1 Std.).

Tipp für Radfahrer: Rund um Litschau ist eine gemütliche Radroute beschildert, ab Litschau (Hauptplatz) auf Nebenstraßen und Wegen über Haugschlag, Hirschenschlag und Reingers (34 km).

• *Golf* **Golfclub Herrensee**, 18-Loch-Platz neben dem Hoteldorf, auf dem ohne Mitgliedschaft bei einem Golfclub und ohne Platzreife gespielt werden kann, Leihschläger, Übungsbälle. Green Fee 13–18 €/Tag, ✆ 02865/438, www.golfclub-herrensee.at.

Golfresort Haugschlag, einer der schönsten Golfplätze Österreichs 5 km nördlich von Litschau, zwei 18-Loch-Courses im hügeligen Areal mit Insel-Green. Feines Golfhotel. April bis Nov., Green Fee 53–67 €, ✆ 02865/8441, www.golfresort.at.

Entlang der Thaya

Die Thaya ist nach dem Kamp das bedeutendste Gewässer des Waldviertels. Zur Zeit der Babenberger wurde sie zum Grenzfluss gegen die böhmischen Länder und mit einer Reihe von Burgen befestigt. Ihr Hauptquellfluss, die Deutsche Thaya, entspringt auf 657 m bei **Schweiggers** 12 km nordwestlich von Zwettl. Die unspektakuläre, mit einem Steindenkmal gekennzeichnete Quelle ist Ausgangspunkt des Thayatal-Radwegs, der dem Flusslauf so nah wie möglich bis Retz folgt (ca. 140 km). Ab Schwarzenau verläuft er meist auf gleicher Strecke wie die Kamp-Thaya-Route.

Anfahrt Thayaquelle: 580 m südlich der Straße zw. Schweiggers und Schwarzenbach.

Kirchberg am Walde: Der Ort im Quellgebiet 7 km nördlich von Schweiggers besitzt ein schönes, schönbrunnergelbes *Schloss* im barock-klassizistischen Stil (17./18. Jh.), das aus einer mittelalterlichen Wehrburg entstand. Es ist im Besitz der Familie von Fischer-Ankern und nicht zugänglich. 2003 diente es als Drehort für die Henning-Mankell-Verfilmung *Die Rückkehr des Tanzlehrers* – Nordschweden lag im Waldviertel! Gegenüber der steinernen Schlossbrücke erinnert unter der Vorhalle des historistischen Rathauses eine Büste an den Dichter Robert Hamerling, dessen Geburtshaus einst hier stand. Die stattliche, barocke *Pfarrkirche St. Johann Baptist* mit dem hohen Turm ließ Graf Kuefstein um 1710 erbauen. 2 km außerhalb Richtung Gmünd stehen in einer lichten Waldkuppe zwei hohe Granitsäulen als Reste eines *Galgens* aus dem 18. Jh.

Robert Hamerling (1830–1889)

Immer wieder trifft man im Waldviertel auf Brücken, Straßen, Parks und Denkmäler, die nach diesem in Kirchberg geborenen Schriftsteller benannt wurden. Seine literarischen Werke, Romane und Versepen wie „Aspasia" (1876) und „Ahasverus in Rom" (1865), hingegen sind heute kaum bekannt. Zu pathetisch und schwülstig ist ihr Stil, der allerdings zu Hamerlings Lebzeiten noch viele Anhänger fand und ihn zu einem hochgerühmten Autor machte. Am häufigsten zitiert werden noch Zeilen aus seinen schwärmerischen Heimatgedichten, deretwegen er zum „Dichter des Waldviertels" ernannt wurde.

Schloss Schwarzenau und Umgebung

In dem in einer Senke an der B 2 zwischen Horn und Gmünd und an einem Knotenpunkt der Franz-Josefs-Bahn gelegenen 1500-Einwohner-Ort steht ein wenig bekanntes, aber prächtiges Renaissanceschloss. Die imposante, dreigeschossige Vierflügelanlage mit zwei mächtigen Ecktürmen an der Schaufront ist von einem großen, idyllischen Park mit Schlossteich umgeben und wurde in den 1980er Jahren vorbildlich renoviert.

Die gotische Wasserburg aus dem 12. Jh. wurde 1592 im Renaissancestil ausgebaut. Sämtliche Festsäle im Inneren schmückte der Italiener Giovanni Battista d'Allio im 18. Jh. mit prachtvoll barockem Stuck, was dem Schloss den Beinamen „Österreichisches Stuckmuseum" eintrug. Besonders schön und für Hochzeiten zu mieten sind der Marmorsaal und die prunkvolle Schlosskapelle mit den zwölf Aposteln in Stuckmarmor. Sonst kann das Schloss nur im Rahmen von Veranstaltungen und in

Gruppenführungen (ab 10 Pers., ✆ 02829/2247) besichtigt werden. Ein Umbau in ein Hotel wird diskutiert.

5 km südlich von Schwarzenau lädt Österreichs einziges *Schnapsglas-Museum* in **Echsenbach** zur Besichtigung von über 1000 kunstvollen Schnapsgläsern aus Beständen von Adelsfamilien oder im Design der Wiener Werkstätten.

Öffnungszeiten 1.3. bis 1.12. tgl. 9–17 Uhr, Rufanlage beim Museumseingang, Eintritt: 5,50 € (inkl. Kostprobe).

Waidhofen an der Thaya

Die kleine Bezirkshauptstadt mit den markanten Türmen von Kirche und Rathaus ist Einkaufs- und traditionelles Schulzentrum des oberen Thayatals und Verkehrsknotenpunkt (B 36/B 5).

Die bereits im 12. Jh. am Kreuzungspunkt der Thaya mit der Route Wien–Prag gegründete Burgsiedlung war historisch – wie auch Litschau und Gmünd – durch die Grenzlage und Plünderungen geprägt. Aus heutiger Sicht den größten Schaden verursachte der Stadtbrand von 1873, der beinahe die gesamte mittelalterliche Bausubstanz zerstörte.

Zentrum von Waidhofen ist der dreieckige, abschüssige Hauptplatz. Frei in seiner Mitte steht das schmucke, renovierte *Rathaus* aus dem frühen 16. Jh., das zur Spätrenaissance mit einem Stufengiebel und 1721 mit einem Dachreiter versehen wurde. Unweit erhebt sich zwischen zwei 1879 gepflanzten Linden die *Dreifaltigkeitssäule* von 1709. Am Gebäude Hauptplatz 18 erläutert eine Tafel die Ableitung des Ortsnamens von den früher hier befindlichen Jagdhöfen (mhd. *waydhoff*). Kaum 200 m entfernt thront am höchsten Punkt der Altstadt die außen recht schlichte *Pfarrkirche Mariä Himmelfahrt*. Warum sie den Beinamen „Dom des Waldviertels“ trägt, offenbart sich im weiträumigen, hellen Inneren, das gänzlich mit barockem Stuck und Fresken (Josef Michael Daysinger) geschmückt ist. Den Chorraum füllt ein monumentaler Hochaltar mit Säulen und zwei Altarbildern. Bemerkenswert ist auch das reich geschnitzte Ratsherrengestühl. Hinter der Pfarrkirche sieht man noch Reste der Stadtmauer. In der parallel dazu verlaufenden Moritz-Schadek-Gasse 4 befinden sich das *Erste Waldviertler Webereimuseum* und das *Neue Heimatmuseum*, in dem es alte originale Webmaschinen und die für das Bandlkramerland (s. S. 194) typischen Bandwebstühle zu sehen gibt. Im Heimatmuseum werden alte Werkstätten eines Schneiders und Schusters und eine alte Gemischtwarenhandlung (Greißlerei) des 19. Jh. gezeigt (Mai bis Okt. So 10–12, 14–16, Juli/Aug. zusätzlich Do 10–12, Fr 18–20, Sa 14–16 Uhr, Eintritt: 2,50 €).

Seit 2004 besitzt Waidhofen knapp außerhalb der nördlichen Stadtmauer die größte *Waldrapp-Voliere* Europas, die mithelfen soll, den Bestand dieser vom Aussterben bedrohten Vögel zu sichern (Führungen ✆ 02842/52488, 2 €). Ebenfalls 2004 eingeweiht wurde in der Bahnhofstraße die in runden, naiven Formen errichtete evangelische *Kirche der Frohen Botschaft* von Architekt Makis Warlamis (s. Schrems). Ein sehenswertes, viel fotografiertes Naturkunstwerk ist die *Große Basilika* an der nördlichen Ortsumfahrung (B 5). Aus 97 megalithähnlichen Steinen hat Franz Xaver Ölzant eine Art Stonehenge geschaffen.

- *Daten* 510 m, 5650 Ew.
- *Verbindungen* **Bahn**: 6–10x tgl. mit der Franz-Josefs-Bahn Gmünd – Wien. **Bus**: Knotenpunkt für das nördliche Waldviertel (Raabs, Litschau, Kautzen).
- *Bauernmarkt* Hauptplatz, März bis Nov. 1. Sa im Monat 9–13 Uhr.

• *Einkaufen* **Die Käsemacher**, eines der Aushängeschilder österreichischer Käsekultur, Frisch-, Weich- und Schnittkäse von Kuh, Schaf und Ziege. Spezialität sind Rotschmierkäse, Mohn- und Selchkäse. Die Produkte sind auch in Supermärkten erhältlich. Mo–Fr 7.30–16.30 Uhr. Raiffeisenstraße 23, ✆ 02842/512150, www.kaesemacher.at.

Kunstwerk aus Steinblöcken in Waidhofen

• *Übernachten/Essen* **Gasthof Kirchenwirtin**, gemütliches Einheimischenlokal zw. Rathaus und Kirche mit bodenständiger Kost und 8 schlichten Zimmern. DZ mit Du/WC bis 40 €. Mo–Fr 7–22, Sa/So 8–14 Uhr. Schlossergasse 12, ✆ 02842/54550.

Camping Thayapark, schöner, schattiger Rasenplatz stadtnah am Thayaufer, 60 Stellplätze, gut ausgestattet, Waschmaschine, 2 Pers., 1 Zelt, 1 Auto ca. 14 €, 1.5. bis 30.9. ✆ 02842/50350.

Café-Konditorei Wolf-Fordinal, kleines Kaffeehaus direkt am Hauptplatz mit guter Auswahl an leckeren Mehlspeisen. Di–Sa 8–19, So 9.30–18 Uhr. Hauptplatz 23, ✆ 02842/52645.

• *Baden* **Freibad** im Freizeitzentrum am Thayaufer, Tretbootverleih, Minigolf. Moritz-Schadek-Gasse, ✆ 02842/52952.

• *Golf* **Golfclub Waidhofen**, 18-Loch- und 9-Loch-Anlage in Sichtweite der Stadt, auf einem Hochplateau inmitten zahlreicher Granitblöcke. Green Fee 40–50 €, April bis Nov. ✆ 02842/502, www.thayatal.at.

• *Veranstaltungen* **Internationales Musikfest**, Fr–So Ende Juni/Anfang Juli, bekanntes Open-Air-Festival mit Jazz, Blues, Funk, Groove, Folkmusik. www.folkclub.at. **Waldviertel Rallye**, 2 Tage im Okt., traditionsreiche internationale Motorsportveranstaltung zwischen Waidhofen und Horn, www.omv.rallye-waldviertel.at.

Das Bandlkramerlandl

Der karge Boden und das raue Klima brachten der Landwirtschaft im oberen Waldviertel stets geringe Erträge. Zusätzliches Einkommen verschafften sich die Kleinbauern und -häusler ab dem 17. Jh. durch die Bandweberei, bei der Schafwolle und Flachs aus der Region verarbeitet werden konnten. Diese Rohstoffe und die Webstühle stellten Verleger, die sog. *Bandlkramer*, zur Verfügung, die mit Hilfe von herumziehenden Hausierern die damit erzeugten Bänder für Wäsche und Kleidung sowie Gurte und Schnüre auch vertrieben. So erhielt die Gegend um Waidhofen und Groß-Siegharts die Bezeichnung *Bandlkramerlandl*. Aus den zahlreichen Kleinwebereien entwickelten sich im 18. Jh. erste Manufakturen und frühindustrielle Betriebe. Die Errichtung der ersten größeren Textilfabriken Mitte des 19. Jh. brachte das Ende des Verlagssystems. Der Niedergang der Textilbranche in der Region kam in der 2. Hälfte des 20. Jh., als die Fertigungsstätten in Billiglohnländer ausgelagert wurden.

Groß-Siegharts

Die 8 km östlich von Waidhofen gelegene Stadt war einst der bedeutendste Ort des Bandlkramerlandls und der Waldviertler Textilindustrie. Den Anstoß dafür gab Graf Mallenthein, der um 1700 die Ortschaft besaß und sie zum riesigen frühindustriellen Textilzentrum ausbauen wollte. Er berief Facharbeiter aus Sachsen und Brabant und errichtete um 1720 eine große Siedlung mit Weberhäusern, deren Überreste im Ortsteil Neugebäu zu sehen sind. Das Unternehmen ging allerdings Mitte des 18. Jh. Bankrott, die vielen hier ansässigen Webereien fanden fortan über Bandlkramer ihre Kunden. Im 19. Jh. entstanden moderne Textilfabriken, die mehr als 1000 Arbeiter beschäftigten und deren bauklotzartige Bauten bis heute das Ortsbild bestimmen. Eine dieser Bandfabriken im Ortszentrum beherbergt seit 1988 das *Textilmuseum,* das einen anschaulichen Einblick in die textile Vergangenheit der Stadt vermittelt. Dafür werden u. a. die alten, lärmenden Webmaschinen in Betrieb gesetzt, und ein rekonstruiertes Weberhaus lässt den beschwerlichen Alltag nachvollziehen.

Öffnungszeiten März bis Nov. So/Feiertage 10–12, 14–16 Uhr. Eintritt: 3 €.

Mitten in der Stadt am Rande eines ausgedehnten Parks erhebt sich der frühere Sitz des Grafen Mallenthein, ein *Schloss* aus dem 16. Jh., das heute Gemeinde- und Wohnzwecken dient. In der früheren Schlosskapelle wurden kostbare Fresken von Carlo Carlone freigelegt. Von ihm stammen auch die Deckenmalereien in der benachbarten barocken *Pfarrkirche,* für deren Bau Mallenthein 1722 den italienischen Architekten Donato Felice d'Allio engagierte. Im Inneren beeindruckt ein figurenreiches Grabmal vom Ende des 18. Jh.

- *Daten* 510 m, 3300 Ew.
- *Einkaufen* **Waldviertler Teppichsticker**, Kunstteppiche aus reiner Schafwolle, Mo–Fr 8–12 Uhr. Schlossplatz 1, ✆ 02847/3000.
- *Essen* **Zum Max – Kulinarisches Anbandeln**, preisgünstiger Wirtshauskulturwirt in einer früheren Bandfabrik, regionale und gutbürgerliche Küche, täglich zwei Mittagsmenüs. Mo Ruhetag. Fabrikenstraße 4, ✆ 02847/84176.

Im Thayaland nördlich von Waidhofen

Wüstung Hard: Eine geheimnisvolle Sehenswürdigkeit verbirgt sich im Harder Wald nordöstlich von Waidhofen. Dort wurde von Archäologen eine untergegangene Siedlung (= Wüstung) ausfindig gemacht. Das Dorf aus dem 12.–14. Jh. bestand aus 16 Häusern, deren Grundmauern man im bemoosten Waldboden entdecken kann. Ein Dorfbrunnen wurde rekonstruiert. Warum die Siedlung aufgegeben und zur Wüstung wurde, ist ungewiss, möglicherweise war der Ansturm der Hussiten 1431 die Ursache. Man erreicht die Wüstung auf einem breiten Waldweg in rund 15 Min. ab dem Ende der Forststraße. Die meisten Mauerreste befinden sich im lichten Wald unterhalb der Informationstafel.

Anfahrt Ab Thaya (5 km nördlich von Waidhofen) beschildert, letztes Stück (2 km) auf einer Forststraße.

Jakobskirche in Kleinzwettl: 7 km nordwestlich von Thaya (Richtung Gastern) steht auf einer Anhöhe am Rand des Dorfs Kleinzwettl eine sehenswerte, von einer Ringmauer umgebene mittelalterliche Wehrkirche. Sie wurde vom Stift Zwettl im 13. Jh. erbaut und um 1400 zu einer zweischiffigen gotischen Hallenkirche erweitert. Eindrucksvoll ist ihr stimmungsvoller Innenraum mit schönem Kreuzrippengewölbe, schlichter Steinkanzel und altertümlichen Betbänken. Im Boden des Chors befindet sich der Eingang zu einem 60 m langen Erdstall, einem künstlichen

Stollen unter der Kirche, in dem die Bevölkerung im Mittelalter bei Gefahr Schutz fand. Wer die Kirche von innen sehen möchte, meldet sich im Haus Nr. 44 links unterhalb der Kirche.

Lebendes Museum in Kautzen: In den im Heimatmuseum von Kautzen 3 km vor der tschechischen Grenze ausgestellten Werkstätten werden von April bis Nov. jeden ersten Sonntagvormittag im Monat alte Handwerkstechniken wie Netzen, Klöppeln, Bandweben etc. vorgeführt.

Einkaufen **Obermühle-Wollwerk**, in Tiefenbach 2 km östlich von Kautzen (B 3), kreative, handgefertigte Filz- und Webwaren wie Schals und Taschen. Mo–Do 9–17, Fr 9–12 Uhr. ✆ 02864/287813, www.obermuehle.at.

Platz des Skorpions in Engelbrechts: Die bekannte Steinformation 3 km westlich von Kautzen unweit des Dorfes Engelbrechts (gut beschildert, Anfahrt zum Teil auf Forststraßen) wurde so benannt, weil die Anordnung der Granitblöcke, die meist Schalen oder Rinnen aufweisen, das Sternbild des Skorpions ergeben soll. Ob die Natur oder keltische Kulthandlungen für die Lage und das Aussehen der Steine verantwortlich sind, ist umstritten. Die interessantesten der bezeichneten Gebilde sind: das mehrschalige *Warzenbründl (Yin-Yang-Stein)* nah an der Forststraße, das die linke Schere des Skorpions bildet; der *Herrgottstein* tiefer im Wald stellt den Skorpionkopf dar – hier soll der Allmächtige beim Wandern mit seinem Rucksack gerastet und Abdrücke hinterlassen haben. Von den *Apostelsteinen* in der Umgebung wird eine ähnliche Legende erzählt. Am Schwanz des Skorpions befinden sich der Opferstein, ein Schalenstein mit großer Blutrinne, und der *Energiestein*, dessen Rillen davon zeugen, dass er einst gespalten werden sollte. Der *Runenstein* ist das Skorpionschwanzende.

Naturpark Dobersberg-Thayatal: Südöstlich um den alten Markt Dobersberg (Kreuzungspunkt B 36/B 30) erstreckt sich das 200 ha große, frei zugängliche Gebiet, das von Auwäldern, der mäandrierenden Thaya, Wiesen und Äckern geprägt ist. Geboten werden ein naturkundliches Informationszentrum im imposanten, aus dem 16. Jh. stammenden *Schloss Dobersberg* (Ostern bis 1.11. Sa/So 10–12, 14–16 Uhr, Eintritt frei), ein Waldlehrpfad, Kinderspielplätze, Wildgehege und ein Wünschelrutenweg.

Karlstein an der Thaya

„Horologen- und Heilkräuterzentrum" nennt sich das Städtchen zwischen Dobersberg und Raabs, das von einem mittelalterlichen, nicht zugänglichen Burgschloss überragt wird: Seit 1730 ist in Karlstein das Uhrmacherhandwerk beheimatet. Zur Hochblüte um 1830 wurden die Holzräderuhren, große, hölzerne Uhren, der Karlsteiner Uhrmacher (= Horologen) von Wanderhändlern in der ganzen Habsburgermonarchie verbreitet. 1873 entstand hier die erste Uhrmacherschule Österreichs, die als renommierte Fachschule und Höhere Technische Lehranstalt bis heute besteht. 2003 ging sie mit der deutschen Manufaktur *Glashütte* eine Kooperation zur Nachwuchsförderung ein und eröffnete im Karlsteiner Rathaus ein *Uhrenmuseum*, in dem Funktion und Technik einer Uhr sowie Präzisionspendeluhren, Gangmodelle und Maschinen für die Uhrenherstellung präsentiert werden. Integriert ist auch eine Werkstätte, in der man alte Uhren reparieren lassen kann.

Öffnungszeiten Mo–Fr 9–12, 13–16 Uhr, Eintritt: 2,50 €, www.uhrenmuseum.at.

Das *Heilkräuterzentrum* in Karlstein war Wirkungsstätte des durch TV und Medien weithin bekannten Kräuterpfarrers Weidinger. Im 1998 eröffneten Seminarzentrum in der Hauptstraße 16 (B 30) wird sein geistiges Erbe gepflegt: In der Teestube wird Vollwertkost gereicht, im Naturladen können u. a. Tees, Kräuterelixiere, Weidingers Bücher und Kaffeetassen mit seinem Konterfei erstanden, Vorträge und Seminare gebucht und im Kräutergarten die Heilpflanzen in natura betrachtet werden.

Öffnungszeiten Mo–Sa 8–18 Uhr, ✆ 02844/707024.

- *Daten* 440 m, 1586 Ew.
- *Essen* **Gasthaus Pohnitzer**, mitten im Ortszentrum, empfehlenswertes Kulturwirtshaus mit gemütlicher Stube, in der kreativ verfeinerte Regionalküche geboten wird. Bekannt ist der Traditionsbetrieb für Karpfengerichte und Mohntorte. Hauptgerichte bis 13 €, tgl. außer Mi abends. Hauptstraße 20, ✆ 02844/236.

Kräuterpfarrer Hermann-Josef Weidinger (1918–2004)

Mit weißer Ordenstracht und Hut im Einsatz für die Gesundheit – so kannte man Pfarrer Weidinger. Schon seine Kindheit soll der gebürtige Thayataler am liebsten im Kräutergarten verbracht haben. 1938 ging Weidinger als Missionar nach China, wo er Theologie studierte. Er lebte bis 1953 im Fernen Osten, lernte dort das Buchdruckerhandwerk, gründete einen Verlag und übersetzte wichtige Werke ins Chinesische. Bei buddhistischen Mönchen lernte er die chinesische Naturheilkunde kennen. Nach seiner Rückkehr trat er ins Stift Geras ein, war jahrelang als Pfarrer tätig und übernahm 1980 als anerkannter Heilkräuterfachmann die Leitung des Vereins der Freunde der Heilkräuter in Karlstein. Er veröffentlichte rund 40 Bücher und war mit seinen Ratschlägen und Kommentaren österreichweit in allen Medien präsent.

Raabs an der Thaya

Der traditionelle Sommerfrischeort liegt in reizvoller Landschaft in einer Mulde des Thayatals und wird von einem Burgschloss überragt. Auf dem Fluss werden Kanutouren angeboten.

Raabs liegt an jener Stelle, wo sich Deutsche und Mährische Thaya zur Thaya vereinen. Am linken Ufer des Flusses breitet sich der dreieckige Hauptplatz aus. Dort befindet sich das kleine *Grenzlandmuseum*, das urgeschichtliche Funde aus der Umgebung und die Geschichte der Stadt präsentiert (Mai bis Sept. Mo–Fr 9–12, Juli/Aug. auch Mo–Do 13–16, Sa/So 10–12 Uhr, Eintritt: 1,50 €). Entlang der Thaya sind noch Befestigungsmauern erhalten. Am rechten Ufer im Ortsteil Oberndorf thront eindrucksvoll auf einem hohen Felsen *Burg Raabs*. Westlich der Anlage erhebt sich die romanisch-gotische *Pfarrkirche Mariä Himmelfahrt* mit schönem Kreuzrippengewölbe (13.–15. Jh.).

• *Daten* 420 m. 3100 Ew.

• *Information* **Tourismus-Info** am Hauptplatz, Juni bis Sept. Mo–Do 7.30–11.30, 13–16, Fr 7.30–11.30, Sa 10–12 Uhr. ✆ 02846/365, www.raabs.info.

• *Verbindungen* **Bus**: Mo–Sa 8x tgl. mit Göpfritz (dort Franz-Josefs-Bahn Wien – Gmünd) bzw. 2x tgl. mit Wien.

• *Übernachten/Essen* ****** Hotel-Restaurant Liebnitzmühle**, 5 km westlich von Raabs, abgeschieden am Thayaufer gelegenes Landhotel mit großem Seminar-, Wellness- und Sportangebot (Kanuwandern, Hallenbad, Blockhaussauna, Whirlpool, Reitstall). 32 Komfortzimmer im Landhausstil oder mit Stilmöbeln, DZ 104 € oder 4 Welcome-Tickets. Restaurant im gemütlichen Dreiseithof mit Gastgarten und Waldviertler Küche. Liebnitz 38, ✆ 02846/7501, www.liebnitzmuehle.at.

***** Hotel Thaya**, familienfreundliches Hotel direkt im Ort am Thayaufer, Liegewiese, Sauna, Laufstrecke beim Hotel, 30 nette, geräumige Komfortzimmer, teils mit Balkon. DZ 60–70 € oder 4 Welcome-Tickets. Café-Restaurant mit bodenständiger Küche, Bar. Hauptstraße 14-16, ✆ 02846/202, www.hotelthaya.at.

Privatzimmer Schachner, 5 km östlich in Eibenstein, ehemaliger Bauernhof an der Thaya (Bademöglichkeit), 5 Zimmer mit Du/WC, Leihräder, DZ bis 42 €. Eibenstein 15, ✆ 02846/455.

Gasthof Strohmer – Zur goldenen Krone, museumsreifes Kulturwirtshaus am Hauptplatz mit hervorragender Waldviertler Küche, deren Zutaten aus der eigenen Fleischerei kommen. Berühmt als Blunzenweltmeister (Blutwurst), auch die Waldviertler Knödel sind einmalig. Mo Ruhetag. Hauptplatz 4, ✆ 02846/238.

Schlossblick-Heuriger, Hausmannskost, bekannt für Grammelknödel, Mohnzelten und Destillate – Hausherr Friedrich Kramar ist viel prämierter Edelbrenner. Ostern bis Ende Okt. Fr 18–24, Sa/So 16–22 Uhr. Oberndorf 48, ✆ 0664/1056561.

• *Fahrradverleih* Tourismus-Info bzw. Freizeitzentrum. 5–6 €/Tag.

• *Baden* **Freizeitzentrum** mit Hallen- und Freibad an der Thaya. ✆ 02846/7111.

• *Angeln* Karpfenfischen in der Thaya, Wochenkarten 50–60 €, s. Info.

• *Kanuwandern* Bei günstigem Wasserstand kann die Thaya um Raabs zwischen Karlstein und Drosendorf oder ab Weikertschlag befahren werden. Infos unter www.kanuwandern.at. Sportschuhe sind nötig, weil das Boot bei Wehranlagen getragen werden muss. Leihkanus und geführte Tagestouren (30–70 €) bieten die Hotels Thaya und Liebnitzmühle.

Sehenswertes

Burgschloss Raabs: Um 1100 wurde die Burg von den Grafen von Raabs (damals noch Rakouz) als Grenzfestung zu Böhmen erbaut. (Detail am Rande: Die männliche Linie der Grafen starb 1192 aus, die älteste Tochter heiratete Friedrich von Zollern und wurde so Mitbegründerin des preußischen Königshauses.) 1358 bis 1702 besaßen die Puchheimer die Wehrburg. Sie erweiterten sie sukzessive und schufen so die heutige Burg, eine lang gestreckte, malerisch verschachtelte Anlage aus Vorbauten, Türmen, Höfen und Wohnburg im Stil der Gotik und Renaissance. Im 18. Jh. kamen noch barocke, schlossartige Einbauten hinzu. Die seit 1996 vom neuen Besitzer behutsam revitalisierte Burg, in der im Sommer Konzerte und Feste stattfinden, kann im Rahmen einer Führung besichtigt werden.

Durch den arkadengesäumten, westlichen Vorhof über eine Steinbrücke, vorbei an runden Wehrtürmen mit Kegeldächern und dem alten fünfeckigen Bergfried, erreicht man die Vorburg mit dem ersten Burghof. Bemerkenswert sind hier der Ochsenturm und die spätgotische Wendeltreppe. Höhepunkte in der dreigeschossigen, um einen engen Laubenhof gelegenen Hochburg sind die beiden Rittersäle mit den eindrucksvollen, nur teilweise freigelegten Fresken (16. Jh.) sowie die Burgkapelle am äußersten Felsabfall mit dem darüber gelegenen Söller, von dem sich ein schöner

Schloss Raabs – Glied der Burgenkette entlang der Thaya

Blick auf den Ort bietet. Ein 50 m tiefer Burgbrunnen soll über ein unterirdisches Gängesystem mit der 6 km entfernten Burg Kollmitz verbunden gewesen sein.

Öffnungszeiten Juni bis Anfang Sept. Fr/Sa/So 10–18 Uhr, stündliche Führungen. Eintritt: 7 €, Kinder (ab 7 J.)/Stud. 5 €, Familienkarte 15 €.

Rakousko = Österreich

Die mächtige Herrschaft Raabs, die ihren Namen vom ersten Burgherrn Rakouz ableitete, war für die benachbarten Böhmen seit dem Mittelalter ein Synonym für die Grenze zwischen beiden Ländern. Sie sprachen nicht von Österreich, sondern von *Rakousko*, dem „Land hinter Raabs" – bis heute übrigens, denn Österreich heißt auf Tschechisch nach wie vor so.

Ruine Kollmitz

Die flussabwärts hinter Raabs auf einem von der Thaya umflossenen Felsberg gelegene Ruine ist eine der größten Österreichs. Auch sie entstand als Grenzfestung gegen Böhmen. 1447 wurde sie zusätzlich durch die 350 m außerhalb der Burg errichtete, zinnenbewehrte und über 100 m lange „Böhmische Mauer" gesichert. Sie riegelte die Landzunge ab, besaß nur einen einzigen Durchlass und ist noch erhalten. Bis ins 17. Jh. wurde die Anlage weiter ausgebaut. Ab 1760 begann ihr Verfall, der durch das Abtragen sämtlicher Dächer nach Einführung der Dachsteuer beschleunigt wurde. Umfangreiche Erhaltungsarbeiten seit den 1970er Jahren haben die Ruine zu einem beliebten Ausflugs- und Wanderziel gemacht.

Man betritt die mauerumschlossene, ausgedehnte Burganlage durch einen mächtigen runden Torbau. In den früheren Wirtschaftsgebäuden im ersten Burghof ist eine Jausenstation (Sa/So/Feiertage, Schlüssel für Bergfriede) und eine kleine Schau über den Karthographen Georg Matthäus Vischer (1628–1696) untergebracht. Links im Burghof steht der Rest eines gotischen Baus, dahinter erhebt sich der Batterieturm, der bestiegen werden kann. Hinter dem inneren Burggraben erreicht man durch ein Tor mit Fußgängerpforte die eigentliche Hauptburg. Sie besitzt einen hohen, runden Bergfried, der ebenfalls erklommen werden kann. Den Abschluss gegen Süden bilden die dreigeschossigen, malerischen Überreste der um 1690 entstandenen Burgbauten.

- *Anfahrt* von der B 30 2 km östlich von Raabs via Kollmitzdörfl (beschildert, teils enge Sandstraße!) oder über Aigen 6 km südlich von Raabs nach Kollmitzgraben.
- *Wandern* Ab Raabs ist die Ruine über den rot markierten Thayatalweg Nr. 630 in ca. 1¼ Std. zu erreichen. Der Weg verläuft vom Hauptplatz Raabs zunächst promenadenähnlich am Flussufer entlang, steigt dann an und führt zuletzt über eine Sandstraße durch die Böhmische Mauer zur Ruine.

Zwischen Raabs und Drosendorf

Ruine Eibenstein: Die reizvoll über dem Fluss platzierte Ruine (B 30, 6 km östlich von Raabs) ist ein weiteres Überbleibsel der um 1200 errichteten Burgenkette (frei zugänglich).

Schüttkasten Primmersdorf: Der von Jakob Prandtauer 1706 am Rande der Schlossanlage 4 km vor Drosendorf erbaute Getreidespeicher, ein prächtiges, dreigeschossiges Gebäude mit barockem Giebel, wurde jüngst renoviert und soll künftig mit Veranstaltungen und Ausstellungen belebt werden.

Einkaufen **VESNA-Werkstätten**, Schloss Primmersdorf, hier werden international gefragte, handgedruckte Textilien erzeugt, Verkauf nach Voranmeldung. ✆ 02846/464.

Drosendorf an der Thaya

Das verträumte Städtchen mit dem historischen Angerplatz und der intakten Stadtmauer thront auf einem Felsrücken in einer Thayaschlinge. Es besitzt ein nostalgisches Strandbad, eine Zirkusschule und gute Unterkünfte.

Durch eines der beiden Stadttore erreicht man den lang gestreckten, dreieckigen *Hauptplatz*, in dessen Mitte sich ein grüner, baumbestandener Anger erhalten hat. An beiden Seiten reihen sich niedrige Bürgerhäuser aus dem 16. Jh. mit pastellfarbenen Fassaden und Volutengiebeln. An der Ostseite steht ein sgraffitogeschmücktes Rathaus, unweit davon eine Dreifaltigkeitssäule von 1714 und der angeblich höchste Pranger des deutschen Sprachraums aus dem Jahr 1559 mit einer Rolandfigur an der Spitze. Inmitten des Angers erhebt sich die spätgotische *Kirche St. Martin*, in der sich ein Glassarg mit den Reliquien der Hl. Valentina (4. Jh.) befindet. Das reizvolle Stadtbild komplettiert das etwas abseits stehende vierflügelige *Renaissanceschloss* aus dem 17. Jh. Ein Blick in den rosa-weiß gestrichenen Innenhof mit dem Brunnen lohnt sich. Das Schloss wird als Frühstückspension und Seminarhotel genutzt. Zum Abschluss empfiehlt sich ein Spaziergang auf der *Sommer- und Winterpromenade* (Erlebnisweg Sommerfrische) rund um die noch vollständig erhaltene, 1,8 km lange Stadtmauer aus dem 12. Jh. Dieser behagt auch den zahlreichen großstadtflüchtigen Rentnern, die Drosendorf – nicht zur Freude aller – zum Alterssitz erkoren haben.

Eingang in die Weltgeschichte fand Drosendorf übrigens 1278, als es 16 Tage lang den Angriffen des böhmischen Königs Ottokar widerstand, wodurch Rudolf von Habsburg Zeit fand, seine Heere für die Schlacht bei Dürnkrut zu sammeln (s. S. 248).

- *Daten* 423 m, 1300 Ew.
- *Verbindungen* **Bus**: 3–5x tgl. mit Retz.
- *Reblausexpress* Nostalgiebahn mit Gratisradtransport: 1.5. bis 26.10. Sa/So/Feiertage 2x tgl. Retz – Drosendorf – Retz.
- *Übernachten/Essen* **** **Pension Schneider Mohnkaffeehaus**, am Hauptplatz, 8 moderne Komfortzimmer. DZ 60–80 €. Restaurant (mittags/abends) und Mohnkaffeehaus (ganztägig) mit moderner Terrasse, in dem feine Desserts aus Mohn und Eis serviert werden. Souvenirs und Wein gibt es im Spezialitätencomptoir. März bis Dez. Do–Mo. Hauptplatz 5, Tel 029152227, www.moka.at.

*** **Frühstückspension Seminarhotel Schloss Drosendorf**, 8 DZ, 11 Mehrbettzimmer in herrschaftlichem und doch recht bodenständigem Ambiente. Knarrende Holzböden, Stilmöbel, teils richtige Salons als Zimmer. DZ 60 €. Schlosstaverne Mo–Fr ab 17 Uhr. Schlossplatz 1, ✆ 02915/23210.

*** **Gasthof Failler-Zum Goldenen Lamm**, freundliches Landgasthaus am Hauptplatz, weithin bekannt für die Kachelofenstube, die schöne Terrasse und die schmackhafte Waldviertler Küche (Karpfen, Knödel, Braten). Alter Kinosaal im Haus, der ab und zu bespielt wird. Mo Ruhetag, April/Nov. geschl., Hauptspeisen 8–16 €. 22 Komfortzimmer, DZ ca. 60 €. Hauptplatz 27, ✆ 02915/2327.

*** **Gasthof Zur Hammerschmiede**, Ortsteil Altstadt, 11 moderne Komfortzimmer, Garten, Leihmountainbikes. DZ ca. 54 €. Traditionsgasthof mit bodenständiger Küche und Lammspezialitäten aus eigener Landwirtschaft. Mo/Di Ruhetag. Altstadt 34, ✆ 02915/2334.

Junges Hotel, moderner Bau zwischen Stadtmauer und Bad mit 2 DZ, drei 4-Bett- und drei 6-Bett-Zimmern. 14–26 € p. P. inkl. Frühstück. 1.4. bis 31.10. Badstraße 25, ✆ 02915/2257, www.drosendorf.noejhw.at.

Camping Drosendorf, ruhige Waldlage direkt an der gestauten Thaya, 50 Stellplätze, viele Dauercamper, gut ausgestattet, Waschmaschine, Mietwohnwagen. Ganzjährig geöffnet, 2 Pers., 1 Auto, 1 Zelt 10–15 €. Badstraße 27, ✆ 02915/2285.

- *Angeln* in der Thaya, Auskunft im Schloss.
- *Baden* Nostalgisches **Kneipp-Thayabad** in der Flussschlinge mit Holzpavillon im Sommerfrischestil, Ruderbootverleih; unweit davon modernes **Terrassenfreibad** mit Buffet. Beide im Sommer tgl. geöffnet. **Wildbadeplätze** an der Thaya in Drosendorf-Altstadt.
- *Golf* **Golfplatz Thayatal-Drosendorf**, in Autendorf 2 km außerhalb, 18-Loch-Anlage, Green Fee 18–29 €! ✆ 02915/62625, www.1golf.at.
- *Kinder* **Circusluft**, im alten Zirkus vor den Stadtmauern können Kinder im Juli/Aug. in 5-tägigen Workshops (ca. 330 € all inclusive) zur Zirkusschule gehen, im Zirkuswagen übernachten und in einer Schlussgala ihre Künste vorführen. ✆ 02915/2213-13, www.circusluft.at.
- *Veranstaltungen* **Mittelalterfest**, Sa Ende Juni. **Jazznacht**, 1x im Monat im Jazz-Keller im Zentrum.

Geras

Der Ort inmitten einer Teich- und Waldlandschaft wird von einem Prämonstratenserstift dominiert, das für Kunst- und Fastenkurse bekannt ist.

Geras liegt 10 km südlich der Thaya, die 3 km hinter Drosendorf nach Tschechien fließt, dort Dyje heißt und erst 22 km weiter östlich bei Hardegg kurz wieder auf österreichisches Gebiet zurückkehrt. Die Gegend um Geras ist sanftwellig, die größten Teiche um den Ort werden als Erholungs- und Badeareal (Edlersee) genutzt bzw. wurden in den *Naturpark Geras* integriert. Das Stift erfuhr in den letzten Jahrzehnten eine großzügige Renovierung, die finanzielle Nöte mit sich brachte.

- *Daten* 460 m, 1500 Ew.
- *Verbindungen* **Bus**: Mo–Sa 5x tgl. mit Retz, Horn, Drosendorf.
- *Übernachten/Essen* *** **Hotel Alter Schüttkasten**, Hotel im ehemaligen Getreidespeicher 300 m oberhalb des Stifts mit 26 unter alten Holzdecken modern und zweckmäßig möblierten Komfortzimmern. Sauna, Wintergarten, Leihräder. DZ 70–80 € oder 4 Welcome-Tickets. Stilvolles Stiftsrestaurant im alten Gewölbe, in dem Karpfen, Wild und Gemüse aus Stiftsbetrieben verkocht wird. Vorstadt 11, ✆ 0810/081028.

*** **Hotel-Pension Elite**, unweit des Stifts, kleines Hotel-Restaurant mit 14 geräumigen, schlicht eingerichteten Komfortzimmern mit Balkon. Loihrädor. DZ 64 €. Bodenständiges Restaurant tgl. außer Di. Hauptstraße 18, ✆ 02912/56133, www.loigge.at.

Zimmer mit Etagenbad/WC stehen auch im Gästetrakt des Stifts (DZ ca. 40 €) zur Verfügung. Anfrage im Hotel Schüttkasten.

Campingplatz Edlersee, Waldplatz am Badesee, 30 Stellplätze, viele Dauercamper, gut ausgestattet, Imbiss, ganzjährig geöffnet. 2 Pers., 1 Auto, 1 Zelt ca. 16 €. ✆ 02912/266 od. 7050.

• *Baden/Angeln* **Waldbad Edlersee**, B 4 Richtung Horn, 9 ha großer Natursee, nostalgisches Badehaus, Bootsverleih. Spielplatz, Mai bis Okt. tgl. 10–18 Uhr. Anglerzentrum (Karpfen, Hecht): Tageskarte 18 €, erhältlich beim Campingplatz.

• *Veranstaltungen* **Erdäpfelfest**, Anf. Okt., Straßenfest mit.

Sehenswertes/Umgebung von Geras

Stift Geras: Das nördlichste Kloster Österreichs, das 1153 von Graf Ulrich von Pernegg gestiftet und von Prämonstratenser-Chorherren besiedelt wurde, war wie alle Stifte im Nordwald kriegerischen Einfällen ausgesetzt. 1230 verwüsteten es die Kuenringer, im 15. Jh. plünderten es Böhmen und Ungarn. Angriffe während des Dreißigjährigen Krieges hinterließen kaum mehr als eine Ruine. Der Wiederaufbau erfolgte Mitte des 17. Jh. Es entstanden die Stiftskirche, die Prälatur, die Wirtschaftsgebäude, der Schüttkasten und die noch erhaltene Wehrmauer mit den runden, zinnenbewehrten Türmen.

Kreativzentrum Stift Geras

Sein heutiges Erscheinungsbild erhielt Stift Geras durch Baumeister Joseph Munggenast, der nach einem Großbrand 1730 den Neugebäude genannten Barocktrakt mit einem monumentalen Portal, einer Torhalle und einem prachtvollen Marmorsaal errichtete. Zur selben Zeit erhielt die *Stiftskirche* ihre barocke Innenausstattung. Diese sieht man am besten im Rahmen einer Führung oder Ausstellung. Sonst bleibt nur der Blick durch die Glastüre. Dazu betritt man die Kirche durch das manieristische Hauptportal, das von den Statuen der Ordensgründer Hl. Augustin und Hl. Norbert flankiert wird. Es ist der einzige auffällige Schmuck an der schmalen, schlichten Westfront. Die im Kern romanische, eher niedrige Pfeilerbasilika beeindruckt mit ihren marmorierten Wänden, dem Stuck und den Fresken aus der Barockzeit. Ungewöhnlich sind die kunstvoll umrahmten Fenster entlang des Mittelschiffs, die den Eindruck einer Häuserfront vermitteln. Zwischen ihnen prangen ovale Bilder mit den zwölf Aposteln und den Ordensheiligen. Lichtdurchflutet ist der Chor mit dem Hochaltar, auf dem sich ein Gnadenbild, eine spätgotische Muttergottesstatue (1500), befindet.

Im Rahmen einer Führung oder Ausstellung gelangt man über die Feststiege auch in den *Marmorsaal* im Obergeschoss der Torhalle. Der prachtvolle Barockraum wurde um 1740 von Paul Troger ausgestaltet. Er schuf die Gemälde über den beiden Kaminen und das riesige Deckenfresko „Die wunderbare Brotvermehrung", das auf die frühere Verwendung des Saals als Sommerrefektorium hinweist.
Frei zugänglich ist der *Kräutergarten* gegenüber dem Stiftsportal, der vom legendären Kräuterpfarrer und Chorherren des Stifts Hermann-Josef Weidinger (s. S. 197) angelegt wurde. Der Meierhof und der Alte Schüttkasten sind Veranstaltungsorte der seit 1970 angebotenen Kunst- und Freizeitkurse.

• *Öffnungszeiten* 1.5. bis 31.10., Führungen Di–Sa 10, 14, 15.30, So 14, 15.30 Uhr, Eintritt: 5 €, Kinder ermäßigt. Bei Ausstellungen meist tgl. geöffnet. ✆ 02912/345289, www.stiftgeras.at.

• *Kurse* 150 Kurse und Seminare pro Jahr in Keramik, Volkskunst, Malerei, Restaurierung, Stimm- und Sprechschulung etc. Kursbüro ✆ 02912/332.

• *Einkaufen* **Klosterladen** (Kunsthandwerk, Kräuterprodukte, Kunstbedarf), 2.5. bis 15.11. tgl. 9.30–18 Uhr.

Naturpark Geras: In dem 134 ha großen Waldareal 2 km außerhalb Richtung Horn (B 4) wandert man auf kinderwagentauglichen Wegen zu Wildgehegen mit Rot- und Damwild, Mufflons, Steinböcken, Wildschweinen, Auerochsen, Schafen und Ziegen, kann einen Streichelzoo und einen Fledermauslehrpfad besuchen und vom Aussichtshügel einen Blick über die Karpfenteiche genießen. Der Eingang ist beim Gasthaus Hubertushaus.

Öffnungszeiten Palmsonntag bis 1.11. tgl. außer Mo 9–18 Uhr. Eintritt: 2,60 €.

Kloster Pernegg: 12 km südwestlich an der B 4 Richtung Horn befindet sich dieses gleichzeitig mit Geras 1153 gegründete ehemalige Prämonstratenser-Chorfrauen-Stift. Es wurde nach dem Tod der letzten Nonne 1585 zunächst als Männerkloster betrieben, bis es 1783 durch Joseph II. aufgehoben wurde. Seither wird es als Pfarre von Stift Geras geführt. In den 1990er Jahren wurde es aufwendig revitalisiert und mit modernen Zubauten in ein weithin bekanntes Fasten- und Seminarzentrum umgestaltet, das von Stift Geras verwaltet wird. Beachtenswert an der noch von einer spätmittelalterlichen, turmbewehrten Mauer umfriedeten Anlage ist die frühere *Stiftskirche Hl. Andreas*. Das mächtige, spätgotische Gotteshaus von 1520 hat einen seltsam quer gestellten Turm, ein prächtiges Sternrippengewölbe mit bunten Fresken und einen modernen Hochaltar.

Information Fastenkurse mit Yoga, Meditation, Wandern etc. ca. 500 €/Woche. ✆ 0810/081028, www.stiftgeras.at.

Tipp für Radfahrer: Folgende Ein- oder Zwei-Tagestour (67 km) mit Bahnanschluss kombiniert Abschnitte der *Kamp-Thaya-March-Radroute (KTM-Weg)* mit dem *Klosterradweg:* Ab Bhf. Schwarzenau (Franz-Josefs-Bahn, s. S. 33) geht es auf dem KTM-Weg über Waidhofen nach Thaya (18 km). Dort nimmt man die wenig befahrene Landstraße nach Schlader (25 km) und kürzt so ein langes Eck der KTM-Route ab. Auf sie trifft man wieder vor Eggersdorf. Weiter geht es über Raabs (34 km) und Drosendorf bis zum Dorf Wolfsbach (55 km), wo man über Kottaun das Stift Geras und den Klosterradweg erreicht. Man folgt diesem bis Harth und zweigt dort nach Hötzelsdorf ab zur Haltestelle der Franz-Josefs-Bahn, die Rad und Fahrer tgl. bis ca. 21 Uhr zum Ausgangspunkt zurück bringt.

Barockschloss Riegersburg

Das prunkvolle barocke Landschloss liegt idyllisch an einem Teich an der B 30 zwischen Drosendorf und Hardegg, knapp an der tschechischen Grenze. Reichsgraf Sigmund Friedrich Graf Khevenhüller, Statthalter von Niederösterreich, erwarb 1730 ein hier befindliches Wasserschloss und ließ es durch Franz Anton Pilgram, einen Schüler Hildebrandts, zu einem vierflügeligen Barockpalais ausbauen. Seine Hauptfassade, dessen Giebelfeld Atlas mit der Weltkugel bekrönt, weist Ähnlichkeiten mit Schloss Belvedere in Wien und Stift Göttweig auf. In den Kriegs- und Besatzungsjahren 1945–55 wurde das Schloss schwer beschädigt. Die wiederhergestellten Prunkräume der Anlage, die sich noch im Besitz der Nachfahren der Khevenhüllers befindet, sind als Museum zugänglich. Zusätzlich finden Kunstausstellungen statt.
Besonders sehenswert an dem begleiteten Rundgang (ohne Erläuterungen) durch das Schloss sind das wertvolle Mobiliar und die Gemälde aus dem 18. und 19. Jh., mit denen das Barock-, Turm- und Esszimmer bzw. der Gelbe und Chinesische Salon ausgestattet wurden und die einen Eindruck vom adeligen Landleben in der Barockzeit vermitteln. Die Küche im Erdgeschoss mit originaler Ausstattung und großem gemauerten Herd ist die einzige funktionsfähig erhaltene historische Herrschaftsküche Österreichs. Nur als Besucher des Schlosscafés Maria Theresia darf man den Schlosspark mit dem Teich und dem kleinen Hunde-Friedhof der Grafen aus dem 19. Jh. betreten.

• *Öffnungszeiten* Ostern bis 15.11. tgl. 9–17 Uhr, Juli/Aug. tgl. 9–19 Uhr. Schlossbesichtigung (in Begleitung): 8,50 €, Kinder 4,50 €. Kunstausstellung: 5 €, Kinder 3,50 €. Kombikarte (Schloss u. Ausstellung): 12,50 €. Kombikarte (Schloss u. Burg Hardegg): 13 €. ✆ 02916/400, www.schloss.riegersburg.at.

Felling: In dem kleinen Ort zwischen Riegersburg und Hardegg befindet sich Österreichs letzte Perlmuttdrechslerei. Dieses Gewerbe war im frühen 20. Jh. um Hardegg weit verbreitet. Verarbeitet wurden die Schalen der Thaya- und Marchmuscheln. Heute kommt das Rohmaterial, das zu Knöpfen und Schmuck verarbeitet wird, aus Südostasien und Mexiko.

Öffnungszeiten 1-Std.-Besichtigung (2 €) und Verkauf Mo–Do 7–12, 13–16, Fr 7–12 Uhr. ✆ 02916/203, www.perlmutt.at.

Hardegg an der Thaya

Hardegg im tief eingeschnittenen Tal der Thaya ist die kleinste Stadt Österreichs. Sie wird dominiert von einer malerischen Burg und ist Tor zum Nationalpark Thayatal.

1290 wird Hardegg als Grenzstadt erstmals erwähnt, schon 150 Jahre zuvor entstand die *Burg Hardegg*, die mit ihren drei Türmen auf einem lang gestreckten Felsrücken im Ort emporragt. Ihr vorgelagert ist der hohe Stadt- bzw. Uhrturm. Am Abhang des Burgfelsens steht die romanisch-gotische *Pfarrkirche St. Veit* mit einer Wehrmauer und einem 1150 erbauten Rundkarner. Fußgänger und Radfahrer können auf der historischen, 1990 wieder geöffneten *Eisenbrücke* von Hardegg über die Thaya nach Tschechien gelangen – allerdings nur vom 15.4. bis 2.11. tgl. von 8–20 Uhr. Die Felsen rund um Hardegg, die eine grandiose Aussicht auf Stadt und Thayatal bieten, sind durch ein Wanderwegenetz gut erschlossen.

• *Daten* 308 m, 90 Ew.

• *Verbindungen* **Bus**: Mo–Sa 2- bis 5x tgl., So 1x mit Retz.

Hardegg an der Thaya – kleinste Stadt mit großer Umgebung

• *Übernachten/Essen* *** **Gasthof Hammerschmiede**, unterhalb der Burg auf der flussabgewandten Seite, bodenständiger Gasthof, im Sommer tgl., sonst Di Ruhetag. Gästehaus mit 8 Komfortzimmern. Leihräder. DZ 60–64 €. Vorstadt 8, ✆ 02949/8263.
Nationalparkhouriger Zur Thayabrücke, Heuriger im renovierten, nostalgischen Salettl, einem Holzpavillon unweit der Thayabrücke, April bis Sept. Fr–So ab 16 Uhr, Sa/So gibt es auch ein Mittagsbuffet mit drei warmen Speisen. ✆ 0664/5646321.

• *Baden* **Waldbad Hardegg**, modernes Freibad mit Wasserrutsche. Juni bis Sept.

Sehenswertes/Wandern

Burg Hardegg: Wie Raabs und Kollmitz war auch die Stammburg der Grafen von Hardegg Teil jener Burgenkette, die im 11./12. Jh. zum Schutz der Thayagrenze entstand. In den folgenden Jahrhunderten von zahlreichen Burgherren zu einer mächtigen Wehranlage erweitert, kam sie 1730 in den Besitz der Khevenhüller, die aber das gleichzeitig erworbene Schloss Riegersburg bevorzugten. Hardegg blieb unbewohnt und verkam zur Ruine, vor allem weil die Burg nach dem Stadtbrand 1764 den Bürgern als Steinbruch zum Wiederaufbau ihrer Häuser diente. Ende des 19. Jh. ließ Fürst Johann Carl zu Khevenhüller-Metsch die Burg als Familiengruft und Museum wieder erstehen. Von der früheren romanisch-gotischen Burganlage sind noch der fünfgeschossige Bergfried und ein Sicherungsturm, beide zinnenbewehrt, sowie Mauern der Wohnburg erhalten, der Rest wurde mit späthistoristischen Aufbauten ergänzt.

Am Uhrturm vorbei erreicht man durch mehrere Tore (Kasse vor dem 3. Tor) die Hochburg. Im Inneren sieht man u. a. eine offene Burgküche, die neuromanische Gruft und die Burgkapelle, alte Waffen und im früheren Rittersaal eine Gedenkstätte für Kaiser Maximilian von Mexiko, einen Bruder Kaiser Franz Josephs, dessen Weggefährte und enger Vertrauter Fürst Khevenhüller war.

Öffnungszeiten 1.4. bis 15.11. tgl. 9–17, Juli/Aug. tgl. 9–18 Uhr. Eintritt: 6,50 €, Kinder 3,50 €. Kombikarte mit Schloss Riegersburg 13 €.

Hardegger Rundwanderweg: Weg Nr. 3, grün markiert. Man geht links vom Uhrturm ins Tal der Fugnitz, über den Fluss und rechts weiter. Auf einem Waldpfad geht es hinauf auf den *Reginafelsen* (Stichweg zum Aussichtsplatz) und weiter zum steil abfallenden *Maxplateau* (Sendemast, Aussicht). Eine Forststraße oder der steile Christbaumsteig (Weg Nr. 3a) bringen Wanderer zurück zum Thayaufer und in die Stadt. Gesamtgehzeit ca. 1 ½ Std.

Hardegger Warte: Wer einen Reisepass dabei hat, kann auf tschechischer Seite den direkt auf einer Felskanzel über der Thaya erkennbaren Aussichtspavillon (*Hardeggskà Vhyl.*) erklimmen. Dazu quert man die Thayabrücke und folgt dann rund 20 Min. der Asphaltstraße in einer langen Kehre bergauf, bis links ein 200 m langer Stichweg abzweigt. Blau markiert.

Wanderung 7: Nationalpark Thayatal

Flusslandschaft, Burgruinen. Gehzeit 4¼ Std., leicht, aber lang.

Die als „Thayatalweg" bezeichnete Wanderung beginnt an der Thayabrücke, führt entlang des Flusses zum **Gabrielensteig**, auf dem es steil nach oben zu einer Wegkreuzung auf einer Lichtung geht. Von hier kann ein Abstecher nach links zum **Einsiedlerfels** (schöne Aussichtspunkte, Reste einer mittelalterlichen Einsiedelei) unternommen werden (zusätzlich ¾ Std.). Von der Gabelung rechts geht es wieder zum Flussufer hinab, dem man auf schmalem, steinigem Weg folgt. Bei den Fischerhütten zweigt man rechts ab und steigt steil hinauf zum 300 m hohen **Überstieg**. Die engen Schlingen der Thaya bilden hier zwei gegenüberliegende, die Orientierung verwirrende Umlaufberge. Auf dem zweiten ist die tschechische **Ruine Neuhäusl** zu erkennen. Hinter dem Überstieg, durch den man den Weg um den Umlaufberg (1 Std.) abkürzt, geht es hinab zum Ufer der Thaya und dieses entlang, bis man die Mündung des Kajabaches erreicht, wo sich nochmals ein Blick zur Ruine Neuhäusl bietet. Durch das Kajabachtal gelangt man zur **Ruine Kaja** (s. u.) und vom Ruinenparkplatz über die Straße nach **Merkersdorf**. Die weiteren 30 Min. bis zum Nationalparkhaus muss man auf der Landesstraße Merkersdorf-Hardegg absolvieren. 200 m nach dem Nationalparkhaus beginnt der Kirchensteig, der durch den Wald nach Hardegg hinabführt.

Nationalpark Thayatal-Podyji

Auf 24 km Länge bildet die Thaya um Hardegg die Grenze zu Tschechien. In diesem Abschnitt hat sich der Fluss in engen Schlingen wie ein Canyon in die Landschaft geschnitten und ein faszinierendes Durchbruchstal geschaffen. Durch die jahrzehntelange Lage am Eisernen Vorhang konnte es sich mit seiner Pflanzen- und Tierwelt in ein unberührtes Naturparadies verwandeln. Bereits 1991 entstand auf der tschechischen Seite ein Nationalpark, seit 2000 steht auch der österreichische Teil unter Naturschutz.

Das Besondere am Nationalpark Thayatal ist die Vielfalt der Lebensräume auf nur 1330 ha Fläche. Während an den feuchten Nordhängen Buchen, Linden, Seidelbast und Türkenbund gedeihen, sind auf den sonnigen, wasserarmen Südhängen pannonische Trockenrasen, Eichen, Schwertlilien, Liguster, Kuhschellen und Besenheiden zu finden, zwischen denen sich Gottesanbeterin und Smaragdeidechse wohl fühlen. Insgesamt sind hier 152 Vogel-, 65 Säugetier- und 885

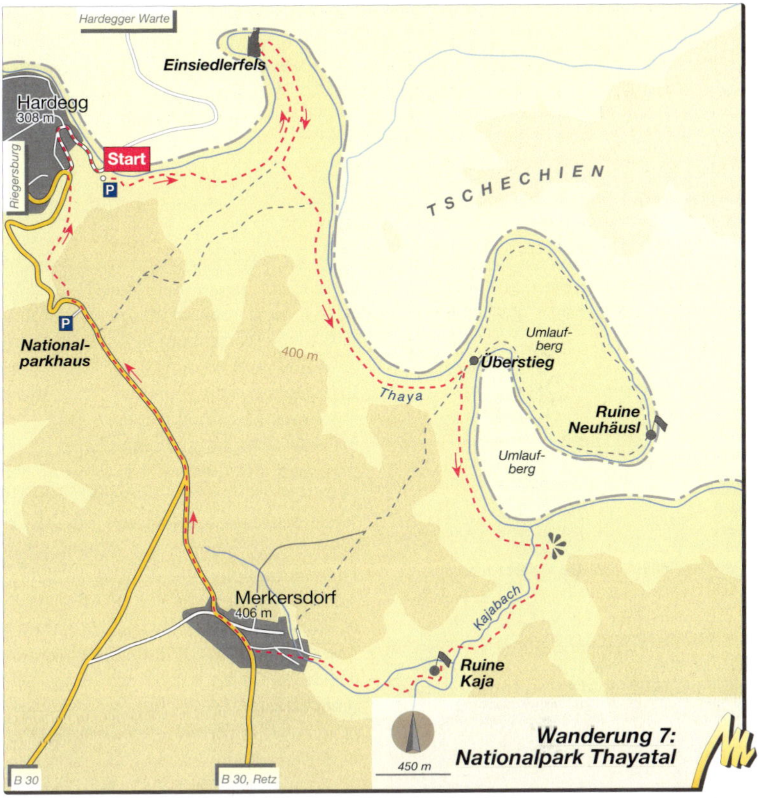

Schmetterlingsarten heimisch, darunter Seeadler, Turmfalke und Schwarzstorch, Fischotter und Schwarzer Apollofalter.

Durch den Nationalpark sind acht Wanderwege markiert, auf denen sich die Naturschönheiten, Burgen und Ruinen des Thayatals erleben lassen. Die schönsten sind bei den Ortsbeschreibungen von Hardegg, Kaja und als Wanderung 7 vorgestellt.

Als Anlaufstelle für Besucher dient das *Nationalparkhaus,* ein moderner Holzbau zwischen Hardegg und Merkersdorf. Es bietet eine interessante Dauerausstellung über die Entstehung dieser einzigartigen Landschaft, ein Café und umfangreiche Informationen zu Wanderungen (Wanderführer und -karten), Führungen und Veranstaltungen. Ein aufregendes Erlebnis sind etwa Nacht- und Nebelwanderungen.

• *Öffnungszeiten* April bis Sept. tgl. außer Mo 10–18 Uhr, März/Okt./Nov. Do–So 10–16 Uhr. Eintritt für Ausstellung: 3,80 €, Kinder 2,20 €. ✆ 02949/7005, www.np-thayatal.at.

• *Aussichtspunkt* Einen schönen Blick auf Hardegg genießt man vom Aussichtspunkt am kinderwagentauglichen *Hennerweg* (Nr. 6), der gegenüber vom Nationalparkhaus beginnt. Gehzeit ca. 15 Min.

Tipp für Radfahrer: Der mit einer grünen Blume markierte, 40 km lange *NP-Thayatal-Weg* führt von Hardegg (Thayabrücke) entlang der Landesstraße über Niederfladnitz nach Mitterretzbach, quert dort die Grenze und folgt dann dem früheren Verlauf des Eisernen Vorhangs, bevor er über die Thaya wieder nach Hardegg zurückkehrt. Einige Steilstücke! Reisepass!

Feste Kaja

Inmitten der unberührten Laubwälder des Nationalparks erhebt sich bei Merkersdorf 5 km südöstlich von Hardegg eine weitere, wuchtige Burgruine. Sie wurde im 12. Jh. von den Herren von Kyowe errichtet und im 15. Jh. zu ihrer heutigen Größe ausgebaut. Ab dem 16. Jh. verfiel sie. Seit 1969 wurde die im Besitz der Grafen Waldstein-Wartenburg befindliche Feste zum Teil wieder aufgebaut. Über zwei Brücken erreicht man das von einem mächtigen Bergfried gesicherte Burgtor. Im ersten Burghof sieht man einen Brunnen und das Verlies. Im Bereich der Hochburg, deren Zugang ein weiterer, als Aussichtspunkt renovierter Bergfried schützte, befinden sich u. a. die Kapelle, ein Rittersaal und die Waffenkammer.

Feste Kaja im Nationalpark Thayatal

Als Wanderung (Dauer ca. 30 Min.) empfiehlt sich der violett markierte *Kajaweg Nr. 5* rund um die Ruine. Er verläuft durch das Tal des Kajabaches, in dem seltene Krebse und Fischotter leben. Ausgangs- und Endpunkt ist der Parkplatz.

• *Öffnungszeiten* 1.5. bis 31.10. Sa/So 10–17 Uhr, Eintritt: 3 €, Kinder 1 €. Vom Parkplatz noch 5 Min. zur Burg.

• *Übernachten/Essen* **Zur Forelle – Gasthaus Weber**, überaus bodenständiger Wirtshauskulturwirt mit solider Hausmannskost, Wild- und Fischspeisen und nettem Gastgarten. Mo 8–14, Mi–So 8–22 Uhr. Merkersdorf 32, ✆ 02949/8253.

Gästezimmer Donnerbauer, 3 gemütliche Komfortzimmer beim Winzer in Merkersdorf, DZ 41–51 € je nach Aufenthaltsdauer. Merkersdorf 8, ✆ 02949/8230, www.donnerbauer.nit.at.

Hardegg und der Nationalpark Thayatal liegen am Übergang zum Weinviertel. 10 km südöstlich befindet sich die alte Weinstadt **Retz**, die man sehen muss (s. S. 227). Nördlich von Retz endet vorerst das Dasein der Thaya als Grenzfluss. Sie rinnt nördlich nach Znaim (Znojmo) und dann weiter ostwärts durch Mähren, wo sie zu einem riesigen See gestaut ist. Zum Grenzfluss wird sie wieder in der Nordostecke des Weinviertels. 20 km südlicher mündet sie bei **Hohenau** (s. S. 247) in die March.

Wein und Kellergassen – Symbole des Weinviertels

Weinviertel

Weingärten und Felder, ein trockenes Klima, Radwege durch einzigartige Kellergassen, eine ursprüngliche Küche und der Wein pfeffrig wie nirgends sonst – das ist das Weinviertel.

Jüngst ist es aus seinem Dornröschenschlaf erwacht: Unterkünfte wurden geschaffen, Wander- und Radwege markiert, Ausflugsgasthöfe revitalisiert und neben dem ureigenen „Brünnerstraßler" eine neue gehobene Weinqualität etabliert. Als Kulturgut wieder entdeckt wurde die Kellergasse (s. S. 12, Kasten). Während der Saison wechseln sich die Winzer mit „offener Kellertüre" ab, sodass man das typische „Pfefferl" des Weinviertler Grünen Veltliners in perfekter Szenerie verkosten kann.
Ein Tor zum Weinviertel ist das lebendige **Korneuburg**. Nicht weit davon liegt **Kreuzenstein**, ein Pflichtprogramm für Burgenliebhaber. Romanikfreaks erfreuen sich in **Schöngrabern** an der „Steinernen Bibel". Im mittelalterlichen **Eggenburg**, wo vor Urzeiten ein Ozean anbrandete, gibt es Fossilien von Meerestieren zu bestaunen. Als Stützpunkt in der Region dient die hübsche Weinstadt **Retz**, die auch unterirdisch spektakulär ist: Wie so typisch im Weinviertel, wurden weitläufige Keller in den Lössboden gegraben. Mitten durch die schönsten Kellergassen radelt man im **Pulkautal**. In **Laa an der Thaya**, das mit seiner Therme punktet, wird das Land bretteben und doch gibt es Wanderziele: Aus der Ebene ragen Felskegel mit Burgruinen, wie jene in **Falkenstein**. Nahe der Sektmetropole **Poysdorf**, zentraler Punkt inmitten ausgedehnter Weingärten, befindet sich in **Herrnbaumgarten** das wohl skurrilste Museum der Welt. Ein ganzes Museumsdorf steht in **Niedersulz**, wo gleichsam die Weinviertler Kultur auf den Punkt gebracht wird.

Prächtiges Korneuburger Rathaus

Von Korneuburg ins westliche Weinviertel

Korneuburg

Die Bezirksstadt an den Donauauen im Nordwesten Wiens ist ein Tor zum Weinviertel. Neben florierenden Industriebetrieben besitzt sie auch ein reges Kulturleben.

Sehenswert ist der große *Stadtplatz* an der B 3, der von historischen Bürgerhäusern umrahmt ist. In der Mitte stehen eine prächtige, barocke *Dreifaltigkeitssäule* und der aufwendige Brunnen mit dem *Rattenfänger* (1898), der auch in der Korneuburger Sagenwelt zu Hause ist. Hinter dem Brunnen erhebt sich das prächtige, neugotische *Rathaus* mit seinen bunt glasierten Dachziegeln. Es ist Wahrzeichen der Stadt und wurde 1894 um den alten Stadtturm von 1447 errichtet. Die Türmerstube kann vom Rathausinnenhof aus (Eingang von der Rückseite) bestiegen werden (März bis Nov. tgl. 10–17 Uhr, Eintritt frei). Beim Rundblick fallen der Schornstein des Wärmekraftwerks, die Türme der Stiftskirche Klosterneuburg am anderen Donauufer und die Wolkenkratzer der nahen Bundeshauptstadt Wien ins Auge. Das im linken Seitentrakt des Rathauses gelegene neugotische Treppenhaus mit schöner Wappendecke lohnt ebenfalls einen Besuch. Die spätbarocke *Augustinerkirche* unweit vom Hauptplatz ist Rest eines Klosters und beherbergt ein Hochaltarbild von Franz Anton Maulpertsch. Die dreischiffige *Pfarrkirche St. Ägydius* aus dem 13. Jh. mit ihrem spitzen, neugotischen Turm überragt die dörflich anmutenden Altstadtgassen hinter dem Rathaus. In einer davon, der Rossmühlgasse, befindet sich die Ruine der ältesten Synagoge Österreichs (um 1308).

Korneuburg entwickelte sich aus einer Siedlung an einer Donaufurt und war seit dem Mittelalter wichtiger Verkehrs- und Handelsplatz. Matthias Corvinus eroberte 1477 die Stadt, die Schweden besetzten sie 1645 und Napoleon im 19. Jh. Der Zweite Weltkrieg brachte große Schäden, auch deshalb, weil seit 1852 eine große Schiffswerft in Korneuburg bestand. Sie war bis 1994 in Betrieb. Ihre riesigen Backsteinhallen werden für einen Technologiepark bzw. als Freizeit- und Veranstaltungszentrum „Die Werft“ genutzt.

- *Daten* 167 m, 12.500 Ew.
- *Verbindungen* **Bahn**: stdl. nach Wien und Hollabrunn. **Rollfähre** nach Klosterneuburg: 1.3. bis 4.11. Mo–Fr ab 6.30 Uhr, Sa/So ab 8 Uhr bis Sonnenuntergang.
- *Parken* Parkscheinautomat am Stadtplatz, So frei.
- *Bauernmarkt* Hauptplatz, Di/Fr 7–11 Uhr.
- *Essen/Nachtleben* **Zum Rattenfänger**, Café-Restaurant unter neugotischem Gewölbe im Erdgeschoss des Rathauses, Teakholz, dunkle Lederstühle. klassische Wiener Küche, Gerichte 7–12 €. Mo–Sa 8–23 Uhr, Vinothek nebenan nur 18–23 Uhr. Hauptplatz 39, ✆ 02262/62775.

Zum Alten Zollhaus, gegenüber dem Bahnhof, rustikal gemütliches Lokal mit Kachelofen, Kastaniengarten und preiswerter, bodenständiger Küche. Mo–Fr 8–22, Sa/So 9–15 Uhr. Bahnhofplatz 2, ✆ 02262/72600.

Café-Konditorei Balz, gegenüber dem Rathaus, modernes Lokal im alten Gewölbe mit nostalgischen Stühlen, große Mehlspeisenauswahl, Trinkschokoladen, im Sommer Eis, Gastgarten. Mo–Sa 7–19, So 10–19 Uhr, Do geschl. Hauptplatz 1, ✆ 02262/72119.

Gwölb, Bier- und Bühnenlokal am Hauptplatz, Schwarzbrottoasts, pikante und süße Crêpes, tgl. 17–1.30 Uhr. Hauptplatz 20, ✆ 02262/71047, www.gwölb.com.

- *Baden* **Florian Berndl-Bad**, Frei- und Hallenbad. Bisamberg, Kaiserallee 29, ✆ 02262/-72134.
- *Veranstaltungen* **Korneuburger Musiksommer**, August, Konzerte vor dem Rathaus. **NÖ Donaufestival**, April/Mai, zeitgenössische Kunst in der Alten Werft.

Kreuzenstein – Burgentraum aus dem 19. Jahrhundert

Burg Kreuzenstein

Die romantische Ritterburg grüßt weithin sichtbar von einer bewaldeten Anhöhe. Der Traum für Burgenliebhaber stammt vom Ende des 19. Jh.

Die Museumsburg 5 km nordwestlich von Korneuburg erhebt sich über den Resten einer alten Festung, die um 1120 errichtet und von den Schweden 1645 gesprengt wurde. Der Kunstsammler und Kosmopolit *Hans Graf Wilczek* (1837–1922) ließ sie 1874–1906 als Familiengruft und idealisierte Schauburg des 14./15. Jh. wiedererstehen. Dafür trug er Bauteile, Möbel und Kunstgegenstände aus ganz Europa zusammen. Schon von außen kann man das Bauprinzip bewundern: Das Tor bei der Zugbrücke stammt von einer oberösterreichischen, das Fallgitter von einer steirischen Burg. Das Wappen unter dem Pecherker kommt aus Venedig und ist jenes von Kaiser Maximilian I., dem großen Vorbild von Graf Wilczek. Nur der mächtige runde Torturm steht schon seit dem 15. Jh. an dieser Stelle. Das kleine gotische Türmchen links oberhalb der Toranlage gehört zur Burgkapelle. 50 m hoch ragt der Bergfried in die Höhe, der österreichischen Stadttürmen nachempfunden wurde.

Nach der Kasse geht man durch den lang gezogenen Zwinger und erreicht nach einem weiteren Tor einen mächtigen halbrunden Turm, in dem alte Wurfmaschinen und Foltergeräte zu sehen sind. Es geht weiter in den *Äußeren Burghof* und durch einen Bogen mit spätgotischer, aus einer slowakischen Kathedrale stammender Laube (Kaschauer Gang) in den malerischen *Inneren Burghof*. In den mit tausenden Objekten ausgestatteten Schauräumen erhält man einen guten Einblick in das Leben auf einer Mittelalterburg: eine komplett eingerichtete Küche, eine Rüstkammer und ein gotisch gewölbter Rittersaal, der so angelegt wurde, dass der riesige, meisterhafte Schrank aus Südtirol (1500) darin Platz fand. In der Jagdkammer wird das Horn eines „Einhorns“ aufbewahrt, die Burgkapelle besitzt einen aus verschiedenen Teilen zusammengesetzten gotischen Flügelaltar.
Direkt an der Burg gibt es eine *Adlerwarte*, wo Steinadler, Wanderfalke und Bussard beeindruckende Jagdflüge auf Beuteattrappen zeigen.

• *Anfahrt* beschildert von der B 3 zwischen Korneuburg und Stockerau. Großer Parkplatz bei der Burg.

• *Verbindungen* **Bahn**: stdl. nach Wien und Hollabrunn, ab Haltestelle (Leobendorf-Kreuzenstein) markierter Wanderweg (40 Min.) zur Burg. **Bus**: Mai bis Ende Sept. Sa/So 9–17 Uhr stdl. Oldtimer-Bus bis zur Burg ab Wien-Floridsdorf, Korneuburg Hauptplatz, Bahnhalt Leobendorf.

• *Öffnungszeiten* Ostern bis 31.10. **Burg**: Mo–Sa 10–16, So (außer Okt.) 10–17 Uhr. Nur mit Führung zu jeder vollen Stunde. Eintritt: 8 €, Kinder (6–16 J.) 4 €. **Adlerwarte**: 40-minütige Vorführung Di–Sa 11, 15 Uhr, So/Feiertage 11, 14, 16 Uhr. Eintritt: 6 €, Kinder (5 bis 14 J.) 4 €.

• *Essen* **Burgtaverne** außerhalb der Burg mit kleinen Speisen.

Umgebung von Kreuzenstein

Rohrwald: Beliebte Wanderziele im Erholungsgebiet nordwestlich von Kreuzenstein sind die beiden höchsten Erhebungen *Michelberg* (409 m) und *Waschberg* (388 m). Sie sind Teil einer Hügelkette, die sich von hier über die Leiser Berge und Staatz bis Südmähren zieht. Man erreicht sie vom zentral gelegenen Ausflugsgasthaus Goldenes Bründl (218 m): Von dort geht es in 45 Min. auf gemütlichem, grün markiertem Weg zu einem Sattel (350 m), von dem man nach rechts in 15 Min. den von einer kleinen Kapelle bekrönten Michelberg bzw. nach links in 30 Min. den Waschberg erreicht. Beide Gipfel bieten eine herrliche Aussicht ins Weinviertel.

Kanufahren in der Stockerauer Au

• *Essen* **Goldenes Bründl**, alter Ausflugsgasthof, der neu und schick gestylt wurde und neben preiswerter bodenständiger Kost (Tagesteller 6 €) kreativ verfeinerte Küche anbietet (Hauptgerichte 8–28 €). Wirtshauskultur, Gastgarten. Mi–Fr 10–15, 18–23, Sa 10–23, So 10–20 Uhr. Oberrohrbach, Waldstraße 125, ✆ 02266/80495.

Stockerau

Das Industrie-, Schul- und Einkaufszentrum am Rande der Stockerauer Donauauen ist die größte Gemeinde des Weinviertels.

Die erstmals 1012 im Zusammenhang mit dem Märtyrertod des Hl. Koloman (s. Melk) erwähnte Siedlung von Stockern (Waldrodungsarbeitern) in der Au entwickelte sich zu einem bedeutenden Handelsort an der Reichsstraße Wien-Znaim-Prag. Die heutige Altstadt, die sich beidseitig an der B 3 entlang zieht, hat noch die Form des Straßendorfs. Im Osten weitet sich die Straße, die zum Teil von Bürgerhäusern mit schönen Fassaden gesäumt ist, zum Sparkassaplatz und im Westen zum weiträumigen, dreieckigen *Rathausplatz* mit einer schönen Pestsäule von 1715 und dem barocken *Rathaus* von 1740, das früher den Puchheimern als Schloss diente. In der Mitte zwischen beiden Plätzen erhebt sich die spätbarocke Pfarrkirche *St. Stephan*, die den höchsten Kirchturm (88 m) Niederösterreichs besitzt. Ihre Innenausstattung ist frühklassizistisch. Ihrem Hauptportal vorgelagert ist die prächtige *Kaiser-Franz-Josef-Jubiläumsstiege* von 1898, die jeden Sommer Schauplatz der *Stockerauer Festspiele* ist. Über die hier querende Schießstattgasse erreicht man das *Siegfried-Marcus-Automobilmuseum* (Schießstattgasse 9). In einem schönen Gründerzeitbau dokumentiert es Leben und Werk des österreichischen Automobil-Erfinders und birgt eine beachtliche Sammlung von Oldtimern und historischen Sportwagen (Nov. bis März Sa 14–16, So 10–12, 14–16 Uhr, Eintritt: 3,50 €). Im barocken *Belvedereschlössl* in der nahen Belvederegasse 3 ist das Bezirksmuseum

Eisenzeitlicher Grabhügel in Großmugl

mit einer Gedenkstätte für Nikolaus Lenau untergebracht. Der Dichter (1802–1850) verbrachte um 1820 einige Jahre in der Stadt und soll bei Spaziergängen in den *Stockerauer Donau-Auen* zu seinen Schilfliedern inspiriert worden sein. In Erinnerung daran wurde der 7,5 km lange *Lenau-Weg* durch die fast 300 ha große urwaldartige Auenlandschaft, in der Silberreiher, Biber, Eisvögel und Fischotter heimisch sind, geschaffen (blau markierter Rundwanderweg ab Bahnhof, Gehzeit: 2½ Std., auch als Radtour geeignet).

• *Daten* 174 m, 15.700 Ew.

• *Verbindungen* **Bahn**: 2x stdl. mit Wien, 1x stdl. mit Hollabrunn.

• *Bauernmarkt* Rathausplatz, Mi/Sa 7–11 Uhr.

• *Übernachten/Essen* **** **Hotel Drei Königshof**, Best-Western-Hotel mit 39 Komfortzimmern im Stadtzentrum. Whirlpool, Sauna. Restaurant, Wintergarten und gemütliche Gaststube, regionale Küche. DZ 92–105 €. Hauptstraße 29-31, ✆ 02266/627880, www.dreikoenigshof.at.

Gruber´s Wirtshaus, empfehlenswerter Wirtshauskulturbetrieb unweit des Rathauses, Gaststube mit modernen Akzenten, gehobene, mediterran inspirierte Hausmannskost, Rindfleischspezialitäten, Hauptspeisen 7–20 €, preiswerte Menüs. Di–Sa 9–14, 17.30–23, So 9–14 Uhr. Donaustraße 26, ✆ 02266/62820.

Café-Konditorei Mathes, riesiges Lokal am Kirchenvorplatz, netter Wintergarten, große Auswahl an Torten und Kuchen, Snacks. Mo–Fr 7–19, Sa 7.30–18.30, So 8.30–19 Uhr. Dr.-Karl-Renner-Platz 1, ✆ 02266/62654.

• *Kanutouren* Tagestouren in der Stockerauer Au mit Einschulung, mind. 4 Pers., ca. 55 €/Pers. 1.5. bis 26.10., ✆ 02786/30065, www.kormoran.at.

• *Veranstaltungen* **Stockerauer Festspiele**, Juli/Aug., Theater, Musicals vor der Kirche. ✆ 02266/67689.

Zwischen Stockerau und Hollabrunn

Sierndorfer Flügelaltar: Ein kunsthistorisches Kleinod ist 5 km nordwestlich von Stockerau (B 303) zu bewundern. In der als Pfarrkirche genutzten Kapelle des

Sierndorfer Schlosses (16./18. Jh.) steht ein wunderschöner Renaissance-Flügelaltar von 1518. Er ist aus Kalkstein geschnitzt, seine Flügel aus Lindenholz. Beachtenswert ist auch die links daneben befindliche Empore. Sie ist mit Porträtbüsten geschmückt, die zu den ersten Renaissance-Plastiken Österreichs zählen.

Essen **Gasthaus Schödl-Zum lustigen Bauern**, traditionelles Dorfgasthaus 5 km westlich mit solider, preisgünstiger Hausmannskost. Wirtshauskultur. Keller-Vinothek. Hauptgerichte 5–16 €. Tgl. außer Mo 11.30–23 Uhr. Unterparschenbrunn 19, ✆ 02267/2777.

Tumulus in Großmugl: Ein Abstecher (6 km) von der B 303 nach Osten führt zum höchsten aus der Älteren Eisenzeit erhaltenen Grabhügel Mitteleuropas. Er ragt südlich des Dorfes Großmugl 16 m aus einem Gemüseacker und ist 2500 Jahre alt. Sein Inneres könnte ein Fürstengrab bergen, wurde aber noch nicht erforscht.

Anfahrt am besten von Höbersdorf, das zwischen Sierndorf und Göllersdorf gelegen ist.

Schloss Schönborn: Das prächtige, barocke Landschloss, die beiden Kirchen im benachbarten Göllersdorf und weitere Kunstdenkmäler der Umgebung gehen auf Graf Friedrich Karl von Schönborn und seinen Baumeister Johann Lucas von Hildebrandt zurück. Schönborn wurde 1705 von Kaiser Joseph I. zum Reichsvizekanzler bestellt. Bald darauf erwarb er als Sommersitz die Herrschaft Göllersdorf. Das dazugehörige Schloss entsprach jedoch nicht seinen Vorstellungen, weshalb er 3 km südlich 1712–17 einen prächtigen Landsitz mit Orangerie und ausgedehntem Schlosspark anlegen ließ. Seit 1989 wird dieser zur Gänze als stilvoller Golfplatz genutzt. Im Clubrestaurant im Erdgeschoss des Schlosses sind auch Nichtgolfer willkommen (in der Saison tgl. 11–21.30 Uhr). Die Zufahrt erfolgt von Süden über eine mit Backsteinen gepflasterte Schlossallee. Fährt man dort weiter Richtung Göllersdorf, passiert man eine monumentale, ebenfalls von Hildebrandt stammende *Nepomukkapelle* (1729–33) mit Baldachin, die aber etwas desolat ist.

Golfen vor der noblen Kulisse von Schloss Schönborn

Göllersdorf

Der Ort wurde maßgeblich von Reichsvizekanzler Schönborn geprägt. 1740 ließ er von Johann Lukas von Hildebrandt die *Pfarrkirche St. Martin* barock umbauen. Sie schließt den lang gestreckten Hauptplatz gegen Süden ab. In dessen Mitte sind eine barocke Florianstatue, eine von Hildebrandt entworfene Mariensäule, eine ältere Kleine Pestsäule (1686) und ein Pranger aus dem 16. Jh. aneinander gereiht. Ins Auge sticht der *Triumphbogen* von 1703, der den Zugang vom Hauptplatz zum Schloss markiert. Dieses stammt noch aus Zeiten vor der Schönbornschen Herrschaft und wird seit 1874 als Justizstrafanstalt genutzt. Am nördlichen Ortsende schuf Hildebrandt 1720 die *Loretokapelle* als Gruftkirche der Grafen Schönborn. Sie ist ein achteckiger Zentralbau mit einem prächtigen Kuppelfresko, der zwischen einer älteren, rechteckigen Kapelle und einem 1618 gegründeten Spital platziert wurde. Die Loretokapelle ist in Familienbesitz und nur zu Gottesdiensten geöffnet.

- *Daten* 202 m, 2600 Ew.
- *Verbindungen* **Bahn**: 1x stdl. mit Wien und Hollabrunn.
- *Übernachten/Essen* *** **Gasthof zur Weißen Rose**, traditioneller Gasthof gegenüber der Pfarrkirche mit gutbürgerlicher und vegetarischer Küche, schöner Oleandergarten, Hauptspeisen 7–18 €, Mi Ruhetag Mo–Fr 17–24, Sa 8–24, So 8–14.30 Uhr. 10 hübsche Komfortzimmer, teils mit Balkon, DZ 50–54 € oder 2 Welcome-Tickets. Hauptplatz 41, ✆ 02954/2229, www.weisse-rose.at.

Hollabrunn

Die lebhafte Einkaufs- und Schulstadt bildet das wirtschaftliche Zentrum des westlichen Weinviertels.

Wegen seiner Lage auf halber Strecke zwischen Wien und Znaim war Hollabrunn schon zu Zeiten der Monarchie ein bedeutender Markt. Die 1805 und 1809 um die Stadt ausgetragenen Gefechte der Russen und Österreicher gegen Napoleon beschrieb Leo Tolstoi ausführlich in „Krieg und Frieden" (1869). Heute ist in Hollabrunn Österreichs größter Kartoffeln verarbeitender Betrieb beheimatet.

Einen Stadtrundgang beginnt man am leicht abschüssigen *Hauptplatz*, den Bürgerhäuser mit einigen historischen Fassaden umgeben. Am auffälligsten ist das mächtige *Jugendstilgebäude* (Nr. 10), das ein Schüler Otto Wagners 1904 entwarf. Über die Th.-Körnergasse, vorbei an dem mit einem Uhrturm versehenen Rathaus, gelangt man zum Kirchenplatz mit der romanisch-gotischen *Pfarrkirche St. Ulrich* und dem gegenüber gelegenen früheren *Erzbischöflichen Knabenseminar* von 1880, dem imposantesten Bau des Stadtzentrums. Es war bis 1992 in Betrieb. Viele Bischöfe und bekannte Kirchendiener waren hier einst Seminaristen. Inzwischen sind hier ein Gymnasium und eine Handelsakademie untergebracht. Die *Alte Hofmühle*, ein Wehrbau etwas außerhalb des Zentrums, beherbergt das Stadtmuseum mit archäologischen Fundstücken (Sa 14–16.30, So 10–12, 13–16.30 Uhr, Eintritt: 2,50 €). Die Kellergasse mit Mozarts Pinkelstein in *Raschala* am südöstlichen Stadtrand ist eine der schönsten des Landes.

- *Daten* 224 m, 10.100 Ew.
- *Verbindungen* **Bahn**: stdl. mit Wien, alle 1–2 Std. mit Retz.
- *Markt* Beliebter **Wochenmarkt** mit Weinviertler Feinkost, Hauptplatz, Fr 14–18 Uhr.
- *Telefon/Internet* Zelle am Hauptplatz.
- *Übernachten/Essen* *** **Hotel zum Goldenen Stern/Gasthaus Graf**, Gasthof und Hotel in getrennten Gebäuden im Zentrum. 24 moderne Komfortzimmer, Radgarage. DZ 42–50 €. Bodenständiger Gasthof mit Hausmannskost, Fr und So ab 14 Uhr geschl. Wiener Straße 32, ✆ 02952/2169, www.gasthof-graf.at.

Es gibt noch zwei weitere Hotels dieser Preiskategorie: **Zur Stadt Hollabrunn**, ✆ 02952/2226 (Bahnhofsnähe) und **Sporthotel**, ✆ 02952/3391181 (Betonblock zw. Bhf. und B 303).

Reisinger – Zu den Drei Kronen, Weingasthof und Wirtshauskulturwirt mit regionaler Küche und Spezialitätenwochen hinter wenig ansprechender Fassade am Hauptplatz. Di–Sa 8–24, So 8–14 Uhr. Hauptplatz 11, ✆ 02952/2162.

Einige Cafés und Eisdielen finden sich am Hauptplatz und in der Sparkassegasse.

Gall Kölla, Heuriger am Gerichtsbergkellerplatzl nordwestlich vom Bahnhof, Vinothek, ganzjährig tgl. ab 16 Uhr. ✆ 02952/2358.

• *Baden* **Erlebnisfreibad**, Mitte Mai bis Mitte Sept. tgl. 9–19 Uhr. Badhausgasse 17, ✆ 02952/210215.

• *Radfahren* Hollabrunn liegt an der **Rivaner-Radroute** (s. S. 218).

• *Veranstaltungen* Zahlreiche Messen. **Hollabrunner Volksfest** Mitte Aug.

Nördlich von Hollabrunn

In den stillen Dörfern der sanftwelligen Wein- und Ackerlandschaft finden sich kunsthistorisch interessante Sakralbauten und über 50 stimmungsvolle Kellergassen.

„Steinerne Bibel" von Schöngrabern

Die große, spätromanische Pfarrkirche des Orts 4 km nördlich von Hollabrunn (B 303) ist berühmt für ihre Reliefs an der Fassade der Apsis (frei zugänglich). Sie entstanden vermutlich im 13. Jh. und werden als Armenbibel gedeutet, die den Menschen des Mittelalters den Kampf des Guten gegen das Böse veranschaulichen sollte. Die Reliefs verteilen sich auf sechs Felder. Recht anschaulich sind in der unteren Reihe links der Sündenfall mit Adam und Eva und rechts der Kampf Davids mit dem Löwen. Das Innere der Kirche ist mit seinen gotischen Wandfresken (um 1350) und den romanischen Säulenkapitellen ebenfalls einen Besuch wert. Wer Details zum Bildprogramm der Reliefs erfahren möchte, kann den Ausstellungsraum *Lapidarium* im Kellergewölbe des Pfarrhofs besuchen (Ostern bis 1.11. Sa/So 9–16 Uhr, Eintritt frei)

Kirchen in Aspersdorf und Wullersdorf: Die beiden barocken Gotteshäuser wurden um 1720 von berühmten Baumeistern geschaffen: Die *Pfarrkirche St. Georg* in *Aspersdorf* (3 km nördlich von Hollabrunn) ist ein Werk Johann Lukas von Hildebrandts. Sie steht auf einer Anhöhe inmitten eines romantischen Weinkeller-Ensembles, ihr Hochaltarbild stammt vom Wiener Schmidt. Die 4 km nördlich davon gelegene, weithin sichtbare und wegen ihrer Größe auch *Wullersdorfer Dom* genannte Pfarrkirche geht auf Jakob Prandtauer und Joseph Munggenast zurück. Ihre Ausstattung ist üppig barock, die Türme sind Hinzufügungen des 19. Jh. Auftraggeber des Baus waren die Klosterbrüder von Stift Melk. Ihr ehemaliger, barocker Wirtschaftshof *Melker Hof* steht als Pfarrhof unweit der Kirche.

Übernachten **Weingut Burger** in Kalladorf 2 km nordwestlich von Wullersdorf, 5 geschmackvoll möblierte, nach Rebsorten benannte Komfortzimmer. Leihräder. DZ ca. 50 €. Kalladorf 68, ✆ 02951/2632, www.weingut-burger.at.

Kellergassen in Grund und Nappersdorf: 50 Presshäuser gibt es in der romantischen *Grunder Kellertrift* (B 303 kurz vor Guntersdorf). Um einen mit Akazienbäumen bestandenen Platz reihen sich die liebevoll renovierten, meist zweigeschossigen Presshäuser in *Nappersdorf* 10 km weiter östlich, wo es von Juni bis Ende August täglich eine offene Kellertür gibt.

Heurige **Loiskandl**, großes Lokal mit Wintergarten in der Grunder Kellertrift Nr. 133, ganzjährig (außer Weihnachten, Juli u. Lesezeit) Do–Sa ab 17 Uhr, ✆ 0676/3332527.

Guntersdorf: Der 1000-Einwohner-Markt 11 km nördlich von Hollabrunn an der Abzweigung der B 30 von der B 303 versammelt in seiner Ortsmitte ein Renaissanceschloss (Privatbesitz), eine idyllische, dreizeilige Kellergasse und eine mächtige, gotische Pfarrkirche mit einem reich verzierten, meterhohen Sakramentshäuschen von 1505 und dreigesichtigen Konsolenköpfen im rechten Seitenschiff. Regional bekannt ist der Ort auch für das TWW, das Theater im westlichen Weinviertel, das in einem Stadl vielfältige Veranstaltungen bietet (✆ 02951/2909, www.tww.at.).

• *Essen* **Gasthaus an der Kreuzung Hausgnost**, eine der besten kulinarischen Adressen im Weinviertel. Traditionelles Gasthaus mit gemütlichen Stuben und kreativ verfeinerter Weinviertler Küche von Fasanenbrust bis Veltlinergulasch, Wirtshauskultur, 4-Gänge-Menü 22 €, à la carte 8–20 €. Fr–Di 11–22 Uhr. Guntersdorf 110, ✆ 02951/2229, www.hausgnost.at.

Schmidatal

Das fruchtbare, weite Tal der Schmida erstreckt sich in Nord-Süd-Richtung 10 km westlich von Hollabrunn. Seine erholsame, wellige Weinreben- und Ackerlandschaft eignet sich für gemütliche Spaziergänge und Radtouren, die man am besten beim Heurigen ausklingen lässt. Historische Baudenkmäler und Gedenkstätten fehlen nicht.

Rivaner-Radroute und Schmidatal-Radweg

53 km lang ist die auf Nebenstraßen und Radwegen angelegte *Radroute Rivaner*. Sie folgt von Großwetzdorf-Heldenberg (Ortszentrum) bis Sitzendorf dem Lauf der Schmida, um dann leicht steigend über Schöngrabern bis Hollabrunn zu führen. Nach zwei weiteren Anstiegen erreicht man wieder Großwetzdorf. Man kann sich auch mit dem ersten Abschnitt im Schmidatal bis Sitzendorf (*Schmidatal-Radweg*, ca. 20 km) begnügen.

Georgskirche in Großweikersdorf: Die barocke Pfarrkirche der an der B 4 gelegenen 2700-Einwohner-Gemeinde ist einer der größten Weinviertler Sakralbauten. Sie wurde 1733 nach Plänen von Joseph Emanuel Fischer von Erlach erbaut, ihr Hochaltarbild malte Martino Altomonte (1734), das rechte Seitenaltarbild der Kremser Schmidt (1749).

• *Übernachten/Essen* **Gasthof zum Goldenen Adler**, bodenständiger Wirtshauskultur-Gasthof am Hauptplatz von Großweikersdorf. Tgl. außer Mo u. Do bis 14 Uhr. 17 zweckmäßige Zimmer mit Du/WC/TV in der zugehörigen Pension. DZ 44–46 €. Hauptplatz 15, ✆ 02955/70248.

Sparglstadl Heuriger, großer rustikal-kitschiger Betrieb 2 km südlich von Großweikersdorf (beschildert an der B 4), jeden 2. Monat, Do/Fr ab 17, Sa/So ab 16 Uhr. Kleinwiesendorf 80, ✆ 02955/771112.

Ignaz J. Pleyel Museum in Ruppersthal: 4 km westlich von der B 4 erinnert ein 1998 eröffnetes Museum an den Komponisten Ignaz Joseph Pleyel, einen Schüler Joseph Haydns, der 1757 hier zur Welt kam, 1797 nach Paris übersiedelte und dort eine Klaviermanufaktur gründete. 1835 starb er und wurde auf dem Pariser Père Lachaise Friedhof begraben. Prunkstück des Museums, in dem 1x monatlich Kammerkonzerte stattfinden, ist ein Pleyel-Flügel von 1831.

Öffnungszeiten ganzjährig Mo/Fr/So 10–13, Sa 14–17 Uhr, www.pleyel.at.

Radetzky-Gedenkstätte Heldenberg

In Kleinwetzdorf an der B 4 zwischen Stockerau und Horn befindet sich ein einzigartiges Denkmal des 19. Jh. für die „Helden" der österreichischen Monarchie. In einer Parkanlage versammeln sich in Alleen geordnet und um zwei Siegessäulen gruppiert 142 Büsten aus Zinkguss von österreichischen Kaisern und Feldherren, neben Kanonen, Statuen und Mörsern. Erbauer dieser Anlage war der schwerreiche Schuhlieferant der Armee, Joseph Pargfrieder, der ein unehelicher Sohn Kaiser Josephs II. gewesen sein soll. Er setzte damit den siegreichen Feldzügen der k.u.k. Armee 1848/49 ein Andenken. Zentrum des Denkmalhains ist ein Mausoleum in Form eines Obelisken: In der unterirdischen Gruft sind der berühmte österreichische Feldmarschall Joseph Radetzky (1766–1858), der Freiherr von Wimpffen, Generalstabschef in der Schlacht bei Aspern 1809, und Pargfrieder selbst beigesetzt, was so kommentiert wurde: „Hier ruhen drei Helden in ewiger Ruh, zwei lieferten Schlachten, der dritte die Schuh".

Öffnungszeiten Mitte März bis Mitte Nov. Di–So 10–17, Mai bis Mitte Sept. tgl. 10–18 Uhr, Eintritt: 4 €. Bahn/Busverbindungen Richtung Wien u. Eggenburg bzw. Hollabrunn.

Am Fuße des Heldenbergs und mit diesem einst durch einen von gusseisernen Generälen flankierten Weg verbunden, steht das **Landschloss Wetzdorf**, Pargfrieders Residenz. Der **Englische Garten** nebenan mit typischen Zierbauten des 19. Jh. wurde für die Landesausstellung 2005 restauriert. Ein nördlich des Gartens gelegenes Areal dient ab 2005 den Lipizzanern der weltberühmten Spanischen Hofreitschule in Wien als **Sommerquartier** (Ende Juni bis Mitte August).

Kreisgräben

Aus dem Flugzeug entdeckte man in den 1960er Jahren rätselhafte Kreise in den Weinviertler Äckern. Sie entpuppten sich als älteste Monumentalbauten Europas, die in der mittleren Jungsteinzeit (4800–4500 v. Chr.) lange vor dem Steinkreis von Stonehenge angelegt wurden. Auch aus Tschechien, Bayern und Sachsen sind derartige Bodendenkmäler bekannt. Die ringförmigen, 4–6 m tiefen Erdgräben können einen Durchmesser bis zur Länge eines Fußballfelds haben und waren früher mit aufwendigen Aufbauten aus Holz versehen. Über ihre Funktion ist sich die Wissenschaft uneinig. Möglicherweise dienten sie als Fluchtburgen, Kalenderbauten, Sonnentempel, Fürstengräber oder Versammlungsorte umliegender Bauerndörfer. Zwei der knapp 40 Kreisgräben des Weinviertels wurden durch Kontrastbepflanzung sichtbar gemacht und mit Informationstafeln versehen. Der Kreisgraben Glaubendorf befindet sich unterhalb des Heldenbergs unweit der Bahnhaltestelle, ein weiterer in Puch 6 km östlich von Großweikersdorf. Dort wurde auch die begehbare Skulptur „Tor zum Neolithikum" errichtet.

Sitzendorf an der Schmida und Umgebung

Der idyllische Markt **Sitzendorf** im oberen Schmidatal überrascht mit seinem großzügigen, von Bäumen begrünten *Dorfplatz*, um den sich Bürgerhäuser aus allen Epochen gruppieren. Beachtenswert sind das Jugendstilhaus (1912) und das Redl-Haus mit prächtigem gotischen Erker (1420). Die mächtige, spätgotische *Pfarrkirche St. Martin* am oberen Ende des Platzes birgt ein Hochaltarbild des Kremser Schmidt und eine erst 2001 entdeckte mittelalterliche Marmorgrabplatte mit Ritterfigur. Die historischen Bauwerke zeugen von der einstigen Bedeutung Sitzendorfs als Station einer Handelsstraße von Mähren nach Krems.

In den Weinbaudörfern um Sitzendorf gibt es romantische Kellergassen, offene Kellertüren und gemütliche Heurige. Besonders hervorzuheben sind die Lohrkellergasse und die Kellergasse Rabenbühel in **Frauendorf** (4 km südlich), um die herum vier kurze Weinlehrpfade (max. 4 km) markiert wurden *(Frauendorfer Weinbergtour)*, die Kellergasse in **Niederschleinz** (5 km westlich Richtung Limberg) und die noch 3 km westlich davon gelegene Kellergasse Viehtrift in **Straning** mit imposanten, zweigeschossigen Presshäusern.

• *Anfahrt* Man fährt von der B 4 in Ziersdorf ab und erreicht über das Ortszentrum nach 9 km Sitzendorf.

• *Übernachten* **Weinbauernhof Wöber**, renovierter bürgerlicher Winzerhof mit 3 geräumigen, geschmackvoll möblierten Komfortzimmern. Leihräder. DZ ca. 50 €. 8 km westlich von Sitzendorf bei Straning. Neustift 30, ✆ 02959/2250, www.woeberwein.at.

• *Heurige* **Lohrkeller Wimmer**, großer, gemütlicher Familienbetrieb mit Garten in der Kellergasse Frauendorf, Fr ab 17, Sa/So ab 15 Uhr. ✆ 02959/2850.

Offene Kellertüre in Frauendorf März bis Okt. Sa/So 14–19 Uhr.

Zum alten Pressstein – Krottendorfer, Kellergasse Viehtrift in Straning, 4x im Jahr ausg'steckt. ✆ 02984/7285, www.krottendorfer.at.

Eggenburg

Die sehenswerte Kleinstadt an der Grenze von Wein- und Waldviertel begeistert mit mittelalterlichen Wehrmauern, einem Hauptplatz mit prachtvollen Bürgerhäusern und interessanten Museen, die sich mit Fossilien bzw. Motorrädern befassen. Wer selbst nach versteinerten Resten suchen möchte, ist hier richtig.

Die je nach Belieben dem Wald- oder Weinviertel zugezählte Stadt liegt 9 km nördlich der B 4 an den östlichen Hängen des Manhartsbergs. Vor 20 Mio. Jahren lag sie noch am Westufer eines Meeres, das sich über das gesamte südliche Weinviertel erstreckte. Fossilien und Reste von Meeresbewohnern werden hier seit 150 Jahren aus dem Boden geholt. Begonnen damit hat der Heimatforscher und Hobbypaläontologe Johann Krahuletz (1848–1928), dem die Stadt für seine Fundstücke 1902 einen mächtigen Museumsbau errichtete. Das *Krahuletz-Museum*, das auch Fossiliensammeltouren organisiert, befindet sich im Zentrum knapp außerhalb der Stadtmauer und beherbergt auch die Touristeninformation. 200 m entfernt am oberen Ende der Museumsgasse erwartet Österreichs größtes *Motorradmuseum* Besucher. Vom Krahuletz-Museum – das ehemalige Lichtspielhaus gegenüber ist ein Frühwerk des Architekten Clemens Holzmeister (1917) – erreicht man über die Kremser Straße, vorbei am rosafarbenen, barocken Rathaus (Nr. 3) den fünfeckigen *Hauptplatz*, der zu den größten und schönsten des Landes zählt.

Von seiner Westseite spaziert man zum Wahrzeichen Eggenburgs, der *Stadtpfarrkirche St. Stephan*, die eine prächtige Steinkanzel beherbergt. Durch eine schmale Mauerpforte hinter der Kirche stößt man auf einen Weg, der rechts die Stadtmauern entlang zum *Kanzlerturm* führt, wo ein kurzes Stück des Wehrgangs begehbar gemacht wurde (Juni bis Sept. So 14–16 Uhr). Insgesamt sind in Eggenburg noch 1,8 km Stadtmauer des 14. Jh. erhalten. Über die Judengasse kommt man wieder auf den Hauptplatz, quert und verlässt ihn über die schmale Bürgerspitalgasse, die – vorbei an gotischer Martinskapelle und neugotischem Redemptoristenkloster – bis zum Klostertor der Stadtmauer führt. Auch hier können 150 m des Wehrgangs

Eggenburg ist reich an Steinmetzkunst und schönen Bauten

betreten werden (April bis Okt. tgl. 9–18 Uhr). Vom Klostertor gelangt man entlang der Stadtmauern mit dem Denkmal „Turm des Friedens“ und durch den Stadtgraben wieder zum Krahuletzplatz zurück.

Geschichte

Zur Zeit der Babenberger wurde hier an der Reichsgrenze eine Festung errichtet und 1126 als „Egingpurch“ erstmals urkundlich erwähnt. Seit 1277 Stadt, gelangte Eggenburg im Mittelalter durch Weinhandel zu Wohlstand. Im 18./19. war die Stadt bekannt für ihr Steinmetzhandwerk, das aus dem örtlichen, leicht bearbeitbaren Zogelsdorfer Kalksandstein („Weißer Stein von Eggenburg“) Skulpturen und Bausteine für unzählige barocke Schlösser und Kirchen und für die Wiener Ringstraßenbauten lieferte.

- *Daten* 325 m, 3700 Ew.
- *Information* **Tourismus-Information**, Untergeschoss des Krahuletz-Museums, gut bestückt, Souvenirshop, Vinothek. April bis Dez. tgl. 9–17 Uhr, sonst Mo–Fr 8–12 Uhr. ✆ 02984/3400, www.eggenburg.at.
- *Verbindungen* **Bahn**: stdl. mit Wien/Franz-Josefs-Bhf. bzw. Gmünd. Bahnhof unweit vom Krahuletz-Museum.
- *Markt* **Brunnenmarkt**, Viktualienmarkt am Hauptplatz, März bis Dez. Sa 8–12 Uhr.
- *Einkaufen* **Vinothek-Winzer im Museum**, in der Touristeninformation (s. dort).
- *Übernachten/Essen* (s. Karte S. 223)

***** Stadthotel Eggenburg-Oppitz(3)**, gutes Restaurant mit gemütlich-rustikalen Gaststuben in der Altstadt, einzige große Unterkunft in Eggenburg mit 30 ruhigen Komfortzimmern. DZ 72 €. Kremser Straße 8, ✆ 02984/3531, www.oppitz.at.

Gasthaus Seher – Zum Goldenen Kreuz (1), bodenständiges Gasthaus und Treffpunkt der Einheimischen am Hauptplatz, preiswerte, regionale Küche, Wirtshauskulturwirt, Gastgarten an der Stadtmauer. Mi ab 14 Uhr, Do ganztägig geschlossen. Hauptplatz 17, ✆ 02984/3521.

Konditorei Bucher (2) modernes Lokal am Hauptplatz mit lockeren Mehlspeisen und Gastgarten. Mo–Sa 6–18.30, So 8–18.30 Uhr. Hauptplatz 6, ✆ 02984/2673.

Landgasthof Buchinger (4), 8 km südwestlich an der B 4, beliebter Landgasthof, der sich zur Gourmetadresse mausert; ausgezeichnete, regionale Küche mit schmackhaften Fleisch- und Fischgerichten, à la carte 6–16 €, Menü 6–40 €. Tgl. außer Mi 10–24, So/Feiertage 10–15 Uhr, Harmannsdorf 18, ✆ 02984/8241.

• *Fahrradverleih* Tourismus-Information, gegen Vorreservierung.

• *Baden* **Freibad**, Mai bis Sept. tgl. 9–19 Uhr, ✆ 02984/350115.

• *Veranstaltungen* **Mittelalterfest**, 2. Wochenende im Sept., gesamte Altstadt als Bühne, Ritterturnier, Feuerspektakel etc. **VW-Käfer-Treffen**, 1. Mai.

Sehenswertes

Krahuletz-Museum: Das prächtige, im Stil der Neo-Renaissance erbaute und jüngst neu gestaltete Museum ist berühmt für seine Sammlung von Fossilien aus der Gegend um Eggenburg. Einzigartig sind neben zahlreichen Muscheln, Schnecken, Haifischzähnen, Schachtelhalmen, Korallen und Seeigeln ein großer Krokodilschädel, Reste des Skeletts einer Seekuh, die nach ihrem Entdecker Metaxytherium krahuletzi genannt wurde und ein Delfinschädel. Sie sind 20 Mio. Jahre alt und stammen aus dem unteren Miozän, einer Epoche der Erdgeschichte, die auch *Eggenburgium* genannt wird. Diese Fundstücke und eine recht ansprechende Dokumentation über Eggenburg am Meer, Mineralien und Gesteine sind im Erdgeschoss zu sehen. Im 1. Stock sind eine volkskundliche Sammlung mit Bauernmöbeln, Trachten und Glas sowie eine umfangreiche Uhren- und Schlössersammlung untergebracht. Im 2. Stock werden Exponate aus der Ur- und Frühgeschichte gezeigt. Das Museum ist mit seiner Schau „Werden der Landschaft" auch Eingangstor zum Kulturpark Kamptal (s. S. 124, Kasten).

Öffnungszeiten 1.4. bis 31.12. tgl. 9–17 Uhr. Eintritt: 5 €, Kinder (6–14 J.) 1 €, www.krahuletzmuseum.at.

Motorradmuseum: Die mit 320 Fahrzeugen größte Motorradsammlung Österreichs wird in einem großen, früheren Fabrikgebäude von 1870 gezeigt. Den Schwerpunkt bilden die Modelle der legendären österreichischen Marke *Puch* neben ausländischen Raritäten aus den letzten 100 Jahren. Jährlich finden Sonderausstellungen statt.

Öffnungszeiten 6.1. bis 15.12. Mo–Fr 8–12, 13–16, Sa/So 10–17 Uhr. Eintritt: 6 €, Kinder (6–18 J.) 3 €, www.motorradmuseum.at.

Hauptplatz: Der riesige Platz, dessen Mitte im 16. Jh. aus Platznot innerhalb der Stadtmauern mit einer Häusergruppe bebaut wurde, ist mit schönen Beispielen der Eggenburger Steinmetzkunst geschmückt. Von der Kremser Straße kommend, trifft man zunächst auf den *Adlerbrunnen* und den *Pranger* mit einer Rolandfigur, beide aus dem 16. Jh. Wenig entfernt steht die *Mariensäule* aus dem 17. Jh. Die meisten der Bürgerhäuser stammen im Kern aus der Spätgotik und erhielten in der Barockzeit reich verzierte Fassaden. Auffällig ist das *Gemalte Haus* an der Ecke zur Kremser Straße, das 1547 mit Sgraffiti geschmückt wurde. Besonders schön sind die Giebelhäuser rechts davon. Auf der anderen Seite des Hauptplatzes erhebt sich die *Pestsäule* (1715) und daneben ein moderner Brunnen von Karl Korab.

Pfarrkirche St. Stephan: Der kunsthistorisch interessante Bau wirkt von außen eigenwillig: Der Stadt ist der elegante, gotische Chor, somit die Rückseite der Kirche, zugewandt, die beiden romanischen Türme des 12. Jh. sind unterschiedlich hoch und zudem niedriger als das Kirchenschiff. Es lohnt sich, den Kirchenschlüssel zu besorgen (Gasthof Seher oder Pfarrhof). Die dreischiffige Hallenkirche mit Bündelpfeilern und Netzrippengewölbe ist eine der größten des Landes. Berühmt

ist ihre kunstvolle gotische *Steinkanzel* von 1515 mit den vergoldeten Skulpturen der Kirchenväter. Sie weist Ähnlichkeiten zur Pilgramschen Kanzel im Wiener Stephansdom auf. Bemerkenswert ist auch die Lichtsäule links am Choreingang.

Vom einstigen **Karner** neben der Kirche ist nur noch das unterirdische Beinhaus aus dem 13. Jh. erhalten, wo man 5000 kunstvoll aufgeschichtete Knochen sieht.

Museum „RRRollipop schauen": Das 2003 am Hauptplatz/Ecke Rathausstraße eröffnete Privatmuseum vermittelt recht gelungen das Flair der 50er und 60er Jahre:

Beliebtes Ausflugsziel – die Kellergasse von Stoitzendorf

Präsentiert werden Dutzende Wurlitzer-Musikboxen und über 150 Roller und Rollermobile, darunter legendäre Fahrzeuge wie Goggomobile und BMW-Isettas.
Öffnungszeiten April bis Ende Okt. Sa/So 10–18 Uhr. Eintritt: 5 €, Kinder (ab 6 J.) 3 €.

Fossilienfundstellen um Eggenburg: Der Graben *Brunnstube* an der Umfahrungsstraße B 35 Richtung Maissau ist zu Fuß ab dem Krahuletz-Museum auf dem mit kleinen Tafeln „Erdgeschichte selbst erleben" markierten Weg in 10 Min. zu erreichen. Selbst mit Messer und Hammer im früheren Meeresboden graben darf man 300 m entfernt auf der anderen Seite der Umfahrungsstraße. 3 km weiter auf dem Erdgeschichteweg Richtung Westen erreicht man die *Gemeindesandgrube Kühnring*, in der die berühmten Seekuhskelette gefunden wurden. (Mit dem Auto vom Ort Kühnring aus zu erreichen). Hier kann ebenfalls frisch drauf los gebuddelt werden.

Umgebung von Eggenburg

Das Gebiet um Eggenburg zählt zum *Kulturpark Kamptal* (s. S. 124, Kasten). An die 20 Erlebnispunkte (EP), in erster Linie erdgeschichtliche, geologische und botanische Raritäten, wurden mit Informationstafeln versehen.
Information Lagepläne und Gratis-Falter erhält man in der Touristeninformation Eggenburg.

Kellergasse Stoitzendorf: Die 4 km östlich von Eggenburg (B 2 Richtung Hollabrunn) gelegene, schöne Kellergasse ist ein beliebtes Ausflugsziel. Sie ist auch zu Fuß bzw. mit dem Rad über den gemütlichen, markierten Bertha-v.-Suttner-Weg/Riesling Radroute erreichbar (ca. 6 km, Ausgangspunkt: Eggenburg, Krahuletz-Museum).
Heurige offene Kellertüren von Mitte Feb. bis Mitte Nov. Fr/Sa/So ab 16, So auch 10–12 Uhr.

Kogelsteine und Feenhaube: Diese mächtigen Felsformationen auf einer aussichtsreichen Kuppe 3 km östlich von Eggenburg sind ein letzter Gruß des Waldviertler Granits. Die zu bizarren Gebilden verwitterten Steine stehen auf einem

Trockenrasen, der Lebensraum für seltene Tiere und Pflanzen, darunter Orchidee und Kuhschelle, bietet. Der Wanderweg „Stein und Wein" führt ab dem Krahuletz-Museum in Eggenburg in einer Stunde hierher.

Anfahrt vom Kreisverkehr Eggenburg Richtung Grafenberg, kurz vor dem Ort geht links ein Feldweg ab.

Burg, Kirche und Karner in Kühnring: Der kleine Ort 3 km südwestlich von Eggenburg (B 2 Richtung Horn) gilt als Stammsitz des Geschlechts der Kuenringer. Auf Azzo, den ersten Kuenringer, sollen noch die romanischen Bauteile (Turm, Apsis mit Relieffigur) der Kirche zurückgehen. Von der Kuenringerburg, die im 12. Jh. erbaut wurde, sind nur wenige Steinblöcke erhalten. Auf ihnen wurde 1732 eine Kalvarienberggruppe – ein schönes Beispiel der Eggenburger Steinmetzkunst – errichtet. Der spätromanische Karner mit seinem Zwiebeltürmchen aus dem 19. Jh. vervollständigt das reizvolle, von einer Mauer umschlossene Ensemble.

Steinmetzhaus und Steinbruch in Zogelsdorf: Der südlich von Eggenburg vorkommende Zogelsdorfer Kalksandstein, der aus den Kalkschalen der Mikroorganismen im Eggenburger Meer entstanden ist, war seit dem Mittelalter ein bevorzugtes Bau- und Skulpturenmaterial. Seine Blütezeit erlebte er im Barock: Unzählige Bilddenkmäler und Dreifaltigkeitssäulen im Wald- und Weinviertel sowie die Skulpturen der Hofburg und von Schloss Belvedere in Wien wurden aus ihm gemeißelt. Das 1998 eröffnete *Steinmetzhaus Zogelsdorf* (3 km südlich von Eggenburg, an der B 35) dokumentiert seine Entstehung, Vorkommen und Bearbeitung und zeigt Werkzeuge und schöne Endprodukte.

Öffnungszeiten 1.4. bis 15.11. Sa/So 10–12 und 14–17 Uhr. Eintritt: 2,50 €. Mit dem Fahrrad über die Riesling-Radroute ab Eggenburg zu erreichen.

Die ab dem Ende des 19. Jh. wirtschaftlich nicht mehr rentablen Steinbrüche sind heute zugeschüttet. Ein kleiner Teil des *Johannessteinbruchs* am Ortsrand von Zogelsdorf wurde 1990 freigelegt und kann besichtigt werden.

Kirche und Karner in Burgschleinitz: An der B 35 5 km südlich von Eggenburg (beschildert) gibt es ein malerisches Ensemble zu sehen: Die Pfarrkirche besitzt ein romanisches Langhaus sowie Turm und Chor aus der Gotik. Den romanisch-gotischen Rundkarner mit dem auffälligen steinernen Kegeldach ziert eine Außenkanzel mit Reliefs der Evangelisten (1580).

Tipp für Radfahrer: Die oben genannten Sehenswürdigkeiten können zu folgender Tagesradtour verbunden werden: Von Eggenburg folgt man der *Riesling-Radroute* südwärts über Zogelsdorf und Burgschleinitz bis Maissau (12 km). An der Kreuzung B 4/B 35 wechselt man auf den *Weinviertelweg*, fährt auf diesem weiter über Niederschleinz und trifft hinter Straning wieder auf die Riesling-Route, die über Stoitzendorf nach Eggenburg (33 km) zurück führt.

Maissau

Die kleine, über 600 Jahre alte Stadt südlich von Eggenburg ist bis heute von ihrer Lage geprägt: Hier kreuzt die B 4, die frühere Reichs- und Poststraße Wien – Prag, die B 35, die Straße Krems – Retz – Znaim. Mitten im Ort beginnt der steile Anstieg auf den Manhartsberg, jenen Höhenrücken, der das Wald- vom Weinviertel trennt. Der Reisende von heute bemerkt dies an der großen Haarnadelkurve, der einzigen auf der B 4 zwischen Wien und Geras. Kutschen früherer Tage hielten vor dem Berg, um die Pferde zu wechseln oder einen Vorspann zu nehmen. Bis heute gibt es hier Einkehrgasthöfe und Heurige, die zur Rast laden. Jene, die am oberen Ortsende liegen, profitieren von der schönen Aussicht auf das tiefer gelegene Weinviertel.

Der *Hauptplatz* von Maissau liegt an der Straße Richtung Krems und wird von der B 4 aus durch das Znaimer oder Rathaustor, einem Rest der Stadtbefestigung, erreicht. Er wird dominiert vom romantischen *Schloss Maissau*, das aus dem Mittelalter stammt und 1870 neugotisch umgebaut wurde. Es ist in Besitz der Grafen Abensperg-Traun und nur bei Veranstaltungen zugänglich. Neueste Attraktion von Maissau ist die *Amethyst-Welt*, die 2 km außerhalb an der B 4 Richtung Horn liegt.

Der Maissauer Amethyst

Durch Plattenverschiebungen der Erdkruste vor 350 Mio. Jahren entstanden im Tiefengestein der Böhmischen Masse Spalten. In diesen bildete sich Quarz in verschiedenen Varietäten: Bergkristall, Schwarzer Morion, Jaspis und Amethyst, der seine violette Farbe durch Eisen und radioaktive Bestrahlung annahm. Vor 20 Mio. Jahren wurde das Tiefengestein nach oben gedrückt und die darüber liegenden Gesteinsschichten durch Erosion abgetragen. So kam die riesige, fast senkrecht stehende Amethystspalte im heutigen Maissau bis an den Boden des Eggenburger Meeres, wo die Brandung die obersten Quarze ausspülte und im Meeressand verteilte. Heute noch findet man sie im Boden der Umgebung. Die Spalte selbst wurde erst 1845 entdeckt. 1999 wurden 40 der mindestens 400 m langen Ader freigelegt, vermutlich ist sie bis zu 1000 m lang.

- *Daten* 370 m, 1800 Ew.
- *Einkaufen* **Gebietsvinothek**, Gh. Zur Alten Schmiede (s. dort).
- *Übernachten/Essen* *** **Zum Naderer**, am oberen Ortsende an der B 4 Richtung Horn, großes Restaurant mit herrlicher Aussichtsterrasse, verfeinerte regionale Küche, tolle Desserts, Hauptgerichte 9–18 €, tgl. 7–22 Uhr. 10 geräumige Komfortzimmer, DZ 53–64 €. Am Berg 44, ✆ 02958/82334.

*** **Zur alten Schmiede**, bei der Ampelkreuzung B4/B35. Traditionelles Einkehrgasthaus und gemütlicher Wirtshauskulturwirt mit Wald- und Weinviertler Küche. Hauptspeisen 8–13 €, Di–Sa 7–22, So 7–17 Uhr. 8 Komfortzimmer, DZ 54–56 €. Wienerstraße 2, ✆ 02958/82237.

Café-Konditorei-Lebzelterei Schmid, seit 1913, modernes Lokal an der B 4, unweit der Ampel. Tolle Mehlspeisen, Eis, „Maissauer Honiglebkuchen", Kerzen und Wachswaren. Di–Sa 9–19, So 8–20 Uhr. Wiener Straße 8, ✆ 02958/82249.

- *Heurige* Von den großen Heurigenbetrieben – **Karl Aigner**, ✆ 02958/82540; **Humer-Gilly**, ✆ 82611; **Jurecek**, ✆ 82355; **Klosterheuriger Stift Altenburg**, ✆ 84888 – an der Durchgangsstraße B 4 hat mindestens einer tgl. ab 15 Uhr geöffnet.

Sehenswertes und Umgebung

Amethyst-Welt: Im Rahmen einer Führung erfährt man zunächst anhand von Schautafeln einiges über Bedeutung, Heilkraft und Mystik dieses Edelsteins. Dann gelangt man zum Höhepunkt, der weltweit größten freigelegten Amethyst-Ader, die mit einer hohen Betonhalle (Amethyst-Stollen) überbaut wurde und gegen jede Berührung elektronisch gesichert ist. In Glasvitrinen gibt es schöne Amethyste zu sehen. Am Schatzgräberfeld kann man im Wald selbst nach Amethysten suchen und findet solche auch bald. Ein Besucherzentrum mit Shop, Schauschleiferei und Imbiss, ein Schaugarten und ein Abenteuerspielplatz ergänzen die Amethyst-Welt.

Öffnungszeiten tgl. 9–17, Juni bis Sept. 9–18 Uhr. Eintritt: 6 €, Kinder (6–14 J.) 3 €, Schürfpass (inkl. Geräteverleih, Funde bis 1 kg) 12 €/Tag. ✆ 02958/84840.

Retz – bekannt als Weinstadt und Filmschauplatz

Gottfried von Einem-Haus in Oberdürnbach: Das schmucke Haus neben der gotischen Pfarrkirche, in dem Österreichs bekanntester Komponist des 20. Jh. lebte, komponierte und 1996 78-jährig starb, wurde zur Gedenkstätte umgestaltet, die gegen Voranmeldung (✆ 02958/82577, 02958/82706) besucht werden kann.

Prandtauer-Kirche in Ravelsbach: Der kleine Ort 3 km südöstlich von Maissau verdankt seine prächtige barocke Pfarrkirche mit fünf reich verzierten Altären und Emporen dem Stift Melk, das den Bau bei Jakob Prandtauer um 1721 in Auftrag gab.

Heuriger **Veigelberger**, unweit der Kirche, altbürgerliches Ambiente, Innenhof, 3x jährlich mehrere Wochen geöffnet. Hauptstraße 8, ✆ 02958/82461, www.weingut.hoeller.at.

Von Eggenburg sind es noch 12 km westlich (B 2) nach **Horn** (s. S. 140) und von Maissau 30 km (B 35) südwestlich nach **Krems** (s. S. 108).

Retz

Der mittelalterliche Hauptplatz mit seinen schönen Bürgerhäusern, das darunter liegende sehenswerte Kellerlabyrinth, eine Windmühle als Wahrzeichen und rauschende Wein- und Kürbisfeste machen die traditionsreiche Weinstadt Retz zu einem Höhepunkt des Weinviertels. Internationale Bekanntheit brachte die Fernsehserie über die Bezirksrichterin Julia.

Retz liegt inmitten einer sanftwelligen Hügel- und Weingartenlandschaft im nordwestlichsten Eck des Weinviertels. Tschechien ist nah, ebenso das Waldviertel. Die südländische Atmosphäre der Gegend rührt vom niederschlagsarmen Klima. 60.000 hl Wein werden um Retz heute produziert, zwei Drittel sind weiß, ein Drittel rot. Wegen der guten Auswahl an Übernachtungsmöglichkeiten, Gaststätten und Heurigen sowie fast 500 km markierten Rad- und neu beschilderten Wanderwegen ist Retz für einen längeren Aufenthalt oder als Standort für Ausflüge ins Wein- und Waldviertel geeignet.

Mittelpunkt der Stadt ist der große, historische *Hauptplatz* mit seinen alten Bürgerhäusern und dem dottergelben *Rathaus* in der Mitte, dessen Turm bestiegen werden kann. Verlässt man den Platz durch die südlich wegführende Kremser Straße, gelangt man zu einem mächtigen früheren Stadttor (Nalber Tor, 1300). Durch die Klostergasse geht es rechts zur großen, frühgotischen *Dominikanerkirche,* die schon 1295 als Hallenkirche entstand und deren düsteres Inneres barock ausgestattet ist. Bemerkenswert ist das spätgotische Tympanonrelief über dem Hauptportal. Beim Nalber Tor nach links kommt man zum Schloss Suttner-Gatterburg aus dem 17./18. Jh. (Privatbesitz), in dessen Wirtschaftsgebäuden ein *Fahrradmuseum* eingerichtet ist. Nordwestlich des Hauptplatzes stand bis ins 15. Jh. die Burg der Hardegger Grafen (heute Althof Retz).
Teile des einzigartigen *Retzer Erlebniskellers,* dessen 25 km lange Röhren die Stadt unterminieren, können mit Führung besichtigt werden. Der Eingang befindet sich in der Znaimer Straße, die vom Hauptplatz durch den Bogen des Verderberhauses und des alten Znaimer Tors (1300) hindurch nach Norden, Richtung Znaim, führt. Unweit davon steht die nach Plänen Jakob Prandtauers barockisierte *Pfarrkirche St. Stephan.* Die auf einer Anhöhe oberhalb der Stadt gelegene *Windmühle* und den benachbarten Kalvarienberg darf man allein wegen der schönen Aussicht nicht versäumen.

Geschichte

Retz entstand aus zwei Ortsteilen: der um 1280 von den Grafen von Hardegg planmäßig im Schachbrettmuster angelegten und befestigten Stadt und der schon 100 Jahre zuvor erstmals urkundlich erwähnten Dorfsiedlung nördlich davon, die heute noch Altstadt genannt wird. 1425 gelang den Hussiten die Eroberung von Retz, indem sie die Stadtmauer untergruben und von außen in die damals schon bestehenden Weinkeller gelangten. 1486–92 saß der ungarische König Matthias Corvinus in der Stadt, die Schweden besetzten sie Mitte des 17. Jh. Um 1800 erlebte der Weinhandel seine Blütezeit. Retzer Wein wurde in alle Winkel der Monarchie und bis nach Russland geliefert. Seit dem Fall des Eisernen Vorhangs und dem Dreh der TV-Serie *Julia – Eine ungewöhnliche Frau* erlebt Retz einen großen Aufschwung.

- *Daten* 252 m, 4280 Ew.
- *Information* **Tourismusbüro**, Hauptplatz gegenüber dem Rathaus, 1.4. bis 31.10. Mo–Sa 9–18, So 9–16 Uhr, sonst Mo–Sa 9–12 Uhr. Stadtführungen, Rundgänge zu den Drehorten der TV-Serie (April bis Okt. So 11 Uhr). Wanderkarte „Retzer Land" (3,50 €). Hauptplatz 30, ✆ 02942/2700, www.retz.at.
- *Verbindungen* **Bahn**: alle 1–2 Std. mit Hollabrunn/Wien. **Bus**: Mo–Sa 2–5x tgl., So 1x mit Hardegg; Mo–Sa 5–8x tgl. (So nie) mit Pulkau und Eggenburg
- *Reblausexpress* Nostalgiebahn mit Gratisradtransport: 1.5. bis 26.10. Sa/So/Feiertage 2x tgl. von Retz nach Drosendorf und retour.
- *Einkaufen* **Gebietsvinothek Retzer Land (7)**, 120 Weine, Hotel Althof Retz (s. dort), tgl. 10–12, 14–18 Uhr. **Hauervinothek Gasthaus Weinschlössl (13)** (s. dort). **Vinothek Konditorei Wiklicky (10)** (s. dort).

Bauernladen Retzer Land, Mohnöl, Dinkel, Honig, Essig, Käse etc. Mo–Sa 8.30–18 Uhr. Kremser Straße 2, ✆ 02942/20093.

- *Übernachten* ****** Hotel Althof Retz (6)**, geschmackvoll revitalisierter Gutshof im Zentrum mit 100 Zimmern im modernen Landhausstil im Drei- oder Vier-Sterne-Komfort, Sauna, Dampfbad, Whirlpool, Leihräder, Laufstrecke vor dem Haus. Restaurant. DZ je nach Kategorie 108–140 €. Althofgasse 14, ✆ 02942/3711, www.althof.at.

***** Pension zum Weißen Löwen (11)**, 14 moderne Komfortzimmer im alten Bürgerhaus am Hauptplatz. Radgarage. DZ bis 60 €. Hauptplatz 16, ✆ 02942/2418, www.loewe-retz.at.

Weingut Breitenfelder (9), 4 km östlich von Retz, 5 Komfortzimmer, DZ ca. 40 €. Kleinriedenthal 3, ✆ 02942/2953, www.weingut-breitenfelder.at.

Winzerhof Fleischmann (8), 4 km östlich von Retz, 5 nette Komfortzimmer, DZ 40 € oder 2 Welcome-Tickets. Kleinhöflein 97, bei der Kirche. ✆ 02942/20482, www.fleischmann.tk.

Gästehaus Elisabeth Rücker (1), 4 schöne Komfortzimmer in einem Bürgerhaus 4 km nordöstlich von Retz, Leihräder. DZ ca. 45 €. Unterretzbach 208, ✆ 02942/20802. www.tiscover.com/ruecker.

Waldcamping Hubertus (2), Terrassenplatz 3 km nördlich von Retz, 45 Stellplätze, 2 Pers., 1 Auto, 1 Zelt ca. 12 €. Ganzjährig geöffnet. Oberretzbach 88, ✆ 02942/3238.

• *Essen* **Gasthaus Weinschlössl (13)**, an der Durchgangsstraße durch Retz gelegenes Schlössl mit österreichischer und Weinviertler Küche, Pfannengerichte, Wirtshauskultur, Vinothek. Hauptspeisen 7–12 €. Mo

9–24, Di–Sa 10.30–14, Di/Do/Fr 16–24, So 9–14 Uhr. Wallstraße 13, ✆ 02942/3224.

Schlossgasthaus Kornherr (12), großes gemütliches Wirtshaus mit Kaminstube und Gastgarten in einem schönen Giebelhaus neben dem Schloss. Regionale Küche, Wirtshauskultur, Hauptspeisen 6–13 €, Mo Ruhetag. Schlossplatz 5, ✆ 02942/2494.

Gasthaus Brand (5), mit viel Holz und Ziegelmauer verschönerte Gaststube am Weg zur Windmühle, in der auf „Nähmaschinentischen" gegessen wird. Österreichische Küche, à la carte 8–13 €, Mi/So nur mittags. Windmühlgasse 4, ✆ 02942/20810.

Retzbacherhof (3), ansprechend revitalisiertes Dorfwirtshaus in Unterretzbach, 7 km nordöstlich, in dem ein junger, ambitionierter Koch wunderbare Schmankerl zubereitet. Wirtshauskultur. Di–So 10–24 Uhr, Nov. bis April nur Mi–So. Bahnstraße 1, ✆ 02942/20171.

Konditorei Wiklicky (10), Café-Konditorei beim Znaimer Tor mit „Julia"-Ausstellung zur TV-Serie, Julia-Torte, Veltliner-Kugeln und Retzer Talern. Vinothek. Di–Sa 8–18, So 9–19 Uhr. Znaimer Straße 2, ✆ 02942/2348.

• *Heurige* Es gibt ein Dutzend Betriebe in Retz, den südlichen Ortsteilen Unter- und Obernalb und in Unterretzbach. Do/Fr ab 16, Sa/So ab 15 Uhr geöffnet.

Vinariumheuriger (7), im Althof Retz, April bis Ende Okt. Mo–Sa ab 15 Uhr, ✆ 02942/2481.

Windmühlheuriger (4), im Müllerhaus neben der Windmühle, April bis Mitte Okt. Sa/So ab 15 Uhr, ✆ 02942/2467.

• *Fahrradverleih* im Tourismusbüro.

• *Baden* **Parkbad**, Erlebnisfreibad unweit des Hauptplatzes, Minigolf, Rutsche, Mai bis Sept. tgl. 9–19 Uhr. ✆ 02942/2223.

Tipps für Radfahrer: Von Retz (Hauptplatz) aus führen folgende Radrundwege auf Nebenstraßen und Feldwegen durch das Retzer Land und Pulkautal: *Burgunder-Route* (60 km, Pillersdorf – Zellerndorf – Röschitz – Pulkau), *Chardonnay-Route* (32 km, Mitterretzbach – Haugsdorf), *Weinkultur-Radweg* (72 km, Mitterretzbach – Pernersdorf – Zellerndorf – Röschitz – Pulkau). An Wochenenden von Mai bis Okt. gelangt man mit dem Reblaus-Express bis Drosendorf (Radtransport gratis) und von dort entlang der beschilderten *Kamp-Thaya-March-Route* mit dem Rad via Hardegg nach Retz zurück (42 km).

• *Veranstaltungen* **Retzer Weinlesefest**, letzter Sa/So im Sept., Weinbrunnen am Hauptplatz, Winzerumzug. **Kürbisfest**, alle 2 Jahre Ende Okt., Kürbisumzug etc.

Sehenswertes

Retzer Erlebniskeller: Der größte historische Weinkeller Österreichs ist vermutlich 25 km lang. Seine Stollen wurden in die 30 m hohe Schicht aus prähistorischem Meeressand, auf dem die Stadt steht, gegraben. Keine Stützkonstruktion hält die Kellerröhren, sondern die hohe Luftfeuchtigkeit im Keller verhindert das Austrocknen des Sandes und so das Einstürzen. Der wasserdichte Lehmboden an der Oberfläche schützt vor Wasserzutritt von außen. Es ist ein geologisches Wunder, für das die Aufnahme in die Liste des UNESCO-Welterbes angestrebt wird.

Im Rahmen einer Führung, die mit einer kurzen Erklärung zum Hauptplatz beginnt, durchschreitet man 1 km. Es geht bei konstanten 10–12° C durch die mit Ziegeln ausgekleideten Keller der einstigen Weinhändlerfamilie Mössmer und dann weiter durch frühgotische Kellerröhren des Stadt- und des Burgkellers unterhalb des Althofs. Sie waren nie als Gär-, sondern stets nur als Lagerkeller in Verwendung. Man kommt vorbei an Weinfässern und riesigen Weinzisternen, lernt – neuerdings multimedial – die Geschichte des Weins, seine Symbole, seinen Mythos sowie die Bedeutung des Retzer Weinhandels kennen. Durch Dunstlöcher hört man das Stimmengewirr vom darüber liegenden Hauptplatz, den an manchen Stellen nur eine 80 cm dicke Schicht vom Keller trennt. Endpunkt der 90-minütigen Führung ist die Vinothek des Althofs Retz, wo man eine Weinprobe erhält.

Öffnungszeiten Führungen Mai bis Okt. tgl. 10.30, 14, 16 Uhr, März, April, Nov., Dez. tgl. 14 Uhr. Treffpunkt: Hauptplatz beim Rathaus. Eintritt: 7 €, Kinder bis 14 J. in Elternbegleitung frei.

Hauptplatz: Von den umgebenden, im Kern spätgotischen Bürgerhäusern stechen zwei mit Renaissancefassaden von 1580 besonders ins Auge: das rosarote, zinnenbekrönte, nach seinen Besitzern im 19. Jh. benannte *Verderberhaus* und das schöne *Sgraffitohaus* gegenüber mit der tierischen Darstellung der zehn Lebensalter. Am Platz finden sich noch eine kunstvolle *Dreifaltigkeitssäule* (1744), ein *Pranger* mit Marktschwert (1561), eine *Marien- oder Pestsäule* (1680) und zwei Brunnen, aus denen beim Weinlesefest Rebensaft rinnt. Beachten sollte man die Dunstlöcher im Pflaster, über die die Feuchtigkeit der Weinkeller entströmt.

Rathaus: Einst stand hier eine gotische Marienkapelle mit Turm. Sie wurde den Retzer Stadtherren im 16. Jh. zum Umbau in ein Rathaus überlassen. Man zog eine Zwischendecke ein, unten blieb die in der Rokokozeit prachtvoll mit Fresken in Blau- und Goldtönen ausgemalte Kapelle bestehen. Darüber befindet sich das Rathaus mit dem barocken *Ratssaal* (Deckenfresko des Kremser Schmidt). Im Bürgersaal zeigt ein kleines Stadtmuseum historische Waffen und Dokumente (So 10–12 Uhr). Der frühere Kirchturm wurde im 17. Jh. zum Rathausturm umgebaut. Von seinem hölzernen Laufgang hat man einen schönen Blick auf die Stadt.

Öffnungszeiten Rathauskapelle: Mai bis Okt. 10.15 und 15.45 Uhr (freiwillige Spende). Rathausturm: Mai bis Okt. tgl. 9–18 Uhr. Eintritt: 1 €.

Fahrradmuseum: Gezeigt werden an die 90 historische Fahrräder, alte Werbetafeln, Fahrradglocken und die Entwicklung der Fahrradlampen (Schlossplatz 5).

Öffnungszeiten Mai bis Okt. tgl. 14–17 Uhr. Eintritt: 3 €.

Windmühle: Das Retzer Wahrzeichen, eine der letzten funktionstüchtigen Windmühlen Österreichs, war von 1722 bis 1927 als Getreidemühle im Einsatz. Von einer weiteren ist nur der runde Steinbau erhalten. Bei einer Führung sieht man das imposante Mahlwerk und erfährt u. a., dass die Haube der Mühle von Pferden gegen den Wind gezogen wurde. Wenige Schritte entfernt liegt der figurenreiche *Kalvarienberg*, ein schönes Beispiel der Eggenburger Steinmetzkunst. Die Mühle erreicht man vom Stadtzentrum über die Windmühlgasse in 15 Min.

Öffnungszeiten/Führung April bis Okt. Sa/So/Feiertage 10.30–16.30 Uhr. Eintritt: 2,20 €.

Heiliger Stein in Mitterretzbach: Der elflöchrige Schalenstein etwas oberhalb des 4 km von Retz entfernten Grenzorts diente schon in der Urgeschichte als Opfer- und Kultstein. Nebenan entstand ab dem 15. Jh. eine im 18. Jh. auf Anordnung Josephs II. wieder abgetragene

Die Windmühle ist das Retzer Wahrzeichen

Wallfahrtskirche. Ihre Grundmauern wurden 1999 freigelegt und von einem ellipsenförmigen Steg umgeben, von dem man eine herrliche Aussicht auf die Weinrebenlandschaft Südmährens genießt. Von Retz aus ist diese Kultstätte zu Fuß oder mit dem Rad durch Weingärten über den *Wünschelrutenweg* (7 km) erreichbar.

Nur einen Sprung hinter der Grenze liegt hoch über der Thaya die Stadt **Znojmo/Znaim** (37.000 Ew.), die über ein gotisches Zentrum, eine Stadtmauer und ein in den Felsen gehauenes Kellerlabyrinth verfügt. Grenzübergange: Mitterretzbach tgl. 6–22, Kleinhaugsdorf tgl. 0–24 Uhr. Bahnverbindungen Retz – Znaim 3–5x tgl. Reisepass nicht vergessen!

Umgebung von Retz (Retzer Land)

Schrattenthal: Das winzige Städtchen 6 km südlich von Retz an der B 35 war im 15./16. Jh. eine bedeutende ummauerte Burgsiedlung mit Kloster. Erhalten haben sich das *Eggenburger Tor* und ein weitläufiges Burgareal, das als Privatbesitz nicht zugänglich ist: Hinter hohen Mauern mit Schießscharten stehen vorbildlich renovierte Wirtschaftsgebäude und ein Schloss mit Kapelle, das bei Konzerten betreten werden kann. Am idyllischen Straßenplatz mit Pranger erinnert eine Gedenktafel (Haus Nr. 36) daran, dass sich hier 1501 die erste Druckerei Österreichs außerhalb Wiens befand.

Öhlbergkellergasse in Pillersdorf: Fährt man von Retz auf der B 35 südwärts Richtung Eggenburg, fällt nach 5 km links auf einer Anhöhe eine schöne barocke, fünfteilige Kalvarienberggruppe auf. Kurz davor zweigt links die Straße nach Pillersdorf ab. 700 m außerhalb des Ortszentrums befindet sich eine der schönsten Kellergassen des Weinviertels (beschildert). 350 m lang windet sie sich mit 42 weißen Presshäusern durch einen Hohlweg.

Offene Keller 1.5. bis 31.8. Sa/So ab 15 Uhr.

Pulkau

Die beschauliche Weinstadt am Beginn des Pulkautals bietet einen berühmten Flügelaltar und gemütliche Wanderwege.

Pulkau liegt 11 km südwestlich von Retz am Übergang vom Wald- zum Weinviertel. Die Stadt wird überragt von der gotischen *Pfarrkirche St. Michael*, deren wehrhafter Turm noch aus der Romanik stammt, und dem *Rundkarner* von 1250 mit seinen auffälligen zwölf Giebelspitzen. Unterhalb im Stadtzentrum erhebt sich die mächtige *Heiligblutkirche* von 1397, deren eigenwillige Form daher rührt, dass nur Chor, Querhaus und ein Turm fertig gestellt wurden. Sie wurde anlässlich eines Wunders gebaut – eine durchstochene Hostie hatte zu bluten begonnen. Die Hostienschändung wurde, wie im 14. Jh. üblich, den hier ansässigen Juden angelastet, die man dafür verfolgte und ermordete. Die Kirche beherbergt den berühmten *Pulkauer Flügelaltar* (s. u.). Unweit davon am kleinen Rathausplatz stehen das schmucke *Rathaus* von 1659 mit barocker rosaroter Giebelfassade sowie ein *Pranger* (1542). Über die Rathausgasse erreicht man den dörflichen *Hauptplatz* mit einer barocken Dreifaltigkeitssäule, an deren Spitze Gottvater seinen toten Sohn wie bei einer Pietà im Arm hält.

Wegen des schönen Blicks sollte man die Südeinfahrt von der B 45 ins Stadtzentrum nehmen. Fährt man an der B 45 noch 1,5 km weiter Richtung Horn, gelangt man zu der idyllisch in einer Mulde im Wald gelegenen barocken Wallfahrtskapelle *Pulkauer Bründl* (Fest jährlich am 2.7.).

• *Daten* 291 m, 1560 Ew.

• *Information* **Tourismusbüro**, April bis Okt. tgl. 10–12, 14–16 Uhr. Kirchen- und Stadtführung Sa/So 15 Uhr (5 €). Rathausplatz 5, ✆ 02946/27080, www.tourismus-in-pulkau.at.

• *Verbindungen* **Bus**: mit Retz Mo–Sa stdl., mit Horn Mo–Sa 3- bis 5x tgl., So nie!

• *Einkaufen* **Hauervinothek** bei der Heiligblutkirche, Ostern bis Anfang Dez. Mi–Fr 17–19, Sa/So/Feiertage 10–12, 14–19 Uhr. Schottengasse 3, ✆ 02946/2957.

• *Übernachten* *** **Pension Rudi**, große Pension in ruhiger Lage westlich des Orts, 16 moderne Komfortzimmer, teils mit Balkon. Sauna, Swimming-Pool, Radgarage. DZ 52–70 €. Pulkautal 25, ✆ 02946/2523, www.weinundbett.at.

Gästezimmer Zum Goldenen Löwen, 5 Komfortzimmer im Stadtzentrum. Leihräder. DZ 46–50 €. Brückenplatz 3, ✆ 02946/2364.

• *Essen* Zwei bodenständige Wirtshäuser am Rathaus- und Hauptplatz.

Café-Konditorei Bucher, frische Backwaren, Mehlspeisen, Eis, Gastgarten im Innenhof. Mo–Sa 6–18.30, So 8–18.30 Uhr, Rathausgasse 6, ✆ 02946/27070.

• *Fahrradverleih* im Tourismusbüro.

• *Baden* **Waldbad**, idyllisch gelegen, Mai bis Aug. 10–19 Uhr, Minigolf, Badbuffet, westlich des Orts, ✆ 02948/8618.

• *Veranstaltungen* **Kürbisfest**, alle 2 Jahre Ende Okt.

Sehenswertes/Wandern

Pulkauer Flügelaltar: Der 10 m hohe, 1515 von Niklas Breu angefertigte Altar zählt zu den bedeutendsten gotischen Schnitzwerken Österreichs. Im Mittelschrein sieht man Christus, rechts den Hl. Sebastian, links den Hl. Bartholomäus. Die im Stil der Donauschule bemalten Seitenflügel zeigen Passionsszenen. Durch ein Gitter kann man auch ohne Führung einen Blick auf den Altar werfen.

Rundwanderwege/Aussichtswarte: Sechs leichte Rundtouren, markiert ab Rathausplatz, führen größtenteils durch das waldreiche Landschaftsschutzgebiet „Oberes Pulkautal". Die Nr. 1 über die Bründlkapelle zur Ruine Neudegg und retour (2 Std.) ist besonders beliebt. Nr. 5 führt über die Bründlkapelle und die Teufelswand zur Aussichtswarte am Manhartsberg und zurück (3 Std.). Von der Warte bietet sich ein schöner Blick auf die Stadt und ins Weinviertel (mit dem Auto von der Straße Pulkau-Weitersfeld zu erreichen).

Weberkeller in Röschitz: Der Ort 7 km südöstlich ist bekannt für den Weinkeller mit Porträts bekannter Personen und berühmten Bildern, die von mehreren Generationen der Familie Weber in die Lösswände geschnitzt wurden.

• *Öffnungszeiten* Führung: Di–Do 16.30, 18, Fr–So 15.30, 17, 18.30 Uhr, Eintritt: 2,40 €.

• *Heuriger* **Zum Gruber beim Weberkeller**, Kellerheuriger, Garten, Jan. bis Mitte Dez. Di ab 16, Mi–So ab 9 Uhr. ✆ 02984/4000.

Pulkautal

In dem breiten, von sanften Anhöhen gesäumten Tal findet man die längsten und schönsten Kellergassen Österreichs. Hier ließ Alfred Komarek seinen Romanhelden Inspektor Polt ermitteln.

Die Pulkau entspringt im östlichen Waldviertel, kommt bei Pulkau ins Weinviertel und fließt dann von West nach Ost bis Laa, wo sie in die Thaya mündet. Das Pulkautal ist geprägt von Weingärten, Waldflecken, Kürbis- und Getreidefeldern. Die Dörfer reihen sich entlang des Flusses, der eigentlich nur ein Bach ist. Die Kellergassen –

Kürbisfest in der Kellergasse Maulavern

liebevoll renoviert und hier *Kellertriften* genannt – ziehen sich von den Ortschaften nach Norden den Hang hinauf. Das besonders milde, sonnenreiche Kleinklima und die Kessellage lassen im Pulkautal um Haugsdorf hervorragenden Rotwein reifen.

Verbindungen **Bus**: Pulkau-Jetzelsdorf/Haugsdorf – Laa: Mo–Sa 4x tgl., So nie.

Zellerndorf

Die **Kellergasse Maulavern**, die direkt von der B 45 aus auf einen Hügel führt, ist besonders sehenswert. Auf 750 m Länge stehen über 200 weiß getünchte Presshäuser. Jeden letzten Oktobersamstag ist die Gasse Schauplatz eines volkstümlichen Kürbisfests. Außerhalb des Orts Richtung Pillersdorf steht ein schönes Ensemble aus gotischer *Pfarrkirche* und *Karner* (14. Jh.).

- *Essen/Trinken* **Landgasthof Graf**, an der Ortskreuzung, traditionelles Gasthaus mit gutbürgerlicher Küche, Gastgarten, Mo/Di Ruhetag. ✆ 02945/2245.
- *Offene Kellertür* Mai bis Anfang Sept. Sa/So 15–20 Uhr.

Haugsdorf

Bei Haugsdorf, dem zentralen Ort des Pulkautals, kreuzt die B 45 die Transitroute B 303 auf ihrem Weg von Wien über Hollabrunn nach Znaim. Abgesehen davon ist der Ort als Rotweinmetropole des Weinviertels bekannt. Zwei Drittel der Rebfläche sind für Blauer Portugieser, Zweigelt und Blauburger reserviert.

Haugsdorf hat zwei parallele *Kellertriften,* die sich nach Norden zum höher gelegenen Hutberg hinaufziehen und auf halber Höhe miteinander verbunden sind. So kann man einen schönen Rundgang (ca. 50 Min.) vorbei an 220 weißen Presshäusern absolvieren. Alle zwei Jahre findet an einem Septembersamstag der *Hüatagang,* ein großes Kellergassenfest statt. Er erinnert an die Weingartenhüter, die noch bis Mitte des 20. Jh. die Weinberge zur Lesezeit vor Traubendieben schützten. Offene Kellertüren gibt es an den Wochenenden der Sommersaison.

- *Übernachten/Essen* *** **Hotel-Café Freitag**, neu renovierter Familienbetrieb 3,5 km westlich von Haugsdorf. 13 nette Zimmer, jene im Haupthaus mit Du/WC/TV, geräumig und modern (DZ 54–56 €), kleiner und ohne TV die im Nebenhaus (ca. 44 €). Hausmannskost im Gasthof, Di/Mi 8–14, Do–So 8–23 Uhr. Pernersdorf 93, ✆ 02944/8220.

Weingut Norbert Bauer, bekannter Rotweinwinzer bei Haugsdorf mit 5 neuen, geschmackvollen Komfortzimmern, DZ 60–70 € je nach Aufenthaltsdauer. Jetzelsdorf 180, ✆ 02944/2565, www.norbertbauerwein.at.

Privatzimmer Mokesch, im Ortsteil Jetzelsdorf unweit der B 303, 5 Komfortzimmer, großer Garten, Bauernladen. DZ bis 52 € oder 2 Welcome-Tickets. Jetzelsdorf 120. ✆ 02944/2930.

Pulkautaler Kellergassen-Radweg

Die beschilderte Route verbindet auf 60 km die schönsten Kellertriften des Pulkautals, von Pernersdorf (westlich von Haugsdorf) bis Seefeld und Mailberg.

Kellertriften östlich von Haugsdorf

Diese Kellergassen zählen zu den romantischsten des Weinviertels: In **Alberndorf**, 3 km östlich von Haugsdorf, führt die Kellergasse mit 200 Kellern Richtung Norden. Am ersten September-Wochenende ist sie Schauplatz eines stimmungsvollen Bauernmarktes. Über 200 Presshäuser gibt es in der benachbarten Kellertrift von **Untermarkersdorf**, zuerst monumentale, mehrgeschossige, dann kleinere, alle weiß getüncht mit grünen Türen und dazwischen idyllische Kellerplätze. **Hadres** besitzt die mit 1,6 km längste Kellergasse Österreichs, in der sich 420 Presshäuser aneinander reihen. Die reizvolle Kellergasse von **Obritz** liegt als einzige südlich des Orts, weit außerhalb, und weist 190 Keller auf.

• *Führungen* **Himmelbauer-Keller** (stand Vorbild für den Höllenkeller in A. Komareks Polt-Romanen), Kellerführung nach Voranmeldung. Untermarkersdorfer Kellergasse 56, ✆ 02943/2350. **Josef Seidl**, Kellerführungen in der Alberndorfer Kellergasse, ✆ 02944/26312, www.amdach.at.

• *Essen* **Weingasthaus Karlwirt**, bodenständiges Wirtshaus mit Gastgarten, Di/Mi Ruhetag. Alberndorf, ✆ 02944/2346.

Im Weinkeller

Seefeld-Kadolz

Der etwas abseits von der B 45 gelegene Ort wird dominiert von einem prachtvollen, vierflügeligen barocken Landschloss. Es wurde 1710 von den Grafen von Hardegg als Sommerresidenz anstelle einer mittelalterlichen Kuenringerburg erbaut. Der letzte, 1594 verstorbene Kuenringer ist übrigens in der örtlichen Pfarrkirche St. Anna begraben. Das 1992 vorbildlich renovierte Schloss ist nur zu Veranstaltungen geöffnet, da es Graf Maximilian von Hardegg als privater Wohnsitz dient. Seine Gutsverwaltung ist mit über 2000 ha Ackerland, Schweinezucht und Weinbau der größte landwirtschaftliche Betrieb Österreichs.

Einkaufen **Schlossweingut Hardegg**, Weine, Rapsöl, Honig etc. Mo–Fr 8–16 Uhr, ✆ 02943/2203. **Gebietsvinothek**, inkl. Weine aus Südmähren, Seefeld 39, ✆ 02943/2201.

Mailberg und Umgebung

Der Winzerort in einem Talkessel 4 km südlich der B 45 ist bekannt für *Schloss Mailberg*, den weltweit ältesten, seit 1146 bestehenden Besitz des Souveränen Malteser-Ritterordens, dem auch ein renommiertes Weingut angeschlossen ist. Die von Graben und Mauer umgebene Schlossanlage liegt auf einer Anhöhe über dem Ort und weist ein Stilgemisch aus Gotik, Renaissance und Barock auf, das von zahlreichen Umbauten zeugt. Man betritt es durch einen spätmittelalterlichen Torbau, der in den lang gestreckten, frei zugänglichen Innenhof führt. Im Osten wird dieser von der Schlosskirche Hl. Johannes begrenzt, die dem Ort als Pfarrkirche dient. Im Hof befindet sich die Schlossvinothek, die sich in den uralten Kellergewölben breit macht. Die Errichtung eines Malteser-Museums in den Schlossräumen ist angedacht. Mailberg verfügt über drei *Kellergassen*, darunter die denkmalgeschützte Zipf-Kellertrift. Auch **Diepolz** und **Großharras**, 4 bzw. 6 km östlich von Mailberg, haben kleine, sehenswerte Kellergassen. Der westlich von Mailberg inmitten von Wäldern gelegene, aussichtsreiche *Buchberg* (416 m) eignet sich als gemütliches Wanderziel (rot markiert, Aufstieg ca. 1 Std.).

• *Einkaufen* **Schlossvinothek Mailberg**, Weine der Markengemeinschaft Mailberg Valley zu Ab-Hof-Preisen. April bis Dez. Fr 13–18, Sa/So/Feiertage 10–18 Uhr. ✆ 0676/6342933, www.mailbergvalley.at.

• *Übernachten* **Frühstückspension Schloss Mailberg**, 4 neue DZ mit Du/WC/TV im Schloss, jeweils ca. 52 €. ✆ 02943/2694.

Laaer Ebene und Dreiländereck

Die brettflache, fruchtbare Landschaft um die alte Grenz- und neue Thermenstadt **Laa an der Thaya** ist geprägt von Ackerbau (Zwiebeln, Raps, Rüben, Getreide). Im Osten ist sie begrenzt von markanten Erhebungen, die in **Staatz** und **Falkenstein** mit mächtigen Ruinen bekrönt sind. Dazwischen gibt es Schlösser, Museen, Kellergassen und ideales Terrain für Radwege. Die östlich anschließende Grenzregion um die Weinstadt **Poysdorf** nennt sich Dreiländereck. Im Süden geht die Laaer Ebene in Hügelland über und erhebt sich dann zum Naturpark der **Leiser Berge**, die im 491 m hohen Buschberg gipfeln. **Mistelbach** ist das Zentrum des östlichen Weinviertels. Wegen der hier so typischen Rebsorte wird die gesamte Region auch als „Veltlinerland" vermarktet.

Tipps für Radfahrer: Die 74 km lange *Veltliner-Radroute* führt leicht hügelig von Laa (Hauptstraße) über Wildendürnbach, Herrnbaumgarten, Falkenstein nach Poysdorf und südlich davon wieder retour. Die 60 km lange *Sylvaner-Route* ist ein Rundkurs ab Poysdorf (Weinmarktplatz), vorbei an Schloss Wilfersdorf, Mistelbach, Asparn/Zaya und Staatz. Beide sind sehr gut beschildert.

Laa an der Thaya

Eine moderne Therme, die einzige Bierbrauerei des Weinviertels und eine Hand voll historischer Bauten sind die Kennzeichen der Stadt an der tschechischen Grenze, die 1200 von den Babenbergern gegründet wurde.

Die auf rechtwinkeligem Grundriss errichtete Kleinstadt wird im Süden und Westen vom Thaya-Mühlbach umflossen. Die Thaya selbst rinnt auf tschechischer Seite an Laa vorbei, das sich trotzdem „an der Thaya" nennt. In Nord-Südrichtung mitten durch die Stadt führt die B 46, westlich davon liegt der *Stadtplatz*, östlich der Kirchen- und der Burgplatz. Die *Therme* befindet sich 500 m östlich am Weg zum Bahnhof. Außerhalb der Stadt liegen Industriebetriebe, darunter ein bekannter Produzent von Traktorenanhängern.

Seit ihrer planmäßigen Anlage durch Leopold VI. lag Laa mitten in sumpfigen, häufig überschwemmten Auwäldern der Thaya. Diese boten im Mittelalter Schutz vor Feinden, die an der Grenze zahlreich waren. Die Schweden im 16. Jh. sowie Napoleon und die Preußen im 19. Jh. verwüsteten die Stadt dennoch. Ein Aufschwung kam erst wieder 1830, als die Thaya reguliert und Laa zu einem bedeutenden Marktplatz wurde. Nach 1945 lag die Stadt am Eisernen Vorhang, bis am 21.12.1989 die Außenminister von Österreich und der Tschechoslowakei vor laufenden Kameras bei Laa den Stacheldraht an der Grenze durchschnitten.

• *Daten* 183 m, 6000 Ew.

• *Information* **Tourismusbüro**, im Erdgeschoss des Rathauses, Stadtplatz 43, ✆ 02522/250129, www.laa.at.

• *Verbindungen* **Bahn**: alle 2 Std. mit Mistelbach (Anschluss nach Wien).

• *Parken* Kurzparkzone in der Innenstadt.

• *Einkaufen* **Weinmarkt Laa**, im alten Rathaus, Mai bis Sept. Mo/Mi/Fr/So 16–20, Sa auch 10–13 Uhr. Okt. bis April jeweils 15–19 Uhr. Stadtplatz 17, ✆ 02522/84230.

• *Übernachten/Essen* ****** Hotel Therme Laa**, modernes Wellness- und Seminarhotel mit rund 100 Zimmern, das Ende 2005 neben der Therme seine Pforten öffnen soll. Infos bei Therme Laa (s. u.).

****** Hotel zum Brüdertor**, zentral und ruhig gelegenes, voll klimatisiertes Stadthotel mit 30 Komfortzimmern, DZ 82–90 €. Café-Restaurant mit Gastgarten, Bar-Restaurant „Pueblo de la Luna" mit mexikanischer Küche. Raiffeisenplatz 5, ✆ 02522/8286, www.bruedertor.at.

***** Gasthaus-Gästehaus Bsteh**, 5 km westlich an der B 45 Richtung Horn. Empfehlenswerter Wirtshauskulturbetrieb mit ambitionierter, regionaler Küche. Gastgarten. Tgl. außer Di, So nur mittags. 5 nette Komfortzimmer. DZ 56 €. Wulzeshofen 57–58, ✆ 02527/203, www.bsteh.at.

Frühstückspension Schließelberger, 4 Komfortzimmer am nordöstlichen Stadtrand 200 m von der Therme, DZ ca. 44 €. Johannes-Brahms-Gasse 3, ✆ 02522/7185.

Gasthaus Weiler, erste kulinarische Adresse Laas, beim Kreisverkehr an der Ost-Einfahrt, eher einfaches Ambiente, aber dafür bietet Martin Weiler, ein Mörwald-Schüler, kreativ verfeinerte Küche, die sehr gut mundet. Herrliche Desserts. Innenhofgarten! Hauptgerichte 9–21 €. Tgl. außer Mo, So nur mittags. Staatsbahnstraße 60, ✆ 02522/2379.

Café Rathaus, gegenüber dem Rathaus, Kaffee, Tee, Frühstück, Eis, Snacks. Dachterrasse. Mo–Sa 8–22/24, So 13–21 Uhr. Stadtplatz 2, ✆ 02522/84333.

• *Fahrradverleih* Gemeindeamt, Stadtplatz 43, Mo–Fr, ✆ 0664/1016847.

• *Baden* s. Therme Laa.

• *Veranstaltungen* **Zwiebelfest**, Mitte Sept., beliebtes Volksfest rund um die Feldfrucht.

Sehenswertes

Stadtplatz mit Rathäusern: Den Platz beherrscht das prächtige, mit bunten Ziegeln gedeckte und mit einem verspielten Uhrturm bekrönte *Rathaus* (1899). Unweit davon steht die *Mariensäule* (1680), etwas weiter der *Pranger* von 1567 mit einer Rolandfigur und dem Maß der Laaer Elle am Säulenschaft. Das *Alte Rathaus* gegenüber stammt im Kern aus dem 13. Jh. Es beherbergt den Weinmarkt und im Obergeschoss das *Südmährermuseum Thayaland* mit einer volkskundlichen Sammlung und einer Dokumentation zur Vertreibung der Südmährer 1945 (So 14–17 Uhr).

Pfarrkirche St. Veit: Die spätromanische Pfeilerbasilika mit schöner Apsis am Kirchenplatz erhielt 1700 ein barockes Portal. Innen sticht der barocke Hochaltar mit einer dramatischen Darstellung des Martyriums des Hl. Veit ins Auge. Den Kirchenplatz ziert eine schöne *Dreifaltigkeitssäule* (1709).

Burg Laa/Biermuseum: Letzte Reste der zur Jahrhundertwende geschleiften Stadtbefestigung sind die imposante, zinnenbekrönte *Burg* mit einem viereckigen und einem runden Turm in der Nordostecke der Stadt. Im sehr desolaten Innenhof befindet sich der Eingang zu einem *Biermuseum*. Es erinnert daran, dass Laa schon 1454 von Ladislaus Posthumus das Braurecht erhielt. Jedes Flaschenetikett der heutigen Privatbrauerei Hubertusbräu trägt dieses Datum.

Öffnungszeiten Mai bis Okt. Sa/So 14–16 Uhr. Eintritt: 1,50 €.

Therme Laa: Das seit 1976 als heilkräftig anerkannte Wasser von Laa wird nicht nur zum Bierbrauen, sondern seit 2002 auch in einer neuen Thermenanlage genutzt. Erholung und Freizeitspaß bieten drei Wasserbecken, Ruheräume, ein Thermenkino, eine großzügige Saunawelt sowie ein Kinderland mit 90 m langer Rutsche.

Öffnungszeiten tgl. 9–22 Uhr. Eintritt: 9,60 (3 Std.) bis 16,60 € (Tag); Kinder (4–14 J.) zahlen 60 %. www.therme-laa.at.

Weitere Sehenswürdigkeiten sind die säkularisierte, für Kulturveranstaltungen genutzte gotische **Bürgerspitalkirche** südlich des Stadtplatzes und das **Kutschenmuseum** mit 90 restaurierten historischen Pferdekutschen und Schlitten auf dem Messegelände westlich der Stadt.

Öffnungszeiten 1.4. bis 31.10. So 14–17 Uhr, Eintritt: 5 €.

Umgebung von Laa an der Thaya

Kellergasse „Loamgrui" in Unterstinkenbrunn: Der Ort mit dem lustigen Namen befindet sich 4 km südwestlich an der B 6 Richtung Ernstbrunn und ist bekannt für das Kellerdorf etwas außerhalb. Die 80 schön renovierten Presshäuser sind dorfähnlich hingewürfelt und weisen einzigartige Vordächer auf.

Heuriger **Friedrich Gass**, meist im Frühjahr und im Weinherbst offen. ✆ 02526/6326.

Burgruine Staatz

100 m hoch ragt in der Mitte zwischen Laa und Poysdorf ein vulkanförmiger, föhrenbestandener Kalkkegel aus dem Umland: die Staatzer Klippe. Sie gehört zu jener Kette an markanten Hügeln, die vom Waschberg bei Korneuburg über die Leiser Berge und Falkenstein bis nach Südmähren reicht. Es handelt sich um Durchspießungsklippen, die vor 17 Mio. Jahren während der Alpenbildung aus dem Untergrund nach oben gepresst wurden und heute isoliert in der Molassezone „schwimmen". Als Aussichtspunkte waren sie begehrte Bauplätze für Burgen. Jene von Staatz wurde vermutlich im 12. Jh. erbaut. Seit der Zerstörung durch die Schweden 1645 ist sie eine Ruine und mit ihren Wehrmauer- und Turmresten sowie der fabelhaften Rundumsicht ein beliebtes Ausflugsziel. In einem aufgelassenen Steinbruch am Fuß der Klippe wurde eine *Felsenbühne* eingerichtet, in der Musicals aufgeführt werden.

- *Verbindungen* **Bahn**: alle 2 Std. mit Laa und Mistelbach. Ortsnäher als die Haltestelle „Staatz" (2,5 km nördlich) ist „Enzersdorf bei Staatz" (1,5 km östlich).
- *Öffnungszeiten* Ruine frei zugänglich. Führungen Mai bis Okt. So 15 Uhr. Beitrag: 3 €, Kinder 1,50 €.
- *Felsenbühne Staatz* Aufführungen im Juli/Aug. Info: ✆ 0676/4622050, www.felsenbuehne-staatz.at.
- *Übernachten* **Bilderbuch-Bauernhof**, renovierter Meierhof in Sichtweite der Ruine, 3 schöne Komfortzimmer, Ferienwohnungen. DZ ca. 44 €. Meierhof 1, ✆ 02524/2251.

Kellergasse „Loamgstettn" in Ameis: 4 km östlich von Staatz Richtung Poysdorf (B 219) lohnt dieses südlich des Orts gelegene (beschildert), besonders idyllische Kellerdorf mit 90 weiß getünchten Presshäusern einen Besuch.

Kellergassenführungen Mai bis Okt. jeden 1. So im Monat 15 Uhr.

Schloss Loosdorf: Auf einem Hügel am Rande von Loosdorf (4 km südwestlich von Staatz) steht ein barock-klassizistisches Landschloss aus dem 17./18. Jh., das von einem weitläufigen Schlosspark umgeben ist. Es ist in Privatbesitz, die angebaute Kapelle wird als Pfarrkirche genutzt. Das *Schlossmuseum* beherbergt eine der größten Zinnfigurensammlungen des Landes. 14.000 kleine Soldaten stellen verschiedene Schlachtszenen nach. Außerdem gibt es mit Empiremöbeln und wertvollen Tapeten ausgestattete Prunkräume und das Scherbenzimmer, in dem die Bruchstücke der während der russischen Besatzung nach 1945 zerstörten Porzellansammlung nach Manufakturen geordnet aufgehäuft sind. Einen Abstecher wert ist die 1800 erbaute *Hanslburg* im Wald südöstlich des Schlosses, ein frühes Werk romantischer Ruinenarchitektur (beschildert an der Straße Loosdorf – Frättingsdorf).

Öffnungszeiten Mai bis Okt. nach Voranmeldung (✆ 02524/8222), Eintritt: 5 €.

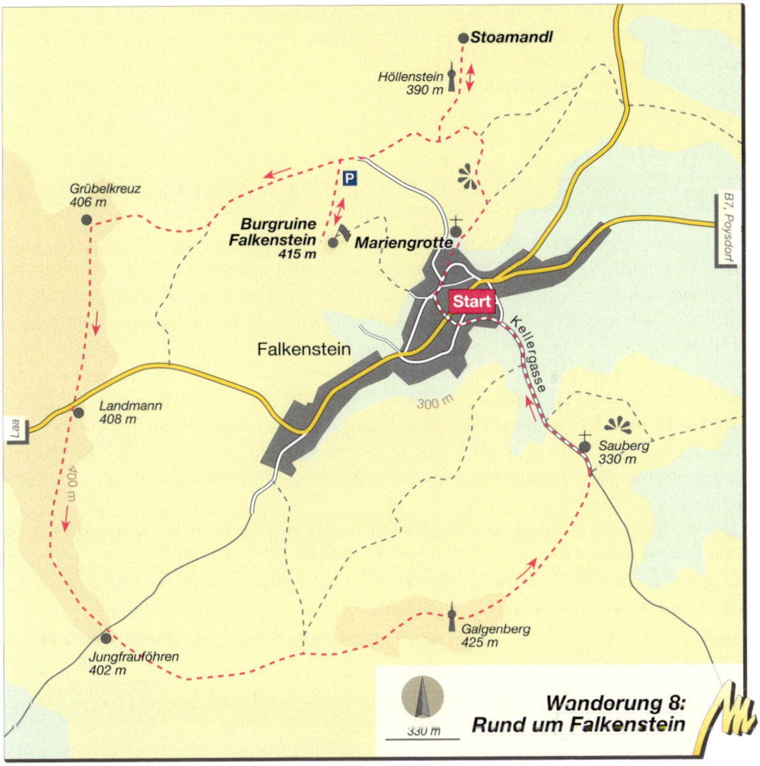

Schloss Kirchstetten: 10 km östlich von Laa und 8 km nördlich von Staatz trifft man auf ein schönes Landschloss, dessen barockes Aussehen auf Johann Bernhard Fischer von Erlach zurückgeht. 1997 wurde es renoviert und sollte Teil einer Luxushotelanlage werden. Der Investor ging Pleite und der riesige, viergeschossige Rohbau an der Rückseite des Schlosses dämmert seither vor sich hin. Prunkstück des Schlosses ist der Festsaal in der Beletage, den ein Deckenbild von Franz Anton Maulpertsch (1752) und an den Stirnseiten vier große Porträts der Bauherren, der Familie Suttner, zieren. Bertha von Suttner, Österreichs Friedensnobelpreisträgerin (1905), soll zeitweilig hier gelebt haben.

Seit 1999 finden im Schloss und im Ehrenhof an Sommerwochenenden (Juli/Aug.) Opernaufführungen, klassische Konzerte und volkstümliche Platzkonzerte statt. Dann öffnen auch der stimmungsvolle Heurige im früheren Pferdestall (Sa/So ab 15.30 Uhr) und das Schloss für Besichtigungen (Sa/So 16–19.30 Uhr) ihre Pforten.

Information ✆ 02523/831415, www.schloss-kirchstetten.at.

Kellergasse Galgenberg in Wildendürnbach: Sehenswert ist der außerhalb von Wildendürnbach (3 km nördlich von Kirchstetten) gelegene, 256 m hohe, von Weinreben überzogene Galgenberg-Hügel, um den sich in halber Höhe eine Kellergasse mit 200 Presshäusern wickelt. Aus dem Hügel ragt die Spitze eines Kirchturms, die bei der Sprengung des baufälligen örtlichen Gotteshauses 1971 unversehrt blieb und hier aufgestellt wurde. Schöner Südmährenblick zu den Pollauer Bergen und nach Mikulov (Nikolsburg).

Veranstaltungen **Kellerbergfest**, jährlich am 1. Juniwochenende. **Offene Kellertüren** tgl. im Juli und August.

Falkenstein

Der traditionsreiche Winzerort ist mit seiner mächtigen Ruine und der schönen Kellergasse ein Postkartenmotiv des Weinviertels.

Schon die Lage (16 km östlich von Laa) inmitten der hügeligen Weingartenlandschaft ist bezaubernd. Überragt wird das Straßendorf von der *Pfarrkirche St. Jakobus* (achteckiger, gotischer Turm, frühbarocke Fassade) und der mächtigen *Burgruine Falkenstein*. Diese thront weit oberhalb auf einer mit Weinreben bepflanzten und im Sommer von Schafen abgegrasten Kalkklippe, deren Vegetation an den Süden erinnert. Die mächtigen Mauern sind Reste einer im 11. Jh. errichteten Festung, die wie die Thayaburgen des Waldviertels die Grenze nach Norden sicherte. Im 16. Jh. wurde die Burg zum Renaissanceschloss erweitert und 1645 von den Schweden zerstört. An Sommerwochenenden können die innerhalb der Mauern gelegenen Burgteile besucht werden. Der 20-minütige Aufstieg von der Ortsmitte lohnt sich in jedem Fall.

An der Südseite des Orts zieht sich das schön revitalisierte *Kellerviertel* mit 60 Presshäusern den Hang hinauf (Führungen Mai bis Okt. 3. Sa/So 16 Uhr). An ihrem Ende führt der Fahrweg links weiter zu einem Rastplatz mit dem berühmten Fotoblick auf Falkenstein (Gehzeit: ca. 20 Min.).

- *Daten* 325 m, 450 Ew.
- *Verbindungen* **Bus**: 2–5x tgl. mit Poysdorf, 2–3x tgl. mit Laa, Mo–Fr 3x tgl. mit Wien.
- *Öffnungszeiten* **Ruine**, 1.4. bis 31.10. Sa/So 14–18 Uhr, Eintritt: 2 €. Führung (ab 8 Pers.) So 15, 16.30 Uhr, zusätzlich 2 €.
- *Übernachten/Heurige* **Weinhof Richard Luckner**, renommierter Winzer mit 5 Komfortzimmern. DZ bis 48 €. Herrengasse 80, ✆ 02554/85539, www.weinhof-luckner.at.

Heurigenschank Leo Jauk, historischer Keller (14. Jh.) am Marktplatz mit Garten. Anfang März bis Ende Juni, Aug. bis Ende Nov. Fr ab 17, Sa/So ab 14 Uhr. Vermietet auch zwei Ferienwohnungen (2–6 Pers.) 44–80 €/Tag. Marktplatz 54, ✆ 02554/85217, www.weingut-jauk.at.

Gmoakeller, ganzjähriger Heurigenbetrieb in der Kellergasse, Garten. Mi–Fr ab 16, Sa/So ab 14 Uhr, ✆ 02554/85539.

- *Veranstaltungen* Kellergassenfest, Sept.

Wanderung 8: Rund um Falkenstein (Karte S. 239)

Lehrpfad, Burgruine, Kellergasse. Gehzeit 2¾ Std., leicht.

Ausgangspunkt ist der **Marktplatz** von Falkenstein. Von dort geht man über die Kirchen- und Herrengasse bergauf und vorbei an der Pfarrkirche bis zur rechts von der Straße gelegenen **Mariengrotte** (Wegweiser). Ab hier folgt man dem **Weinlehrpfad** (gelb markiert), der zu einer Anhöhe führt. Dort angelangt, geht man nach links weiter (blau-gelb markiert). Kurz darauf lohnt rechts ein kurzer Abstecher (beschildert) zum **Höllenstein** (391 m, Sender) und zum 300 m weiter nördlich gelegenen **Stoamandl**, einer 3 m hohen Felsformation. Wieder zurück geht es weiter zur **Burgruine** (415 m, ¾ Std., Öffnungszeiten s. o.). Auf gleichem Weg geht es zurück bis zum Parkplatz bei der Ruine und dann links weiter. Der blau markierte Landmannweg führt nun in einem großen Linksbogen um den Ort, zunächst durch den Wald zum **Grübelkreuz** (406 m),

Falkenstein – einer der bekanntesten Weinorte des Weinviertels

dort links bis **Landmann**, wo man die Landstraße nach Laa kreuzt. 700 m weiter zweigt man nach links zu den **Jungfrauföhren** ab (402 m, ¾ Std.), dort geradeaus weiter bis zu einer Weggabelung. Linker Hand geht's dem Weg folgend vorbei am Sender **Galgenberg** (425 m, ½ Std.) bis zum Sauberg (330 m) mit Aussichtsbank. Bergab durch die Kellergasse gelangt man zum Ausgangspunkt zurück.

Poysdorf

In der Weinstadt und Sektmetropole Österreichs dreht sich alles um den Rebensaft – in romantischen Kellergassen und im Weinmarkt, bei traditionellen Winzerfesten und den zahlreichen Heurigen.

Poysdorf liegt direkt an der Brünner Straße (B 7), dem bedeutenden Verkehrsweg zwischen Wien und der zweitgrößten Stadt Tschechiens. *Brünnerstraßler* war lange Zeit der Name für den säurebetonten („reschen") Weißwein dieser Region, der heute nur mehr als Sektgrundwein, wofür er speziell geeignet ist, verwendet wird. Alle namhaften Sekthersteller Österreichs greifen auf diesen Wein, v.a. auf die Rebsorten Grüner Veltliner und Welschriesling, zurück, und die örtlichen Weinbauern nutzen ihn zur Erzeugung hervorragender Winzersekte. Heute erhält man anstelle des Brünnerstraßlers den gehobenen Qualitätswein *Weinviertel DAC*, ein Grüner Veltliner mit würzig-pfeffrigem Geschmack.

Die Stadt wird überragt von der frühbarocken *Pfarrkirche St. Johannes*, an die oberhalb die berühmte *Kellergstetten* anschließt. An diesem Kellerrundplatz haben Heurige ganzjährig offen und hier findet das herbstliche Winzerfest statt. Wenige Schritte weiter befindet sich an der B 7 das *Weinstadt-Museum*, das Ausgangspunkt eines weintouristischen Stadtrundgangs (Weinerlebniswelten Vino Versum, Eröffnung 2006) werden soll. Hinter dem Museum beginnt die in einem Hohlweg geführte *Kellergasse Radyweg*, die längste der Stadt. Die romantische *Kellergasse Rösselberg* befindet sich 1 km westlich vom Ortszentrum. Ihre Presshäuser sind malerisch von Ginster und Hagebuttensträuchern bewachsen. Ein Wanderweg (gelb markiert) verbindet die genannten Kellergassen. Die Mitte des Weinmarktplatzes an der B 7 unterhalb der Pfarrkirche ziert das Denkmal der Traubenträger, das Poysdorfer Wappenzeichen.

- *Daten* 225 m, 7400 Ew.
- *Information* **Gästeinformation** im Weinmarkt, Jan.–April Mo–Do 8–17, Fr 8–18, Sa/So 10–12, 13–20 Uhr. Mai–Dez. tgl. 8–20 Uhr. Wanderkarten, Leihräder. Weinmarktplatz 1, ✆ 02552/20371, www.poysdorf.at.
- *Führungen* **Stadtrundfahrt** mit Oldtimertraktor: April bis Okt. So 15 Uhr, 2 € p. P. **Kellergassenführungen** April bis Okt. Sa 15 Uhr, 3,50 € p. P. inkl. Weinprobe.
- *Verbindungen* **Bus**: Mo–Sa stdl. mit Mistelbach, dort Bahn nach Wien. So seltener.
- *Parken* Kurzparkzone im Zentrum Mo–Fr 7–18, Sa 7–12 Uhr.
- *Bauernmarkt* im Reichensteinhof nebenan. März bis Nov. Sa 8.30–12, 14–18, So 10–12, 14–18 Uhr.
- *Einkaufen* **Weinmarkt**, 300 Weine, Winzersekte, Traubensäfte aus der Region (inkl. Südmähren). Adresse, Öffnungszeiten s. Gästeinformation.
- *Übernachten/Essen* *** **Gasthof Zum schwarzen Rössl**, mitten in Poysdorf gelegen, 16 Komfortzimmer, teils mit Balkon. DZ 50 €. Gasthaus mit regionaler Küche, Gastgarten, Di Ruhetag. Dreifaltigkeitsplatz 11, ✆ 02522/2340.

Winzerhof Schuckert, in der Ortsmitte von Erdberg (B 7) 5 km südlich, 5 neue, moderne Komfortzimmer beim renommierten Winzer. DZ 44 € oder 2 Welcome-Tickets. Erdberg 7, ✆ 02522/2785.

Veltlinerland Camping, kleiner Wiesenplatz mit 20 Stellplätzen am Stadtrand beim Badeteich. Gut ausgestattet, Waschmaschine, Restaurant. 2 Pers., 1 Auto, 1 Zelt 12 €. Mai bis Ende Okt. geöffnet. Laaer Straße 106, ✆ 02552/20371.

- *Heurige* **Heuriger Modliba**, ausgebautes Presshaus am Rande der Kellergstetten, ganzjährig Fr–So ab 15 Uhr, ✆ 02552/3755.

Veltliner Hof, an der Brünner Straße, gemütliches Ambiente in schönem Barockgebäude, ganzjährig Do/Fr ab 17, Sa/So ab 16 Uhr. Brünner Straße 5b, ✆ 02552/2194.

Zum Poysdorfer, in der Kellergstetten, ganzjährig Di/Mi ab 17, Sa/So ab 16 Uhr. Gstetten 23. ✆ 02552/2305.

Offene Kellertüren in Poysdorf April bis Ende Sept. tgl. ab 14 Uhr.

- *Fahrradverleih* s. Gästeinformation.
- *Baden* Badeteich am westlichen Stadtrand, Eintritt frei.
- *Golf* 2005 eröffnete 18-Loch-Anlage am Stadtrand inmitten von Weingärten. Green Fee 36–50 €, ✆ 0224/5535309, www.golf veltlinerland.at.
- *Veranstaltungen* **Poysdorfer Weinparade**, Pfingsten, Weinmesse mit Verkostung. **Bezirkswinzerfest**, 4 Tage im Sept. in der Kellergstetten.

Sehenswertes

Weinstadt-Museum: Das im früheren Bürgerspital in mehr als einem Dutzend Räumen eingerichtete und 2004 neu gestaltete Museum zeigt im Erdgeschoss Weinerlebniswelten: Geschichte des Weinbaus, Mythen rund um den Wein, Trinkkultur. Im Freiareal sieht man einen Schauweingarten und Arbeitsgeräte sowie eine rekonstruierte jungsteinzeitliche Hütte. Sie ergänzt die Exponate aus der Ur- und Frühgeschichte, die im 1. Stock zu sehen sind. Dazu zählen Fossilien, ein jungsteinzeitliches Idol und Funde aus der Eisen- und Bronzezeit. Außerdem gibt es eine volkskundliche Sammlung.

Öffnungszeiten Ostern bis Ende Okt. Sa/So/Feiertage 9–12, 13–18 Uhr. Eintritt: 3 €. ✆ 02552/20371.

Oldtimermuseum: Die kleine Schau im Stadtzentrum (Liechtensteinstraße 68) umfasst schön restaurierte Auto-Unikate, alte Traktoren, Motorräder und Sportwagen.

Öffnungszeiten April bis Okt. So 10–12, 14–17 Uhr. Eintritt: 3 €.

Wallfahrtskirche Maria Bründl: Die im Wald 3 km westlich Richtung Staatz (B 219) gelegene Kirche wurde um 1750 nach Plänen des italienischen Barockbaumeisters Donato Felice d'Allio errichtet.

Umgebung von Poysdorf

Nonseum in Herrnbaumgarten

Diese skurrile Sehenswürdigkeit findet man 5 km nordöstlich von Poysdorf. In dem 1994 in einem alten Winzerhaus eröffneten Nonseum zeigt der Verein zur Verwertung von Gedankenüberschüssen eine Sammlung an nutzlosen Erfindungen: einen FKK-Koffer, einen Zebrastreifen zum Ausrollen, eingelegte Glühbirnen, eine Sitzungsbrille, ein Honigmesser, einen Diätteller oder historische Knopflöcher. Wer Sinn für hintergründigen Humor hat, ist hier richtig.
Der Obmann des kreativen Vereins, ein Winzer und Heurigenwirt, hat darüber hinaus im Ort ein fast 500 m langes *Kellerlabyrinth* geschaffen, in dem nicht minder skurrile Veranstaltungen wie Erdbälle oder Kurzwandertage stattfinden (www.umschaid.at).

- *Öffnungszeiten* **Nonseum**, Palmsonntag bis Allerheiligen Sa/So 13–18 Uhr, Eintritt: 3 €. ✆ 02555/2200, www.nonseum.at.
- *Heurige* **Vinetum**, Weinmarkt und Buschenschank beim Nonseum, Ostern bis Nov. Sa/So/Feiertage ab 15 Uhr. ✆ 02555/2528. **Labyrinthkeller Umschaid**, März, Mai bis Juli, Sept. bis Nov. Sa/So ab 16 Uhr. Hauptstraße 49, ✆ 02555/2787.

Kapellenberg Althöflein bei Großkrut: 8 km östlich von Poysdorf erhebt sich außerhalb von Großkrut ein kreisrunder Hügel mit einer kleinen Kapelle und Kellergassen rundherum. Unter der Erde verbirgt sich die größte zusammenhängende Erdstallanlage Mitteleuropas mit Gängen von 300 m Länge. Dabei handelt es sich um Höhlen, die durch Schlupflöcher miteinander verbunden sind. Bis heute weiß man weder, wann sie entstanden sind, noch welchem Zweck sie gedient haben – waren sie Verstecke oder kultische Stätten?

Führungen April bis Nov. jeden 3. Sa/So im Monat 15 Uhr (✆ 02556/7373).

Prinzendorf an der Zaya: Der Ort 6 km südlich von Großkrut ist bekannt als Schauplatz des umstrittenen Orgien-Mysterien-Theaters, das der berühmte österreichische Aktionskünstler Hermann Nitsch (geb. 1938) hier auf seinem Schloss als zwei- bzw. sechstägige, alle Sinne anregenden Spiele voll orgiastischer Rituale und christlicher Mythen inszeniert (www.nitsch.org).

Wilfersdorf und das Liechtensteinschloss

10 km südlich von Poysdorf an der B 7 trifft man auf das Stammschloss der heutigen Fürsten von Liechtenstein. Ihre Familienlinie leitet sich von Fürst Gundaker (1580–1658) ab, der in Wilfersdorf residierte. Schon seit 1436 besaßen die Liechtensteiner diese Feste, die um 1720 durch Anton Ospel in ein prächtiges vierflügeliges *Barockschloss* umgebaut wurde. Wegen Baufälligkeit mussten 1802 große Teile der Anlage abgerissen werden. Der Rest, Haupttrakt und Nebengebäude, wurden 2002 renoviert und erstrahlen außen wieder im barocken Glanz. Die funktionellen Innenräume werden für Veranstaltungen und eine Ausstellung über die Geschichte des Fürstenhauses genutzt. Zu sehen gibt es Stammtafeln, Modelle des Schlosses, eine Dokumentation über die bis heute bestehenden, ausgedehnten land- und forstwirtschaftlichen Güter der Liechtensteiner im Weinviertel und die Hofkellerei sowie über die gemeinsame Geschichte mit den südmährischen Liechtensteinschlössern

Eisgrub (Lednice) und Feldsberg (Valtice), die nur 2 bzw. 7 km hinter der tschechischen Grenze liegen. In einem Nebengebäude ist ein abwechslungsreiches *Heimatmuseum* (paläontologische Funde, Volkskunde, Kaufmannsladen) untergebracht. 500 m vom Schloss entfernt steht die spätbarocke *Pfarrkirche St. Nikolaus*, in deren Gruft (nicht zugänglich) Fürst Gundaker begraben ist. 300 m hinter der Kirche beginnt der von den Liechtensteinern 1674 gestiftete *Wilfersdorfer Kreuzweg* mit fünf barocken Stationen.

Grenzüberschreitendes Wandern und Radfahren

Schloss Wilfersdorf ist Sprungbrett zu den früheren mährischen Liechtensteinschlössern Valtice und Lednice mit ihrem einzigartigen Park-Areal (UNESCO-Welterbe), die man von hier auf dem beschilderten Wanderweg *Fürstenweg* (22 km, via Herrnbaumgarten) erreichen kann. Die 95 km lange markierte *Liechtensteinroute* ist ein Rundradweg zu den Schlössern.

• *Öffnungszeiten* 1.4. bis 1.11. Di–So 10–16 Uhr, Eintritt: 5 €.

• *Essen/Heuriger* **Gastwirtschaft Neunläuf**, unweit vom Schloss, Mix aus altem Wirtshaus und modernem Lokal, Hausmannskost und verfeinerter Küche. Wirtshauskulturwirt. Di–Sa 6–23.30, So 8–21.30 Uhr. Wienerstraße 4, ✆ 02573/25999, www.neunlaeuf.at.

Heuriger im Liechtensteinschloss, im Kellergewölbe des Schlosses, März bis Mitte Nov. Fr/Sa ab 16, So ab 15 Uhr. ✆ 02573/335615.

Mistelbach

Der Hauptort des östlichen Weinviertels ist Verkehrsknotenpunkt, Schulzentrum, Einkaufsstadt und Behördensitz. Kulturhighlight sind die Puppentheatertage im Oktober.

Das Panorama der Stadt prägt die große *Pfarrkirche St. Martin* auf dem früheren Burgberg. Der spätgotische Bau aus dem 15. Jh. wurde barockisiert. Ihm zur Seite steht ein romanischer *Rundkarner* (1200) mit einem schönen Tympanonrelief, auf dem zwei Drachen um einen Menschen kämpfen. Unterhalb der Kirchenstiege befindet sich ein früheres barockes *Barnabitenkloster*. Zentrum von Mistelbach ist der rechteckige, riesige *Hauptplatz*, der als Busbahnhof und Parkplatz dient. Beherrscht wird er vom neoklassizistischen *Rathaus* aus dem Jahr 1901, vor dem eine barocke *Dreifaltigkeitssäule* aufragt. Links vom Rathaus führt die Museumsgasse zum *Barockschlössl*, das mit seinem modernen Glasanbau als Ausstellungs- und Veranstaltungszentrum genutzt wird. Wenige Schritte weiter beginnt der Stadtpark mit dem modernen Stadtsaal, dem wichtigsten Schauplatz der international bekannten Puppentheatertage. Im Altbau des Stadtsaals ist das *Puppentheatermuseum* (Ostern bis 1.11. Sa/So 14–18 Uhr, Eintritt: 1,50 €) untergebracht.

• *Daten* 228 m, 12.056 Ew.

• *Information* Rathaus, Hauptplatz 6, Ebene 2, Tür 25, Mo–Fr, ✆ 02572/2515270.

• *Verbindungen* **Bahn**: stdl. mit Wien, alle 2 Std. mit Laa/Thaya. **Bus**: Knotenpunkt für das östliche Weinviertel.

• *Parken* Kurzparkzone in der Innenstadt, Mo–Fr 8–18, Sa 9–12 Uhr.

• *Einkaufen* **Bauernarnt**, Bauernladen, Vinothek, nördlicher Stadtrand (B 46), Mo–Mi/Sa 9–12.30, Do/Fr zusätzlich 15–18 Uhr, So nur 15–18 Uhr. Winzerschulgasse 50, ✆ 02575/200482, www.bauernarnt.at.

• *Telefon/Internet* Zelle vor dem Rathaus.

• *Übernachten/Essen* **** **Hotel-Restaurant Zur Linde**, kulinarischer Fixpunkt im Weinviertel, von Gourmetführern prämiertes, stilvolles Restaurant (à la carte 9–20 €) und Gasthaus (Mittagsmenüs). Tolle Weinauswahl. Wirtshauskultur. Das Hotel ist eines der besten im Weinviertel, 19 gediegen-rustikale Komfortzimmer, Sauna, Solarium. DZ

86–92 € oder 4 Welcome-Tickets, Juniorsuite 104 €. Di–Sa 11–14.30, 17.30–22, So 11–15 Uhr. Bahnstraße 49, ✆ 02572/2409, www.zur-linde.at.

Eibesthaler Dorfwirtshaus, 4 km nordöstlich von Mistelbach, preiswerter und bodenständiger Wirtshauskulturwirt mit kleiner Vinothek, Do–Mo 9–24 Uhr. Eibesthal, Am Schenkberg 2, ✆ 02572/2853.

Bäckerei-Bistro Heindl, für die schnelle Stärkung tagsüber, Mo–Fr 6.30–19, Sa 6.30–18.30 Uhr. Hauptplatz 27, ✆ 02572/5575.

• *Heurige* **Bauernarnt**, ganzjährig Mo–Fr ab 16, Sa/So ab 15 Uhr. Winzerschulgasse 50. Weitere Betriebe in den Dörfern um Mistelbach (Höbersdorf, Eibesthal, Siebenhirten).

• *Fahrradverleih* Restaurant Diesner, tgl. 9–1, Mi 9–12 Uhr. Landesbahnstr. 2, ✆ 02572/5502.

• *Baden* **Weinlandbad**, große Freibadanlage, Mitschastraße, Mai bis Sept., ✆ 02572/2515236.

• *Veranstaltungen* **Internationale Puppentheatertage**, Ende Okt., über 100 Vorstellungen mit Marionetten, Hand- und Stabpuppen. ✆ 02572/2515269.

Museum für Urgeschichte in Asparn an der Zaya

Das Museum hat den Markt 7 km nordwestlich von Mistelbach weithin bekannt gemacht. Untergebracht ist es im örtlichen Renaissanceschloss, einem schönen dreiflügeligen Bau mit zwei mächtigen Ecktürmen (15.–18. Jh.), von denen der rechte einer Vorgängerburg als Bergfried diente. Bemerkenswert ist das gotische Hauptportal. Die fast zwei Dutzend Räume des 1970 eröffneten Museums wurden 2002 neu gestaltet. Dargestellt wird die Entstehung der Menschen und seiner Kultur anhand von Rekonstruktionen und unzähligen Funden aus der Region. Höhepunkte sind Werkzeuge und eine Flöte aus der Steinzeit, Grabkeramik, ein Diadem, Bernsteinperlen und Tassen aus der Bronzezeit sowie der angebohrte Schädel eines keltischen Kriegers. Zum Museum gehört auch ein Freibereich im Schlosspark, in dem prähistorische Wohnhäuser und Werkstätten nachgebaut wurden. Darunter ist eine eisenzeitliche Bäckerei, die schon Generationen von Schulkindern mit hartem Urgeschichtsbrot beglückt hat.

Neben dem Schloss befinden sich eine gotische *Kirche* und ein 1662 gegründetes Minoritenkloster, das heute ein umfangreiches *Weinlandmuseum* mit Objekten zur Weinviertler Volkskultur, zu Landwirtschaft, Handwerk und Gewerbe beherbergt.

• *Öffnungszeiten* **Urgeschichtsmuseum**: 1.4. bis 30.11. Di–So 9–17 Uhr, Eintritt: 3,50 €, Kinder 1,50 €. ✆ 02577/8039. **Weinlandmuseum**: April bis 31.10. Sa 13–17, So 10–17 Uhr. Eintritt: 2,20 €.

• *Verbindungen* **Bus**. Mo–Sa stdl. mit Mistelbach, So nie!

• *Essen* **Landgasthaus Mewald**, Wirtshauskulturbetrieb 2 km nordwestlich von Asparn, alte Gaststube, bodenständige Küche, teils innovativ variiert. Hauptgerichte 8–16 €. Kürbisspezialist mit Anbau von 200 Sorten. Kürbislehrpfad. Di–So 8–22, So bis 16, Mi bis 14 Uhr. Olgersdorf 48, ✆ 02577/8226.

Museumsnetzwerk „Österreichische Bernsteinstraße“

Seit der Bronzezeit durchquerte die Bernsteinstraße in Nord-Süd-Richtung auf mehreren Handelswegen das Weinviertel. Auf ihr gelangte das begehrte fossile Harz der Ostseeküste bis an die Adria. Durch die Initiative des Weinviertler Vereins *Österreichische Bernsteinstraße* wird der Bernstein mittlerweile in 30 Museen entlang der historischen Route in Schauräumen und Sonderausstellungen thematisiert. Dazu gehören die Museen in Asparn (Museum für Urgeschichte) und Groß-Schweinbarth (s. S. 250) und das Museumsdorf Niedersulz (s. S. 249).

Naturpark Leiser Berge

In seiner Mitte schwingt sich das Weinviertel zu den Hügeln der Leiser Berge auf. Sie sind mit Laubwald und Schwarzföhren bewachsen und geologisch Teil der Klippenzone, die sich von der Donau bis nach Südmähren zieht. Ihr höchster Punkt ist der **Buschberg** (491 m), der aufgrund der großen, weißen Radarkuppel der Flugsicherung schon von weitem zu erkennen ist. 1970 wurde das Gebiet zum Naturpark (Größe 4040 ha) erklärt. Die Besonderheiten der Landschaft sind die steppenartigen Trockenwiesen mit Wacholderbüschen, Kuhschellen und Vogelkirschen und die Tatsache, dass sie bereits seit der Jungsteinzeit besiedelt ist. Geboten werden zahlreiche markierte Wanderwege und folgende Attraktionen:

Buschberg (451 m) und Buschberghütte: 10–15 Min. dauert der Aufstieg auf den höchsten Gipfel des Weinviertels vom großen Parkplatz an der Passhöhe (410 m), die man von Gnadendorf, Michelstetten oder Niederleis erreicht. Der Hauptgipfel ist von der Radarkuppel besetzt, das Gipfelkreuz steht abseits. Unterhalb liegt die Buschberghütte, die angeblich niedrigste Hütte des ÖAV.

Öffnungszeiten **Buschberghütte**, warme Küche, Heurigenjause, ganzjährig Fr 14–18, Sa/So/Feiertage 10–19 Uhr, ✆ 02577/8694.

Aussichtswarte am Oberleiser Berg: Vom Weiler Oberleis (Abzweigung von der B 6) erreicht man in wenigen Minuten zu Fuß den hölzernen Turm. Die Anhöhe (457 m) in der geographischen Mitte der Leiser Berge ist bereits seit 6000 Jahren bewohnt, was anhand zahlreicher Funde (Dokumentation im Raum am Fuß des Turms) bewiesen wurde. Ihre Blütezeit hatte die Siedlung am Oberleiser Berg im 4./5. Jh. n. Chr. als Hauptstadt der Markomannen.

• *Öffnungszeiten* Warte/Ausstellung: 1.4. bis 30.10. Sa/So 13–18, So auch 10–12 Uhr. Eintritt: 1,10 €.

• *Wandern* Der rot markierte Teilabschnitt des Weitwanderwegs 632 verbindet Oberleis mit dem Buschberg (1¼ Std.).

Wildpark Ernstbrunn in Dörfles: In einem Wald- und ehemaligen Steinbruchgelände kann man Hirsche, Rehe, Wildschweine, Gämsen, Muffelwild, Hochlandrinder, Zwergziegen, Esel, Schafe und zahlreiches Kleingetier beobachten. Die Gehege können zum Teil betreten werden.

• *Öffnungszeiten* Ostern bis Anfang Nov. Di–So 9–17, sonst nur So 10–16 Uhr. Eintritt: 2,50 €.

• *Essen* **Zum Roten Hahn**, bodenständiges Gasthaus am Hauptplatz von Ernstbrunn, Wirtshauskultur, Mi/Do Ruhetag. Hauptplatz 5, ✆ 02576/2217.

Bauernhof und Bauernmarkt in Simonsfeld: 2 km südlich von Ernstbrunn werden zwei vor dem Verfall gerettete Bauerngehöfte als Bauernmarkt und historischer Schaubauernhof genutzt. Auf Letzterem, einem reizvollen Ensemble von 1809, tummeln sich Schweine, Hühner und Enten.

Öffnungszeiten Mitte März bis Mitte Nov. Sa/So 14–18, Sa auch 9–12 Uhr, sonst nur Sa 9–15 Uhr. Eintritt frei.

Wehrkirche und Schulmuseum in Michelstetten: Das idyllische 350-Einwohner-Dorf liegt in einem Kessel an den nördlichen Abhängen des Buschbergs, den man von hier auf einem rot markierten Wanderweg in weniger als einer Stunde erreicht. Auf einer Anhöhe mitten am Hang thront eines der ältesten Gotteshäuser des Weinviertels, die spätromanische *Wehrkirche St. Veit* mit einem steinernen Dach. An der Apsis finden sich Fresken (Christus und die zwölf Apostel) aus dem 13. Jh. Nebenan steht die Ruine eines Renaissanceschlosses. Gegenüber der Kirche, in der früheren Volksschule, wurde 1980 das *Niederösterreichische Schulmuseum* eröffnet. 2005 wird es neu gestaltet und ist daher vorübergehend geschlossen. Ab April 2006 kann die bedeutendste Schulsammlung Österreichs wieder besucht werden.

• *Öffnungszeiten* ab 2006: 1.4. bis 15.11. tgl. 9–17 Uhr. Eintritt: 2,50 €, Kinder 1,20 €.

• *Essen* **Gasthaus Achter**, bodenständiger Wirtshauskulturwirt mit eigener Fleischerei, tgl. außer Di. Michelstetten 18, ✆ 02525/236.

An der March und im südlichen Weinviertel

Zwei Flüsse bilden die östliche Grenze des Weinviertels: Die Thaya trennt auf 17 km Österreich und Tschechien. Sie mündet am Dreiländereck bei Hohenau in die March, die bis zur Donau die Grenze zur Slowakei bildet. Beide Flüsse werden von bedeutenden Augebieten, den **March-Thaya-Auen**, begleitet. Touristischer Höhepunkt des südlichen Weinviertels ist das entzückende **Museumsdorf Niedersulz**. Die leichtwellige, weite Landschaft rund um Matzen zieren Kellergassen, Weingärten und – überraschenderweise – Erdölpumpen. Gegen Süden hin wird das Weinviertel begrenzt vom Wiener Stadtrand und einer Geländekante (urzeitliches Donauufer) an der Linie Deutsch-Wagram – Gänserndorf, die das südlich davon gelegene Marchfeld abtrennt.

Naturparadies March-Thaya-Auen

Die Auen entlang der Thaya und March gehören zu den bedeutendsten Aulandschaften Mitteleuropas. Sie sind geprägt von weitflächigen Feucht- und Überschwemmungswiesen und zahlreichen Altarmen, in denen sich Biber, Fischotter, Reiher und bunte Seerosen wohl fühlen und die von Kormoranen als Brutplätze geschätzt werden. Ein besonders wertvoller Altarm ist das Hufeisen in Sierndorf beim Marchdamm. Hier kommt auch der 15 km lange, markierte Rundweg „Vom Wasser zum Wein" (ab Schloss Jedenspeigen) vorbei. In den Auwäldern findet man uralte Baumriesen aus harten Hölzern, wie Esche, Eiche und Ulme, oder tropenähnliche Wasserwälder mit Weiden und Pappeln. Graureiher nisten gerne in den für die Marchwiesen besonders typischen Kopfweiden, die durch das Abschneiden der Weideruten entstehen (beschilderter Rundweg „Von Weiden und Wein" ab Bhf. Drösing, 7,5 km). Zwischen Februar und April werden die Flussauen regelmäßig überschwemmt. Sie verwandeln sich in einen riesigen, über 2 km breiten See, den man am besten vom Marchschutzdamm aus sieht. Von April bis Ende August erblüht dann die Auenlandschaft in allen Farben. (Naturführungen ✆ 02535/31161, www.marchthayaauen.at, und Kanutouren, s. Dürnkrut.)

Hohenau an der March

Die 2800-Einwohner-Stadt liegt im Dreiländereck und an der Nordbahn Wien – Brünn (Brno). Eine Ponton-Brücke über die March ermöglicht die Überfahrt in die Slowakei (tgl. 6–22 Uhr). Wahrzeichen der Stadt ist ein frei stehender Glockenturm am Hauptplatz mit einem Glockenspiel, das um 10, 12 und 15 Uhr ertönt. Am Südrand von Hohenau breitet sich die 1867 gegründete, riesige Zuckerfabrik aus. Während der Kampagne von Oktober bis Dezember werden täglich 12.000 t Zuckerrüben verarbeitet. Frühere Schlammbecken und der 17 ha große Teich der Fabrik, in dem Abwässer gekühlt werden, sind bedeutende Rastplätze und Winterschlafplätze von Tausenden Wasser- und Watvögeln. Über 230 Arten wurden gezählt. Die künstlichen Feuchtgebiete sind Ersatz für jene Lebensräume, die durch die Marchregulierung in den 1950er Jahren verloren gingen. Für Vogelliebhaber gibt es *Vogelschauplätze* (Beobachtungsturm am Kühlteich, Beobachtungsverstecke) und eine *Beringungsstation* (am Schutzdamm zwischen Hohenau und Ringelsdorf), in der durchziehende Vögel gezählt und zur Erforschung ihrer Zugrouten planmäßig beringt werden (Juli bis Okt. Fr–Mo, Eintritt: 2,50 €). Wer will, kann auch den 8 km langen *Rundwanderweg* „Vogelhochzeit“ absolvieren, der zur Thayamündung und an Sumpfwiesen und Fischteichen vorbeiführt (Ausgangspunkt an der B 49 in der Ortsmitte von Hohenau).

• *Verbindungen* **Bahn**: alle 1–2 Std. mit Wien.

• *Heurige* Am Kellerberg von Hohenau ist im Sommer tgl. ausg'steckt.

Dürnkrut und Jedenspeigen

Die Namen der beiden 2 km voneinander entfernten Orte sind untrennbar mit einer der größten Ritterschlachten des Mittelalters verbunden. 60.000 Mann waren beteiligt, als am 26. August 1278 Rudolf I. von Habsburg den böhmischen König Ottokar Přemysl besiegte und so den Aufstieg seines Hauses zur europäischen Großmacht einleitete (s. Geschichte). Ottokars Heer wurde in die Flucht geschlagen. Viele Ritter sollen dabei in der March ertrunken sein. Ottokar selbst wurde angeblich von eigenen Adeligen erschlagen. Ein *Denkmal* an der B 49 zwischen den beiden Orten erinnert an die Schlacht. Im *Schloss Jedenspeigen,* einem Renaissancebau mit Arkadenhof, wird eine kleine Dokumentation über Bedeutung und Verlauf der Schlacht gezeigt. Von hier bis Schloss Dürnkrut soll ein Themenweg durch das einstige Schlachtfeld angelegt werden.

• *Öffnungszeiten* Mai bis Okt. Sa/So 12–17 Uhr. Eintritt: 2,20 €.

• *Kanutouren* **Kanuverleih Nanu Kanu**, Juni bis Okt., Strecke Hohenau – Dürnkrut (4 Std) oder Dürnkrut – Angern (3 Std.), ca. 30–45 € pro Kanu (1–3 Pers.), Hauptstraße 13, ✆ 02538/80435.

Stillfried an der March

Stillfried ist eine der frühesten Siedlungen Niederösterreichs. 25.000 Jahre alte Steinzeitwaffen von Mammutjägern wurden hier gefunden, ebenso eisenzeitlicher Schmuck, die bronzezeitliche Stillfrieder Tasse und Stücke aus der Römerzeit. Geborgen wurden diese Dinge aus einer riesigen, urzeitlichen Befestigungsanlage, die bis jetzt erst zu einem winzigen Teil ausgegraben ist. Das Grabungsgelände kann besichtigt werden, ebenso die wichtigsten Funde in dem kleinen, 2002 neu gestalteten *Museum für Ur- und Frühgeschichte (Zentrum für Urzeit).*

• *Öffnungszeiten* **Museum**: April bis Okt. Sa/So 13.30–17.30 Uhr, ✆ 02283/2493, 3241 oder 0676/6113979. Eintritt: 2,50 €.

• *Verbindungen* **Bahn**: alle 1–2 Std. mit Hohenau oder Wien.

Mannersdorf an der March

1 km südlich von Stillfried liegt der reizvolle *Kellerberg von Mannersdorf* mit 129 Weinkellern in sieben übereinander liegenden Reihen. Ganz oben steht die schon von weitem sichtbare *Rochuskapelle* (1648), ein Rundtempel im Stil der italienischen Renaissance und Wahrzeichen der Region. Von ihr genießt man eine grandi-

ose Aussicht über die Marchauen zu den Karpaten, ins Weinviertel und ins Marchfeld. Weine aus Mannersdorf sind für ihre hervorragende Qualität bekannt.

• *Verbindungen* **Bahn**: alle 1–2 Std. mit Hohenau oder Wien. Haltestelle in Angern, 1 km südlich von Mannersdorf. **PKW-Fähre**: von Angern in die Slowakei, tgl. 6–22 Uhr.

• *Übernachten/Essen* **Weingut Herbert Lobner**, Mannersdorf, 2 gut ausgestattete, gemütliche Ferienwohnungen im Landhausstil (à 4 Pers.). 60 €/Tag. Brunnengasse 41, ✆ 02283/2423, www.lobnerwein.at.

Gasthof zur Traube, rustikaler Landgasthof in Angern, Mi/Do Ruhetag. Bernsteinstraße 121, ✆ 02283/2289.

• *Heurige* **Josef Minkowitsch**, schönes Lokal mit Garten knapp unterhalb der Rochuskapelle. 4x im Jahr ausg'steckt. Kellerberg 40, ✆ 02283/2362, www.minkowitsch.at.

Tipp für Radfahrer: Der beschilderte, fast durchgängig asphaltierte *March-Panoramaweg* verbindet Hohenau, Jedenspeigen, Stillfried und Angern (35 km) und bietet so einen guten Überblick über die Marchauen. Es geht fast ohne Steigungen dahin, vorbei an den Kellergassen und Schlössern der Region und an vielen Aussichtspunkten. Alle genannten Orte haben Bahnanschluss (inkl. Radtransport).

Weinviertler Museumsdorf Niedersulz

Das Ensemble aus 75 originalgetreu wieder aufgebauten Weinviertler Gebäuden vergangener Jahrhunderte wird als „märchenhaft schön" beworben – und das zu Recht.

Abgeschieden, aber von der B 7 zwischen Wien und Poysdorf gut beschildert und auch mit der Bahn zu erreichen, liegt eines der schönsten Freilichtmuseen Österreichs. Mit im Weinviertel abgetragenen und wieder zusammengebauten Bauwerken wurde ein Dorf wie vor 200 Jahren errichtet: In der Dorfzeile gibt es bildschöne Weinviertler Haken-, Seit- und Streckhöfe mit Nebengebäuden, wie Taubenkobel, Holzstadel und Werkstätten, in denen noch altes Handwerk, wie die Wagnerei, die Bernsteindrechslerei oder die Arbeit eines Schusters, vorgeführt wird. Rund um den Dorfplatz reihen sich Kapelle, Pfarrhof, das bewirtschaftete Wirtshaus, in dem man sich tgl. stärken kann, und der Schüttkasten. Friedhof, Kellergasse und ein von echten Tieren bewohnter Bauernhof fehlen auch nicht.

Lebender Bauernhof im Museumsdorf

In den Häusern ist die originale Möblierung zu sehen bzw. werden Sammlungen (Schlitten, Bauernmöbel, Ziegel u. a.) oder Dokumentationen gezeigt. Umrahmt sind die Gebäude von schönen

Bauerngärten und Wildpflanzen, in einem eigenen Garten werden alte Obstsorten gezüchtet. Brauchtumsveranstaltungen wie Kirtage und Weinfeste beleben das Dorf, dessen Kulisse schon für zahlreiche Werbespots und Filme genutzt wurde (www.museumsdorf.at).

- *Öffnungszeiten* Palmsonntag bis 1. Nov. Mo–Fr 9.30–16, Sa/So 9.30–18 Uhr, Eintritt: 6,50 €, Kinder (bis 14 J.) 3 €.
- *Verbindungen* **Bahn**: alle 1–2 Std. mit Obersdorf an der Strecke Wien – Mistelbach.
- *Übernachten* **Winzerhof Semmler**, 3 km südlich in Hohenruppersdorf, 4 Komfortzimmer, DZ ca. 44 €. Untere Hauptstraße 12, ✆ 02574/8448.

Umgebung von Niedersulz

Gaiselberger Hausberganlage: Über Obersulz erreicht man den 9 km nördlich gelegenen Ort Gaiselberg, wo sich der größte Hausberg des Weinviertels befindet. Dabei handelt es sich um einen 1060 entstandenen monumentalen, von Erdställen unterminierten Erdkegel, der von drei Wällen umgeben ist. Einst stand auf dem Kegel ein Steinbau. Hausberge waren im Hochmittelalter die Burgen des niederen Adels, die nicht die Mittel zum Bau von großen Steinburgen hatten.

Volkskulturmuseum in Groß-Schweinbarth: Der Meierhof des örtlichen Schlosses, 10 km südlich von Niedersulz, dient als schöner Rahmen für das Museum der Volkskultur: Einen riesigen grünen Hof mit großem Lindenbaum umstehen die eingeschossigen Wirtschaftsgebäude, in denen eine kleine Sammlung an Schützenscheiben, bunt bemalten Bauernkästen aus dem 18./19. Jh., Brauchtumsgegenständen, Jungfernkränzen, Ostereiern, naiver Volkskunst, sowie Weinfuhrwagen und Kutschen präsentiert wird. Eine Dauerausstellung befasst sich mit der Entstehung und der Verwendung von Bernstein, dessen Handelsstraße durch die Region führte.

- *Öffnungszeiten* Palmsonntag bis 15.11. tgl. außer Mo 9–17 Uhr. Eintritt: 4 €, Kinder 1,50 €.
- *Anfahrt* Groß-Schweinbarth liegt an der B 220, die von der B 7 südlich von Gaweinstal abbiegt.
- *Verbindungen* **Bahn**: alle 1–2 Std. mit Obersdorf an der Strecke Wien – Mistelbach.
- *Heuriger* **Museumsheuriger**, gemütliches Lokal im malerischen Hof. März bis Mitte Dez. Sa ab 14, So ab 9 Uhr.

> **Tipp für Radfahrer**: Der südöstliche Abschnitt der *Zweigelt-Radroute* verbindet den Bhf. Wolkersdorf mit Groß-Schweinbarth (18 km) und Niedersulz (36 km). Es geht in einem Bergauf und Bergab durch Erdölfelder und Weingärten. In den genannten Orten hat man Bahnanschluss.

Erdölgemeinden des südlichen Weinviertels

Das Landschaftsbild am südlichen Rand des Weinviertels ist etwas kurios: Die sanften Hügel sind von Ackerfurchen und Weinreben durchzogen und dazwischen hingewürfelt verrichten baumhohe Erdölförderpumpen ihre Arbeit. Ständig nickend holen sie für die Österreichische Mineralölverwaltung (OMV) jährlich beinahe 1 Mio. Tonne Erdöl und Erdgas aus mehreren Tausend Metern Tiefe aus dem größten Ölfeld Mitteleuropas. Bis zu 10 % des österreichischen Bedarfs können damit gedeckt werden.

Verbindungen **Bahn**: alle 1–2 Std. via Gänserndorf mit Wien.

Erdöl- und Erdgasmuseum mit Lehrpfad in Prottes: Die Erdölgemeinde hat einen Museumsraum zum Thema Erdöl und Erdgas eingerichtet. Vor dem modernen Bau

Erdölpumpen bei Prottes

startet der 4 km lange und frei zugängliche Lehrpfad, der leider etwas verwahrlost wirkt: Schautafeln fehlen oder sind kaum mehr zu lesen. Zu sehen sind in Betrieb befindliche Ölförderpumpen, Bohrer, Bohrgestänge und imposante Geräte, wie ein Raupentraktor aus den 1950ern und fahrbare Bohranlagen. Der Weg führt in einem Rundkurs durch Weinberge bergauf bis zu einem Förderturm mit Rastplatz und wieder retour. Sportliche können den Weg auch mit dem Rad abfahren.

Öffnungszeiten **Museum**: Ostern bis Allerheiligen So 9.30–11.30, 14–16 Uhr. Eintritt: 1,10 €.

Erdölradweg: Schon vorhandene Radrouten durch die Erdölgemeinden Bockfließ, Auersthal, Matzen, Prottes und Gänserndorf sollen 2005/06 zu einem Erdölradweg zusammengefasst und neu beschildert werden. Auf 35 km wird er durch die wellige Weingegend mit unentwegt tätigen Förderpumpen führen – eine Fahrt durch ein industriehistorisches Freilichtmuseum.

Matzen: Der in einer Senke gelegene Ort 4 km westlich von Prottes ist geradezu idealtypisch für diese Region. Er ist einerseits Zentralort der Erdölförderung, andererseits gedeihen auf dem sog. „Matzner Hügel" ausgezeichnete Weine, die man am besten in der örtlichen Vinothek ersteht. Überragt wird Matzen von einem nicht zugänglichen romantischen Schloss mit Zinnen und Türmchen (19. Jh.). Wer in der Ortsmitte den Wegweisern „Weinstraße Weinviertel" folgt, gelangt zunächst steil bergauf und dann am Rand von Weingärten zum *Karpatenblick* (1,5 km) mit schöner Fernsicht und vorbei an Erdölfeldern nach Prottes (5 km, s. o.) – zu Fuß, mit dem Rad oder mit dem Auto.

Einkaufen **Gebietsvinothek Matzner Hügel**, Mi–So/Feiertage 15–20 Uhr. Hauptstraße 20, Tel 02289/2921, www.vinothekmatzen.at.

Kellergassen im Norden Wiens

Kellergasse Pillichsdorf: 6 km nördlich der Wiener Stadtgrenze kurz vor Wolkersdorf und 3 km östlich der B 7 trifft man auf eine besonders romantische Kellergasse (grüne Wegweiser im Ort). Fast 500 m lang steigt sie in sonniger Südhanglage leicht an und reiht an beiden Seiten eines mit Nussbäumen und Robinien bestandenen Grünstreifens rund 200 Presshäuser. Eine Besonderheit sind die zweigeteilten Kellertüren – die gitterförmige dient der Belüftung. Ein beliebtes Kellergassenfest findet jährlich am zweiten Septemberwochenende statt.

Offene Keller Mitte Juli bis Ende Sept. Sa/So ab 15 Uhr.

Kellergasse Großengersdorf: Nur 3 km weiter östlich von Pillichsdorf befindet sich eine auf vielen Prospekten verewigte Kellergasse. Sie zieht sich entlang einer Geländekante und hat Presshäuser nur auf der nach Süden ausgerichteten Seite.

Heurige drei Heurigenbetriebe haben alternierend ausg'steckt. Do–So ab 15 Uhr.

Kellerberg und Himmelkeller-Anlage in Kronberg: Direkt von der B 7 (knapp nördlich von Wolkersdorf) zu erreichen ist dieser interessante Kellerberg. Die Kellergasse beginnt knapp unterhalb der Kirche und führt kreisförmig bergan, vorbei an Bildstöcken und Weinkellern mit einzigartigen barocken Steinfassaden.

Oben auf dem Kellerberg errichtete der aus dem Ort stammende Künstler Hermann Bauch (*1929) die *Himmelkelleranlage*. Sie umfasst eine Galerie, ein Weinmuseum, ein Malerhaus, einen Kulturstadl und die kilometerlangen Keller, die in den Kellerberg gegraben sind.

- *Öffnungszeiten* Mai, Juni, Sept., Okt., Führungen So 15 Uhr. Eintritt: 5 €. ✆ 02245/4377.
- *Übernachten/Essen* **** **Hotel Klaus**, modernes, erstklassiges Hotel mitten in Wolkersdorf, Sauna, Dampfbad, Pool im Sommer, Laufstrecke vor dem Haus. 70 Komfortzimmer. DZ 70 €. Julius-Bittnerplatz 4, ✆ 02245/22240, www.hotel-klaus.at.

Zur Alten Schule, Manfred Buchinger, der aus der weiten Welt zurückgekehrte, vielfach prämierte Koch, machte aus der alten Dorfschule von Riedenthal, 3 km südlich von Kronberg bzw. 1 km westlich der B 7, eine der ersten kulinarischen Adressen des Weinviertels. In Wirtshausatmosphäre genießt man authentische Küche nach uralten Rezepten und trinkt regionale Weine. Gastgarten. Hauptgerichte 8–24 €. Do–So 11–23 Uhr. Wolkersdorferstraße 6, ✆ 02245/82500.

Kellergasse in Großengersdorf

Geographisches Register

Sach- und Personenregister

Text und Recherche: Barbara Reiter & Michael Wistuba
Lektorat: Jessika Zollickhofer (www.bintang-berlin.de)
Redaktion und Layout: Marion Wimmer
Karten: Gábor Strecska, Hana Gundel, Henning Marchfeld (Umschlagkarten)
Fotos: Alle Fotos von Barbara Reiter & Michael Wistuba
Covergestaltung: Karl Serwotka
Covermotive: Ottensteiner Stausee (oben), Schloss Schönbühel (unten)

Über die Autoren: Barbara Reiter, studierte Juristin, und Michael Wistuba, promovierter Bauingenieur, beide Jahrgang 1971, recherchierten für dieses Buch sozusagen vor ihrer Haustüre. Sie sind in Niederösterreich geboren und aufgewachsen, zur Zeit leben und arbeiten sie in Wien. Im Michael Müller Verlag erschien bereits ihr Titel "Genferseeregion".

Ein besonderer Dank der Autoren gilt Lois, Marianne, Simone und Peter, sowie Josef Seidl aus Alberndorf i. P., P. Michael Hüttl von Stift Altenburg, Richard Pils von Burg Raabs, Romana Tichy von Schloss Rosenburg, den Mitarbeitern der Stifte Zwettl und Geras und dem Museumsdorf Niedersulz.

ISBN 3-89953-224-4

1. Auflage 2005